Gestión *del* ocio *en el* ámbito turístico

Gestión *del* ocio *en el* ámbito turístico

Xavier Puertas

EDITORIAL
SINTESIS

Vallehermoso, 34. 28015 Madrid
Teléfono 91 593 20 98
http://www.sintesis.com

ISBN: 978-84-975651-1-0
Depósito Legal: M. 34.957-2007

Impreso en España-Printed in Spain

Índice

PARTE II
El ocio en el ámbito turístico

Introducción

En primer lugar me gustaría decir que las páginas que siguen a continuación no pretenden ser una aportación novedosa de los aspectos que se tratan, sino que son el resultado del cúmulo de información que he ido elaborando durante los años que llevo impartiendo como profesor titular de la materia de Gestión de las Actividades de Ocio en el Contexto Turístico en la Escola Universitaria d'Hoteleria i Turisme Cett, centro adscrito a la Universidad de Barcelona.

Es, por tanto, una recopilación de apuntes de la asignatura. En ella se recogen varias teorías y consultas hechas a los autores, que se consideran los que más incidencia tienen en este ámbito. Aun así, es posible que puedan ser añadidos otros aspectos y puntos de vista a toda esta información que sigue a continuación y que aquí no se contemplan debido a la gran amplitud de los dos conceptos que configuran el título del presente manual: ocio y turismo.

Además de las fuentes consultadas y de la bibliografía utilizada, se añaden también algunos aspectos que han ido surgiendo como fruto de reflexiones propias y de debates que, en muchos de los casos, han tenido su inicio en las mismas aulas, como consecuencia de la contraposición de ideas y posturas surgidas en el seno de esos coloquios establecidos entre los grupos de trabajo.

La obra se articula en dos partes bien claras y definidas. En la primera se analiza el concepto de ocio y el de tiempo libre, seguido de algunos aspectos relacionados con el marco empresarial, los que inciden de manera especial en la forma de gestionarlos como otro producto turístico, es decir, desde sus propuestas más comerciales, en las que el consumidor tiene un papel preferente.

En la segunda parte se afronta el análisis de las principales formas de ocio que son actualmente gestionadas en el ámbito turístico. Se pretende dar una idea de la evolución a lo largo de la historia de cada una de ellas, para acabar con el análisis del estado de la cuestión de sus aspectos más importantes, así como de las posibilidades de proyección en el contexto turístico.

Estas descripciones, aun a riesgo de parecer superficiales, muy al contrario, permiten ser la base sobre la que construir estudios de mercado, de productos, de zona, de tipos, de tendencias, etc. para investigaciones que sí tienen la capacidad de ser profundas y de estar al día. Este aspecto ha sido mi máxima preocupación durante estos años de docencia: el procurar un buen contexto para iniciar diversos trabajos de investigación. Esta metodología me ha dado muy buenos resultados, de los cuales, algunos de ellos, se reflejan más adelante, y además han servido para tomar conciencia, igualmente a estudiantes como a investigadores, de algunos hechos que, por ser tan cotidianos, se nos pueden pasar por alto. Son aspectos que interesan tanto a profesionales del turismo como a otros profesionales no vinculados a él, ya que en definitiva se trata de la gestión de un tipo de tiempo y de actividades a las que llamamos genéricamente ocio.

Hay que decir también que por cuestiones de espacio, algunas de las formas más cotidianamente aceptadas como ocio no se despliegan en este manual. Se ha optado por recoger solamente las más significativas, pero a pesar de todo, hay algunas, como es el caso del ocio en las grandes superficies comerciales, que tanto éxito como está teniendo actualmente (y que cada vez se aproxima más al contexto turístico), es uno de los que no se abordan aquí. Éste es sólo un ejemplo de los que, en principio, quedan más claramente vinculados con las teorías que se exponen en la primera parte del manual, pero que no se acaba desplegando. Es, supongo, uno de los temas que quedan pendientes para un futuro trabajo.

Se trata pues de un intento de plasmar una realidad tan excepcionalmente dinámica y cambiante, que nos da la sensación de ser una "foto movida" y ciertamente borrosa que es imposible captar de forma estática. Así que ésta es una obra que pretende estar viva y a la que hay que alimentar continuamente para que permanezca en constante validez, ya que éste, y no otro, es el juego de la metodología a la que se hacía referencia más arriba: la base en la que edificar.

Prácticamente todos los análisis y las investigaciones incluidas aquí se han realizado en paralelo a la docencia, por lo que la lista de colaboradores resultaría interminable. Desde el alumno que hace un comentario, aparentemente sin importancia en el aula (pero que acaba siendo el detonante de una reflexión interesante), hasta debates más profundos planeados con el objetivo del intercambio de ideas con los colegas de profesión, dentro y fuera de las aulas.

En algunos casos las ayudas han sido importantes, como las de César Francisco, Ariadna Bachs, Laia y Junia Miret, Eloi Herrero, Rosa M.ª Pellicer o Mercé Gómez, que son solamente algunos de los alumnos que de una manera u otra han colaborado, y a los que agradezco sinceramente sus aportaciones. También quisiera agradecer a mis colegas de profesión Ramon Serrat y Ramon Arcarons, ya que también han aportado su grano de arena en este proyecto, y les doy las gracias por ello. Para finalizar los agradecimientos, querría hacerlo con las gracias a Llorenç Arroyuelo, que ha hecho posible que esta obra saliera adelante.

I

El ocio y el turismo en el marco empresarial

1

Ocio, tiempo libre y turismo

Este primer tema, que se desarrolla en cuatro apartados, tiene como objetivo no solamente el configurar el marco contextual en el que se mueva la obra, sino que también se propone una definición de conceptos clave para entender el fenómeno del ocio y lo que implica en las sociedades actuales. Por tanto, se considera imprescindible que se inicie por la definición y la trayectoria del concepto de ocio a través de la evolución del hombre y su sociedad, para acabar por enmarcarlo en la contemporaneidad y revisar cuáles han sido y cuales se prevé que sean sus consecuencias más significativas.

1.1. Evolución del concepto de ocio y de tiempo libre

Definir el concepto de ocio no es tarea fácil, sobre todo porque dependiendo de la sociedad, del momento en el que se dé y del punto de vista de las personas que lo realicen, podrá ser entendido de una manera u otra. Pero si a modo de introducción y primera toma de contacto se recurre a un diccionario (y aunque aquí se pretenda una aproximación algo más profunda) a esa definición habría que añadirle una visión más amplia que sería la que aportaría la revisión de su significado a través de la historia, sin perder de vista que la teoría evolutiva del concepto en sus diversos momentos históricos y los movimientos ideológicos más importantes de nuestra civilización son precisamente los que le ha[illegible]o lo conocemos en la actualidad.

El Diccionario de la Real Academia Española lo define como "cesación de trabajo, descanso o diversión", pero igualmente entiende por ocio "el hecho de estar sin hacer nada. Tiempo del que se dispone para hacer alguna cosa no relacionada con el trabajo remunerado o realizar una actividad no derivada de motivaciones no equiparables a las propias obligaciones". Son definiciones actuales, ya que ni siquiera la Real Academia lo ha definido siempre de la misma forma. Esta evolución lógica es comparable a la que ha sufrido el concepto durante los diferentes momentos de la historia, así ha sido posible distinguir una clara diferenciación entre el tiempo dedicado a satisfacer las necesidades consideradas como imprescindibles, y el tiempo que una persona podía dedicarse a hacer cualquier otra cosa desvinculada de esas necesidades. En todo momento, y dependiendo de las épocas, el tiempo dedicado a un menester y otro ha sido diferente, pero hay que reconocer que siempre ha existido una relación indisoluble entre ambos, y siempre ha estado igualmente presente una lucha feroz por aumentar uno en detrimento del otro.

Así, cuando Manuel Cuenca Cabeza, en su obra *Ocio humanista* (2000: 21) afirma que cada civilización tiene su tiempo, y habla de que los tiempos biológicos son fruto de la adaptación del ser humano a sus circunstancias, se puede deducir que en cada una de las fases históricas esas circunstancias, por tanto, serán las que marquen la dirección y el sentido de la evolución en toda la amplitud de la palabra. Resultará, pues, del todo lógico que se analicen las franjas históricas más significativas en la evolución del hombre, con el objetivo de entender los cambios que se producen y cómo influyen en el concepto del ocio.

1.1.1. La idea de ocio en las civilizaciones clásicas

Aunque en civilizaciones anteriores a las que hoy día son conocidas como clásicas, es decir, la griega y la romana, se tiene ya constancia en diferentes fuentes de que las actividades que no responden a funciones o necesidades relacionadas con el trabajo o el sustento se practicaban con una relativa frecuencia. Sin ir más lejos, un ejemplo directo, y quizá también de los más asequibles, es la producción artística. Sólo hay que echar un vistazo a los relieves de la antigua Mesopotamia, o a las representaciones pictóricas y escultóricas del arte egipcio para darse cuenta de que lo que hoy definiríamos como ocio ya estaba presente en estas civilizaciones antiguas. Ahora bien, se ha de entender que el "ocio" presenta una problemática similar a la del concepto de "turismo".

Es sabido y aceptado que antes del siglo XX sólo se puede considerar que existen comportamientos turísticos, no el hecho turístico en sí. De la misma forma no se podrá afirmar que el fenómeno del ocio, tal y como lo entendemos hoy, es anterior al siglo XX, aunque lo que sí existan sean unos comportamientos propios del ocio. Por tanto, el ocio, tal y como se nos presenta hoy día, únicamente podrá ser considerado como un fenómeno que aparece a partir del siglo pasado, y que, como el mismo ser humano, continúa cambiando y evolucionando.

A) *El concepto en la cultura griega*

Desde el punto de vista actual, no podrá hablarse aún de ocio, pero ya existen actividades y acciones que pueden relacionarse perfectamente con él. Sí se puede afirmar que hay comportamientos y actividades definibles como propias de un ocio de hoy día. Aunque seguramente el que con más contundencia ha marcado la base de nuestra sociedad actual sea el *Skholé*, aunque en principio puede dar pie a pensar lo contrario, es el antecedente de muchos de los valores vigentes en la actualidad.

Representa el término griego que definía el ejercicio de la contemplación intelectual, que se relacionaba con la estética, la belleza, el bien y la felicidad, y del que Aristóteles decía que no tenía ninguna utilidad para el ser humano, a excepción de aportarle la más alta dignidad y nobleza, y que, por tanto, era sinónimo de felicidad. En este sentido, apunta Munné (1988) que el *Skholé* se relaciona con un estado de paz y de contemplación creadora que se dedica a la *teoría*; es el estado en que se sumía el espíritu de la persona. De él se derivaría con el tiempo el término escuela, y posiblemente fuese en este contexto en el que Platón fundó su Academia en Atenas.

Es, por tanto, la característica que define al hombre libre, sin obligaciones, y es también considerado como sinónimo de felicidad. Este ocio elevado, el *Skholé*, se opone a la ocupación, si es que ésta implica alguna actividad regida por objetivos utilitarios concretos, y que se desmarque de esa referida y necesaria contemplación. Es éste un tipo de ocio que tiene la finalidad en sí mismo, y no puede existir ninguna otra razón para realizarlo que el hecho mismo de realizarlo.

Pero además, y paralelamente a ésta, la cultura griega aporta otra línea más accesible a un mayor número de personas, y de la cual nos han llegado a nuestros días varias formas, con un aspecto bastante más lúdico. Algunas de estas formas que se han visto truncadas en el transcurso de los siglos, y que han significado grandes lapsos de inactividad o de prohibición a lo largo de la historia, son ahora grandes hitos de nuestra vida de ocio cotidiana. Entre ellas, y sólo como meros ejemplos, se pueden citar los deportes, en especial los Juegos Olímpicos y los espectáculos, los teatrales sobre todo. Son actividades que nacen en esos momentos de la historia, aunque su función entonces era bien diferente a la que se le otorga hoy día. Esta línea de actividades de ocio, más lúdica, como ya se ha afirmado, no generó a lo largo de la historia ni la preocupación ni la teorización que sí generó el *Skholé*.

Sobre estas dos líneas de ocio Aristóteles (en Munné) diría, refiriéndose concretamente a la música, que se podían distinguir dos tipos de oyentes, por una parte los ciudadanos libres e ilustrados, y por la otra los artesanos y mercenarios. El punto de vista y la lectura que hiciera un grupo y otro de ciudadanos sobre la misma actividad era bien diferente. Si por una parte, el primer grupo relacionaba claramente esta actividad con el *Skholé*, los segundos la perciben como una necesidad de descansar de las fatigas de sus obligaciones, por tanto, la utilidad y la función que le otorgaran a esa actividad estaría relacionada con sus obligaciones y su trabajo, así que sí tendría una función específica: responder a la necesidad que tienen de juegos y espectáculos para mitigar sus fatigas y el estrés (diríamos ahora) de sus compromisos y sus obligaciones, y es ésta la lectura que se acabará relacionando con el aspecto lúdico mencionado.

Hay que añadir que esta segunda línea representará el inicio de una larga lista de actividades que ahora, hoy día, son catalogables como auténticas actividades de ocio, y algunas de ellas son tan importantes en nuestro tiempo que se merecen, y se les dedica en esta obra, todo un apartado específico.

B) El concepto entre los romanos

La absoluta funcionalidad de la cultura romana les llevará a entender el ocio como algo beneficioso para unos, en un primer término, y para todo el pueblo en un segundo plano. Este hecho dará lugar a un importante intento de proporcionarle una utilidad que aporte a medio y a largo plazo un claro beneficio a quien lo practica, pero también a quien es capaz de controlarlo.

Con ellos aparecerá la raíz etimológica, y así el vocablo latino *otium* designa el ocio, y se opondrá a *nec-otium* o ausencia de ocio, que sería el equivalente a "trabajo". El ocio se entiende como un tiempo de descanso y recreación del espíritu que se hace necesario después del trabajo. El ocio es un tiempo de no trabajo pero que prepara a la persona para retomarlo con más fuerza, de ahí la importancia para unos y para otros. Es por esta razón que en la sociedad romana el ideal de hombre completo queda constituido tanto por el *otium* como por el *nec-otium*.

Las grandes actividades de ocio lúdico se abren a las masas en forma de grandes espectáculos, como se puede deducir perfectamente de muchas de las edificaciones de la época: circos, teatros, anfiteatros, etc. Pero, paralelamente, no se dejan de realizar las actividades que son consecuencia de entender ese tiempo de no trabajo de la misma forma que se hacía en la época anterior.

Es así que se detectan dos tendencias de acción en el ocio: por una parte aquel basado en la segunda línea griega, el que se entiende como reparador y necesario para el trabajo y que es consumido a nivel popular; mientras que la otra correspondería a aquel ocio más contemplativo, y también más elitista, propio de niveles sociales más elevados.

Con la adopción del cristianismo como religión oficial, se dará paso a una nueva forma de estructurar el tiempo y sus funciones, y con esta nueva manera de entender la vida, variará también el concepto de ocio, hecho que significará la introducción a los principios que regirán durante prácticamente toda la Edad Media.

1.1.2. *La Edad Media*

A pesar de que hasta esta época siempre ha habido dos niveles de consumo de este tipo de tiempo, será en este momento, en esta franja de la historia, cuando se va a hacer más evidente y más claro.

Ahora el ocio estará controlado por las horas de sol, la climatología, las estaciones meteorológicas y por la Iglesia. El trabajo manual se interrumpirá los domingos y se irán introduciendo días festivos, donde se realizarán celebraciones religiosas conjugadas con fiestas y actividades paganas a las que se librará el pueblo. Los conceptos de ocio y trabajo, para la mayoría (entiéndase las clases sociales más desfavorecidas) están estrechamente ligados, indisolubles el uno del otro y, por tanto, el ocio deviene como una prolongación del trabajo; dos tiempos que se contraponen, antagónicos pero que se complementan el uno con el otro.

Del recogimiento y el temor de Dios inicial, se irá pasando paulatinamente a actividades que en un primer momento estaban prohibidas por la Iglesia, como ciertos aspectos del conocimiento y de determinadas artes y sus componentes (escénicas sobre todo). Así, la danza, la música o el teatro se dejaron de lado por relacionárselas con el paganismo que hasta ese momento había caracterizado a la cultura romana y sus excesos. Actividades que fueron consideradas actos cercanos al pecado y al diablo, indeseables, y que, por tanto, pasaron a ser totalmente desechables.

Con el paso del tiempo las tensiones y los controles se irán rebajando hasta una sociedad que paulatinamente se hace más permisiva, dando lugar a filtraciones de algunas actividades que se irán haciendo sitio poco a poco, y ya no sólo entre las clases altas, que serán las primeras en permitirse algunas licencias, sino también entre el pueblo, que va asumiendo su papel de secundador de determinadas formas que se irán permeabilizando desde esferas más altas de la sociedad hacia las más bajas, aunque en ocasiones su papel o función en estas acciones sea de mero espectador, ya que otra opción no se le permite.

Paralelamente, y al lado de este ocio popular organizado y controlado por los poderes de la época (Iglesia y señores feudales), toma fuerza el *ocio caballeresco*, como F. Munné lo define, o lo que es lo mismo, el ocio de las clases altas. Éste se constituye básicamente por la diversión y por una conducta dirigida hacia la ostentación y el exhibicionismo social, y que, por tanto, es utilizado como elemento diferenciador, y que es donde las clases bajas encuentran su papel de espectadores sin ninguna otra vinculación, ya que tomar parte directa en la actividad está reservado a personajes con un linaje determinado. Los duelos o los torneos son los espectáculos que definirán esta época, y el honor será la base en la que se asienten la mayoría de estas actividades.

Al final del período la Iglesia se habrá hecho tan permisiva que hasta será la promotora de muchas de las mismas actividades que en un principio prohibió. Éste es el caso del teatro, que después de los siglos renace en el seno mismo de las iglesias, aunque con el objetivo de servirse de él como de un canal visual para adoctrinar a los fieles que no tienen otro modo de llegar hasta las Sagradas Escrituras.

Pero no es el teatro la única forma de ocio utilizada y propuesta por la Iglesia, sino que de la misma manera, y por motivos que también tienen que ver con la adaptación a las demandas y a los tiempos, se harán todo tipo de actividades lúdicas y festivas alrededor de esas iglesias. Pequeñas o grandes, se sirvieron del atractivo que sobre la población ejercieron personajes como saltimbanquis, malabaristas, juglares, trovadores, etc., utilizándolos como elementos que complementaban las celebraciones festivas religiosas. Estas celebraciones, en el centro de las cuales se situaba la procesión de las reliquias del santo, acabaron por configurar la creación de las que hoy se conocen bajo la denominación de fiestas patronales, y muchas de ellas mantienen las mismas actividades religiosas, lúdicas y festivas con las que se crearon en su momento.

El inicio de estas festividades data de finales de la Alta Edad Media, cuando se organizaban las primeras grandes procesiones para sacar las reliquias que se custodiaban en iglesias y catedrales con el objetivo de que todos los fieles que se desplazaban hasta ellas pudieran tener la ocasión de tocarlas, verlas de cerca e incluso de pedir algún favor al santo al que pertenecía la reliquia. Es así como aparecerán las *kermesses* de Europa central.

Para algunos sociólogos, la última parte de esta época es un período en el que la vida cultural de los altos círculos sociales se había convertido casi íntegramente en un juego social, entendiéndolo no como un mero juego social, sino como algo más complejo y que se da en toda Europa a la vez. Se podría establecer una relación del desarrollo cultural que se gesta en el momento y sus consecuencias posteriores, que darán como fruto un cambio radical en los valores y en la manera de ver la vida: es el preludio al Humanismo y con él a la Época moderna.

1.1.3. La Época moderna: desde el Humanismo hasta 1789

Desde el final de la Baja Edad Media hasta la Revolución francesa existe un sector de la población, los cortesanos, que conciben el ocio como oposición al trabajo, en lo que podría ser interpretado como una "degeneración" del concepto griego *Skholé*. Es un ocio que se orienta hacia la diversión, es exhibicionista y ostentador, ideas que se van acentuando a medida que avanza el tiempo.

Este ocio tiene su origen en aquel ocio caballeresco que se inició a mediados de la Edad Media, y la ostentación que persigue es el resultado de la necesidad de separar el trabajo y el ocio. Esta necesidad de separación de los dos conceptos dará lugar a la aparición del lujo y de su posterior invasión a todos los niveles. Supondrá la fuente de placer y un elemento demostrativo al límite de una riqueza sobreabundante que degenerará hacia contenidos cada vez más formales en los que se basará una nueva conceptualización del fenómeno: la del ocio como *ociosidad* (Munné, 1988).

Esta tendencia hacia el gusto por el lujo es evidente ya en todas las cortes europeas, y no sólo en las italianas, durante el final de la Edad Media, es así como se entiende la producción artística a partir de ese período, del cual *Las Muy Ricas Horas del Duque Jean de Berry*, obra de los hermanos Limbourg a principios de siglo XV una prueba fehaciente. En la obra se representan los doce meses del año, una escena para cada uno de ellos. En algunas de estas escenas se representan con todo detalle el lujo y las actividades ociosas de moda en la época en el seno de las clases sociales más altas. Entre las páginas destacables se podrían citar la del mes de enero, que representa una gran celebración, y la del mes de agosto, en la que se observa una parte de la corte practicando la cetrería.

La evolución de las dos líneas va a ser espectacular durante todo este período, la ostentación llegará a tal punto que todo se hará en aras de que cualquier actividad que se precie no tenga sentido si carece de esa capacidad ostentatoria en sí misma. Esta tendencia alcanzará su punto más álgido a finales del siglo XVIII y con el Rococó, que será la propuesta artística que mejor represente la imagen de hasta qué punto puede llegar la evolución de esa sociedad ostentatoria que apareciera en el período anterior. Hasta la Revolución de 1789 en Francia, que solamente supuso un intento de punto final a esta tendencia.

Mientras tanto la otra línea de ocio evolucionará, en muchos aspectos, hacia la tentativa de emular en algunas formas la ostentación propia de las actividades de las clases sociales altas. La burguesía, como nueva clase social, tendrá mucho que ver con estas ganas de igualarse con las clases altas tradicionales.

1.1.4. Ocio y trabajo a partir de la Revolución industrial

En este momento, el tiempo humano disponible es ocupado casi todo por el trabajo en las fábricas, y el escaso tiempo restante se dedica a reponer fuerzas. Es un período en el que se aplica la máquina al desarrollo económico, lo que repercute en el adelanto social y político.

La dependencia horaria con los ciclos de la Naturaleza empieza a independizarse, y ahora el ritmo lo marcan las máquinas y la producción. La técnica hace posible la revisión (al alza) de los horarios de trabajo y va a provocar que se rompa el ritmo medieval que ha llegado hasta estos días, afectando a conceptos como la vida, el trabajo y la fiesta. Es como reacción a este tiempo ocupado casi todo por el trabajo, a menudo embrutecedor y sin ningún sentido personal, y de una mentalidad vinculada exclusivamente a los valores del trabajo, que nacen los conceptos modernos de ocio y tiempo libre, y con ellos, la sociología del ocio.

A) Concepto en el Puritanismo inglés y el Protestantismo

En sentido totalmente opuesto a la tendencia corriente hasta el momento, los nuevos valores éticos y religiosos consideran el trabajo como una suprema virtud, y el ocio como un vicio indeseable. Es el antitrabajo, lo indigno, totalmente opuesto al trabajo. El ocio en este momento se considera una pérdida de tiempo que se tiene que eliminar de la existencia de cualquier individuo que quiera salvarse o mantener una vida social decorosa. Las mujeres y los niños también trabajarán, y muchas fábricas estarán abiertas incluso los domingos. "Es el período primitivo del capitalismo industrial, que impuso a Inglaterra, y otros países occidentales, considerables costes humanos, e incluso una decadencia real del nivel de vida, entonces en franca dislocación social y cultural" (Berguer en Álvarez Sousa, 1994: 55).

Algunos de estos valores calaron de tal manera en todas las esferas sociales que han perdurado hasta nuestros días, especialmente en forma de dichos populares, que incluso son utilizados aún con cierta frecuencia, como el ejemplo de esa frase que se dice de una persona que "es muy trabajadora", sin, a veces, tener en cuenta otros valores que podrían ser más adecuados en una sociedad moderna. Es el momento en que se fragua un concepto tan básico como el de la acumulación ilimitada: si sólo se puede trabajar, y es lo que mejor aceptación social tiene, cuanto más tengas, más vales, y ésta es una idea que nos puede parecer más contemporánea de lo que en realidad es.

B) Concepto en el Liberalismo

Con esta tendencia la visión del mundo cambia totalmente; la Iglesia deja de controlar los días, y los rígidos horarios desaparecen, los hombres quedan en libertad para marcar su propio horario. Comienza ahora el capitalismo y con él una nueva concepción del trabajo y del ocio, aunque de la ideología inicial del liberalismo a la realidad histórica hubiera una diferencia abismal. Dentro del mundo del trabajo se produjeron dos fenómenos:

- El liberalismo laboral, que implica una libre contratación sin normas.
- La prohibición del asociacionismo, especialmente para los trabajadores.

Tanto la libertad contractual, es decir, la contratación sin normas, en la que las partes son libres para contratar y decidir lo que es justo o no lo es, como la prohibición del asociacionismo fueron los dos aspectos más negativos para la clase trabajadora, que tuvo que soportar condiciones inhumanas de trabajo:

- Jornadas de más de catorce horas.
- Trabajos nocturnos.
- Trabajos para niños y menores.
- Ausencia de condiciones sanitarias.
- Sueldos de supervivencia.
- Falta de descansos semanales y de vacaciones.
- Ausencia de organización.

Será solamente a partir del siglo XIX cuando se generará una corriente de pensamiento que intenta frenar el problema que el liberalismo económico estaba causando en la sociedad de la época. Es así como surge el intervencionismo. El estado interviene para restablecer y controlar las condiciones de trabajo, limitando el derecho del empresario y tratando de evitar las diferencias de clases.

Se comienza así la andadura hacia la distribución de la riqueza entre las clases trabajadoras y hacia la disponibilidad de más tiempo libre de obligaciones laborales, que serán los elementos básicos para un ocio de masas y democratizado.

1.1.5. El ocio en el siglo XX

La evolución progresiva que ocasionó la Revolución industrial, además de las consecuencias ya comentadas, supondría también otros cambios en el entorno social, tanto urbano como rural.

En el caso de los campesinos, supondrá la posibilidad de pasar de un trabajo discontinuo a uno asalariado, con todas las consecuencias que este fenómeno acarreará en su tiempo libre. Según Ángel Zaragoza, la liberación paulatina del calendario, y sus tareas más significativas, definidas por las estaciones, será ya todo un hecho consumado, y aunque la dependencia sigue estando lógicamente ahí, empieza a darse una cierta independencia.

Otra de las consecuencias en este mismo medio, el rural, será el fenómeno de la desertización y el abandono que sufrirán ciertas zonas y comunidades. Las ciudades resultan más atractivas y con más posibilidades de bienestar y progreso que el campo, donde además se creerá poder encontrar una alternativa menos dura y que permita subsistir en mejores y más dignas condiciones.

En cuanto a la vida en las ciudades, un cambio importantísimo será el hecho de que a partir de ese momento no solamente se desarrollará una vida diurna, sino que la revolución en la industria fomentará también la aparición de otra vida: la nocturna, que cada vez va a tener más importancia. La noche se hace más clara, más transitada y más segura debido a las nuevas necesidades que se están generando. Además, el sector servicios aparece con fuerza y no dejará de evolucionar hasta el momento actual en que, en los países avanzados, hay un máximo de personas dedicadas a este sector, en detrimento del número de las que se dedican a la producción.

Paralelamente a estos hechos aparecen, en unos casos, y se consolidan en otros, las organizaciones de trabajadores, que van a reivindicar algunos de sus derechos, entre los que cabe destacar los horarios laborales, los honorarios mínimos, las festividades, las vacaciones pagadas y el derecho a una jubilación. Igualmente se empieza a regular también el trabajo para mujeres y la asistencia sanitaria. Pero es a partir de la Primera Guerra Mundial cuando más se lucha por ellos, y ya a través de la Legislación del Estado, donde la acción administrativa y jurisdiccional pasa a defender al trabajador.

Aparecen las Leyes Laborales, que son jerárquicamente las de mayor rango, que además de establecer esos salarios mínimos, fijan la jornada laboral y el descanso; también enumerarán los derechos y los deberes de los trabajadores. Se dará paso a las normas sobre el convenio colectivo, que permitirá pactar con las empresas las condiciones de trabajo, por ejemplo.

Como consecuencia de todas estas circunstancias, ahora será ya una realidad, se va a llevar a la sociedad a disponer de más tiempo libre y de un mayor poder adquisitivo, que en definitiva es lo que hará posible que se dé el fenómeno del ocio accesible tal y como lo entendemos hoy día.

A) El modelo marxista

El tiempo libre ha de crecer, aboga el marxismo; primero para garantizar plenamente la recuperación de las fuerzas para el trabajo, y segundo para redistribuir el producto del trabajo humano a fin de que se beneficien todos y no sólo una minoría. El tiempo libre ha de servir de marco, juntamente con el trabajo, para desarrollar plenamente todas las capacidades humanas.

Para Zaragoza (VV AA, 2000) el marxismo no definirá el ocio como tal sino como una prolongación del trabajo. El modelo marxista se basará, pues, en que el tiempo de ocio se entiende sólo como un hecho necesario para retomar el trabajo con más fuerza y entusiasmo. Veblen llega a afirmar que el tiempo libre era un tipo de tiempo inútil y que las actividades de ocio se relacionan con las clases sociales, y que, por tanto, es burgués. Admitir una sociología del ocio, dice Zaragoza, representaba para ellos admitir la existencia de las clases sociales, ya que tradicionalmente ocio y burguesía han ido de la mano y son entendidos como hechos indisolubles.

En un último momento Friedmann (en Zaragoza) llegaría a admitir que este tipo de tiempo podría ser contemplado positivamente desde sus ideales si supusiera un enriquecimiento del trabajo y que fomentara la rotación y la pluriespecialización, pero que mientras eso no ocurra, no hay posibilidad de contemplarlo de otra forma.

B) El modelo liberal

El modelo liberal se basa en la importancia que el ocio tiene para el trabajo y para el consumo, por tanto, fácilmente se puede deducir que ha sido la tendencia hacia la cual ha evolucionado el concepto de ocio actual. Según Elton Mayo, el ocio se considera que incrementa el rendimiento humano en el trabajo. Fomenta la adaptación del individuo a una sociedad que cambia rápidamente, como decía Park en 1967 (en Zaragoza). Mejora el clima humano y es la solución a la corrupción que produce el trabajo. Lluís Racionero lo ve como solución a la esclavitud del trabajo asalariado, pero también dice que no sirve cualquier tipo de ocio, éste ha de ser digno y creativo, por tanto, no cualquier actividad podrá ser definida como ocio, aunque se realice durante el tiempo libre o de no trabajo.

La opinión de que el ocio era considerado como un tiempo antieconómico, ya que no facilitaba la acumulación de capital, irá cambiando, y el tiempo libre se irá imponiendo como una realidad social y adquiriendo una función económica nueva y más positiva. El aumento del tiempo libre empieza a significar un tiempo superior de reposo para los trabajadores y adquirirá una utilidad económica, en tanto que favorece la mejora de las condiciones de la fuerza para retomar el trabajo y, además, el tiempo libre. Sirve también para mejorar la capacitación profesional de los trabajadores; por tanto, como descanso o como formación personal, el tiempo libre empieza poco a poco a ser bien visto por muchos economistas.

Esta espiral, este tira y afloja de uno y otro modelo, llevará finalmente al consumismo, momento en el cual el ocio adquiere un nuevo sentido, ya que significa un tiempo liberado de la producción y, por tanto, disponible para el consumo. Un tiempo basado en el consumo comporta la generalización de las industrias de ocio, las cuales no tienen otro interés que la ganancia. Esto supone una planificación comercial que irá monopolizando la disponibilidad de tiempo libre en los trabajadores, intentando ocuparlos totalmente con un consumo dirigido. Un ocio basado en el consumo controlado, implica una pérdida notable de libertad, de espontaneidad y de creatividad en las personas. Se llega a un punto en que se trabaja más y con más intensidad a cambio de más tiempo libre. El rechazo y la desgana por el trabajo van creciendo, pero el tiempo libre sólo puede pagarse con una rentabilidad más grande del trabajo, es decir, racionalizando e intensificando más las funciones y las tareas. Aparece la necesidad de buscar una forma de equilibrio y homogeneización de los dos tipos de tiempo, el del trabajo y el del tiempo libre.

C) Joffre Dumazedier ⇒ teoría de las 3D

La manera como se distribuye el tiempo libre constituye un nuevo problema de decisión social; la sociología del ocio intentará estudiar las condiciones materiales y las actuaciones que pongan en movimiento procesos de evaluación de los niveles socioculturales. En este contexto aparece Dumazedier y su teoría sobre el ocio o las necesidades originadas por el trabajo (figura 1.1), donde el ocio se ve como una prolongación hacia la educación permanente.

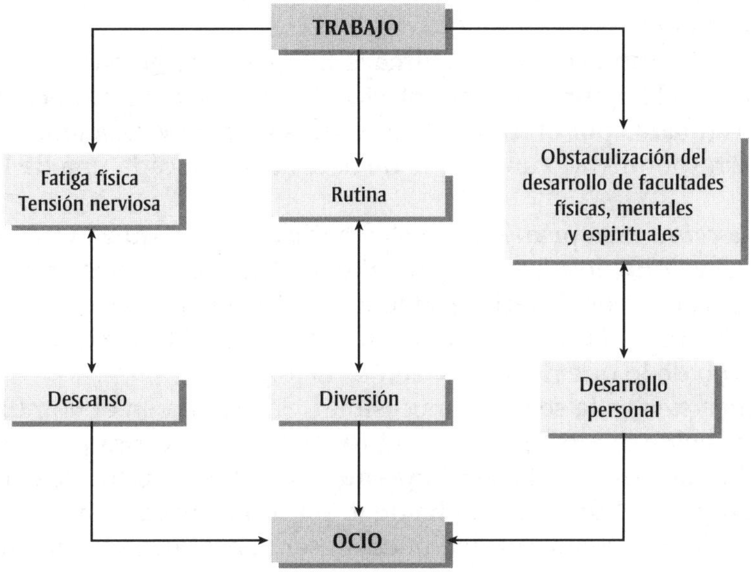

Figura 1.1. El ocio según Dumazedier.

Para elaborar su teoría, Dumazedier definirá primero el trabajo analizándolo con profundidad. Dirá de él que, en primer lugar, siempre causa en el hombre fatiga física o tensión nerviosa, si no las dos cosas a la vez, dependiendo de los tipos de acciones que se realicen. Se entendería, pues, que un trabajador cuya misión se base en un esfuerzo físico, tendrá como resultado una fatiga física, mientras que otra persona que se dedique a una acción más sedentaria físicamente, pero en la que el esfuerzo mental sea mayor, tendrá como resultado una tensión nerviosa. Existen también situaciones en las que se dan los dos resultados, sería el caso de algún trabajo en el que se requiera una combinación de ambos esfuerzos.

En cuanto a la segunda causa, el sociólogo habla de la rutina. Cualquier tipo de trabajo procura rutina en el hombre. Así pues, no existiría un trabajo que no implique esta rutina; de hecho, la misma existencia del ser humano la presupone ya. No importará el tipo de trabajo que se estudie o analice, se detectará que la rutina siempre está presente.

Para acabar su definición del trabajo, propone una tercera causa: la obstaculización del desarrollo de ciertas facultades en el hombre. Éstas pueden ser tanto físicas como mentales, o espirituales. Este bloqueo al desarrollo también se vincula con el tipo de trabajo que se realice, así podrá darse una de las tres, dos de ellas o incluso llegar en casos extremos a manifestarse las tres simultáneamente.

Una vez definido el trabajo, Dumazedier pasa a relacionar las causas que éste origina en el hombre con unos efectos de reacción a los que él llama "necesidades originadas por el trabajo", las cuales vincula y relaciona con las tres causas, correspondiendo un bloque de necesidades a cada una de las causas:

- *El descanso* es la primera de estas necesidades, y quizá también la más corta, ya que deja insatisfecho al poco tiempo, y en seguida aparecen deseos de acción. Estaría originado por la primera de las causas, es decir, por la fatiga física o por la tensión nerviosa. Él dice que es el primer estadio de lo que más tarde será el ocio.
- *La diversión* es la segunda necesidad. Se origina en el hombre en contraposición a la rutina. El hombre, pues, se divertirá para contrarrestar los efectos de esta segunda causa. Conlleva un fuerte componente de superficialidad, ya que ha de implicar facilidad de acción y, en cierta manera, actividades que podrían ser vistas como mediocres, ya que presentan una cierta discontinuidad, y es sinónimo de cambio frecuente.

  Para él es el segundo estadio del ocio, que, lejos de desplazar al primero, se dan simultáneamente.
- El *desarrollo personal* es la tercera de las necesidades originadas por el trabajo. Ésta aparece como reacción a la obstaculización del desarrollo de facultades físicas, mentales o espirituales. Es el resorte que aparece como consecuencia de este bloqueo, justamente la necesidad de desarrollar alguna de las facultades bloqueadas o, en casos extremos, de las tres.

Cuando se dan las tres, descanso, diversión y desarrollo personal, es lo que Dumazedier entiende como una situación de ocio, es la teoría de las tres "D". Pero esta situación, tal y como la plantea, no se da en el ser humano de forma generalizada hasta prácticamente el siglo XX, y en el seno de sociedades post-industrializadas. Él entiende que con anterioridad a esta fecha no sería correcto afirmar que el hombre practica el ocio, sino que de forma muy similar a la definición de turismo, sólo se podría afirmar que existen comportamientos de ocio en las personas, pero no ocio, ya que se carece de la concienciación de que se está en un tiempo de ese tipo.

D) Jean Fourastié

Cuando Pierre Kister *(Ocio y Turismo)*, en 1974 entrevistó en París al doctor Jean Fourastié, experto economista y gran versado en el tema del ocio, el resultado fue una visión muy particular sobre el concepto de ocio, que quedaba determinada por la especialización del doctor. El aspecto interesante del resultado de la entrevista estriba en la relación de dependencia que se establece entre aspectos propios del desarrollo económico de una sociedad y la capacidad que éstos tienen de generar tiempo libre, y, por tanto, ocio, en la vida del hombre.

Para Fourastié es el progreso técnico lo que ha proporcionado el ocio al hombre. Así, mientras este proceso es inexistente, o está en una fase sumamente primitiva, el ser humano no dispone de tiempo libre. Todo su tiempo lo dedica a buscarse el sustento necesario para vivir, sea recolectando, cazando, buscando, etc., algún tipo de alimento que le asegure sus necesidades mínimas, y que, además, ese sustento casi siempre le va a resultar insuficiente. Por otra parte, existe también la preocupación de su seguridad y de su integridad física, que no le va a permitir el relajarse del estrés que le puede producir un ritmo de vida como el que lleva. Desde este punto de vista, su existencia no es muy diferente a la de un animal.

Este hombre se verá "obligado" a desarrollar una técnica que le ayude a conseguir estos objetivos. Así pues, a medida que vaya desarrollando algún tipo de tecnología, podrá acceder paulatinamente a un poco más de tiempo liberado de esas obligaciones. Tiempo que a su vez le va a permitir poder depurar más esas técnicas y, por tanto, tener aún más tiempo libre. Se inicia la espiral de la distribución de sus tiempos; el de trabajo, entendido como aquel en el que se dedica a buscarse el sustento y a procurarse una seguridad, y el de no trabajo, que le aportará la posibilidad de depurar las tecnologías, iniciar una relación y estructuración social, estableciendo un sistema de comunicación, unos ritos, unas creencias, etc.; en definitiva, es el tiempo de ocio.

Según Fourastié, a partir de ese progreso técnico se llegará al aumento de la productividad, y el hombre será capaz de conseguir más de lo que necesita, incluso trabajando menos tiempo. Este hecho ha de dar lugar posteriormente a la especialización, y con ella al fomento del trueque, del comercio y del negocio; por tanto, se podrá afirmar que con esta sociedad el proceso de desarrollo se está llevando óptimamente.

La lectura que se puede hacer es que esto es bueno para unos pero malo para otros. La opinión de Fourastié es que lo que es positivo para una sociedad, desde el punto de vista de la evolución tecnológica, es evidentemente la misma evolución, pero que hay que prestarle atención, ya que es la evolución aquello que se contrapone a la armonía conseguida entre culturas primitivas, sean anteriores o simultáneas a la nuestra, menos evolucionadas técnicamente, en un estado primario de evolución, pero con un marcadísimo respeto e integración con la naturaleza. Esto implica un equilibrio entre una y las otras (naturaleza y sociedades), un respeto mutuo que empieza a quebrarse en el momento que hace su aparición la especialización, y que, finalmente, en el estado actual de evolución en el que se encuadra nuestra sociedad, se toma conciencia del problema de ese desequilibrio en que nos encontramos y que es producto mismo de la industrialización, del desarrollo y de la sobreexplotación de recursos en la que estamos, traduciéndose en compromisos, más o menos universales, como, por ejemplo, el Protocolo de Kioto, suscrito, de momento, por casi todos los países industrializados del planeta. Sin embargo, en esas sociedades teóricamente menos desarrolladas, este equilibrio persiste, es la base y el secreto mismo de su sociedad, y significa a la vez la esencia de su propia existencia.

Otro de los aspectos que se pueden destacar de la entrevista es una posible relación que se podría establecer entre sus teorías y las de Dumazedier, intuyendo la posibilidad de llegar a la conclusión que, de alguna manera, Fourastié aporta un punto de vista de un economista a sus tres "D". Así pues, y después de ver el párrafo anterior, se podrá afirmar que estudiando el tipo de ocio que consume una sociedad, se puede determinar en qué grado de desarrollo se encuentra, relacionando los tres estadios del ocio con el punto de evolución de la sociedad en la que se consuman cada una de las tres "D". El margen es escaso pero claro; así, una sociedad que consuma únicamente descanso quedará determinada como una sociedad que se encuentra en un estado muy primitivo de evolución; por tanto, el descanso se verá como la única forma de ocio practicada; es el ocio propio de civilizaciones primitivas o prehistóricas.

El segundo estadio de evolución será el que corresponda a las dos siguientes "D": descanso y diversión. Las sociedades que practiquen las dos formas primeras de ocio podrán ser catalogadas como sociedades pre-industrializadas, en las cuales ya existan creencias religiosas, ritos, danzas y, por supuesto, algún tipo de lenguaje en el primer período de su evolución como mínimo. Una ilustración muy gráfica de esta división viene de la mano de una novela histórica, pasada a la gran pantalla. Ejemplo bien singular en el que se contrapone a dos sociedades primitivas justo en el momento en que las diferencias entre estados de evolución de una y otra son suficientemente claras como para detectar sin dificultad que se cumple con esta teoría. Se trata de *En busca del fuego*, adaptación de la novela de J. H. Rosny Ainsé, que en 1981 se llevó al cine de la mano del director francés Jean Jaques Annoud. En ella se aprecian un sinfín de detalles y escenas de las diferencias entre dos sociedades primitivas, pero en estadios distintos de evolución, justamente en el momento de cambio entre el primer y el segundo estadios.

Así se llega al estadio más evolucionado, que correspondería a las sociedades post-industrializadas, y, por tanto, a los países del actual Primer Mundo, aunque se dé de manera generalizada sólo a partir de la segunda mitad del siglo XX. Ahora se puede afirmar rotundamente que en nuestra sociedad actual existen, además del descanso y la diversión, el desarrollo personal, las tres "D".

Esto querrá decir que el ocio que define Dumazedier es exclusivo de sociedades avanzadas y altamente industrializadas, que se dan a partir del siglo XX en casi todos los casos. Si esto está claro, existe ya para Fourastié indicios de un cambio inminente: en nuestros días, decía, se despunta una nueva tendencia en la que el hombre de nuestra sociedad tiende a disminuir el tiempo que dedica a la parte del mero descanso, en beneficio de la distracción y el desarrollo personal. Esto ocurre en función de lo desarrollada que esté la sociedad en la que se da, así parece que las otras dos formas se hacen cada vez más necesarias, en detrimento del descanso "improductivo", que tiende a no estar bien visto por algunos. El auténtico ocio, dirá, es el que sobrepasa no sólo el descanso, sino también la distracción, es el que favorece la originalidad del individuo. En esta ocasión el referente y la conexión va a ser a partir del holandés Johan Huizinga y sus tres estadios: el "Homo faber", el "Homo sapiens" y el "Homo ludens", donde el hombre se busca a sí mismo en el juego, entendiendo que éste no es algo gratuito, sino que representa la búsqueda y el desarrollo de la misma personalidad. En esta línea se decanta igualmente Lluís Racionero, con una visión más actualizada del tema (2001).

Así pues, se tendrá que prestar mucha atención a la vinculación existente entre la distracción y la cultura. Su relación es evidente, y aunque el hombre muchas veces sólo busque distraerse, es indudable que también recibe cultura intrínsecamente en esa distracción. Se puede incluso llegar a entender que la recibe mal, pero no hay duda de que la recibe, y donde más se da esta circunstancia es posible que sea entre el colectivo de los jóvenes, que la reciben mediocre y mal organizada, afirma Fourastié.

Para él, el ocio representa la posibilidad de poder emplear determinadas facultades de la persona que no se pueden ejercitar de forma efectiva en su profesión, conectando así directamente con Dumazedier. Entiende que, como consecuencia y resultado de este proceso, algunos hombres encontrarán de forma voluntaria en el ocio una cultura intelectual o física, estructurada y organizada, acercándose a la más pura idea de los clásicos. El gran paradigma de esta forma de ver el ocio será para Fourastié el turismo. Pero por encima de todo, el turismo va a representar en sí mismo ese paradigma por excelencia, él lo entiende como el punto de unión más evidente entre la diversión y la cultura, entre la distracción y la formación. De forma separada se puede entender que hay otros ejemplos igualmente válidos, pero el turismo es el que mejor ejemplifica este punto paradigmático, y además al que más amplitud se le conoce, ya que puede contener cualquier otra forma existente de ocio.

El mero hecho del desplazamiento, condición indispensable para definir el concepto de turismo, según Jordi Montaner, tiene ya connotaciones culturales. El desplazarse en el espacio implica también hacerlo en el tiempo; por tanto, el viaje significa de entrada, y como mínimo, una lección de geografía y de historia. Pero en función del objetivo del viaje, esta formación se puede extender a otros muchos ámbitos de la cultura en general, pudiendo llegar a interpretar el viaje y, por extensión, el turismo, como principio importantísimo de la globalización (entendida en su máxima amplitud).

El turismo será en todos los sentidos la forma de ocio más global, y a la vez va a representar también el nexo de unión entre la distracción y la formación; así, el turismo de masas, cuyo objetivo más claro y consciente es la distracción, acabará siendo una manera indiscutible de formación y cultura: lo que empieza por distracción, acabará siendo formación. Fourastić dirá que del turismo de distracción se pasa rápidamente al turismo de formación, ya sea este proceso voluntario o involuntario.

E) Jaume Trilla y Josep Maria Puig

Las teorías de Dumazedier representan un punto de inflexión en el concepto moderno de ocio. Existen defensores, pero también, como es lógico, retractores de sus postulados, aunque de lo que no cabe duda es que tanto unos como otros lo tienen en cuenta para basar o justificar sus posiciones, y en cualquier caso ha servido para sentar las bases de las teorías actuales de ocio.

Entre las personas a las que esta teoría ha marcado positivamente se encuentran Jaume Trilla y Josep Maria Puig. Su obra *Pedagogía de l'oci* (1985) representa una concreción interesante en la profundización que realizan definiendo el concepto de ocio en la más pura línea de Dumazedier, y que en su momento ya les supuso un reconocimiento importante. Si de Fourastié resultaba interesante la relación que se establece entre el concepto ocio y su visión de economista, ahora con Trilla y Puig el elemento de relación será la pedagogía y la capacidad de educar del ocio.

En primer lugar confeccionan un esquema en el que se refleja el tiempo disponible de una persona en la actualidad. Se hace una diferenciación entre el tiempo de trabajo y el tiempo de no trabajo (figura 1.2), siguiendo a Dumazedier y el esquema que ya se ha visto en la figura 1.1. El tiempo de trabajo, siguen estos dos autores, ocuparía aproximadamente un tercio de la división, dejando el resto para dividirlo a su vez en dos bloques. El primer bloque correspondería al tiempo que una persona dedica a satisfacer sus necesidades fisiológicas, como sería el dormir, el alimentarse, etc., junto al tiempo que dedica a las obligaciones paraprofesionales, a las familiares, religiosas, políticas...

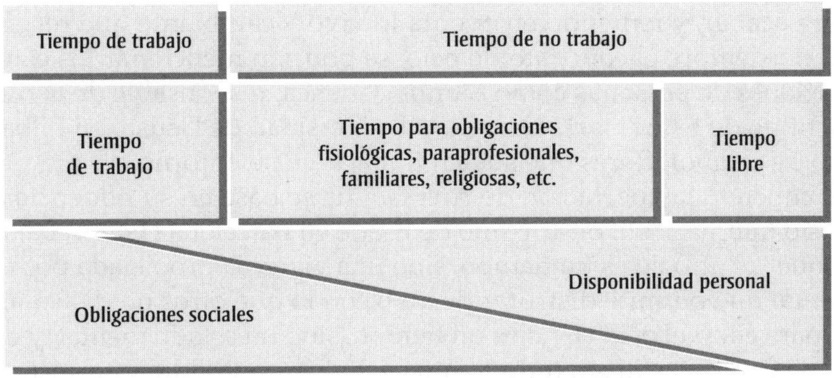

Figura 1.2. El tiempo libre según Trilla y Puig.

La segunda mitad de este bloque correspondería al auténtico tiempo libre, espacio que sería bastante más reducido que el anterior. El ocio se situaría dentro de este espacio de tiempo libre, relacionado directamente con una mayor disponibilidad personal, de manera que, para ellos, el ocio se relaciona con el tiempo libre de mayor disponibilidad personal, y que queda totalmente alejado de las obligaciones sociales, más propias del tiempo de trabajo. Ahora bien, se puede entender que en un tipo de tiempo o en otro (tiempo de trabajo y tiempo de no trabajo), pueden aparecer, y de hecho lo hacen, actividades que serían propias del tipo de tiempo contrario, es decir, que en un momento del tiempo de trabajo, una persona puede llegar a realizar una actividad de tiempo de no trabajo. Como ejemplos, una llamada privada que se haga desde un teléfono en la oficina o una consulta al correo personal. De la misma manera, a veces se asiste a actividades que organiza la empresa, y que no se pueden eludir por el alto contenido de compromiso, como, por ejemplo, las cenas, las comidas de trabajo, etc.

Para Trilla y Puig se crea una situación de ocio cuando durante el tiempo libre un individuo decide y gestiona libremente sus actividades, obtiene placer y satisface necesidades personales, como, por ejemplo, descansar, divertirse y desarrollarse, es decir, ocio según Dumazedier. Continúan diciendo que cualquier actividad será de ocio según el tiempo social en el que se dé y la actitud personal con la que se realiza (conceptos clave para entender su aportación a las tres "D"). Esto significa que para hablar plenamente de ocio, tendrá que existir una libre elección de la actividad, sin ningún tipo de presión ni condicionante y que esta libertad se mantenga durante la realización de toda la actividad. Se desprende de aquí que la actitud con la que se realiza la acción será la aportación más significativa de Trilla y Puig al concepto actual de ocio. Depende, pues, de una vivencia subjetiva del propio individuo.

Para acabar, y teniendo en cuenta lo vivo y cambiante que resulta y ha resultado siempre el concepto de ocio, se podrían mencionar los estudios y aportaciones de personas como Manuel Cuenca, responsable de la dirección del Instituto de Estudios de Ocio de la Universidad de Deusto en Bilbao y del equipo de colaboradores que suelen trabajar en su entorno.

En concreto la aportación de Ana Goytia se basa en su ponencia del VII Simposio Internacional de Turismo de Esade en Barcelona (1998), cuando afirmaba que "el ocio no es un tiempo, sino una vivencia propiciada por un estado mental que permite disfrutar de algo con lo que otros no disfrutan". Por tanto, para ellos, el ocio ya no es un tiempo, sino un estado mental, y esto significa un cambio radical, todo lo que se había apuntado anteriormente en algún momento, lo que existía eran justamente unas puntualizaciones, no una afirmación categórica como en su caso.

1.2. Ocio y turismo en la actualidad

La vinculación entre el fenómeno del turismo y el ocio en la actualidad resulta suficientemente evidente, sobre todo teniendo en cuenta que el turismo es hoy día el gran paradigma del ocio, como se comentaba en el apartado anterior. Si ya se ha visto la evolución y las distintas posturas a lo largo del tiempo y de diferentes épocas, toca, pues, ahora afrontar ese análisis desde una perspectiva contemporánea.

1.2.1. Concepto actual de ocio

Hablar de ocio en el panorama nacional español implica hablar del Instituto de Estudios de Ocio de la Universidad de Deusto en Bilbao. A pesar del buen número de investigadores y colaboradores, se introducían un poco más arriba dos de sus figuras más relevantes: Manuel Cuenca Cabeza, director y responsable del Instituto, y Ana Goytia, una de sus colaboradoras.

Está claro que existen más expertos y especialistas del ocio, pero la labor constante y dinámica que lleva a cabo Manuel Cuenca sobrepasa las propuestas globales que se realizan en nuestra geografía. Así es que resulta una referencia de primera línea no sólo a nivel nacional, sino que en la actualidad es un referente que se tiene en cuenta fuera de nuestras fronteras.

Las aportaciones del Instituto son muchas y muy variadas en el mundo del ocio, y lo que se comenta a continuación es solamente un pequeño extracto de lo mucho que está aportando.

A) Manuel Cuenca Cabeza

De forma muy evidente relaciona el ocio con la experiencia humana, y para definirlo lo sitúa como un ámbito de ella misma. Permeable a infinitas teorías, Cuenca separa el ocio del tiempo; esto quiere decir que hay un tiempo de trabajo, un tiempo de no trabajo y un tiempo en el que no se tienen obligaciones. Para él, el ocio no es un tiempo, sino una actitud de la persona. Es una vivencia propiciada por un estado mental, que le permite a una persona disfrutar de alguna cosa con la que cualquier otra persona no tiene por qué disfrutar. Un ejemplo genérico y válido puede ser el fútbol: con él no todos disfrutan, hay personas a las que les resulta inaguantable; sin embargo, para otras, exagerando un poco, es casi el sentido de sus vidas. Las intensidades de percepción serán, como vemos, aún más subjetivas, si cabe.

El ocio no es genérico ni universal, afirmará Cuenca; muy al contrario, se trata de algo totalmente subjetivo, que depende de la persona, y así cada uno disfruta de su ocio según sus gustos y preferencias, y en ningún caso serán válidas de forma universal: lo que para uno lo es, para otro no.

El ocio es una manera de ser y de percibir, es el estado mental al que hacía referencia más arriba, y que se relaciona con el sentimiento de libertad percibido por la persona que realiza la actividad. Si no hay libertad no podrá haber disfrute, sin ella la acción o la actividad se puede convertir en una obligación, entrando, por tanto, en una dimensión que ya no admitirá el calificativo de ocio. Si no hay libertad de elección, no hay posibilidad de ocio, afirmaban Trilla y Puig; para Cuenca esta premisa continúa igualmente vigente. Con Cuenca el ocio se basa en la motivación intrínseca y en el sentimiento de libertad que perciba la persona, le ha de permitir escoger y decidir lo que quiere o no hacer según sus preferencias, y planteado de cualquier otra forma, se transformaría en una obligación.

Hablando de la idea actual de ocio, la que correspondería ya al siglo XXI, comenta un fenómeno al que llama "Revolución silenciosa" y que para él representa el inicio de una nueva época. Esta revolución, a la que sitúa en torno a 1998, representa un cambio considerable en la concepción y el consumo de ocio en nuestra sociedad; se pasa de un tipo de ocio en el que la comunicación oral es prácticamente imprescindible para todas sus formas, a un consumo de productos de ocio que se realizan individualmente, aunque su objetivo y su medio es la comunicación con otras personas, ahora empiezan a realizarse en silencio, utilizando la comunicación escrita en lugar de la oral. Se refiere a la entrada en los hogares españoles de las conexiones a Internet, y del inicio de la utilización, también de forma cada vez más generalizada, de los mensajes a través de teléfonos móviles. Su irrupción en nuestra sociedad es tan brutal que tendrán la capacidad de transformar la manera de consumir muchos de los productos de ocio, sobre todo los que se fomentarán a través de estos dos nuevos medios. Como resultado se tiene ese efecto de silencio al cambiar la palabra oral por la escrita.

Otra de sus grandes aportaciones será el corroborar lo que ya apuntaba en su momento el francés Jean Fourastié, que será la confirmación, perfectamente aceptada hoy día, de que se ha pasado de entender el ocio como descanso a un ocio bastante más activo y, sobre todo, de consumo. Esta idea llega a ser tan contundente que es frecuente oír frases como "estar gastando el tiempo" o "estar pasando el tiempo", con las connotaciones que una y otra tienen, y que todos entienden la diferencia entre lo que significan en cada caso.

En su obra *Ocio humanista* (2000), Cuenca afirma que uno de los cambios más significativos que ha sufrido el ocio en nuestra sociedad es el haber pasado de ser una necesidad a ser un derecho, y que a su vez es también un indicativo de calidad de vida, por lo que ahora la connotación de "ostentación" vuelve a planear sobre el concepto de ocio, a la manera del ocio más puramente caballeresco del que en su momento citó Munné. Además de ser un derecho y de significar una calidad de vida, es una vía de autorrealización para una gran mayoría, por lo que no se acaba de desprender tampoco de las connotaciones propias de Dumazedier y de la línea liberal.

Afirma que en nuestra sociedad el ocio es también una capacidad humana, una experiencia propia de la persona, y que, además, esta capacidad humana, se manifiesta en diferentes *dimensiones*, entendiendo que éstas son el medio para vivir el ocio, no el ocio mismo, como en muchas ocasiones se las ha identificado. Tampoco son excluyentes las unas de las otras, muy al contrario, se complementan entre ellas, ayudando a comprender, analizar y planificar la realidad en la que se da el ocio.

Es en el ámbito del ocio más autotélico donde Cuenca las sitúa, distinguiendo una tipología que abarca cinco de ellas, que son la dimensión lúdica, la creativa, la ambiental-ecológica, la festiva y la solidaria, que se definen a continuación:

- *Dimensión lúdica*. En ella se englobarían todas la actividades propias de la diversión y el juego (tanto en niños como en adultos), por tanto, serán las vivencias más desenfadadas. Es el cómo se divierten las personas, el lugar, los medios, etc. Es el ámbito de la recreación e incluiría igualmente los hobbies.
- *Dimensión creativa*. Con fuerte carga cultural y formativa, hace referencia a actividades cuyo disfrute requiere de un mayor raciocinio o de una reflexión. Se relaciona con la cultura que pueden poseer las personas y, por tanto, también con los procesos educativos, con sus infraestructuras y recursos.
- *Dimensión ambiental-ecológica*. Se sitúan aquí aspectos tales como la preocupación por el entorno, el respeto medioambiental, la conservación y transmisión del patrimonio. A ellos se les suman otros varios que hacen referencia a la Naturaleza, como su conocimiento, su percepción, su respeto, etc. En definitiva, expresa la sensibilidad de las actividades de ocio y su impacto en el medio ambiente; por tanto, no únicamente lo referido a las acciones en sí sino que sus consecuencias también tendrían lugar en esta dimensión.
- *Dimensión festiva*. Quedarían inscritas aquí todas las celebraciones festivas que tienen la capacidad de "poder llevar a cabo experiencias que se apartan de lo racional, pero que tienen un enorme poder de cohesión entre la comunidad que las practica". Representa al ocio colectivo, compartido y social, por tanto, es lógico que haya sido desde siempre una preocupación especial de todas las administraciones, sean éstas democráticas o no.
- *Dimensión solidaria*. Con toda seguridad es la más altruista de todas, ya que hará referencia a la ayuda desinteresada a otras personas. Para Cuenca cualquier vivencia de este tipo de actividad de ocio es signo de una calidad humana considerable.

Estas dimensiones representan para Cuenca no sólo puntos de referencia para el desarrollo personal, sino también comunitario; así, por tanto, se le puede considerar como un fenómeno social en el momento en que esas experiencias personales se comparten con la comunidad.

1.2.2. Relación y dependencia del ocio y el turismo

A partir de la segunda mitad del siglo XX, prácticamente una vez finalizada la Segunda Guerra Mundial, es cuando se puede establecer una relación directa, y realmente democratizada, entre los dos conceptos de ocio y turismo. No quiere decir que no haya una relación previa a esa fecha, lo que pasa es que esa relación se da a un nivel bastante reducido aún, por tanto, hasta ese momento se puede hablar igualmente de relación, de hecho siempre la ha habido, pero a lo que no se puede hacer mención es a una democratización real del ocio en general, así que su influencia y reciprocidad resulta aún poco significativa; la dependencia indisoluble de los términos, tal y como la entendemos hoy día, no resulta ni tan evidente ni tan clara a la práctica, aunque se puede afirmar sin miedo a equivocarse que no hay turismo sin ocio (caso que al contrario sí sería posible ya que existe ocio fuera del turismo, como ya se ha podido comprobar).

El turismo resulta ser el gran paradigma del ocio, en su seno caben todos los tipos de ocio y cuanto más novedosos sean, mayor será el poder que éstos tendrán para procurar una experiencia satisfactoria a quien los practique, así que se podría asegurar que ése es el secreto, la esencia del porqué hoy día cualquier producto que tenga la facultad de remitir al consumidor a un estado de satisfacción óptimo (característica básica de un producto de ocio), será digno de ser tenido en cuenta, sea o no un producto turístico, de primera necesidad o no, como se analizará más adelante.

Inherentes a esa relación, y formando parte de ella, se sitúan la funciones atribuidas al ocio, y que Álvarez Sousa recoge en su obra *El ocio turístico en las sociedades industrializadas avanzadas* (1994).

Las primeras de estas *funciones son las psicosociales* (figura 1.3). Dumazedier es quien da el primer paso en su definición, pero serán otros autores, quienes teniéndole muy en cuenta, harán una vinculación de esas funciones con el turismo. Entre ellos cabe destacar a Jost Krippendorf, que cree que tanto el ocio como el turismo son consecuencia y componente a la vez del sistema social industrial en la civilización moderna. Al ser parte de ese sistema tienen la característica de incidir en él y modificarlo. El ocio turístico significará el escape de lo cotidiano hacia lo contra-cotidiano en la persona, y representará una salida hacia la libertad del individuo. Álvarez Sousa hablará de un "descontrol controlado" que se da en medio de un sistema de campos de fuerza representados por la sociedad y sus valores, la economía, la política de Estado y el medio ambiente, así que para él el estudio del turismo supondrá analizar la ruptura con lo cotidiano, ya que es la vida cotidiana lo que va a inducir a la persona a realizar viajes. El norteamericano Jafar Safari, en la línea más positivista, encabezará esta teoría (Álvarez Sousa, 1994: 60-65).

Psicosociales
De comunicación
Simbólicas
Económicas

Figura 1.3. Funciones del ocio y el turismo según Álvarez Sousa.

Existe también una postura bastante más crítica que iguala el ocio al consumo alienado, relacionada directamente con la teoría marxista, y que postula que el ocio sigue siendo un elemento de control de los poderes sobre las personas. Una sociedad donde todo está previsto y donde los moldes del sistema evitan la posibilidad de experimentar grandes emociones. Álvarez Sousa cita a Marcuse para referirse al estado al que se dirige el hombre en la sociedad actual, en la que cada vez resulta menos útil como productor al sistema, pero más útil como consumidor; por tanto, el hombre ya no vende solamente su trabajo, sino también su tiempo libre. Ésta sería la consecuencia de la globalización a la que nos dirigimos, y que podríamos asegurar que los medios de comunicación tienen mucho que ver, que hará que la gente se dedique a consumir aquello que una cultura les propone, llegando así directamente al negocio del ocio actual.

Otra de las funciones que Álvarez Sousa ve en el ocio es la capacidad que éste tiene de *fomentar la comunicación*. Entendida ésta en la máxima amplitud de la palabra, es decir, que no únicamente se referirá al fomento de la comunicación entre personas, sino también entre comunidades, entes, empresas, países, etc.

Y si cualquier tipo de actividad de ocio lleva intrínseca la función comunicadora, será en el ocio turístico en donde más evidente se haga, pudiéndose deducir, por tanto, que a través del turismo se generan toda una serie de flujos, en ambas direcciones (entiéndase emisor-receptor), que han de permitir un acercamiento mutuo y progresivo de los interlocutores implicados, insistiendo en que va más allá de una mera comunicación entre personas. Esta función, que ya apuntaba Dumazedier a finales de la década de los años sesenta, ha seguido una evolución constante y ha llegado hasta Francesc Valls, tomando forma en su estudio sobre los Ociotipos (Invimark, 1999). Valls, analizando los resultados de su estudio, afirmará que la función comunicadora que se le atribuye al ocio será una de las más valoradas por los consumidores en el momento de decantarse hacia una u otra actividad.

A esta función se le imputa la capacidad de poner en contacto a las personas, tanto a las que se desplazan como a las que reciben esos contingentes. Tanto es así que llega a asegurar que a esta función se le puede otorgar la capacidad de reducir tensiones internacionales, o fomentar el respeto a los derechos humanos, dando lugar a una mayor fluidez en la comprensión entre Estados. No cabe duda de ello, hoy día este hecho está más que aceptado por todos los actores que forman parte de este tipo de ocio, pudiéndose llegar a extrapolar esos mismos efectos a muchas de las actividades de ocio actuales, y confirmando así la razón de varias de las teorías de Puig y Trilla en su *Pedagogía del ocio*, o incluso también las de Jean Fourastié.

La tercera es la *función simbólica*. Sin lugar a dudas se la relaciona con la ostentación, relación que tradicionalmente, y ya desde sus inicios, ha sido prácticamente inherente al mismo concepto de ocio, aunque sea bastante más obvio en muchas de las actividades de ocio en la actualidad. Pero esta afectación hay que entenderla de una forma mucho más amplia, ya que hoy día no se localiza únicamente en el ocio, sino que de igual manera están afectados, y continúan haciéndolo, temas y ámbitos más amplios, como, por ejemplo, la cultura o el arte. Álvarez Sousa la ve incluso como una vía para conseguir un cierto tipo de respeto de los demás.

La cuarta *función* de ocio turístico es la *económica*. Basándose en el ejemplo de nuestro país, Sousa justifica esta función vinculando la capacidad de desarrollo de su economía que el ocio turístico puede ejercer en un determinado país. Para él, el ocio puede convertirse en un importante motor económico, ya que hay una equivalencia entre tiempo libre y consumo en nuestra sociedad. Citando a Keynes dice que para que el sistema funcione óptimamente, las masas no pueden ser únicamente trabajadoras, sino que hay que dar un tiempo libre para que se dé el hecho del consumo, y dentro de este tiempo de consumo, el turismo tiene una parte bastante significativa, por tanto, no hay que verlos sólo como un elemento de liberación, de realización humana basado en necesidades humanas, sino que se entenderá que sean esas necesidades las que dicten el propio sistema.

1.2.3. El concepto de vacaciones en la actualidad

Comentando el tema de las funciones, Álvarez Sousa, y basándose ahora en Merton, hace una distinción entre lo que se puede entender como funciones y motivaciones. Para él, las funciones se relacionan con la parte más objetiva, y son la consecuencia de unas normas de conducta, mientras que los motivos remiten al sujeto, las razones expresadas por la gente para su conducta.

1. **Crecimiento general de ingresos.**
2. **Mejora de los medios de transporte.**
3. **Variantes en la distribución del tiempo de trabajo.**
4. **Mayor disponibilidad de tiempo libre.**
5. **Mayor acceso a la cultura.**
6. **Actividades de reacción frente a la rutina.**
7. **Diversificación de la oferta.**

Figura 1.4. Principales motivaciones según la OMT.

Cuando, definiendo y analizando el fenómeno del turismo la OMT en 1998 hacía mención a las motivaciones turísticas recogidas en la figura 1.4, éstas surgían de las respuestas que los encuestados daban a la pregunta "¿Usted por qué viaja?", realizada en la década de los setenta. El grupo de respuestas podrían ser definidas como las motivaciones tradicionales, es decir, las primeras en ser estudiadas, que continúan en toda vigencia y que, de vez en cuando, se utilizan para actualizar determinados estudios turísticos.

Muchas cosas han cambiado y se pueden analizar una serie de factores que han hecho incidencia en esos cambios, pero la esencia de las mutaciones que han efectuado se siguen explicando a partir precisamente de esas motivaciones tradicionales, que son las que, en definitiva, inciden en el concepto de ocio en general, y en el del turismo en particular. Entre las que más destacan se distinguen las siete siguientes (figura 1.4):

1. *Crecimiento general de ingresos.* Define el poder adquisitivo del consumidor del producto de ocio. Es en esta repartición de beneficios en la que se basa el dinamismo de la economía de un país, y que se inicia a partir de la Revolución industrial. En general se aspira a que ese crecimiento del poder adquisitivo de los ciudadanos no disminuya, al contrario, que la tendencia sea tener unos ingresos cada vez mayores. Como consecuencia habrá también un número ascendente de personas y empresarios que puedan y quieran invertir su dinero en el ocio turístico.
2. *Mejora de los medios de transporte.* Por supuesto su evolución ha permitido, y permite, que las distancias se acorten y que los destinos, hoy día impensables, puedan hacerse realidad en un futuro más o menos próximo, abriendo nuevas posibilidades y horizontes al dinamismo del turismo.
3. *Variantes en la distribución del tiempo de trabajo.* También se tiende a distribuir el tiempo de trabajo de forma alternativa a la distribución más tradicional, haciendo que el tiempo de ocio se amplíe en función de varias necesidades, entre las cuales se encuentran las del mismo trabajador, permitiéndole realizar algunas actividades turísticas de radio más corto, por ejemplo.
4. *Mayor disponibilidad de tiempo libre.* Fruto del punto anterior, parece ser que, en general, se tiende a disponer de más tiempo libre en las sociedades más avanzadas, lo que da lugar a una serie de actividades propias del turismo pero sin necesidad de realizar un traslado largo, por lo que en tiempo de vacaciones se podrá optar por otras actividades que aporten experiencias más novedosas y exóticas que éstas de un radio geográfico más corto.
5. *Mayor acceso a la cultura.* Es un hecho que poca cultura ha sido gratis a lo largo de la historia del hombre, y en el momento actual sigue estan-

do vigente esta condición, pudiéndose establecer así una relación directa entre ella y el poder adquisitivo: a mayor poder adquisitivo de una sociedad, mayor posibilidad a un acceso generalizado a la cultura. Entendiendo que la cultura es conocimiento en general, este punto incidirá con mucha fuerza en las mutaciones que ha sufrido el turismo, y ha hecho posible abrir nuevas fronteras y posibilidades.

6. *Actividades de reacción frente a la rutina.* Tal como postulaba ya Dumazedier, la reacción del hombre frente a la rutina ha dado resultados sorprendentes, aportando todo tipo de actividades que han diversificado, que diversifican y que continúan haciéndolo, la concepción de la idea de ocio y, por consiguiente, la de turismo.
7. *Diversificación de la oferta.* Desde el mismo momento en que un producto empieza a masificarse, se puede afirmar que se inicia también su diversificación (Ana Goytia, 1998). Hoy día hay una oferta tan variada de posibilidades de ocio y turísticas que existe un producto para cada interés o necesidad, y si no lo hay, es suficiente excusa como para estudiar la viabilidad de su implantación en el mercado.

1.3. Nuevo entorno y nuevos valores para el consumidor

A estas motivaciones más tradicionales que se acaban de comentar y que han propiciado los cambios en el entorno turístico, se le podría añadir alguna más, y serían los que Francesc Valls (1996) define como factores *macroeconómicos* (figura 1.5) y *microeconómicos.* Valls considera que en la actualidad estos factores pueden incidir tanto en el concepto de turismo como en el de ocio, repercutiendo así en el entorno y en los valores en los que el consumidor actual se va a basar.

- Factor socioeconómico; la popularización del sector turístico.
- Entorno internacional.
- Modificaciones de la estructura social.
  - Incorporación de la mujer al mundo laboral.
  - Población que envejece.
  - Aumento de migraciones.
  - Distribución del tiempo libre.
  - Movilidad laboral.
- Tecnología.
- Medios de comunicación.
- Educación.

Figura 1.5. Factores macroeconómicos según Francesc Valls.

El nuevo entorno también preocupa a Josh Krippendorf (en Álvarez Sousa) cuando enmarca el hecho turístico, o los *ocios móviles*, como él los denomina, entre factores como la sociedad, la economía, el Estado y el medio ambiente, que de alguna manera se situarían en la misma línea de Valls.

Todos estos factores, tanto los de Valls como los de Krippendorf, también incidirían en el desarrollo del turismo y del ocio en la actualidad, y posiblemente con mucha más sensibilidad que los que se analizaban de la mano de la OMT; cualquier pequeña alteración en alguno de ellos repercute inmediatamente tanto en el *ocio móvil* como en el más estático.

En el primer bloque de factores, los *macroeconómicos*, tal y como se aprecia en la figura 1.5, Valls comenta en primer lugar la *popularización del sector turístico*, que ha tenido lugar gracias a la liberalización del transporte aéreo, el abaratamiento de la energía, en general, y del petróleo en particular, o la competencia entre los diferentes productos y destinos.

El *entorno internacional* es el segundo de los factores. Pasa a decir que la economía mundial muta de unos límites nacionales a organizarse en grandes espacios económicos y políticos en los que desarrollar el negocio turístico (y del ocio), que se convierte en impulsor del capital internacional.

Los cambios y las *modificaciones de la estructura social* también las incluye en este grupo, haciendo una revisión de los aspectos que en ese momento más están evolucionando en el tejido social. Entre estos elementos cabe destacar los siguientes:

- La incorporación de la mujer al mundo laboral. Como algunas de las consecuencias de este hecho se destacan los hijos que llegan tarde, el índice creciente de separaciones y divorcios (al tener mayor independencia económica y unas leyes que las regulen) o las familias monoparentales, entre otras consecuencias, que finalmente acaban trastocando el concepto de distribución de los tiempos y del poder adquisitivo en todos los casos.
- La población que envejece, por lo que se prevé un gran contingente de personas con poder adquisitivo y salud suficiente para poder realizar una amplia gama de actividades de ocio, y entre ellas, cómo no, viajar (con ganas, salud y dinero suficiente como para poder hacerlo).
- Aumento de migraciones, que llega a crear nuevas formas de ocio por aportación de tradiciones y culturas al lugar de acogida, y que además acrecentará el flujo de viajeros desde el punto que les acoge hacia su lugar de origen y viceversa.
- La distribución del tiempo libre o de no trabajo, que permite que se puedan establecer períodos de vacaciones cortos, manteniendo un período más largo y que será el principal, llevará a una diversificación de

los productos turísticos de radio más corto, ideales para esos períodos reducidos, pero diversificando igualmente la oferta para las "grandes vacaciones".

- La movilidad laboral que se prevé, que tendrá como consecuencia la disgregación familiar, como se ha entendido tradicionalmente, y que puede pasar a ser mucho más amplia.

La *tecnología* y sus consecuencias también está cambiando el panorama turístico, sobre todo en aspectos como la relación entre producto-intermediario-cliente, que ahora existe la posibilidad de prescindir del elemento intermedio y contactar directamente con el productor del servicio, que puede llegar incluso a significar una disminución del precio del producto, y además un aumento en la personalización del mismo. Sin olvidarse de que este medio supone hoy día una fuente inagotable de información y conocimiento de cualquier producto, tema o destino.

- Diversidad de la oferta.
- Amplia gama de precios.
- Aumento de la calidad.
- Mayor flexibilidad.
- Mayor presencia de alianzas entre las empresas.

Figura 1.6. Factores microeconómicos según Francesc Valls.

Los dos últimos se refieren al *factor de comunicación* y a los *educativos*, que podrían ir de la mano hoy día. De los dos se puede afirmar que tienen dos vertientes, la oficial, más regulada, y la social, más amplia y más abierta a nuevas técnicas y puntos de vista. Una complementa a la otra dando como resultado una amplitud de conocimientos bastante inédita hasta ahora.

En cuanto al segundo nivel citado por Valls, el *microeconómico*, cabrá destacar la ampliación de la *diversidad de ofertas*, que harán factible la democratización de cualquier producto de ocio turístico, incluyendo dentro de esta diversidad la *amplia gama de precios* existentes y que tiende a popularizarse aún más, en algunos aspectos, el *aumento de la calidad* y una, también creciente, preocupación por los productos personalizados, por citar los aspectos más destacados.

A partir de este nuevo entorno que cambia constantemente y por la dependencia de todos estos factores que Valls propone en sus estudios, se da una mutación en el sistema de valores y de hábitos que afecta igualmente al mundo laboral, al tiempo de ocio y a las actividades a las que estas personas se sienten atraídas. Así este nuevo entorno quedará definido, en primer lugar, por el concepto de consumo, que no se basará en el deseo de consumir, dirá también Valls, sino en la manera de hacerlo y que se caracteriza por una tendencia a dejar de ser compulsiva para situarse a otro nivel mucho más racional. Esto es sólo el inicio de las consecuencias de todos estos *inputs* en los que la sociedad está inmersa.

1.4. Consecuencias

Las consecuencias de las influencias de todos estos factores son muchas y ciertamente imprevisibles; cualquier mutación en alguno de ellos conlleva cambios en la percepción del contexto, retroalimentando directamente las características del punto de vista y en la demanda. Continuando el comentario del análisis de Valls, se revisarán las consecuencias de esta relación tan sensible con el nuevo entorno.

Uno de los hechos más significativos de nuestros días es la incorporación de la mujer al mundo laboral, que está obligando a que se revise su papel en la sociedad y en el seno familiar. Una de sus consecuencias es el nuevo concepto de familia, que tiende a trastocar su concepción tradicional para llevarla a lugares insospechados hace sólo unas décadas, ampliando las posibilidades del concepto para llevarlo a formas inéditas, como, por ejemplo, las familias monoparentales, con hijos de otras uniones, de parejas del mismo sexo, etc.

Como consecuencia directa de este papel, mucho más dinámico e integrado en el mundo laboral, las mujeres han adquirido un poder de decisión que las equipara al de los hombres, reposicionando su rol también en la sociedad, no sólo en la familia. Este hecho repercute en las necesidades de actividades de ocio, que pasarán a tener que satisfacer otras espectativas.

La reducción de la jornada laboral a 35 horas, aunque parece estar ya a punto de hacerse realidad en nuestro país, está rodeada de un cierto escepticismo por parte de algunos, sobre todo si se mira el efecto que causa en otros países, como, por ejemplo, Francia. Efectivamente hay una reducción de la jornada laboral en las empresas, pero en muchos casos es sólo una reducción horaria presencial, que para mantener la competitividad, no solamente de las empresas, sino también de los trabajadores, la producción ha de mantenerse intacta, si no aumentar, por lo que se recurre a las nuevas tecnologías para dedicarle más tiempo aún que antes de la reducción en demasiadas ocasiones. Así son cada vez más frecuentes las personas que dedican un tiempo "no laboral" a adelantar trabajo con los ordenadores portátiles, que ya podemos ver instalados en muchas empresas de ocio y de alojamiento turístico, evidencia clara de la borrosidad que sufre la línea que separa hoy día el tiempo de trabajo y el tiempo de no trabajo.

En medio de este panorama tan cambiante Valls, al igual que varios de los autores analizados, ve una evolución en el perfil actual del consumidor. Éste, inmerso en un océano vertiginosamente cambiante que es el contexto de las sociedades avanzadas en el primer mundo, queda definido, según Valls (1996), con las siguientes características:

1. Es un multiconsumidor perfecto.
2. Quiere consumir sin malgastar.
3. Es más exigente, dispone de más información.
4. Demanda realidades, no promesas.
5. Quiere ser más activo.
6. Es más culto y, por tanto, quiere satisfacer más inquietudes.
7. Desea establecer relaciones allí donde va.
8. Posee una conciencia a favor de la protección medioambiental.
9. Reclama productos hechos a medida.
10. Se deja tentar por productos alternativos.

Así, tras el repaso efectuado a través del panorama del ocio y su relación con el turismo, de la mano de investigadores como Álvarez Sousa o Francesc Valls, se puede llegar a la conclusión de que este nuevo consumidor va a estar orientado hacia la valoración de ciertos aspectos que le han venido determinados por el panorama de dependencias a las que no puede escapar. Estos aspectos van a pasar a representar unos nuevos valores que podrán llegar a modificar las motivaciones en ellos mismos. Alguno de estos aspectos va a tener tanto peso específico que incluso van a poder superar el mismo valor intrínseco de la actividad de ocio, sea ésta turística o no.

Ya, sin necesidad de mayor profundidad, se detecta un aumento del interés por temas referentes al respeto por el medio ambiente, la naturaleza y las prácticas ecológicas. De hecho esta preocupación está presente desde hace algún tiempo en nuestra sociedad, tal y como afirmaba Fourastié, aunque es ahora cuando realmente está haciendo una incidencia considerable en capas de la población mucho más populares.

Otro aspecto es la necesidad que presenta este nuevo consumidor, que apunta al deseo de experimentar vivencias nuevas y diferentes (Cuenca). Esta línea llevará a proponer actividades de ocio cada vez más atrevidas, y que en otros momentos habían estado catalogadas con adjetivos menos positivos que en la actualidad. Ésta será una de las razones de por qué las propuestas más novedosas presentan esta tendencia a ofrecer experiencias inéditas hasta ese momento.

Se denota también un interés creciente por la cultura con mayúsculas. Una propuesta de ocio a la cual se le pueda añadir el componente cultural, entendido éste en cualquiera de sus ámbitos, presenta una garantía de que va a despertar un interés específico en una parte de la población determinada. Este componente cultural va más allá del mero hecho de desarrollarse a nivel personal en la más pura línea de Dumazedier, sino que se acerca bastante más a la teoría de Fourastié.

La relación social adquiere una nueva magnitud en el contexto del ocio, y en esto coinciden muchos de los autores analizados. Así pues, una propuesta de actividad, o un producto de ocio que presente una buena posibilidad de fomentar las relaciones entre las personas será tomado como una actividad de ocio con un valor añadido importante. La práctica de una actividad determinada, o el consumo de un producto resultarán mucho más atractivos si presentan ciertas garantías reales de un poder socializador.

Otra consecuencia, como se verá, va a ser la importancia que el cuerpo y la salud van a tener, que los harán saltar a un primer plano. Este aspecto, que recogería la idea inicial del culto al cuerpo propia de la civilización de la Grecia antigua, es capaz de generar una gama amplísima de ofertas y productos de ocio hoy día. Éstos pueden ir desde los clubes deportivos y gimnasios, hasta zonas de instalaciones específicas en muchas empresas de alojamiento turístico, pasando por centros dedicados exclusivamente al cuidado del cuerpo y de la salud.

Como último aspecto significativo habría que citar la aplicación de elementos propios del concepto "ocio" a necesidades fisiológicas. Ideas como felicidad, diversión o relajación, por citar sólo unas cuantas, se encuentran ya asociadas a productos alimenticios, al sueño, a las relaciones familiares etc., y para encontrar algunos ejemplos bastará con echar un vistazo a cualquier publicidad que se divulga en los muchos canales de comunicación existentes.

Ocio y tiempo libre en los establecimientos turísticos

2

Si en el tema anterior se abordaba la definición y la conceptualización del ocio, en éste se pretende ofrecer una visión de lo que sería el contexto turístico en el que se desarrollan las actividades de ocio, centrándose sobre todo en sus mediadores, y de manera especial en el animador turístico, en el guía turístico y en el agente de desarrollo local. Son personajes absolutamente importantes en este escenario, pero con cierta frecuencia no se tratan con la profundidad que merecen, sobre todo al animador, razón por la cual se le concede una mayor extensión en este capítulo.

Tampoco se ha de interpretar este mayor protagonismo que se le concede al animador turístico como la consecuencia de que se le considere más importante o más necesario que las otras figuras. No, porque la razón es otra, y es que se le considera el profesional más desconocido, si no el menos entendido, del panorama de los mediadores.

La mayoría de las profesiones que se proponen en la división de mediadores de la figura 2.1 son conocidas y reconocidas a nivel profesional, no hay duda, pero hay que añadir que el animador es el que seguramente tiene mayor contacto directo con el turista, por tanto, es la cara más cercana y accesible de la empresa, motivo por el que se cree que es una figura que hay que conocer en una cierta profundidad para obtener el máximo beneficio de ellos.

Con bastante frecuencia se detecta en algunas empresas turísticas que al animador se le otorgan funciones que distan bastante de reflejar su responsabilidad laboral real en los establecimientos turísticos, viéndolo relegado en muchos casos a funciones operativas excesivamente básicas sin aprovechar sus posibilidades de forma óptima. Ésta es la verdadera razón por la que se considera necesario darle este trato de mayor profundidad: si es la más desconocida, es, por tanto, la que más necesita ser destacada.

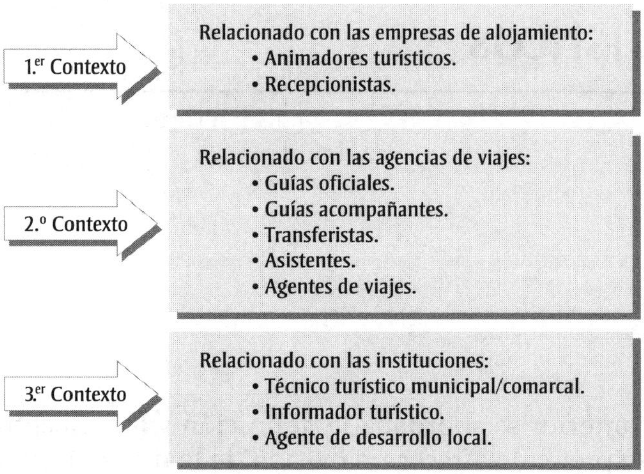

Figura 2.1. Mediadores turísticos.

2.1. La búsqueda de la experiencia de satisfacción en el destino turístico

Como se ha podido comprobar a través de varios autores, el alma que se parapeta detrás de cualquier motivación es esa necesidad que el viajero tiene de experimentar nuevos horizontes que le satisfagan. Con este objetivo el turista se traslada buscando la experiencia satisfactoria en los diferentes destinos turísticos. Según Jordi Montaner, el turismo, tomado desde la Psicología, puede ser definido como un fenómeno social que se trata concretamente desde la Psicosociología. Basado en la interacción entre personas, resulta evidente que se identifica como un fenómeno comunicativo que se da entre ellas. Si es un fenómeno que se edifica en la comunicación, ésta tendrá que ser entendida igualmente como polilingüística y, evidentemente, no verbal. De ahí la importancia que tienen sus agentes, como se verá a continuación, que han de ser capaces de fomentar el proceso y optimizar al máximo la satisfacción que el viajero busca en sus traslados.

Una parte importante que hace que el turista se decida por un destino u otro son los atractivos turísticos. Estos atractivos que el turista desea conocer y visitar son el resultado de la suma de los recursos de la zona con los diferentes servicios que posibilitan y sostienen el flujo turístico, son los que, en definitiva, acabarán configurando las atracciones turísticas, entendiendo que "los recursos en su forma original no son más que la materia prima de futuras atracciones" (OMT, 1998).

Además de los atractivos turísticos del destino, otro de los aspectos que se han de tener en cuenta en la satisfacción de los turistas sobre esa experiencia a la que se está haciendo referencia en este punto, está ligada a la educación y al conocimiento de éstos, y que conduce y rige, en gran medida, a las motivaciones. Y éstas existen si existe satisfacción. Por tanto, se puede afirmar que motivación y satisfacción se relacionan directamente, van de la mano; teniendo en cuenta que las expectativas también tienen la capacidad de motivar, aunque finalmente, y en algún aspecto, no acaben cumpliéndose.

Aunque al revisar la trayectoria de la historia del turismo (o de los viajes) se podrá comprobar que la motivación por placer no se da hasta bastante tarde, y que la razón del viaje en sí mismo se tendrá que buscar en otros aspectos, como, por ejemplo, el nomadismo en un inicio, que no se dio (ni se da) por placer, sino por razones de subsistencia, o las peregrinaciones, que tampoco nacieron por placer, y aquí las razones del viaje son por cuestiones religiosas. Éstos son solamente un par de casos de los muchos que se podrían citar.

La motivación del viaje hedonista habrá que buscarlo a partir del siglo XIX, cuando, a consecuencia de la Revolución industrial, empieza a distribuirse la riqueza y a aumentar el poder adquisitivo en general, además de desarrollarse los medios técnicos necesarios y el tiempo de libre disposición crece, posibilitando así el plantearse una actividad como el turismo, que implicará un desplazamiento que ya se pueda relacionar con el hedonismo, con el placer.

La búsqueda de la satisfacción de esa experiencia hedonista se realizará en un principio por cuenta propia, de hecho así es como se iniciará esta búsqueda. Más tarde aparecerá el intermediario, y hoy en día resulta básico para la consecución de esa meta. Ahora es posible conseguir la satisfacción de la experiencia a través de un agente intermediario o facilitador, que agilice y garantice los objetivos previstos, y éste es el servicio turístico que puede ofrecer un técnico, experto y debidamente formado, en este campo. Son los mediadores turísticos, sociales y culturales (figura 2.1).

Los mediadores en el ámbito turístico pueden ser localizados dentro y fuera del establecimiento, y en función de la relación con el ámbito o con el contexto en el que se sitúan se pueden clasificar en tres tipologías: las que se refieren a las empresas de alojamiento, las que su relación se enmarca en las agencias de viajes, y la tercera tipología será la que su relación se establezca con las instituciones.

Intentando simplificar los agentes de cada una de las tres formas, éstos se podrían reducir a tres profesionales del turismo, uno por cada tipología.

Básicamente serían el animador, para el primer ámbito. El guía para el segundo. Y el agente de desarrollo local (ADL), como más significativo para el tercer caso.

Como se mencionaba anteriormente, la función básica de estos profesionales es el vincular y facilitar el contacto entre los turistas y las posibilidades y recursos que posea la zona de destino, además de la dinamización y del desarrollo económico, lógicamente.

Con la idea de prestar un servicio de calidad, que hoy en día pasa por ser personalizado, estos mediadores van a asesorar a los viajeros sobre un amplio abanico de aspectos relacionados con esos recursos de la zona, ya sean éstos lúdicos, deportivos, culturales o de cualquier otra forma. Se estaría hablando no solamente de museos, exposiciones, espectáculos, monumentos, artesanía, tradiciones, etc., sino también de gastronomía y de restaurantes, de bares y discotecas, de tiendas especializadas o grandes centros comerciales. En definitiva, de un abanico absolutamente amplio de posibilidades.

El próximo paso, por tanto, es analizar cada uno de los tres profesionales mediadores más significativos de la división tipológica: el guía, el animador y el agente de desarrollo.

2.1.1. El guía turístico como mediador fuera del establecimiento turístico

El primero de los mediadores es el guía turístico, entendiéndolo como un guía oficial, y que englobaría las funciones del resto de profesionales que se enmarcan en este contexto (véase figura 2.1).

Según Carlos Picazo, el guía no ha de entenderse únicamente como un profesional que posee una serie de conocimientos y datos y una formación cultural elevada, sino que ha de saber transmitirla de forma adecuada a las personas a las que va dirigida. Por tanto, implicará un conocimiento de lenguas extranjeras y de técnicas que faciliten esa comunicación óptima. Se habla, pues, de conocimientos culturales, pero también prácticos, de idiomas a un nivel adecuado, y de una actitud de predisposición al servicio, y de amabilidad.

La función principal del guía es la de facilitar la máxima inserción del turista en la zona visitada, ser el nexo de unión entre los recursos y el viajero. A tal efecto el guía ha de cumplir con esos requisitos específicos comentados que aseguren conseguir su objetivo profesional.

Si ésta es la parte positiva, la función es tan importante que no cumplirla puede tener algunos efectos secundarios que también se han de tener en cuenta. Los riesgos que conlleva y los efectos negativos que puede ocasionar un guía pueden situar al turista en un estado de dependencia, más o menos pasivo, frente a esa relación que se espera como resultado, y saber que a mayor estado de dependencia, se podrá afirmar que menor posibilidad de conocer de forma óptima la zona visitada y disfrutar de sus recursos.

En cuanto a los efectos positivos del guía se podrán enumerar unos cuantos, además de la aportación mediadora a la que se hacía referencia más arriba: las visitas guiadas suelen enfatizar el aspecto educativo del viaje, tal y como decía Fourastié, es gracias al guía que el turista va a tener la posibilidad de conocer mejor y más profundamente lo visitado, ofreciendo una solución rápida, y a su vez eficaz, a las expectativas de los turistas, acelerando y enfatizando el proceso de satisfacción. El hecho de ofrecer más información al turista hace que éste muestre una mayor expresión emocional acerca de lo que está visitando.

Igualmente la acción del guía puede actuar como una amortiguación que atenúe el impacto ecológico que el turismo puede tener sobre la zona, tema que preocupa mucho, según se desprende de las críticas recibidas por los excesos cometidos casi siempre a consecuencia de las masificaciones.

Dentro de este ámbito de los mediadores externos, se le ha de añadir otro condicionante que será el de las propias características de los viajes organizados, en los que pueden darse algunas circunstancias que influyan en la labor del guía y su objetivo de mediación.

Tres características, ampliamente reconocidas, son las principales influencias. La primera puede ser el aislamiento que llegan a padecer los turistas debido al programa ofertado por la agencia, corriendo el riesgo de mantenerlos apartados del ambiente exterior, haciendo así que el intercambio cultural sea mínimo y que la experiencia satisfactoria pueda llegar a reducirse si se compara con lo que podría haber sido. En este supuesto, los estereotipos fácilmente tenderán a acentuarse.

La segunda característica es la dirección del viaje organizado, gracias al cual se ejerce un gran control sobre el turista, reduciendo de esta manera su movilidad y sus necesidades espontáneas e inmediatas de relación.

Por último, la superficialidad, que será consecuencia del hecho de que el turista esté aislado de mucho de lo que suceda a su alrededor, y que hará que actúe, en muchos casos, como un mero observador de la zona, por lo que correrá el riesgo de no integrarse en el medio que le rodea.

Así pues, los viajes organizados pueden llegar a reducir las posibilidades de intercambio cultural entre el turista y el residente, además de limitar el descubrimiento de la zona. Aun así, las visitas guiadas suelen enfatizar el aspecto educativo del viaje, como se ha visto, y será también gracias al guía el hecho de que se va a conocer mejor, y con más profundidad, lo visitado.

2.1.2. *El animador turístico como mediador de la experiencia dentro del establecimiento turístico*

En la introducción de este capítulo se anunciaba una mayor profundidad en el análisis de la figura del animador turístico. La razón era que se sabe realmente poco, o desvirtuado, y cuando se intenta definir esta figura, con frecuencia se oye decir que tiene que ser una persona con unas dotes innatas muy definidas, y que éstas son difíciles de encontrar en una misma persona.

A) Las funciones del animador

Para acabar de entender la complejidad de la definición del perfil del animador turístico, se hace necesario conocer cuáles son sus funciones dentro del establecimiento turístico y por qué ha de cumplir con ellas.

Antes incluso de que un turista salga de su domicilio hacia un destino turístico determinado, empieza a crearse una serie de ilusiones sobre lo que espera encontrar y realizar en ese destino. Son las expectativas, que juntamente a las motivaciones van a dar lugar a unas necesidades que el turista pretenderá satisfacer en la medida de lo que sea posible, y que cuantas más de esas necesidades se satisfagan mucho más positiva y satisfactoria va a ser la experiencia turística. Pero no hay que olvidar que a estas circunstancias hay que añadir que, además de las necesidades de los turistas, existen también las necesidades de las empresas (que en definitiva son las razones por las que el empresario contratará los servicios de un animador turístico), que se tendrán que respetar, tener en cuenta y dales una respuesta que sea compatible con las de los residentes.

Con este panorama, y con el objetivo de satisfacer las necesidades y las expectativas de todos ellos, el animador turístico tendrá que cumplir con tres grandes grupos de funciones que se definen como dispares y opuestas, pero conectadas e interrelacionadas a la vez las unas con las otras. Estos grupos son las funciones de mediación, las funciones de producción y las funciones de organización de la figura 2.2, que se analiza a continuación.

a) Mediación

El primer grupo de funciones son las denominadas de mediación (figura 2.2). La mediación en este caso es entendida como la acción de conexión directa que se ejerce entre un lugar, una cultura, un entorno vivo y un grupo de personas que están de vacaciones. Este hecho implica que hay todo un campo abierto a las necesidades de descubrimiento y de evasión, donde la fun-

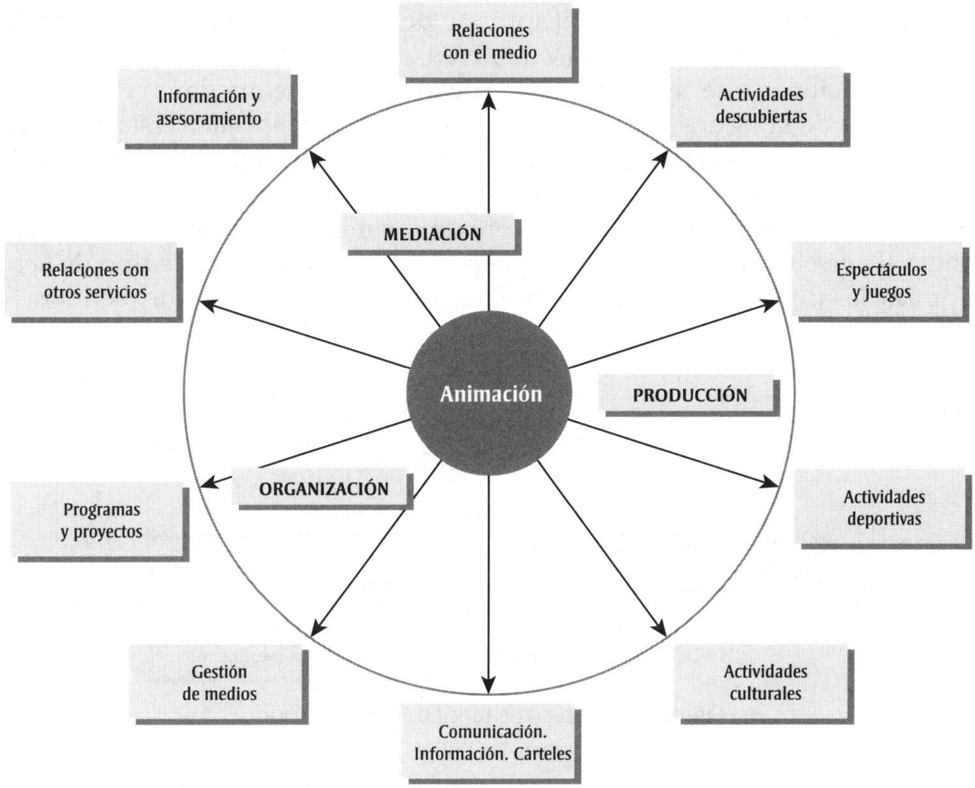

Figura 2.2. Esquema de relación de las funciones del animador turístico.

ción del animador es la de aconsejar, facilitar y organizar, en algunos casos, el encuentro y la coincidencia de todos estos elementos. La gran herramienta de la mediación serán las actividades programadas y que se incluirán en el proyecto.

Para algunos, este encuentro con una cultura se resume a unas danzas folclóricas, que se supone que la pueden identificar, mientras que, para otros, es un encuentro bastante más activo y sobre el terreno. La forma de esta segunda mediación es, pues, infinitamente más diversa y ofrece una gran multitud de combinaciones.

Pero para el animador, esta mediación será también el facilitar los intercambios y fomentar las relaciones entre los miembros de los equipos o grupos. Desde este punto de vista, la mediación apunta hacia la creación de un ambiente idóneo, que es al que se hacía referencia en la definición de animación turística, pero que además representa un elemento fundamental y determinante en la satisfacción de las expectativas de los turistas. Es la demanda del factor relacional que se desprende del estudio de los ociotipos realizado por Valls, Sureda y Sierra (Valls, 1999).

Las funciones que se incluyen en este grupo, y que quedan reflejadas en el esquema de la figura 2.3, empezarían con las *relaciones que se establecen con otros servicios*, sea del establecimiento o no, pasarían luego a las funciones de *información y de asesoramiento de los residentes*, para pasar a las de establecimiento de *relaciones con el medio* local próximo y medio, y acabaría con las funciones de *descubrimiento de la zona* que prevén precisamente ese tipo de actividades, las de descubrimiento y localización del medio y de sus recursos.

Figura 2.3. Grupo de funciones de mediación.

b) Producción

El segundo grupo de funciones es el denominado *de producción*, y se centra en la creación de todo tipo de actividades, espectáculos, manifestaciones, eventos, etc., representando la parte más activa de los tres grupos. Tal y como se observa en la figura 2.4, se trata de la puesta en práctica de las actividades de animación, que empiezan con el grupo en el que acababan las de mediación, con las actividades de *descubrimiento y localización* de la zona. Siguen los tres grandes grupos, es decir, las *actividades lúdicas*, las *deportivas* y las *culturales*, finalizando en los medios de *comunicación e información*, que serán el nexo de unión con el tercer grupo de funciones, las de organización.

Es importante recordar en este punto que el tiempo de ocio y de recreación de los turistas puede significar tanto el tiempo que se dedique a la producción como el que se dedique a la realización misma de la actividad, haciendo que la creación sea un hecho social en el establecimiento, y que el hecho social sea a su vez una creación.

Figura 2.4. Grupo de funciones de producción.

Las funciones que el animador puede asumir en este contexto son de dos tipos, y dependen del rol que adopte frente a la producción de la acción:

- *De realización.* Aquellas en que la función del animador consistirá en la producción y realización de la acción. Solo o con otros colaboradores, que generalmente son también animadores, crea aquellas actividades, eventos y acciones asumibles y realizables por el equipo de animación, en la mayor parte de las ocasiones, aunque también lo puede hacer para contrataciones externas, y en las cuales no suele intervenir directamente, sino que se limitará a aportar un guión, o como máximo un rol de presentador o dinamizador que fomente el protagonismo del grupo contratado.
- *De intermediación.* Aquellas que consisten en ayudar a los destinatarios a producir las actividades, espectáculos, fiestas y juegos, que además de la dinámica que se pueda crear, el animador aportará todos los elementos esenciales de asesoramiento, ayuda y asistencia, y prestación de los medios que se necesiten para su realización.

c) Las funciones de organización

El tercer grupo de funciones es el de la *organización* (figura 2.5). Ésta es tan importante para el animador que representa la condición indispensable para el correcto funcionamiento de las prestaciones y de los servicios ofertados. Se trate de la actividad que se trate, los medios necesarios, sean éstos materiales, económicos o humanos, deberán estar previstos, revisados y montados, si fuese necesario. De la misma manera se afrontará la previsión del tiempo y del espacio, las posibles necesidades de control de la seguridad, y en algunas actividades de forma muy especial, sobre todo si son de gran formato.

Figura 2.5. Grupo de funciones de organización.

Se tendría que incluir en esta función la creación de un presupuesto y el tener en cuenta las relaciones que se tengan que establecer entre los diferentes servicios que conciernan a las actividades de animación, responsabilidad que, generalmente, acaba asumiendo el animador.

Según el esquema de la figura 2.5, el círculo de funciones se cerraría con las relaciones que se pueden establecer entre las de *comunicación, información y carteles* del grupo de las de organización y las mismas del grupo de producción, por una parte, y el de las *relaciones con otros servicios* que también se daban en el grupo de las de mediación y que ahora aparecen en el de organización.

Quedan en exclusividad práctica de este grupo las funciones más puramente organizativas que se atribuyen al animador turístico, que son, evidentemente, *la gestión de los medios*, entendida en toda su amplitud, y la organización de éstos que ha de dar como resultado la creación de *los proyectos y los programas*, que supondrán las bases más importantes en el desarrollo de la profesión de animador turístico.

Definidas someramente sus funciones, se desprende que la profesión requiere de múltiples capacidades que responden a cualidades personales. Es muy posible que sea ésta la causa que haya impulsado a ciertas personas a afirmar que para ser animador hay que nacer animador, pero estas afirmaciones son catalogables hoy día como excesivas, ya que hay un gran bloque de conocimientos específicos a adquirir, y aunque a la vez se tenga que admitir que no todo el mundo puede llegar a ser un buen animador, si no se posee una personalidad que soporte el esfuerzo que se requiere. También es cierto que, en definitiva, es la misma problemática que se puede presentar en cualquier otra profesión, aunque no tenga que ver con el ocio y la distracción, la realidad es que no todo el mundo sirve para hacer cualquier cosa.

2.1.3. *La oferta de actividades en el establecimiento*

En referencia a los proyectos de animación turística, la adaptación a la política empresarial, al igual que la adaptación a las tipologías, y, por tanto, la necesidad de dar respuesta a las expectativas de los turistas, han de someterse ambas al mismo nivel de exigencia, tanto por parte de la empresa como del animador turístico.

Para que esta adaptación sea real y efectiva, el profesional que se haga cargo del departamento de animación ha de ser una persona con formación y experiencia, que sepa qué está haciendo y por qué lo hace, es decir, que trabaje por objetivos y conozca y domine las técnicas, sólo así se podrá garantizar que la adaptación a la política empresarial y sus circunstancias sea real, pudiendo así los animadores compartir también los objetivos empresariales con los demás departamentos y aportar su esfuerzo en beneficio de los ideales comunes fruto de esa política determinada.

La primera de las obligaciones de un animador turístico es la autoinformación. Tal como se veía en el capítulo anterior, esta búsqueda de información se hace desde dos campos distintos. Éstos responden a necesidades paralelas y complementarias a la vez: una era las necesidades de estar al corriente de las posibilidades que tiene el establecimiento y su entorno, con el objetivo de poderlas transmitir a los turistas. Y el otro campo es el que incluye toda la información que se necesita para crear el proyecto de animación. Este capítulo profundiza en este segundo campo de información. Definible como una plantilla metodológica a seguir para analizar el establecimiento turístico en profundidad y poder diagnosticar lo más certeramente posible.

Este proceso metodológico es invariable y necesario para llegar a confeccionar la propuesta de actividades y el proyecto de animación. Corresponde al análisis de las circunstancias que envuelven el establecimiento, y se realiza desde cinco grandes factores, a los que se les denomina *factores determinantes en un proceso de animación turística* (figura 2.6): el análisis del entorno, el correspondiente a los recursos físicos que el establecimiento posee o está dispuesto a aportar, el análisis de las tipologías de usuarios del establecimiento, los recursos humanos disponibles y los susceptibles a involucrarse en alguna acción puntual, y, por último, el análisis de las tipologías de empresario.

Es imprescindible que para el análisis de todos y cada uno de los factores, el profesional que va a realizarlo se traslade al lugar de emplazamiento

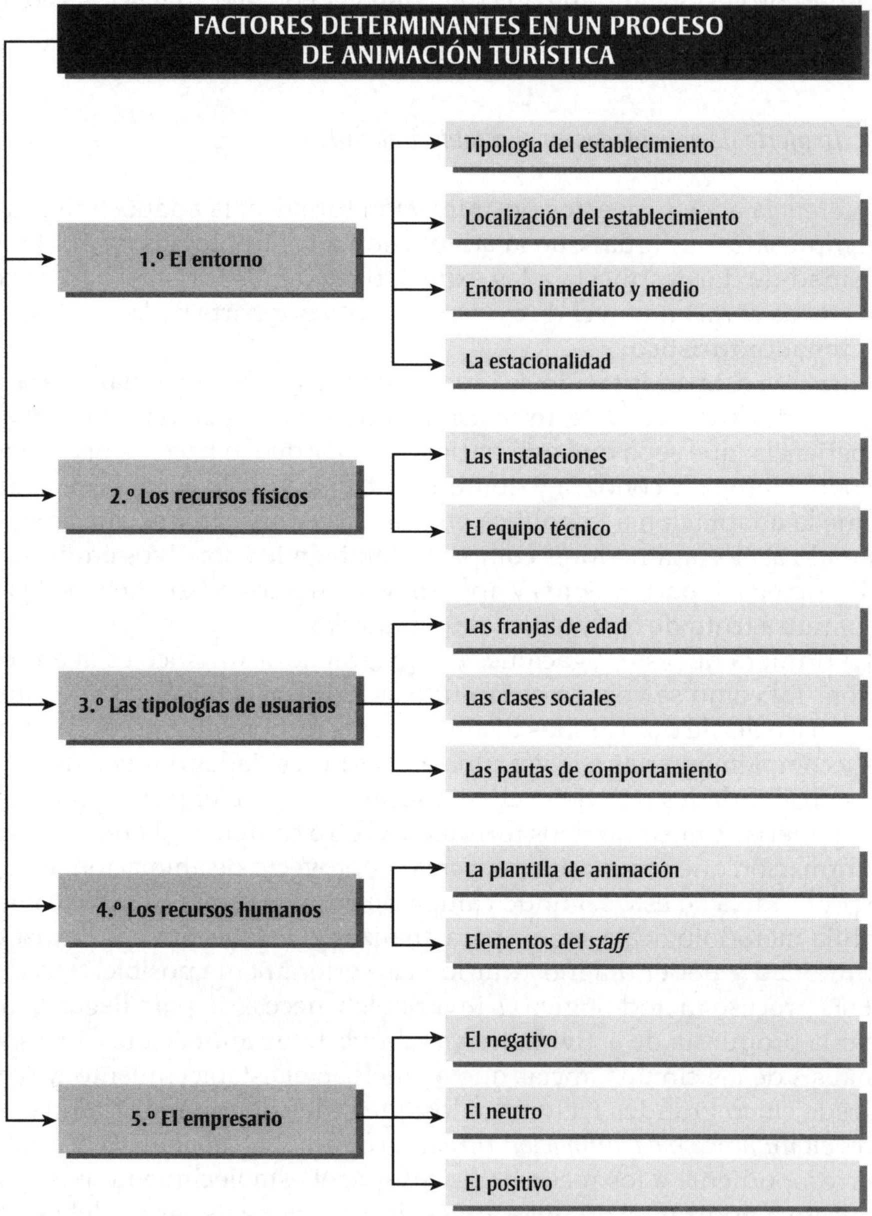

Figura 2.6. Los factores determinantes.

del establecimiento objetivo del estudio, si bien es cierto que puede hacerse una idea aproximada en la distancia, ésta no es suficiente para confeccionar ni tan sólo la relación de actividades. Es por esta razón por la que se habrá de considerar el período de tiempo que el profesional utilice para analizar estos factores como parte incluyente del tiempo de contrato de trabajo del animador, y no empezar a contar a partir de la primera actividad que realiza, como algunos empresarios han pretendido.

2.1.4. *Los mediadores institucionales*

Es la última de las tipologías de mediadores turísticos, que está basada en el esquema de la figura 2.1. En el tercer contexto se presentan tres posibilidades, a saber: los técnicos turísticos municipales, los informadores turísticos y los agentes de desarrollo local (ADL).

- *Técnico turístico municipal.* Es una de las funciones que puede llevar a cabo un ADL, pero no tiene por qué ser así, ya que se trata de desarrollar aspectos turísticos de un municipio en concreto; por tanto, representa un ámbito más reducido que el que enmarca a un ADL. Se sitúa jerárquicamente por debajo del gestor o del concejal correspondiente.
- *Informador turístico.* Presta servicios en un centro o en un punto de información normalmente, pero también puede desarrollar su función de forma itinerante en una zona concreta de un municipio, generalmente donde se detecta una mayor concentración o afluencia turística.
- *El ADL o Agente de Desarrollo Local.* Según Jaime Izquierdo, es el agente encargado de movilizar recursos en una dirección estratégica al servicio del desarrollo de la comunidad, o bien en descubrir o rehabilitar recursos que no se nos muestran, que permanecen ocultos o que pertenecen al mundo de lo intangible. Para Izquierdo su responsabilidad máxima es el desarrollo de la zona, como su nombre bien indica. También le atribuye funciones muy similares a las del animador turístico, incluso lo define como un animador o un agitador de economías, proyectos y recursos.

  Sus funciones son prácticamente las mismas que las que definen al animador, pero la diferencia estribará en que uno se mueve en un contexto geográfico más amplio que el otro.

2.1.5. *La libertad de elección*

Una de las consecuencias más graves del trabajo de un mediador es, sin lugar a dudas, la coacción a la que se lleva a cabo a algunos turistas en el momento de la elección de la acción o actividad que decida realizar. Este hecho es grave en cualquiera de los tres casos de profesionales mediadores, pero en especial en el animador turístico.

De los tres ámbitos profesionales es donde con mayor frecuencia se da. Es sin duda un profesional con escasos conocimientos técnicos y sin una instrucción básica previa. Es la, demasiadas veces vista, persecución a que someten a muchos de los turistas hospedados en los establecimientos de alojamiento, vacacional sobre todo. Se comentaba más arriba la necesidad de que el programa que se oferte sea confeccionado a partir de las circunstancias que rodean al establecimiento, por tanto, sugestivas y motivadoras por lo adecuadas que son, en ningún caso por otros motivos.

2.2. Ocio y tiempo libre como complementos a la oferta turística

Se comentaba más arriba que las atracciones turísticas se componen de los recursos más la capacidad de desarrollo que una industria de soporte pueda aportar a éstos. El desarrollo turístico de un destino estará ligado a las empresas que posibiliten el acceso a ese recurso, y que lo doten de una oferta complementaria suficientemente atractiva como para dar respuesta a las necesidades y expectativas de los posibles turistas.

Ahora bien, y recordando a Krippendorf, se habrá de tener en cuenta que en la experiencia turística o de viaje, el turista siempre se va a sentir con mayor libertad que en la vida cotidiana, porque durante el viaje las personas son capaces de hacer cosas que no se suelen hacer en la vida cotidiana, sin olvidar que, en este contexto, no se tienen obligaciones, o en todo caso son pocas, por lo que la predisposición, las ganas de hacer cosas diferentes están muy a flor de piel. Así pues, las actividades turísticas concretas, y también las complementarias, suelen ser satisfactorias, aunque no se cumplan las expectativas iniciales, es frecuente que sea suficiente con sólo tener la posibilidad de realizarla, sin necesidad de llegarla a realizar. Lo importante es tener la posibilidad de hacerlo, de verlo, de vivirlo; la libertad de elección que se comentaba en el punto anterior es esencial.

El turista busca siempre lo auténtico y lo genuino en su experiencia turística. Es el concepto de autenticidad; al turista le interesa conocer la realidad de la zona que está visitando, algo que le puede producir una alta satisfacción, de ahí la importancia de los mediadores que faciliten esa expectativa. Pero esa autenticidad abarca también toda la oferta complementaria de ocio que se le puede poner a su alcance, y que no sólo tiene que ver con la realidad de la población, sino que su amplitud es mucho más pronunciada. Es aquí cuando toman cuerpo y contundencia la oferta complementaria de ocio que acabará configurando las atracciones turísticas.

Entre las varias tipologías que han sido aportadas por diferentes autores sobre las atracciones turísticas, la de John Swarbrooke en *Introducción al turismo* de la OMT (p. 130), presenta una interesante división en cuatro grandes grupos tipológicos. Ésta es la que servirá de base para proponer una amplificación que se adapte al análisis que se pretenda en este manual (figura 2.7).

NATURALES

1
- Playas
- Cuevas Montañas
- Ríos
- Lagos
- Bosques
- Flora
- Fauna

SIN INTENCIÓN

2
- Catedrales
- Iglesias
- Casa históricas
- Monumentos
- Jardines históricos
- Viviendas populares

CON INTENCIÓN

3
- Parques de atracciones
- Parques temáticos
- Museos
- Balnearios
- Zoológicos

EVENTOS

4
- Festivales
- Encuentros deportivos
- Ferias
- Mercados
- Eventos religiosos
- Aniversarios históricos

Fuente: J. Swarbrooke.

Figura 2.7. Tipología de atracciones.

En alguna de ellas es prácticamente imposible añadir nada más. Es el caso de la primera, la que corresponde a los atractivos turísticos basados en los recursos naturales, donde la acción intencionada del hombre no se contempla, no tiene cabida, o se entiende que es limitada. Así se citan algunos ejemplos que sirven para ilustrar con claridad la línea de recursos a los que se refiere el grupo tipológico: playas, lagos, bosques, entre otros.

En la segunda tipología se engloban aquellos recursos o atracciones que han sido creadas por el hombre pero no con la intención de ser un mero atractivo turístico, aunque en este momento así sean explotados. Suelen ser construcciones que en el momento de ser edificadas o construidas su función y su objetivo era distinto al turístico. Como ejemplo se citan algunas construcciones históricas que hoy pueden seguir teniendo, en algunos casos, su función original, pero ahora son presentados como atractivos turísticos incuestionables del destino en cuestión. Es el caso de algunas iglesias o catedrales.

Además de estas grandes construcciones, se habrían de incluir las construcciones menos espectaculares, en el sentido de un determinado dominio técnico, y se hablaría de construcciones más populares pero que, según su época, su número o su estado de conservación, se incluirían en el grupo.

El tercer ámbito tipológico corresponde a aquellas atracciones que han sido igualmente creadas por el hombre, pero que su intención sí ha sido la de atraer visitantes. Su diseño prevé la intención de ser un atractivo para las personas, y en muchos casos hasta llegar a crear un flujo propio de turismo. En él se incluyen las formas más tradicionales de los productos de ocio que se van a tratar en los próximos capítulos, como los museos o los diferentes tipos de parques. Sería, pues, el grupo en el que se incluyan una gran parte de las propuestas actuales de ocio que pretenden complementar algún recurso preexistente en una zona o destino.

La base del cuarto grupo son los eventos especiales, y hace referencia a actividades llevadas a cabo por el hombre, cuya esencia son justamente las personas y sus quehaceres, desde los más cotidianos, como los mercados o las ferias, hasta los de más arraigo cultural, como las celebraciones religiosas o los festivales de teatro, por ejemplo.

De la misma manera se colocan en este grupo los eventos y encuentros deportivos desde sus más amplias posibilidades, como se verá más adelante.

2.2.1. La oferta de ocio como un atractivo complemento en el destino

Si bien es cierto que los dos primeros ámbitos tipológicos son la esencia y la materia prima de los atractivos turísticos, no hay que olvidar que éstos solos no son capaces de, por lo menos, soportar un flujo de turismo en condiciones, razón por la cual muchos destinos turísticos se ven obligados a ponerse al día ampliando su oferta base y dirigirse hacia otros aspectos que la puedan complementar y que, además, sea lo suficientemente atractiva y adecuada como para que el visitante tenga a su alcance una opción más amplia de realizar otro tipo de actividades que pueden estar relacionadas directamente con los atractivos base del destino, pero que igualmente pueden no tener nada que ver y ser perfectamente válidos y exitosos.

Krippendorf señalaba la necesidad y la predisposición de los turistas a hacer cosas que normalmente en su vida cotidiana, sea por razones de escasez de tiempo, económicas, por condicionantes sociales o cualquier otra causa, no las hacen. Este aspecto significa un buen punto de apoyo en el que edificar esa ampliación de posibilidades que han de complementar la base del destino turístico.

A esta tendencia, de la que el autor dice que es más o menos natural del viajero, se le han de añadir otros aspectos como, por ejemplo, las modas, ya que también han de acabar condicionando el panorama global de la oferta de ocio. Son las modas turísticas, que siempre hacen variar la demanda. El resultado de este hecho es que existe ya, y sin lugar a dudas, una amplia gama de nuevas formas de turismo en donde la actitud activa del individuo pasa por delante de la de contemplación o inactividad.

Con estas evidencias la oferta complementaria de ocio se relaciona directamente con las motivaciones y con las expectativas del turista, descartando la focalización monotemática de su interés, ampliando así al máximo las posibilidades de realizar una gama amplia y actual de actividades de todo tipo, resultado de lo cual, el destino turístico va a resultar la mucho más *atractivo* a un contingente más amplio de viajeros.

Hoy día este hecho no pasa inadvertido a nadie, por tanto, los empresarios son conscientes de esta realidad, y como respuesta se están lanzando continuamente al mercado nuevas propuestas de ocio de todo tipo, y como ya se ha tenido oportunidad de comprobar en experiencias previas, cuanto más variada sea la oferta, más capacidad de atracción podrá ejercer ese destino en concreto.

Como consecuencia más inmediata, se están desarrollando continuamente un sinfín de empresas de todo tipo que pretenden gestionar las necesidades generadas por esta demanda complementaria. En el punto siguiente se propone una revisión de las empresas más significativas, y que son la esencia de las que se desarrollan con más profundidad en este manual.

2.2.2. Las empresas de ocio en los destinos turísticos

Con el objetivo de listar las principales empresas de ocio que pueden actuar en un destino turístico se tomaron dos de los esquemas comentados más arriba en este mismo tema.

En primer lugar se proponen los grupos tipológicos de Swarbrooke, los representados en la figura 2.8, para más tarde pasar a analizar las dimensiones del ocio que propone Manuel Cuenca.

En ambos casos la colocación en uno u otro apartado puede resultar a simple vista fuera de lugar, sobre todo desde el punto de vista más purista, y si se toma en cuenta estrictamente lo que uno y otro autor proponen en sus tipologías. La propuesta es ir más allá, razón por la cual se han incluido algunas empresas en determinados grupos de las que es posible que tengan una interpretación más o menos borrosa desde el punto de vista de las razones por la que se han colocado en un grupo tipológico concreto o en otro. Dicho esto se propone esta clasificación de empresas que gestionan las actividades de ocio en la figura 2.8.

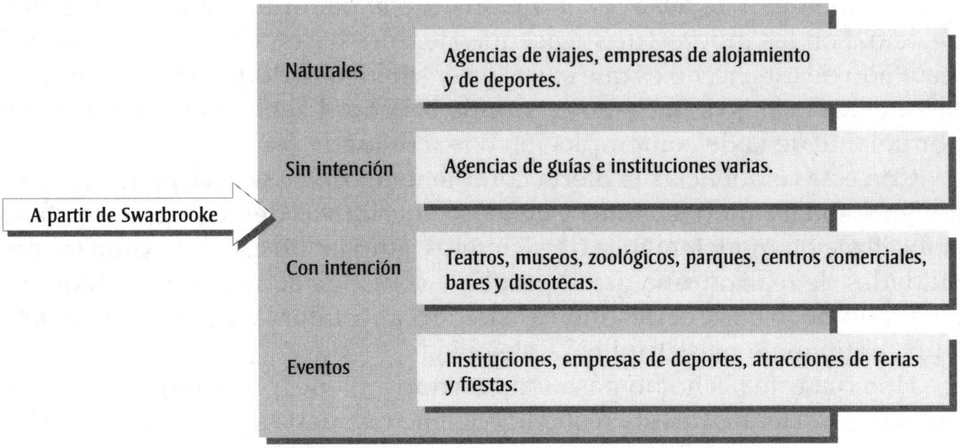

Figura 2.8. Distribución de empresas en las tipologías de Swarbrooke.

En su distribución, Swarbrooke propone cuatro grupos tipológicos en los que coloca la base de los atractivos; la aportación que se hace es el situar en cada uno de ellos los tipos de empresas o bien su ámbito de gestión (figura 2.8). En el primer caso de los *Naturales* (en donde el autor, en la figura 2.7, sitúa playas, cuevas montañas, ríos, lagos...), se le asocian empresas dedicadas a gestionar los viajes, por lo que se entiende que serán tanto tour-operadores, mayoristas, minoristas o receptivos. Seguidamente se proponen las de alojamiento, en las que cabe incluir cualquier tipo de empresa en la que se ofrezca la posibilidad de dormir (con o sin pensión alimenticia), grupo en el cual se sitúan no sólo los establecimientos hoteleros de cualquier categoría, sino también los cruceros.

Se añade además una amplia posibilidad de empresas que se dedican a gestionar los deportes desde puntos de vista muy amplios, siempre en función de la demanda, de las posibilidades y de los niveles de los turistas, y cuyo objetivo esencial es poner en contacto al visitante con esos atractivos naturales, que en definitiva son en los que se apoya.

En la segunda tipología (*Sin intención*) se incluyen las empresas de guías sobre todo, que se dedican a mostrar el potencial del producto de la mano del hombre a través del tiempo y que ahora se puede considerar (prácticamente en todos los casos) como legado histórico, aunque éste sea de diferente nivel o reconocimiento.

En el tercer grupo (*Con intención*) se incluye una amplia gama de empresas, que seguramente representa la más numerosa y diversa. Como el objetivo de la creación de los atractivos responde a la necesidad que se comentaba más arriba de atraer con nuevas propuestas (que han de complementar la base de los atractivos), aquí se pueden incluir empresas de ámbitos muy diversos. Entre las más significativas cabe destacar los teatros, museos, los zoológicos, los botánicos, los parques de atracciones, los parques temáticos, los parques infantiles, los centros comerciales más variados, los bares y las discotecas.

Finalmente, en el cuarto apartado, el de *Eventos*, se identifican las empresas que se dedican a organizar y gestionar los diversos eventos y actividades puntuales, por lo que la tipologías de empresas puede ser igualmente amplia. De nuevo se verán implicadas las instituciones, en función de la acción que se trate, pero también las empresas que gestionen frontalmente el tema que ocupe dicho evento, por ejemplo, las de deportes, o las atracciones propias de ferias y fiestas, sean lúdicas o no.

La segunda parte de este catálogo de empresas corresponde a las cinco dimensiones del ocio de Manuel Cuenca, que se encuentran esquematizadas y sintetizadas en la figura 2.9. La metodología que se propone es similar a la realizada en el caso de Swarbrooke: intentar situar en cada una de las dimensiones aquellas empresas o ámbitos que se enmarquen en la definición dada por el autor.

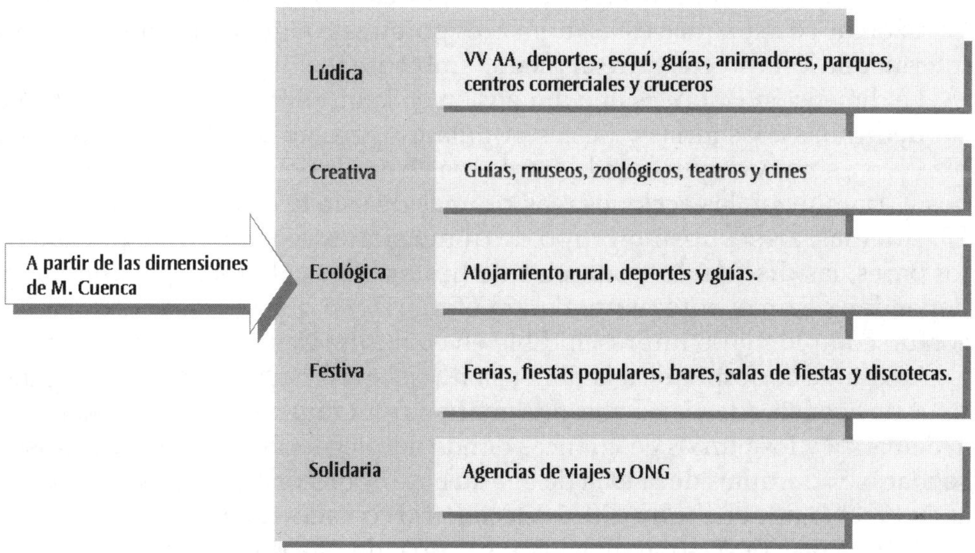

Figura 2.9. Distribución de empresas en las dimensiones de M. Cuenca.

La primera de las dimensiones es la *Lúdica*. Ateniéndonos a cómo Cuenca la define, se pueden situar aquí muchas de las agencias de viajes, en sus distintas modalidades. Empresas dedicadas a la gestión de la práctica de cualquier tipo de deportes, entre los que interesará destacar el esquí, ya que será tratado con mayor profundidad más delante en este manual.

Igualmente caben en este grupo las agencias de guías y las de animadores. Los parques en su casi totalidad (temáticos, atracciones o lúdicos), los centros comerciales, y finalmente, los cruceros, como forma de alojamiento destacable.

En la segunda dimensión, la *Creativa*, que con toda seguridad resulta ser la más cultural, aparecerán, lógicamente, las empresas que gestionan y facilitan el acceso a la cultura. De nuevo se tendría que hablar de los intermediarios culturales, por tanto, de las empresas de guías como mínimo, pero también otras empresas de más peso, como serán los museos y también los parques zoológicos. Además figurarían las empresas dedicadas a las artes escénicas, entre las que destacan los teatros, en un primer término y más discutibles de ser incluidos en este grupo o no, los cines.

En cuanto la *Ambiental y Ecológica*, que al ser una idea más transversal, casi se tendría que aceptar una afectación a la práctica totalidad de empresas. Ahora bien, se limitará al punto de vista de la más estricta concepción del producto ecológico, por lo que en el grupo se incluirán empresas de alojamiento rural, además de algunas de deportes, y otras de guías y monitores. La razón de situar aquí a estas últimas es porque de alguna manera facilitan la intermediación directa entre el medio ambiente y el turista.

La dimensión *Festiva* es una dimensión en la que entran de lleno las empresas dedicadas a las ferias y fiestas populares, pero no sólo los aspectos organizativos, sino, y seguro con bastante más base, las que ofrecen las actividades y promueven las acciones más propias de este tipo de eventos.

Además, a este mismo grupo de dimensiones se le tendrían que añadir los bares, las discotecas y las salas de fiestas o los cabarets, que aunque no dependen de un evento puntual para ofertarlas, sí que se puede afirmar que son un complemento imprescindible en cualquier destino turístico.

La última corresponde a la dimensión *Solidaria*. En ella aparecerían algunos tipos de agencias de viajes que gestionarían frontalmente las conexiones entre la demanda y los puntos geográficos donde desplegar una actividad de turismo solidario. Si partimos de la idea de que su base es un concepto de ocio solidario, seguramente no sería muy difícil relacionarlo con actividades propias y actuales de bastantes ONG, que serán el punto final de esta trayectoria.

2.3. Conclusión

Una vez analizadas las posibles relaciones entre empresas y ocio y turismo, ahora, y como conclusión, se lanza una propuesta de listado, o de catálogo de las empresas que tienen la capacidad de presentar la mayor vinculación entre el hecho turístico y las diferentes actividades de ocio. Este catálogo es el que configurará la base del análisis que se despliega a lo largo del resto del presente manual, y que es la lista de formas de ocio y empresas que serán estudiadas a continuación.

Ocio turístico	Estaciones de esquí
	Cruceros
	Turismo rural
Ocio cultural	Museos
	Parques zoológicos
	Artes escénicas, teatros y cines
Ocio deportivo	Instalaciones deportivas
	Clubes deportivos
Ocio corporal	Balnearios
	Spas
	Centros de talasoterapia
Ocio urbano y familiar	Grandes superficies comerciales
	Parques infantiles
	Parques de atracciones
Ocio recreativo	Parques temáticos
	Ferias y fiestas populares
Ocio lúdico	Discotecas y bares
	Internet
Ocio solidario	El voluntariado
	ONGs

Figura 2.10. Ámbitos y formas de ocio relacionados con el turismo.

Teniendo en cuenta que se han analizado ya una parte importante en la que se sustentan muchas de estas formas de ocio y que son los intermediarios, los guías, los animadores turísticos, los informadores, los técnicos turísticos y los agentes de desarrollo local, se propone a continuación una división grupal de las formas que se pasan a analizar.

Este resultado final se ha determinado en agrupaciones según la tipología de ocio en el que se enmarca cada uno de los ámbitos, facilitando así su comprensión, su situación y su relación con el turismo.

Finalmente remarcar que esta propuesta es precisamente la que configura el contenido de la segunda parte de la obra, y que es la conclusión que ha dado lugar al índice de contenidos.

3 El marco empresarial en el sector del ocio

La estructuración y las características de las empresas que gestionan el ocio es, en principio, la misma que la de cualquier otro ámbito; ahora bien, se ha de tener presente que el producto que ofrecen es un producto con unas características bastante concretas, pero que la su vez están sujetas a una dependencia importante que hace de él un tipo de producto de muchísima amplitud y, por tanto, con serias dificultades para definir. En este capítulo se pretende abordar la definición del producto ocio, como paso previo para la conceptualización de su marco contextual, además de la descripción genérica de la estructura empresarial y su evolución, en aras a una adaptación a los aspectos vertiginosamente cambiantes que afectan tanto al producto como al mismo consumidor.

3.1. El producto ocio: amalgama de bienes y servicios

Hoy día son varios los autores que definen el producto ocio como una amalgama de bienes y de servicios. Por amalgama se entiende la mezcla de una serie de elementos, dos en este caso, que siempre son los mismos, pero que el porcentaje de cada uno de ellos puede variar en función del elemento final que configuren. En el caso del producto ocio, esta amalgama es la que forman dos elementos en concreto: los tangibles y los intangibles, que se identifican también como bienes y servicios

Tan importante e imprescindible ha de ser un elemento como el otro; ahora bien, el grado de incidencia, o de importancia, quedará determinado por la naturaleza del producto final; así, en algunos casos puede ser que el tangible tenga más incidencia que el intangible y en otros casos que sea al contrario.

En la figura 3.1 se puede apreciar cómo se definen unos y otros, a partir de confrontar sus diferencias en una tabla.

Bienes tangibles	Bienes intangibles o servicios
a. Se transfiere la de propiedad. **b.** Producción, venta y consumo. **c.** El producto se lleva al cliente. **d.** Se puede devolver si no es satisfactorio. **e.** El cliente no participa. **f.** Se puede estandarizar.	**a.** Sólo hay uso, no propiedad. **b.** Venta, producción y consumo. **c.** El cliente es el que se desplaza. **d.** No se puede devolver. **e.** La calidad del servicio depende de la participación del cliente. **f.** Dificultades de estandarización.

Figura 3.1. Definición y diferencias entre bienes y servicios.

En primer lugar, en la situación *a*, se aborda el concepto de la propiedad y cómo afecta a unos elementos y a otros. Los tangibles se definen como aquellos cuya propiedad puede ser transferida, es decir, vendida. Cualquier producto material estaría sujeto a esa transferencia, la propiedad del mismo se permuta normalmente a cambio de dinero, mientras que en los intangibles esa transferencia resulta imposible de realizar, ya que en ellos sólo hay uso. Lo que sucede es que se abona una cantidad determinada a cambio de consumirlo, de utilizarlo y no hay posibilidad de transferencia de propiedad.

Es la situación *b*, se analiza el proceso de la vida del producto. En el caso de los tangibles, este proceso se inicia con la producción. Ésta se realiza en el punto de fabricación, que puede estar físicamente situado en un lugar de la geografía lejano del lugar de consumo. Una vez creado el producto, se pone a la venta para que, según la situación *a*, sea adquirido por el consumidor. El tercer paso del proceso es el consumo de ese producto, que puede ser inmediato a la compra o no. Puede tratarse de un objeto que se adquiera en cualquier tienda, por ejemplo, para ser consumido en el domicilio particular.

El proceso en los intangibles varía un poco. Se inicia con la venta. Una vez realizada la venta, se produce para ser consumido, en la mayoría de los casos, inmediatamente.

En la situación *c*, los tangibles son puestos al alcance del consumidor. Se transportan desde el punto de producción, desde la fábrica, hasta las tiendas, que serán las encargadas de acercarlos a los consumidores. En el caso de los servicios, el proceso es el contrario: el consumidor se verá obligado a desplazarse hacia el lugar donde se presta ese servicio.

En cuarto lugar, el *d*, hace referencia a la satisfacción que el producto ejerce en el consumidor. En el caso de un tangible, si no satisface, se puede devolver; si un artículo presenta algún defecto, éste es susceptible de poder ser cambiado por otro, o reembolsado. En el caso de los intangibles, al no poderse devolver, la única solución a la que se puede acceder, si el servicio no es satisfactorio, es a un posible reembolso, pero en ningún caso a la devolución.

La situación *e*, en el quinto lugar, afronta el rol que el consumidor adopta frente al proceso de producción. En el caso de los tangibles, su participación es nula, no existe la posibilidad de darse ningún tipo de relación entre el centro productor y el consumidor. El rol varía si se trata de los intangibles. La participación directa del consumido es determinante, ya que, en gran medida, de ella dependerá la posibilidad de obtener la máxima satisfacción de un servicio.

La última, la *f*, define el concepto de estandarización en los dos casos. En los tangibles, la estandarización es una norma. Implica la constante y la necesidad de estandarizar que la mayor parte de los productos tangibles presentan. La acumulación es necesaria en todos ellos. Por la otra parte, los intangibles presentan grandes dificultades de ser estandarizados, entre varias razones del porqué no, destaca el hecho de que la satisfacción del cliente en los servicios es subjetiva, y cada persona puede entender la calidad y la capacidad de un determinado servicio de manera diferente. Ahí está ese camarero en un restaurante que no se aparta de la mesa de los comensales para poder actuar con más rapidez en caso de que detecte una necesidad en los clientes y, aunque su esmero es total, acaba agobiando y bloqueando unas ganas de intimidad que puedan tener los comensales.

Unos estándares mínimos son aconsejables, para poder moverse entre unos márgenes que aseguren la personalidad del servicio, pero que sean libres para poderse adaptar en función de cómo los consumidores y los clientes entiendan el concepto de "buen servicio". Por tanto, es el único del camino de la personalización del servicio, vía por la que se llega hasta la idea de calidad total del servicio.

Así pues, es a partir de lo que el consumidor catalogue como buen servicio, y de sus expectativas, que se ha de entender el concepto de amalgama al que se refería más arriba. El "porcentaje" de uno y otro elemento dependerá de las circunstancias que envuelvan al producto, al mediador y al consumidor.

A la abstracción que ha requerido la definición del concepto ocio, ahora se le añade la del concepto de servicio: nos encontramos, pues, ante un tipo de producto que difícilmente se va a poder definir sin el riesgo de caer en una cierta borrosidad de la que el ámbito turístico se resiente, ya que tanto el ocio como los servicios son los puntales en los que se basa.

3.1.1. El servicio, la base del producto ocio

Una parte imprescindible de la configuración de los productos de ocio son los elementos intangibles. Entre ellos cabe destacar, con ciertas diferencias sobre los demás, a los servicios, que, como se ha comentado, se alejan bastante de la idea de una posible homogeneidad.

Con la intención de dar una visión objetiva de ellos, son muchos los autores que los han descrito, y entre las especificaciones que se han detectado, cabe destacar algunas que, debido a que son una constante en casi todos los autores puede que sean aquellas que tengan una mayor capacidad para definirlos.

Las características que se aportan tampoco son unánimes en todos los autores, ya que hay algunos que comentan sólo tres, caso de Duarte Castillo, que las agrupa en intangibilidad, heterogeneidad e inseparabilidad, los que, como Alonso, Barcos y Martín, proponen hasta seis características. Aquí se ha optado por proponer cuatro grupos de características, que serían las siguientes:

1. Son intangibles y heterogéneos, donde la producción y el consumo son inseparables. Presentan una simultaneidad entre la prestación y el disfrute, por lo que hay una implicación del receptor (o consumidor) en el proceso, así que la valoración de la calidad no puede hacerse ni a priori ni a posteriori, ya que depende directamente de él. No hay margen de error, y en caso de que lo presente, querrá decir que hay desilusión, que es un producto defectuoso, ya que no le satisface. Es subjetivo y presenta grandes dificultades de estandarización.
2. El valor, que según Alonso, Barcos y Martín, se produce a través de la relación que se establece entre el prestatario y el receptor, y que se establece a través de elementos que son difícilmente inventariables o controlables.
3. Tampoco se pueden almacenar, su consumo significa su finalización: no admiten almacenaje.
4. Presenta una subjetividad importante, ya que intervienen factores derivados de la interacción entre las personas, haciendo que se defina también como un producto abstracto.

Los servicios contribuyen en gran medida a la satisfacción del consumidor, aunque en ningún caso es la única razón para la satisfacción total, ya que éste, el consumidor, se mueve a partir de diferentes estímulos y presenta una amplia serie de motivaciones, de las cuales, el servicio es una de ellas, pero no la única.

Las motivaciones se entienden como los motores que empujan al consumidor a realizar determinadas acciones y actividades (sean éstas de ocio o no), y que raramente se presentan aisladas. La constante es que lo hagan en grupo, ésta es la razón por la cual la OMT obtuvo un total de 72 respuestas diferentes en la encuesta que realizó en 1983 y cuyos resultados fueron expuestos en Delhi. La respuesta a la pregunta "¿Usted por qué viaja?" se vio desbordada por las varias respuestas que dio cada uno de los individuos encuestados. A consecuencia de ello, una de las primeras conclusiones a las que se llegó fue que el ser humano es un ser multimotivacional y que difícilmente actúa por un solo motivo o por una sola razón.

En el caso del servicio, una vez contextualizado en el ocio, su objetivo es proporcionar una experiencia satisfactoria de uso del tiempo libre por parte del consumidor. Así, autores tan dispares como Francesc Valls o Manuel Cuenca coinciden en asegurar que la razón de ser de cualquier producto de ocio se medirá en relación con la experiencia positiva que en una persona pueda generar el propio acto del consumo. Se deduce, por tanto, que la satisfacción se produce a través de la experiencia, de una vivencia o de una utilidad percibida positivamente por el consumidor, entendiendo que esta experiencia satisfactoria ha de presentar un equilibrio entre todas las motivaciones que generaron la necesidad de realizar esa acción en concreto.

El equilibrio entre las motivaciones es entendido como la capacidad que tiene una acción de responder a todas y cada una de las razones que generaron su necesidad. Las primeras motivaciones suelen ser las que más peso específico ejerzan en la voluntad de realización, esto quiere decir que son las más evidentes, y que podrían ser tipificadas como principales, pero las demás también se han de satisfacer en una o en otra medida. Las que van apareciendo en un segundo término, y que se definirán como complementarias, es necesario que queden también resueltas con la acción realizada; no se puede pensar de ellas que por estar en un segundo término son menos importantes, ya que si alguna de ellas se queda sin respuesta, el resultado total, el grado de satisfacción de la experiencia recogerá, sin duda, esa frustración hasta llevarla al sentimiento de no tener una experiencia satisfactoria plena.

Si a un ciudadano de Barcelona le preguntamos por qué va al parque temático de Port Aventura en Salou, es posible que en primer lugar responda que es para pasar un día divertido, diferente, y que, como está cerca, el desplazamiento le sale bien, económicamente hablando, además de que en una hora puede estar en el parking, que, por cierto, es gratuito y está vigilado. Todas estas respuestas serían las motivaciones. La primera, la que se puede considerar como la principal, es la diversión, mientras que las demás son las consideradas como complementarias. A la vista del repertorio, se puede entender fácilmente que si no hay un equilibrio entre la satisfacción de los dos tipos de motivaciones, es muy posible que a la salida del parque se escuchen comentarios del estilo de: "Está muy bien como parque, pero resultan un poco caros los restaurantes; ¡si hubiera un lugar de picnic!". Aunque el aspecto económico se detecte como una motivación complementaria, puede ser razón suficiente para que la satisfacción del producto Port Aventura no llegue a ser plena, por tanto, para la próxima salida, con bastantes probabilidades, se cuestione si repetir la experiencia del parque de Salou el buscar una opción que económicamente sea más equilibrada.

Tanto para Villarejo (en Valls) como para John Tribe, existen unas características básicas y fundamentales para los productos y los servicios que se localizan en el ámbito del ocio. Son características que los van a condicionar, pero con los que se establece una relación simbiótica importante que hay que tener en cuenta. Entre ellas, Villarejo destaca cuatro (figura 3.2): el contexto en el que se dan, la afectación que presentan frente a determinados factores, la utilización de componentes de otros sectores, y la dependencia que muestran con la demanda.

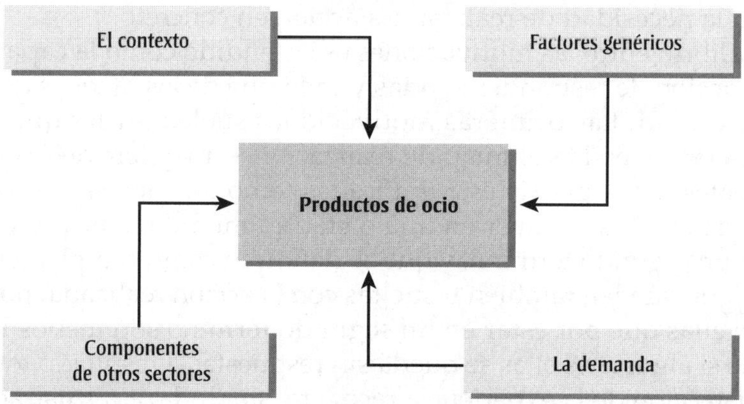

Figura 3.2. Características en los productos de ocio, según E. Villarejo.

Analizando cada una de ellas se desplegarían de la siguiente forma:

1. En el *contexto,* se refiere a que este tipo de productos se basan en el uso del tiempo libre, que en teoría se supone que está creciendo, a pesar de que se han visto varias posturas de cómo lo está haciendo, y ahora la cuestión es ya saber si realmente la sociedad hoy en día está basada en que se dispone de más tiempo para las personas, como así defendía Racionero (1993), o si es otra la realidad actual a la que nos dirigimos. De cualquier modo, los cambios en la forma de entender y valo-

rar la utilización del tiempo libre o desocupado determinan claramente la esencia y la razón de los productos y los servicios en el ocio.

2. *Los factores* que afectan a nuestro mundo en general, y la dependencia que éstos han generado en cualquier tipo de producto en una sociedad como la actual. Idea que se dirige hacia lo que Francesc Valls describe como los micro y macrofactores en el tema primero, y es evidente que determinan igualmente el proceso y la vida de cualquiera de los productos en el ámbito del ocio, con la misma contundencia, y quizá más, como son capaces de hacerlo en los demás ámbitos menos hedonistas.
3. Persiguiendo nuevos horizontes en la consecución de la satisfacción de la experiencia del uso del tiempo, el ocio utiliza *componentes de otros sectores* para ser más atractivo, más *experimental*. No hay duda de que cuando un parque temático, por ejemplo, lanza una campaña publicitaria que argumente la repetición, o la atracción de un público objetivo, lo hace, generalmente, con su atracción más nueva y más excitante: una obra de ingeniería perfecta, *un artefacto inútil que no sirve para nada*, diría Veblen, pero, sin embargo, es el que se esgrime como gran argumento, y que se espera de él que ejerza esa atracción en su target. El mensaje que se lanza es que va a permitir, a toda aquella persona que lo experimente, que la satisfacción y la vivencia que les aporte sean realmente nuevas, excitantes, diferentes y únicas, por lo menos. Es desde este punto de vista desde donde la industria del ocio recurre a otros sectores para conseguir su objetivo de satisfacer al consumidor.
4. *La demanda* se detecta como la dependencia más frágil de las cuatro características, ya que es más sensible a los cambios a los que está expuesta. Y estos cambios resultan bastante difíciles de prever, sobre todo porque son productos que al estar enmarcados en el ámbito del ocio, no son imprescindibles para la subsistencia humana, y que delante de la más mínima variación, crisis o riesgo de no satisfacer las necesidades más básicas en la pirámide de Maslow, los de ocio suelen ser los primeros productos en dejar de consumirse, o, como mínimo, el restringir su uso. A estos aspectos hay que añadirle alguno más, como el hecho de que son productos fácilmente sustituibles por otros, que presenta una fuerte dependencia a las modas y tendencias, y que experimentan una obsolencia prematura, tan galopante en muchos casos que llega a representar una auténtica muralla difícil de franquear y que bloquea la puesta en circulación de muchos productos, sobre todo en el campo de las nuevas tecnologías.

A este punto de vista de Villarejo, Tribe añade algún que otro factor, sobre todo a la forma de entender la demanda en esta gama de productos (figura 3.3). Destaca otros aspectos, como, por ejemplo, el nivel de renta del posible consumidor, y, por lo tanto, sus *ingresos* y su poder adquisitivo. Lo relacionará con *el precio* de los productos y el posible equilibrio que pueda existir entre éste y *la calidad* que sea capaz de generar, para compararlo con los precios de otros productos similares, o de la misma gama, que se encuentren en el mercado, afectando así a alguna de las características definidas por Villarejo.

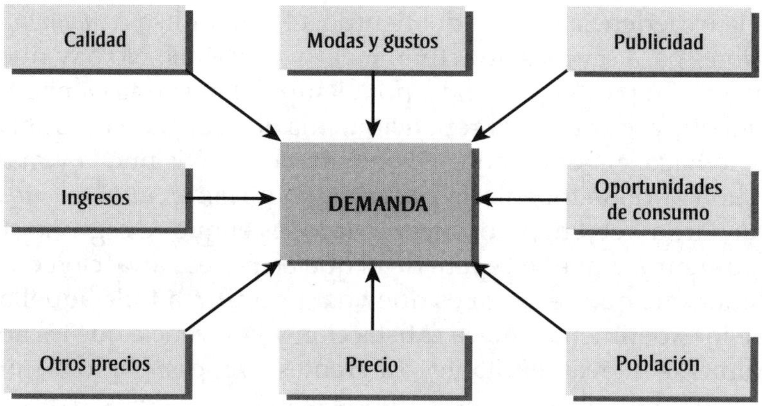

Figura 3.3. Factores que inciden en la demanda, según John Tribe.

Tribe piensa también que en esta línea no hay que olvidar tampoco el efecto de *publicidad* y el poder que ejerce en el consumidor sobre percibir el atractivo de un producto en concreto, ya que también es evidente que acabará por influir, y mucho, en el momento en el que el consumidor haga una valoración de un producto u otro, volviendo a incidir en las características que se comentaban.

El *tiempo* del que el consumidor disponga para darse abiertamente al consumo del producto es otro punto de vista del mismo autor. Interpretado como las *oportunidades de consumo,* ya que, en función de la disponibilidad de tiempo para poder dedicar al ocio, representará otro factor para definir la demanda.

La *población* sería el último factor a tener en cuenta, según Tribe. En este sentido, la edad, la distribución geográfica, el volumen en definitiva de personas susceptibles a reaccionar ante un determinado producto, ha de acabar matizando igualmente la demanda.

3.2. El consumidor y sus teorías

Una de las grandes preocupaciones de los economistas es la definición y el estudio del consumidor. El papel que la teoría del consumidor desempeña en su comportamiento es tratado también por Tribe en su obra *Economía del ocio y el turismo* con el objetivo de detectar la elasticidad en la elección de la demanda enmarcada en el contexto del ocio y del turismo.

Igualmente para Josep F. Valls ha sido una gran inquietud, hasta el punto de que le movió a promover y realizar un análisis y una definición bastante profunda, y de las más innovadoras, que sobre el consumidor se ha hecho en la actualidad. Los resultados se recogieron de la encuesta Invymarc Esade 98, en la que también colaboraron Joan Sureda y Vicenta Sierra, profesores igualmente de Esade, en Barcelona.

Volviendo a Tribe, el consumidor se mueve entre dos conceptos teóricos que afectan su idea de satisfacción en el hecho del consumo, del bien o del servicio. El movimiento se sitúa entre la percepción que puede presentar el consumidor sobre la *utilidad total* y la *utilidad marginal* que le produce el consumo. Según la teoría marginal, éste se ve afectado por una sensación de utilidad, dando pie a la existencia de una idea de utilidad total y otra paralela de utilidad marginal.

La *utilidad total* va en aumento a medida que una persona consume un bien o un servicio. Cuantas más veces lo consuma más utilidad total va a percibir. *Es la satisfacción total*, dice el autor, por tanto, se entiende como la suma de todas las satisfacciones que proporciona el consumo de un producto determinado y en un tiempo limitado.

Por otra parte, la *utilidad marginal* se entiende como la utilidad que genera el consumo de un producto, y que irá decreciendo a medida que se repita el consumo de ese producto, así que es la inversa a la utilidad total; cuanto más se repita el consumo, menos interés irá generando, ya que la sensación de novedad tiende a desaparecer con la repetición. Ahora bien, lo que pierde la marginal, lo gana la total. El autor define este hecho como la *ley de la utilidad marginal decreciente*, ya que con el uso o el consumo se pierde la frescura, se va desgastando según se consume.

Bajo el paraguas de esta teoría, el consumidor tenderá a maximizar la utilidad que otorgue a cada uno de los productos y servicios, teniendo en cuenta que en su balance entraran en juego el equilibrio entre la satisfacción percibida y la inversión económica y de tiempo (ya que éste también es limitado) que se haya visto en la obligación de conceder, entendiendo que la gratuidad será el punto que, de entrada, sea visto como el más satisfactorio, y así, la demanda aumentará a medida que el precio del producto o del servicio tienda hacia cero.

Pero Tribe cree que el cuantificar el grado de satisfacción generada por la utilidad que percibe el consumidor presenta una seria dificultad, ya se trate de un concepto altamente subjetivo y bastante metafísico, como si no. Para él, las repuestas a preguntas que atañen al comportamiento humano pueden conseguirse a través de metodologías propias de otras disciplinas, especialmente –apunta– de la sociología y de la psicología.

En este punto es donde se colocarían las investigaciones de Valls y su equipo, justamente en el momento en que el comportamiento social se tiene en cuenta, y será gracias a su afán por estudiar los diferentes aspectos del comportamiento del consumidor.

Su punto de partida se intuía ya más arriba, justo cuando se analizaban las motivaciones, que sin lugar a dudas son las respuestas a las que Tribe hace referencia, pero que en Valls representan el paso previo para afrontar el análisis del sujeto: el consumidor en sí mismo.

En su investigación llegará a la conclusión de que cada una de las motivaciones detectadas será susceptible de convertirse en el auténtico motor de una actividad de ocio, por tanto, de un producto o un servicio, ya que tendría la capacidad de generar una experiencia satisfactoria del uso del tiempo libre en un consumidor posible, afirma el autor. Aunque esta parte no pueda decirse que es totalmente una innovación suya, aunque lo que sí se ha de tener en cuenta es el mérito de haberse planteado el ir más allá en el análisis. Hasta ese momento, cuando se realizaba un estudio sobre los consumidores, éste se basaba en criterios sociodemográficos y en segmentaciones tradicionales, pero con este nuevo punto de vista, el estudio se pudo llevar un poco más lejos, ya que supuso estudiar al consumidor desde su nivel psicográfico, es decir, estudiando sus estilos de vida.

Esta nueva segmentación tendrá su origen en el análisis de la evolución de las motivaciones, y a partir de los factores que actualmente afectan y provocan cambios en las pautas que rigen la utilidad y la satisfacción en los consumidores.

La combinación de las fórmulas más tradicionales de segmentar el mercado y esta nueva propuesta, se complementan perfectamente haciendo que entre todas se puedan determinar con bastante más efectividad las tendencias y las posibles valoraciones que actualmente inciden en las pautas de decisión de los consumidores.

El inicio de esta metodología de investigación aplicada al ocio y al turismo se sitúa en la Universidad de Viena, de la mano del profesor Josef Mazanec, quien a principios de la década de los noventa retomará una línea de investigación basada en el sistema Eurostyles. Se trata de un sistema de tipificación de los estilos de vida de los europeos, y es también una marca y un producto de investigación comercial.

A partir del sistema, el austríaco pretenderá comparar esos estilos de vida a los de los norteamericanos con el de los europeos. Su utilidad inicial era ofrecer una serie de indicadores a los analistas que les permitan estimular la innovación en el ámbito del marketing turístico, para conseguir así agilizar el proceso de adaptación de productos entre el mercado europeo y el norteamericano.

3.2.1. La aportación de Josef Mazanec

La importancia del profesor Mazanec es que aplicará el sistema del Eurostyles al caso concreto de su país, pero enmarcando la investigación en el ámbito del turismo. Los resultados son presentados en el II Simposio Internacional de Turismo celebrado en Barcelona, en Esade, en enero de 1993.

Con la base presentada por el austríaco, y a partir de una metodología similar, se iniciará lo que más adelante se dará a conocer como la encuesta Invymark Evade 98 sobre los estilos de vida de los españoles. Las aportaciones de Mazanec serán tenidas en cuenta, puesto que representarán el punto de partida de la investigación.

Como fruto de la adaptación del equipo de Esade de los estilos de vida definidos por Mazanec a los estilos de vida de los españoles, se obtiene como resultado una ampliación de horizontes, que acabarán tomando como punto de partida las características más significativas que había dado el austríaco y que fueron tomadas como sus componentes básicos. Eran doce los que se consideraron más significativos (figura 3.4).

1. Deportivo
2. Familiar tranquilo
3. Amical lúdico
4. Viajero cultural
5. De vida sana ecológica
6. Cultural formativo
7. Multimedia
8. *Bon vivant*
9. *Shopping*
10. De descanso pasivo
11. Individual activo
12. De entretenimiento

Figura 3.4. Los doce componentes de las características de Josef Mazanec.

El resultado de la investigación de Valls y su equipo fue una ampliación de horizontes que significará la creación de los ociotipos españoles; el análisis psicográfico de los españoles frente al ocio y al turismo, la esencia de los estilos de vida desde el punto de vista del ocio y del turismo.

3.2.2. Los perfiles de los diez ociotipos

El proceso para llegar hasta los ociotipos es, pues, el resultado de la adaptación de las investigaciones de Mazanec a las necesidades marcadas por la encuesta Invymark del estudio de los diez perfiles que identifican los estilos de vida de los españoles, sus motivaciones y posturas frente a propuestas de ocio y turismo (figura 3.5).

Figura 3.5. Representación del proceso hasta los ociotipos de Francesc Valls.

La tipificación de los ociotipos supone un complemento más que interesante para las investigaciones de mercado, ya que facilita el análisis de las posibles reacciones de los consumidores frente a una propuesta concreta.

Esta segmentación, tal y como comenta Valls, representa también una ampliación en la efectividad de las acciones marcadas por las directrices a seguir según la aplicación de una determinada política de marketing de una empresa, ya que puede garantizar aún más la eficacia de las posibles acciones a emprender.

En el cuadro que se representa en la figura 3.6 aparecen los diez ociotipos en los que culminó la encuesta Invymark 98.

1. Activos – individualistas, 10,9%
2. Utilitaristas – obligación, 8,0%
3. Jóvenes – marcha, 9,1%
4. Gente mayor activa, 10,4%
5. Amantes de la vida sana vulgar, 6,7%
6. Ejecutivos modernos, 7,4%
7. Internautas, 12,9%
8. Activos sociales, 11,3%
9. Tradicionales conservadores, 12,9%
10. Pasivos, 10,4%

Figura 3.6. Ociotipos de F. Valls.

Resulta interesante resaltar que los porcentajes de población que se señalan en cada unos de los ociotipos, permite hacer un cálculo numérico de la posible incidencia que la oferta de un producto determinado cause en un territorio concreto. El estudio de mercado es bastante más eficaz que si se utilizan sólo las segmentaciones tradicionales, aunque la propuesta es que se utilice como una segmentación más, que se utilice para complementar a las otras.

Valls propone un solapamiento entre los resultados de las segmentaciones tradicionales, como, por ejemplo, las edades, los estudios realizados y el poder adquisitivo, que coloca en una gráfica por dispersión, donde sitúa además los ociotipos. El resultado es sorprendente y espectacular, ya que permite que, a simple vista, se puedan empezar a extraer las primeras conclusiones, por lo que su propuesta no es solamente efectiva, sino también muy rápida.

3.2.3. Aplicación de la nueva segmentación

Más allá de las ventajas de la aplicación directa de esta segmentación, de los avances en eficacia, eficiencia y rapidez, el análisis inédito que supuso el estudio de los ociotipos, permitió que en sus conclusiones se pudieran constatar algunas de las ideas que iban insinuándose a lo largo de la preparación de la investigación. Son aspectos que otros investigadores también apuntan, por otros caminos y a partir de otras teorías, pero llegando a puntos bastante similares.

Entre algunas de esas conclusiones cabe destacar aspectos que hoy en día ya han sido confirmados por la evolución de la demanda en el mercado, en la línea en la que John Tribe se definía en la figura 3.3:

> En una parte más que significativa de los perfiles, queda clara la importancia que se otorga al factor relacional como un factor clave en las motivaciones de los productos de ocio y turismo. De hecho es la motivación principal.

Esto significa que un producto de ocio al que se le asocie una capacidad de poner en relación a las personas que lo consumen, tiene, de entrada, mucho terreno ganado para poderse situar bien en el mercado.

> Otro aspecto muy bien considerado por una gran parte de los perfiles, y situado como la segunda motivación más importante, son la naturaleza y la cultura, relacionadas ambas con la búsqueda de identidad y de las raíces.

Sin duda representa una de las motivaciones que más fácilmente se pueden detectar en las tendencias actuales, y de hecho, quizás ahora mismo no tanto pero hasta hace relativamente poco tiempo, un producto etiquetado como cultural tenía bastantes aspiraciones a poder colocarse en buena situación en el mercado.

> El concepto de "ocista" aumenta en detrimento del productivista. Es decir, que el hedonismo, tal como indicaba Cuenca, empieza a pasar por delante de la tercera D de Dumazedier.

Es un aspecto que Manuel Cuenca afronta ya en su *Ocio humanista* cuando analiza en las tres generaciones actuales el valor que cada una de ellas otorga al ocio y al trabajo, y detecta que en la generación de los más mayores la prioridad es el trabajo, mientras que en la de los más jóvenes es justamente el contrario, el ocio es la prioridad, y el trabajo significa el camino para conseguirlo.

> El último aspecto a destacar es la conclusión a la que llega frente a cada uno de los ociotipos, o agrupación de ellos, ya que representa en sí mismo la codificación de unos modelos de consumo de ocio y turismo que facilitan la identificación de determinadas actividades, puesto que resultarán atractivas a un número fácilmente calculable de la población.

Esto implica que no sólo se podrá calcular el número bastante aproximado del target de un producto concreto, sino que también a sus periféricos se les puede detectar el grado de influencia que llegarían a tener en el mercado, por tanto, otra vía para ampliar la aplicación de esta nueva segmentación.

Con este panorama, las empresas, para ser realmente competitivas, se van a ver obligadas a adoptar una estructuración, una presentación, una comercialización y una comunicación de su oferta, y de ellas mismas, que satisfagan las necesidades de la demanda que represente el ociotipo determinado, o agrupación de ellos, al que corresponda el paquete de clientes que se haya elegido.

Este planteamiento lleva directamente a detectar lo que ya es, no sólo necesario, sino imprescindible en el mundo actual de la empresa: un posible cambio de mentalidad.

3.3. Las empresas y la necesidad de un cambio de mentalidad

El concepto de ocio ha cambiado con el paso del tiempo, la evolución ha hecho que sea más subjetivo que nunca. Una trayectoria similar es la que ha sufrido el consumidor de ese ocio, ya se ha analizado, es de esperar que ahora sea el turno de analizar las empresas dedicadas a gestionar productos de ocio.

La primera hipótesis es, lógicamente, que si tanto el producto como el consumidor han sufrido cambios, resultará igualmente comprensible que las empresas hayan mutado o que se vean en la obligación de hacerlo.

En muchas ocasiones resulta difícil asegurar cuál de los tres elementos (producto, consumidor y empresa) es el primero en efectuar el cambio y hasta dónde llega la influencia de los unos sobre los otros. Las razones y los objetivos de estos cambios son difíciles de matizar y de describir, aunque, de manera generalizada, la razón última resulte ser, hoy por hoy, muy a menudo el binomio calidad-precio.

3.3.1. Revisión de las necesidades en las empresas de ocio

Si bien es cierto que esta puesta al día de las empresas es en los tiempos que corren bastante evidente, sorprende la cantidad de ellas que no lo llevan a la práctica de una manera formal, más o menos rigurosa. También es cierto que con frecuencia se sabe de empresas en las que la aplicación teórica de estos principios parece que se tienen claros, pero a la hora de su aplicación práctica quedan algo lejos de ser aquello que pretenden, dando pie a la entrada crítica de los conceptos de calidad de servicios, puesto que éste es un caso donde se detecta claramente uno de los gaps que se comentarán más adelante.

En este sentido hace poco tiempo saltó al mercado una obra que, en un tono irónico y ciertamente sarcástico, describe muy bien la situación de una empresa que, queriendo estar muy al día, corre el peligro de generar el efecto totalmente opuesto a lo que pretende, y lo peor es que no es un caso aislado, sino que en realidad se da en muchas empresas actualmente. El resultado de no aplicar de forma efectiva una filosofía coherente lleva a muchas empresas a casos extremos, como el que relata Corinne Maier en su obra *Bonjour, Paresse*, que si ha sido un *best seller* en media Europa posiblemente sea porque más de un lector se ha sentido identificado con los personajes, escenas y ambientes laborales que en ella se describen.

La consecuencia de algunas de estas experiencias es que la empresa entera se resiente negativamente a medio y a largo plazo, excepto si la empresa es de servicios, que el efecto es bastante más inmediato. El trabajador que está de cara al público, en contacto con él, tiene la capacidad de transmitir el ambiente que se respira en la empresa, en muchas ocasiones incluso contra su voluntad, ya que esa transmisión se hace de forma inconsciente.

El entorno competitivo del que nos habla Tribe adquiere, desde este punto de vista, otra magnitud que lleva consigo bastantes puntos negativos, que van a repercutir en la misma empresa si ésta no es consciente de que está dejando escapar algo muy importante: la relación empresa-consumidor. Esta relación, que en teoría está bastante asumida y clara, es relativamente nueva en el mundo de la empresa, puesto que hasta la década de los sesenta parece que no preocupaba a muchos; sin embargo, hoy día es la esencia primera de la calidad aplicada a los servicios.

La imagen que un vendedor de un producto pueda transmitir al cliente es básica para establecer esa relación entre empresa y consumidor que tanto preocupa. Aunque será aún más grave si el producto es un producto de ocio, donde la percepción de la experiencia subjetiva es la esencia de su razón de ser.

En esta búsqueda de una manera nueva de relacionarse con el cliente aparecen algunas empresas que han marcado la pauta y han sabido abrir el camino que muchas otras han seguido. Parece ser que esta preocupación aparece de forma consciente en los Estados Unidos y de la mano de una de las grandes empresas en el mundo del ocio. Se trata de Disney, cuando preparaba lo que más tarde se conoció como de la *Trilogía Disney: los embajadores de felicidad*.

Quizá como precedente se tendría que revisar otra experiencia en Europa que parece ser previa a la americana. Aunque no hay una relación aparente entre las dos empresas, la europea, posiblemente de forma más intuitiva y seguro que sin intención de exportar su *know how*, se adelantara a la aplicación de una forma inédita de fomentar las relaciones entre clientes y trabajadores, haciendo que la empresa misma emane un cierto ambiente en el que unos y otros, prestadores y consumidores, se sitúen al mismo nivel social. Esa empresa es el Club Mediterranée.

3.3.2. Club Med y Disney, dos experiencias piloto

A simple vista parecen no tener nada en común la una con la otra, pero si se analizan con una cierta profundidad pueden detectarse algunas similitudes en las relaciones que, una y otra, establecen tanto con sus trabajadores como con sus clientes.

Por una parte, el Club Med hace su aparición en un proyecto que tiene su origen en Bélgica, estando detrás de esa idea Gerard Blitz.

Al final de la Segunda Guerra Mundial, el belga Gerard Blitz, judío, y de familia introducida en el negocio de la talla de diamantes, intenta desvincularse de las actividades familiares para ocuparse de sus antiguos camaradas, aquellos con los que había combatido contra los nazis durante la resistencia, y que después de ser deportados vuelven a su país. Muchos de ellos han estado en campos de concentración. Blitz, que había sido campeón de natación en su país (este hecho marcará muchísimo su proyecto hasta el punto de que el actual logotipo de la empresa continúa siendo el tridente que él ideó, figura 3.7), además de un sindicalista en activo, se dedica a organizar vacaciones de descanso para estas personas. Tiene la idea de recompensar sus sufrimientos con una especie de "paraíso en la tierra", donde la abolición de las clases es imprescindible para ser iguales y felices. El espíritu de camaradería será esencial en su ideal.

El proyecto preveía organizar el alojamiento en tiendas de campaña que el belga compró en París, en la Avenue Jean Jaurès, a un comerciante llamado Gilbert Trigano. En cada tienda se instalaron ocho personas, precisamente el mismo número que comensales en cada una de las mesas, y que pasajeros en los camarotes de los trenes que les transportaban al destino. Las comidas se ofrecían en tipo buffet para evitar al máximo la idea de servir unos a otros, y, por tanto, de evitar las clases.

Figura 3.7. Logotipo actual del Club Med con el tridente.

La bebida era distribuida de la misma manera. *Se aplicaba el tan actual todo incluido (TI)*, según afirmaba Etienne Dakiche, director de Recursos Humanos del Club Med para Europa y el Norte de África en la conferencia que ofreció el día 20 de enero de 1999 en la Escola Universitària d'Hosteleria i Turisme CETT de Barcelona, para los alumnos del entonces Técnico en Animación Turística. Dakiche comentaba que para este proyecto Blitz creó una asociación de carácter no lucrativo, recibiendo subvenciones oficiales que lo hicieron posible; conseguía así que las personas a las que iba dirigido el proyecto no les supusiera un esfuerzo económico demasiado grande el enrolarse en ese nuevo concepto de vacaciones.

Aparte de esa manera novedosa de idear unas vacaciones, Blitz apostó fuerte por un programa de actividades muy variadas para ser realizadas conjuntamente con sus turistas. Este programa se extendía a lo largo de todo el día para acabar por la noche, después de cenar, en una gran fiesta "entre amigos". Las actividades, eminentemente deportivas, y las fiestas por las noches determinaron el fomento de las relaciones y la creación de un ambiente adecuado en donde la vida social de la comunidad era su objetivo base.

El primer gran campamento llegó en 1950, precisamente en nuestro país, en la isla de Mallorca, en Alcudia. Blitz negoció con el municipio la instalación de su proyecto en unos terrenos a orillas del mar. La primera polémica surgió poco después de instalarse: los nativos del municipio acusaron a los visitantes ante su alcalde; los tildaban de inmorales. Esto provocó que, como solución a la disputa, se vallara el perímetro del campamento para así evitar los posibles "malentendidos" entre los paisanos y los extranjeros. A partir de este momento, los posteriores destinos se vallarían siempre para evitar posibles altercados de este tipo.

Es en esta época cuando sale a la luz la primera edición del "Trident" con la pretensión de ser algo más que un mero folleto divulgativo. Incluía anécdotas e historias de sus propios clientes. Hoy en día se sigue editando esta publicación interna, pero ahora la tirada supera los dos millones y medio de ejemplares y se traduce a ocho idiomas en todo el mundo.

Puesto en marcha y funcionando ya el proyecto, en 1954 Gilbert Trigano, que hasta entonces era el suministrador de parte del material de acampada, entra a formar parte de la organización del Club en calidad de administrador. Trigano, que también había militado en la resistencia antifascista de después de la Guerra, era actor y locutor de radio, y se dedicaba a crear sketches para la emisora, que más tarde los publicaba en una revista vinculada al Partido Comunista Francés, y desde la cual también reivindicaba la necesidad de una revolución socialista a nivel mundial.

El anhelo de Trigano de crear un paraíso sin clases sociales donde todas las personas "fuesen iguales y felices", que no le fue posible poner en práctica con Stalin en la Rusia de la posguerra, tuvo la oportunidad de hacerlo realidad al lado de Blitz.

El proyecto resulta ser tan exitoso que se continúan abriendo Clubs en otros puntos de la geografía litoral europea, al ampliarse la gama de deportes practicados y abrir nuevos horizontes y oportunidades ,que se basan no sólo en el medio acuático, sino de toda índole. Será en 1956, y con una doble intención de, por un lado, dar opción al personal que prestaba sus servicios en el Club a poder seguir trabajando durante los meses de invierno, y, por otro, dar respuesta a nuevas demandas turísticas, cuando se abre el primer destino de montaña, y se hace énfasis en la práctica de deportes de invierno, al forzar a una inminente democratización de este nuevo tipo de ocio. Así nace el destino de Leysin en Suiza.

En el próximo año, en 1957, se reconvierte el proyecto y pasa a ser una sociedad anónima. Continúa creciendo en Europa, pero el planteamiento empresarial, ahora ya de carácter lucrativo, hará que poco a poco los principios en los que se había basado inicialmente se hagan tan insostenibles que las pérdidas se acumulen de tal modo que en 1961 se llegue a un gran "agujero negro" que sólo tenga solución a partir de una inyección de capital. Esta inversión, tan necesaria para salvar la empresa, llegará de la mano del multimillonario empresario Edmond Rothschild. La reconversión se hace inevitable, perdiéndose alguno de los principios básicos del proyecto inicial. En este punto, en 1963, Gerard Blitz abandona voluntariamente la empresa y Gilbert Trigano asume la presidencia.

El Club Mediterranée sigue avanzando y se extiende a todos los demás continentes. En 1965, el primer destino es el norte de África: Agadir, en Marruecos. Su éxito es tal que en 1966 el Club Mediterranée entra a cotizar en la bolsa de París. Continúa su imparable política de expansión y en 1968 llega al Caribe, abre Fort Royal en la isla de Guadalupe. A partir de 1979 saltan al Pacífico, a América del Sur y a Asia. Así irá creciendo hasta que en 1990 lanza su primer producto de crucero con el Club Med 1.

A Gilbert Trigano le sustituirá en la presidencia su hijo Serge a partir del 1993, hasta que cuatro años más tarde, en 1997, y debido a otra reestructuración interna, será Philippe Bourguignon quien tomará la presidencia y proporcionará un giro en la gestión a la empresa que tendrá como consecuencia inicial que los Trigano pasen a ser socios capitalistas del Club, alejados de responsabilidades directivas.

Tanto Blitz como Trigano articularon su proyecto en base a las finalidades, caracterizaciones y objetivos de lo que más adelante sería denominado como animación turística, siendo una parte imprescindible de ella las relaciones entre las personas. Esta idea pasa por revisar con profundidad los roles de cada uno de los trabajadores que integran el equipo de la empresa, pero también por establecer unas pautas sociales que se igualen entre ellos y con los clientes. Esta manera de entender la gestión de los recursos humanos y las relaciones entre las personas que se encuentran en las instalaciones del Club resulta inédita en ese momento, ya que la idea inicial es que no haya grandes diferencias entre ellas, consecuencia de la idea más puramente marxista que pretende darle Blitz a su proyecto.

Se propone una diferenciación entre los dos tipos de personas que se encuentran en el establecimiento: los Gentil Membres (GM) y los Gentil Organizateurs (GO). Estas dos denominaciones han perdurado hasta hoy día y además han sido adoptadas por muchas empresas turísticas en todo el mundo. La intención es establecer unas relaciones de cordialidad y absolutamente sociabilizadoras entre todas esas personas: no hay clientes ni trabajadores, todos son imprescindibles para que el proyecto siga adelante, y los trabajadores se equiparan y se ponen al mismo nivel que los clientes. Esta filosofía se aplica desde un primer momento, Blitz la tiene en cuenta ya desde sus inicios.

Con esta nueva relación se conseguirá un alto grado de fidelización, ya que los GM se sentirán perfectamente atendidos en sus necesidades y en sus demandas, que permitirá establecer una vinculación de la empresa con un estado de felicidad perenne. Es la idea de entrar a formar parte de un gran *club*, de una gran *familia* de amigos, donde nadie es, ni se siente, extraño.

El Club no tiene necesidad de exportar ni de dar a conocer su peculiar política, su *know how*, le interesa cumplir sus objetivos, lograr su meta de integración de todas las personas en ese proyecto, pero el mérito es que está dando un paso de gigante en la gestión de los recursos humanos en el ámbito empresarial.

Unos años más tarde de ponerse en marcha el proyecto inicial del Club Med, en junio de 1955 nació en California el parque temático de Walt Disney, Disneyland. Se comentaba que, según Harold Vogel, Disney se inspiró en experiencias europeas para crear este nuevo producto de ocio, y con él un nuevo sistema de comunicación entre las personas en el seno de una empresa.

Decíamos al principio que Disney se inspira en productos de ocio europeos para crear su propuesta de parque, y es posible que sea solamente una coincidencia que el hecho de que una empresa también europea entendiera la gestión de las relaciones humanas en una línea muy similar a la que, algo más tarde, lo hiciera el estadounidense, pero hay muchos elementos en su filosofía que recuerdan a los que Blitz innova en la suya. Es posible que sea eso, una mera coincidencia.

La Walt Disney Incorporated pasará a ser conocida como la empresa que revolucionó las relaciones en las empresas.

Su aportación se conoce bajo su lema *Embajadores de felicidad* (figura 3.8), y con él la empresa pretendía asociar el nombre de Disney con la felicidad que provocarían sus productos en el consumidor, incluso antes de ser consumidos. Supuso una gran innovación que influenció a muchísimas empresas, sobre todo de servicios, hasta tal punto que hoy día aun permanece vigente.

Figura 3.8. Representación de la trilogía Disney.

Con el objetivo de crear unas expectativas concretas en los futuros visitantes de sus parques de atracciones, Walt Disney crea este lema que ha de predisponer a sus clientes a vivir la experiencia con la máxima intensidad posible. Pretenderá asociar a su producto a un estado de felicidad al que cualquier persona puede acceder.

La base en la que se sustenta esta nueva manera de entender las relaciones en una empresa es un proceso de recepción permanente constituido por los tres conceptos que configurarán la trilogía: el reconocimiento, la hospitalidad y la maternidad, que aparecen en la figura 3.8, y que se retroalimentarán los unos a los otros, y hace así que a medida que se apliquen van resultando más efectivos.

- *Reconocimiento.* Su esencia va a ser la identificación, lo más certera posible, del cliente, que comienza por detectar de dónde procede, reconocerlo y recibirlo según sus costumbres, en su idioma, etc.

  Para lograr este objetivo se hace imprescindible un estudio previo de su entorno de procedencia, saber cómo vive y cuáles son sus valores. Implicará igualmente una observación minuciosa cuando se encuentre en las instalaciones del parque para detectar cuáles son las actividades que realiza y a qué estímulos reacciona. Toda esta información ha de permitir que esta primera fase del proceso sea lo más efectiva posible y ha de permitir conocerlo mejor para así acercarse a él con mucha más efectividad.

  El reconocimiento dará lugar a los estudios de tipologías de visitantes y permitirá detectar y prever de forma genérica las reacciones de los visitantes según su estatus social, su nacionalidad, su poder adquisitivo, etc. Cuanto más profunda sea la información previa que se tenga de una tipología más efectivo será, pues, su reconocimiento.
- *Hospitalidad.* Como consecuencia del reconocimiento se va a poder acoger a todos los visitantes de la forma más personalizada posible. Esta segunda fase se retroalimenta de la anterior, pero además permite rectificarla y ensancharla, ya que representa también un buen mecanismo de reajuste de pequeños fallos que puedan presentarse en el análisis.

  Permitirá a la empresa ofrecer las mejores condiciones a los clientes, las que se crean que pueden hacerles reaccionar porque se adecuen a sus valores y gustos, y se logra que aquellos clientes que repitan puedan sentirse más satisfechos y mejor atendidos, a medida que vuelvan una y otra vez.
- *Maternidad.* Seguramente esta fase es la más revolucionaria de las tres, ya que implica un auténtico cambio en la mentalidad empresarial. El empresario entiende que la cara visible de la empresa es su trabajador, y que si éste no está bien acabará transmitiendo ese sentimiento a sus clientes. Esta nueva visión implica el replantearse seriamente las relaciones internas en la empresa: para que la hospitalidad sea totalmente

efectiva, tiene que ser auténtica, y para que el trabajador pueda canalizar al visitante hacia aquellas actividades que más le puedan hacer disfrutar, y respetar sus circunstancias, ha de sentirse, primero, parte de la empresa, y cuanto más real sea ese sentimiento, más efectivo será su trabajo.

La esencia, pues, del tercer proceso es el sentimiento que el trabajador tenga de sentirse acogido por la empresa: que tenga la certeza de que él es la empresa y que se siente querido, valorado y protegido como si de una madre se tratara, porque sólo así su aportación a ella va a ser lo más sincera y efectiva que pueda ser.

Este cambio implicará una revisión del estatus del trabajador en el seno de la empresa. A partir de este momento va ser considerado de tal forma que se verá como un soporte imprescindible, hasta tal punto que va a empezar a denominarse *cliente interno*, y esto implica una elevación a una categoría superior, se va a comparar al otro cliente, al externo, al visitante, por lo que es posible que ésta sea la mayor aportación que Disney haga al campo de la gestión de los recursos humanos.

3.3.3. Elevación del trabajador a una categoría superior

Las consecuencias de esta equiparación del trabajador con los clientes se despuntarán como un éxito en la gestión de los recursos humanos en la empresa y se empezará a extender a muchas otras empresas de servicios. Ya nadie duda de este nuevo estatus, y el cliente interno se hace tan imprescindible como el cliente externo.

La esencia del cambio está justamente en el contacto con el cliente externo, que pasa a ser primordial para aplicar el concepto de hospitalidad, y que éste sea efectivo, así que la nueva tendencia pasará por una buena gestión del contacto con el cliente, de uno y del otro.

La hospitalidad de Disney será adoptada en muchas de las empresas más innovadoras del panorama empresarial, y pasa a ser una forma cotidiana de gestionar los contactos y repercutir en el trato, que ahora empezará a ser mucho más personalizado.

Esta personalización del trato exige también la adopción del reconocimiento, y éste a su vez remite a la maternidad, así que el ciclo del proceso se cierra en las empresas que asumen esta nueva manera de gestionar sus recursos humanos.

El cliente externo empieza a valorar este trato y hace que sea un requisito casi imprescindible para que una empresa se posicione correctamente en el mercado; se exige que la hospitalidad y la personalización sean la forma en que se le trate; el cliente busca una satisfacción y el prestador busca el podérsela dar de la mejor forma.

Así, las habilidades personales, la amabilidad, el interés por un buen servicio y la flexibilidad serán las vías de interacción entre el prestador y el cliente.

3.3.4. La satisfacción, una transacción mutua

Cuando el cliente externo se acerca a una empresa lo que pretende es obtener una satisfacción de ella, es decir, que el producto que ésta le ofrezca acabe haciéndole percibir que lo que recibe a cambio de su dinero le satisface. Por otra parte, la empresa desea que el cliente reciba su producto con toda la intensidad posible para garantizarse que obtenga el máximo de satisfacción y la próxima vez que se le plantee la necesidad de consumir un producto de la misma gama repita la experiencia con ellos.

Se trata, pues, de una transacción, cuya esencia es la satisfacción mutua, pero en muchos casos esta operación, que a simple vista parece tan sencilla se complica bastante. La empresa no sabe cómo proporcionar la máxima satisfacción a sus clientes, no sabe hasta qué punto el cliente percibe su producto dentro de un estándar mínimo de calidad que pueda representar para la empresa un margen de efectividad mínimo. Desde esta óptica las empresas se enfrentan al reto que supone el concepto de calidad y el asumir unos niveles mínimos que les garanticen una eficacia operacional.

Para Alonso, Marcos y Martín, la evolución del concepto ha ido ajustándose en función de la visión y las necesidades que ambos, prestador y consumidor, han ido mostrando. Así, creen que es una preocupación que han afrontado varios autores a lo largo de la historia, e incluso Aristóteles hace alguna referencia al respecto, todo y que ellos entienden que la preocupación frontal por la calidad aparece a principios del siglo XX.

En su obra ofrecen una idea de evolución del concepto calidad basado en los giros del compromiso y la implicación de los productores a medida que transcurre el tiempo. En un primer momento el énfasis recae sobre la inspección del producto, desde un enfoque preventivo y aposteriorístico del producto. Esta evolución pasa por diferentes fases hasta llegar a la idea actual de excelencia, dando por superados los significados anteriores de Control de calidad, Aseguramiento de la calidad y Calidad total.

Seguramente el desarrollo más espectacular en el campo de la calidad de servicios se dé a partir de las investigaciones y posterior divulgación de los modelos de calidad realizados por Zeithalm, Parasuraman y Berry, que van a significar las bases más innovadores en las que se apoyarán otras posturas y puntos de vista que sobre la aplicación del concepto de calidad se hayan hecho en el ámbito de los servicios.

3.3.5. La calidad y el modelo de Zeithalm, Parasuraman y Berry

En el inicio de sus estudios de investigación para el Marketing Science Institute, una de las primeras evidencias que detectaron es que la calidad empieza por comprender que la dirección empresarial pase por ser entendida como un liderazgo claro. No sirve un papel poco definido o sin directrices claras, el primer paso para la calidad está en un liderazgo efectivo y correcto que se define por cuatro características básicas:

- La visión de servicio, en la que la clave del éxito es la calidad de servicio.
- Los altos estándares de calidad, que son entendidos como el camino para diferenciarse de las demás empresas del sector.
- El liderazgo en la empresa orientado hacia las personas, donde la accesibilidad ha de ser una constante.
- Integridad, que definen con palabras de Peter Drucker afirmando que *el más alto requisito de un liderazgo efectivo es la posibilidad de generar a su alrededor un halo de confianza*, como característica que define a un auténtico líder que crea seguidores.

Así pues, los líderes de servicio tienden a tener claro que el buen servicio al cliente es lo que realmente produce beneficios en una empresa. En este sentido hablan de la *rentabilidad* de la calidad de servicio que ha de ser entendida desde dos puntos de vista: a corto plazo, que es la que correspondería al beneficio económico inmediato. Por otra parte, a largo plazo, que es la que va a permitir que la empresa pueda crecer y posicionarse bien en el mercado.

Otro aspecto a tener en cuenta es cuando proponen que con la calidad de servicios se pueden crear verdaderos clientes; por tanto, hablan de la fidelización del cliente, y apuntan que la prestación del servicio es lo que puede hacer distinguir a una empresa de servicio frente a las otras.

Por último, afirman que *una mejora de la calidad conduce a una subida de la eficacia operacional*, con lo que concluyen que la calidad es verdaderamente rentable.

Al principio de sus investigaciones detectaron que el concepto de calidad se aplicaba solamente a recursos propios de industrias manufactureras, por tanto, en el área de los tangibles. Frente al hecho de no encontrar prácticamente nada que pudiese ayudarlos en posibles orientaciones, Zeithaml, Parasuraman y Berry se vieron obligados a iniciar un camino de investigación que, como vemos en la actualidad, ha llegado a límites insospechados, aunque será a finales de la década de los ochenta y en la de los noventa cuando los conceptos de calidad se aplicarán al sector servicios.

Su teoría de los *Gaps* se ve como la aportación más significativa a la calidad de los servicios por parte de los tres investigadores. Con posterioridad vendrían otros autores que se añadirán a sus investigaciones y a la teorización de la calidad en los servicios. Entre ellos cabe destacar las aportaciones de Grönroos o de Buttle sobre la dificultad de definir el concepto de calidad en los servicios, ya que se trata de productos de naturaleza intangible.

Una de las primeras definiciones, que continúa vigente, es la que darán los tres primeros. Según ellos, la calidad de servicio es la discrepancia entre las expectativas y las percepciones de los usuarios sobre el servicio prestado por la empresa. La diferencia que exista entre una idea y la otra serán los *Gaps*.

El *Modelo de la Diferencias* o *Gaps* consta de cinco posibles discrepancias (que son las diferencias), que se resumen a continuación:

- *Gap 1*. Discrepancia entre las expectativas de los clientes y las percepciones que los directivos de la empresa tienen sobre esas expectativas.
- *Gap 2*. Discrepancia entre la percepción que los directivos tienen sobre las expectativas de los clientes y las especificaciones o normas de calidad.
- *Gap 3*. Discrepancia entre las especificaciones de calidad y el servicio realmente ofrecido.
- *Gap 4*. Discrepancia entre el servicio real y lo que se comunica a los clientes sobre él.
- *Gap 5*. Diferencia entre el servicio entregado y el servicio percibido; en definitiva, el resultado de la suma total de los *Gaps* anteriores.

Debido a que el producto ocio es una amalgama de bienes y servicios, para los tres investigadores supuso un punto de partida difícil en su objetivo de analizar el punto de vista del consumidor sobre la calidad de servicio, ya que *los únicos criterios que realmente cuentan para establecer la calidad de un servicio son los que establecen los propios clientes*. Así que temas como la implicación de los trabajadores, el interés que muestren o el trato amistoso que sean capaces de dar a los clientes, son aspectos tenidos muy en cuenta en el momento de valorar la calidad de un producto; por tanto, las personas son básicas para afrontar la calidad de servicios, y lo enlazan con el inicio de sus postulados, donde el liderazgo y la gestión de los recursos humanos son básicos para la prestación de una buena calidad de servicio.

3.3.6. Los factores repetitivos

SERVQUAL es instrumento que elaboran los tres investigadores para medir la calidad de servicio en cualquier sector. En este modelo identifican diez determinantes que serán los criterios iniciales en los que se basan para establecer los *Gaps*. A partir de ellos, crearán una correspondencia que reduzca los diez criterios a cinco dimensiones, que serán más amplias pero que incluirán todas las facetas de los diez.

Las cinco dimensiones van a ser tomadas como los criterios indicadores de la calidad de servicio, y pasarán a representar las bases para valorar la calidad del servicio, los aspectos más significativos para el consumidor y los que van a hacer que desee repetir ese producto. Serán los conocidos como elementos repetitivos, los que tienen capacidad de fidelizar al cliente (figura 3.9).

Dimensiones	Criterios iniciales
La tangibilidad	1. Elementos tangibles
La fiabilidad	2. Fiabilidad
La capacidad de reacción	3. Capacidad de respuesta
La capacidad de reacción	4. Profesionalidad 5. Cortesía 6. Credibilidad 7. Seguridad
La capacidad de reacción	8. Accesibilidad 9. Comunicación 10. Comprensión del usuario

Figura 3.9. Los elementos repetitivos de Zeithaml, Parasuraman y Berry.

Un aspecto importante que sobre ellos se ha de tener en cuenta, es el resultado sobre la priorización que el consumidor realiza de los cinco elementos. Zeithaml, Parasuraman y Berry detectan en sus investigaciones que si bien todos ellos son imprescindibles, no tienen el mismo peso específico en la valoración que el cliente hace de ellos.

De sus trabajos se desprende que la importancia relativa que se conceden a los cinco sitúa la *fiabilidad* en primer lugar, mientras que los *elementos tangibles* en último:

- *La fiabilidad,* con un 32% se entiende como la capacidad de producir el servicio de una manera fiable y precisa: hacer siempre lo que dice que va a hacer.
- *La capacidad de respuesta,* en segundo lugar y con un 22%. Implica que no sólo es necesaria respuesta rápida a las peticiones, sino que incluye también una buena disposición y un apoyo al cliente en sus demandas.
- *La seguridad,* con un 19% aglutina la competencia y la credibilidad del personal, su profesionalidad, la cortesía en el contacto con el cliente y la confianza que es capaz de inspirar en él.
- *La empatía.* Con un 16% representa la capacidad de comprender la situaión en la que se encuentra el cliente y ser capaz de personalizar el servicio.
- *La tangibilidad* que con un 11% se sitúa en última posición. Se refiere a las instalaciones, su aspecto físico, el equipamiento o el material de comunicación, que sean todos adecuados y accesibles.

A partir de la detección de las diferencias o desequilibrios entre percepciones y expectativas, este método permite subsanarlas con el objetivo de equilibrarlas y poder así ofrecer un servicio de una calidad mucho más alta, conseguir con ello no sólo fidelizar al cliente, sino también resultar atractivos para muchos nuevos.

3.4. La gestión de los recursos humanos, imprescindible en el sector

Según Juan Velasco, de los ocho principios esenciales que contempla la gestión de la calidad, sólo los tres primeros afrontan las relaciones humanas: el primero es la *orientación enfocada al cliente,* básicamente el externo; *el liderazgo,* como segundo principio, y la *participación del personal* (*que posibilita que sus capacidades sean para el beneficio de la organización*), en tercer lugar. Con ello Velasco viene a asegurar que no hay posibilidad de gestionar la calidad en una empresa si no se empieza por una buena gestión de las personas que la integran.

Un liderazgo eficaz es el primer paso en las empresas de servicios, como decían también Zeithaml, Parasuraman y Berry. La gestión de las personas, y los recursos que para las empresas representan, es un campo que no ha dejado de evolucionar desde que las condiciones de los trabajadores empezaron a importar a los gestores de las empresas. Y aunque esta misma preocupación aparecerá algo más tarde en las empresas de servicios y ocio, lo hará con mucha más fuerza, si cabe, que en otros tipos de empresas.

Las intenciones de los gestores han sido, con toda seguridad, las de dignificar las relaciones y el trato en el seno de sus organizaciones para conseguir esa vida social que garantice un aprovechamiento óptimo de los recursos que las personas pueden aportar incluso más allá del ámbito profesional. Ahora bien, aunque las intenciones han sido buenas, los resultados no siempre están a la altura esperada, y en la actualidad existen bastantes ejemplos de este resultado.

Seguramente el éxito de la obra que se comentaba (y siempre a título anecdótico) en el punto anterior, la de la francesa Corinne Maier, describía las intimidades de una empresa moderna "cualquiera", y se comentaba que sorprendían las descripciones que Maier hacía de diferentes roles en una estructura empresarial más o menos estándar. En la empresa se utilizaban frases hechas y terminologías tan *específicas* que a los lectores de su libro les resultaban tan familiares que parecía que la autora estaba describiendo su misma empresa, y resultaba tan fácil identificar a los personajes, que el lector podía ponerle nombres y apellidos a cada uno de ellos. Lo que pasaba es que la autora se atrevió a denunciar con su obra una situación que en muchas empresas es bastante más frecuente de lo que pueda parecer a simple vista.

Comentado estos aspectos, Francesc Valls asegura también que las relaciones y el contacto con el cliente peligra de padecer un cierto deterioro conforme los productos maduran y las técnicas de gestión mejoran. Asegura que el ciclo de vida de los recursos humanos al cabo de unos años de trato exquisito tiende a enfriarse a medida que se aplican técnicas que garanticen una mayor profesionalidad, entonces el riesgo es que las relaciones se establezcan mecánicamente y tienda a perderse el aspecto más auténtico de su esencia.

Pero aun a riesgo de poder perder esa frescura se ha de hacer el esfuerzo de entender la importancia que tiene en cualquier empresa la gestión de los recursos humanos, aunque ha de preocupar aún más si se trata de empresas de ocio, en donde lo que se vende es un producto que contiene un fuerte componente intangible, y que, por tanto, depende directamente de las personas.

Genéricamente, en el marco empresarial, el concepto de la gestión de las personas se basa en tres puntales: el objeto, el sujeto y el método.

- El *objeto* de la gestión de personal significa la obtención, valoración y coordinación de las personas, como parte integrante de la empresa, con la finalidad de alcanzar los objetivos generales de productividad y rendimiento propuesto por la dirección.
- El *sujeto* es el individuo y sus relaciones dentro de la empresa. Relaciones que se pueden basar en principios de igualdad, sumisión y autoridad, según el estilo de lideraje.
- El *método* se entiende como las técnicas aportadas por las ciencias sociales aplicadas a las necesidades de este ámbito.

Además de estas tres bases, se definen también otras tres grandes áreas o funciones en la gestión del personal: la función de empleo, la de administración y la de gestión de los recursos humanos.

- La *función de empleo* tiene como objetivo aportar a la empresa las personas necesarias y aptas, en número y calidad, para realizar de una forma óptima una ocupación y así cumplir con los objetivos marcados por la empresa.

  Entre las acciones propias de esta función destacan la creación y definición del puesto de trabajo, el perfil del puesto y de la persona, el reclutamiento, etc.
- La *función de administración* es la que tiene por objeto el control, la gestión y la administración de los recursos humanos de una empresa, así como la adecuada planificación de los mismos en relación con la actividad que desarrolla. Surge con la función de empleo y concluye una vez que se han extinguido los derechos, deberes y responsabilidades, tanto técnicas como jurídicas, entre las empresas y sus trabajadores. Incluye el control, la negociación, las normas legales, la burocracia y las suspensiones y sanciones.
- La *función de gestión de recursos humanos* es la que tiene por objeto, además de los intereses y objetivos de la empresa, los del trabajador, de tal forma que se produzca simultáneamente la unidad e integración de actitudes, junto con la promoción y desarrollo laboral, profesional, humano y económico. Esta función comienza inmediatamente después de haberse dado fin a la función de empleo, y concluye con la extinción de la relación entre la empresa y el trabajador. Como temática incluye la política de contratación, la política social, la formación, la comunicación, la dirección y el liderazgo y la motivación.

3.4.1. Los recursos humanos, la clave del éxito

Este método de gestión de las personas en las empresas está actualmente más que aceptado en todos los países industrializados; el factor humano es decisivo para la consecución de los resultados de cualquier empresa, por lo que es considerado uno de los elementos diferenciadores que permitirán a ciertas organizaciones empresariales ser más eficientes que otras.

La mayoría de las empresas, además de satisfacer las demandas sociales de tipo externo, hoy día no pueden permanecer de espaldas a las de tipo interno.

De nuevo, este aspecto se acentúa aún más en las empresas de servicios, ya que la calidad del servicio que se presta, dependerá, como ya se ha visto, de la motivación y el clima social creado.

Se considera que una gestión eficaz de los recursos humanos se ha de centrar, además de en los aspectos tradicionales, como, por ejemplo, el sueldo, en otros como:

1. La comunicación.
2. La formación.
3. La promoción.
4. La motivación.
5. Los estilos de dirección.

La *comunicación* es la formulación e intercambio de ideas, opiniones e información a través de la palabra, por escrito o a través de signos, y es la esencia de cualquier relación. Sus cuatro elementos básicos son el emisor, el receptor, el mensaje y la retroalimentación, conocida también como *feedback.*

La comunicación en la empresa es básica, ya que gracias a ella y a las redes establecidas, fluyen y se transmites los mensajes entre sus miembros. En el ámbito de la empresa se distinguen dos tipos de redes de comunicación, una es la formal y la otra la informal. Las dos son imprescindibles y necesarias, ya que se complementan mutuamente.

La red de comunicación formal es la que establece la empresa, es la oficial, y pretende hacer llegar la información en el momento preciso a la persona deseada. Respetan las jerarquías y se definen como estables y regulares, evitando la distorsión y los posibles rumores incontrolados.

Las de comunicación informal son aquellas que surgen espontáneamente de las relaciones entre las personas, como necesidad inherente entre ellas, y su objetivo es satisfacer las necesidades sociales de las personas. La comunicación informal tiene la capacidad de aumentar el interés de los trabajadores, los mantiene informados y les ayuda a crecer. Son canales alternativos de información que suplen las posibles deficiencias de los canales formales.

Las dos redes configuran la comunicación interna en la empresa que ha de permitir el tener conocimiento de los temas que afectan al personal. Estos temas pueden ser igualmente de tipo profesional como de tipo personal.

La comunicación interna tiene tres objetivos básicos: informar, formar y motivar a las personas.

La formación en la empresa. Aunque es una idea que va en retroceso, lo cierto es que aún hay empresas en las que se está convencido de que la formación es un gasto a añadir al encarecimiento de precio de coste de un producto. También es cierto que ahora, la tendencia más generalizada está en entenderla como una inversión que se hace en la empresa, y que se orienta hacia el perfeccionamiento de las funciones y al desarrollo del potencial humano de la empresa; es, por tanto, una inversión en la misma empresa a través de las personas que la configuran.

La formación tiene la capacidad de hacer que el trabajador aumente su rendimiento, se sienta más seguro y pueda integrarse de forma más efectiva en la empresa. Además de la ventaja que significa la mejora en el rendimiento, se le añade otra no menos importante, como es la rapidez y eficacia en la ejecución de sus funciones.

Con estas mejoras, la posibilidad de delegación aumenta, reduciendo así el tiempo dedicado a la supervisión y el control de las personas y de su producción.

Se conseguirá también una motivación extra, ya que posibilita la satisfacción de las necesidades humanas de superación, reduciendo de paso el posible absentismo.

Con todo lo mencionado existe una condición para que la política formativa sea eficaz: el asumir que la detección de las necesidades del personal que integra la empresa son las necesidades formativas de la empresa. Si se detectan y se cubren esas necesidades en las personas, se estará respondiendo a las de la empresa, por lo que se tendrán que poner en práctica las aportaciones de las acciones formativas, ya que el no hacerlo significará, entonces sí, una pérdida de tiempo y dinero, además de un sentimiento de frustración que pueden llegar a sentir las personas formadas al no poder aplicar los conocimientos adquiridos a la realidad de la empresa, y esto significa un argumento potentísimo para la exclusión y la desmotivación.

Si bien es cierto que una buena política de formación es un elemento muy importante para motivar al trabajador, tampoco se puede tomar como la única vía. Hay unas condiciones previas que se han de tener presentes, como es el caso de un salario justo, que corresponda a las funciones y responsabilidades que el trabajador tenga en la empresa, también que el grado de integración sea óptimo, que en el proceso de detección de necesidades formativas se le haya tenido en cuenta de forma ascendente y que las acciones formativas no sean una imposición que poco o nada tengan que ver con las auténticas necesidades del personal, por ejemplo.

Es muy importante tener una correcta *política de promoción* del personal interno, tanto para la empresa como para el trabajador. Resulta necesario definir las necesidades reales de cada empresa que se mencionaban en la política de formación. Ésta va a suponer una base en la que poder edificar las promociones internas; el trampolín para canalizar las aspiraciones de los trabajadores

Las necesidades han de configurarse a partir de aspectos reales y mesurables dentro de la empresa, y que naturalmente respondan a los intereses fijados por la empresa, teniendo en cuenta su potencial humano.

Existen algunos aspectos psicológicos que no se pueden obviar cuando se afronte la elaboración de las posibles promociones:

- Que hay una tendencia natural en las personas a satisfacer progresivamente necesidades más elevadas, y que éstas tienden hacia la autorrealización, dice Maslow.
- Que existe una necesidad de un reto constante que de forma inherente aparece en las personas, aunque su intensidad no es la misma en todas, y que se traduce en una necesidad de competencia frente a sí mismo y frente a los demás.
- Que el nivel de aspiraciones es diferente en función de las capacidades de cada persona y de sus proyecciones de futuro, que, igual que los retos, son subjetivos.

3.4.2. Las políticas empresariales y los estilos de dirección

Cualquier política empresarial de las mencionadas, además de las que se desarrollan más adelante, es consecuencia de un estilo de dirección determinado y de una manera de entender la empresa, el producto y el consumidor. En sus teorías sobre el lideraje de Fiedler y Vroom coinciden en darle un enfoque situacional al tema; el primero afirma que no se puede calificar a priori un estilo de dirección como el mejor, ya que hay que conocer sus circunstancias para poder posicionarse, mientras que el segundo afirma que por razones lógicas de desconocimiento de contexto no se puede tipificar apriorísticamente un estilo u otro. A esto habrá que añadirle la circunstancia de si hay consonancia entre el trabajo que se realiza y el estilo de liderazgo.

- *Estilos de dirección empresarial*

El liderazgo es la capacidad que puede tener una persona para dirigir a un grupo hacia una meta posible y válida, aprovechando al máximo la inteligencia del equipo, influyendo en el comportamiento, consiguiendo que se haga con entusiasmo y compartiendo una visión común de futuro.

Entre lo mucho que se ha dicho del líder y de sus diferentes teorías, destacan dos que conducen hacia las culturas empresariales bastante generalizadas y es por esa razón por lo que se señalan a continuación. Son las Teorías X e Y de McGregor y la del Liderazgo Situacional de Hersey y Blanchard.

Según McGregor, desde el punto de vista de quien ejerce el liderazgo existen dos estilos de dirección posibles, uno es el denominado *Teoría X*, conocido también como *estilo autocrático*. Significa la consecución del mayor beneficio al mínimo esfuerzo por parte de los trabajadores. La segunda es la *Teoría Y*, o *estilo democrático*, donde los trabajadores intentan hacer bien las cosas y son merecedores de confianza.

- *La Teoría X*. El líder piensa que las personas son holgazanas por naturaleza, odian el trabajo y solamente trabajan por recompensas económicas. Tienden a no querer tomar decisiones importantes ni responsabilidades y prefieren estar dirigidas por un superior. Éste es el estilo autocrático, donde los trabajadores se definen como personas que han de ser controladas y amenazadas constantemente, estableciéndose la necesidad de un control riguroso en todo momento. Según esta teoría existe un fenómeno de distanciamiento entre las clases superiores y los subordinados.
- *La Teoría Y*. El líder piensa que las personas no odian el trabajo, sino que quieren trabajar, disfrutan trabajando, significa un camino para la autorrealización, ya que gracias al trabajo aprenden y tienen una motivación continua buscando la creatividad. Las personas son capaces de gestionar su propio control, por lo que en lugar de hablar de control, sería más correcto hablar de supervisión. Es un estilo de dirección democrático, donde se evita la división vertical, y el distanciamiento entre superiores y subordinados, teniéndoles muy en cuenta en la toma de decisiones.

Se detecta otra tendencia que toma elementos de las dos anteriores. Es la denominada de Sistema Japonés, conocida también como la *Teoría Z*; en ella el personal se considera parte integrante de la empresa, y las decisiones se toman en común descendiendo a todos los niveles. La responsabilidad es colegiada y la autoridad participativa.

Por otra parte, está la teoría del *Liderazgo Situacional* de Hersey y Blanchard, que se refiere a cuatro posibles estilos de liderazgo que se aplican a personas determinadas y pocas veces en grupo, pudiéndose aplicar los cuatro en una misma empresa. Son los estilos Autoritario, Persuasivo, Participativo y Delegativo.

- *Autoritario*: se suele aplicar con individuos que denotan falta de voluntad y decisión, por lo que el seguimiento de las funciones designadas es muy cercano. Resulta útil con principiantes.
- *Persuasivo*: donde la prioridad se le concede a la comunicación, y se invierte mucho en relacionarse y en establecer vínculos. Se aplica a personas maduras pero que aún les queda por aprender.

- *Participativo:* basado en desarrollar las relaciones personales y fomentar la participación de todos. Se aplica a grupos con funciones y habilidades básicas, pero capacitados para afrontar y solucionar la mayoría de los aspectos técnicos del trabajo.
- *Delegativo:* actúa como un recurso, deja la mayor parte de las tareas a los miembros del grupo. La condición es que tiene que dar un alto nivel profesional. Produce un especial orgullo por el trabajo bien hecho y crea una actitud responsable y positiva.

Sobre la base de un estilo de liderazgo u otro, se edifica la *cultura de empresa,* que, relacionada con los distintos estilos anteriores, da como resultado cuatro tendencias o vías posibles:

- *Cultura Autoritaria,* "coloquialmente se conoce también como la cultura del "ordeno y mando". Suele darse con más frecuencia en un entorno poco cualificado donde las otras no tienen mucho sentido. Sus ventajas son que es rápida y barata, mientras que su principal inconveniente es que puede resultar limitada.
- *Cultura de la Norma.* Es la cultura funcionarial. En ella lo más importante es la ritualización y la normativa. En entornos de alta seguridad, sus ventajas son que resulta estable, predecible y crea seguridad. Entre sus inconvenientes destacan la dificultad de adaptarse al cambio, los costes altos y el alto nivel de ineficacia generada por la burocracia.
- *Cultura de Objetivos,* donde lo importante es cumplir la tarea y los objetivos. Es una competición despiadada. Su entorno es el de profesionales de nivel y entre sus ventajas se destaca la eficiencia, la flexibilidad y la rápida adaptación a los cambios. Sus inconvenientes son que puede resultar cara y además se corre el riesgo de desmotivación del personal por un exceso de competitividad.
- *Cultura de la Motivación.* Hoy día empieza a aflorar con fuerza en muchas empresas, y su base es la satisfacción de los trabajadores. Como ventajas destacan la eficacia y la flexibilidad, absorbe los cambios sin mayores problemas y además, se autodinamiza. Sus inconvenientes son que requiere grandes liderazgos y personas con formación para implantarlo.

Cada una de estas culturas es producto y consecuencia de un estilo concreto de liderazgo que, a su vez, es el resultado de una determinada filosofía que moderará la empresa decantándola hacia una orientación u otra. Si la producción de la empresa son tangibles, es posible que la preocupación del problema de la calidad sea de una importancia relativa (todo y que es un caso que tiene los días contados), pero la preocupación se acentúa si el ámbito de la empresa es el de los servicios, y sobre todo los de ocio. En este supuesto, la gestión de los recursos humanos ya ha quedado claro que tiene una importancia vital.

La motivación, y las técnicas para conseguirla, va a ser una constante en un gran número de empresas, y una de las herramientas claves para alcanzarla es la dinamización de los flujos de comunicación interna, que no solamente van a procurar el alza de esa pretendida motivación, sino que también tiene la capacidad de prevenir muchos de sus conflictos internos. Son éstas las razones por las que se cree oportuno incidir en la importancia que para ellas tiene un buen plan de comunicación.

3.4.3. El plan de comunicación en la empresa

Con el objetivo de que una empresa funcione adecuadamente, sea dinámica y capaz de motivar a sus trabajadores, en nuestros días es necesario que esté dotada de un buen plan de comunicación que garantice la agilidad y la fluidez en toda la organización, y que un mensaje pueda llegar, en un tiempo y de forma adecuada, a la persona requerida, garantizando además su correcta recepción y comprensión.

El plan representa una importantísima herramienta de gestión empresarial al servicio de la dirección, que ha de permitir facilitar la consecución de los objetivos estratégicos planteados por la organización, e incrementar el nivel de motivación de todas las personas que configuran la empresa.

El Plan de Formación tendrá presente también que el flujo de mensajes ha de estar al servicio de todas las personas que integran la empresa, y ha de permitir que por él fluya, no solamente la comunicación formal, sino que pueda ser utilizado de igual modo por los mensajes de comunicación informal, sin que ello suponga un impedimento por parte de la empresa.

Para la elaboración del Plan se distinguen cuatro fases, cada una de ellas configuradas por una serie de acciones, tal como se muestra en la figura 3.10.

Entre las principales funciones que el plan de comunicación ha de cumplir en una empresa destacan cinco:

1. Dar a conocer las metas y los objetivos de la empresa.
2. Hacer llegar a los trabajadores de los diferentes niveles jerárquicos la información necesaria para tomar las decisiones que la responsabilidad de su puesto les exige.
3. Dirigir, motivar y crear un clima de cooperación a partir de la transmisión de mensajes, por lo que se entiende que también ha de ser un medio válido para la comunicación informal entre los trabajadores.

Primera fase **Situación de partida**	• Analizar los objetivos y valores predominantes en la empresa. • Analizar los medios físicos y tecnológicos disponibles. • Analizar la evaluación del plan de comunicación anterior.
Segunda **Diseño del plan**	• Definir los objetivos de la comunicación. • Determinar los medios que se van a utilizar. • Fijar los tiempos.
Tercera **Implantación**	• Desarrollar un conjunto de iniciativas y acciones coherentes, que han de estar planificadas en un período de tiempo.
Cuarta **Evaluación**	• Nivel de consecución de los objetivos. • Valoración del desarrollo del plan.

Figura 3.10. Fases para la elaboración de un plan de comunicaciones.

4. Controlar la ejecución de los planes de la empresa para la obtención de una información adecuada.
5. Relacionar la empresa con su medio ambiente externo a través del intercambio de información.

En muchas ocasiones los problemas en las empresas se deben a una comunicación deficiente, por esta razón es de máxima importancia el establecer un plan de comunicación lo más eficaz posible, incluyendo un abanico de posibilidades de la máxima amplitud. En la propuesta que se hace a continuación se aporta la inclusión de los círculos de calidad que Velasco menciona en su obra, ya que es posible que no se tengan en cuenta todos los aspectos positivos que éstos pueden aportar a la organización.

Un buen plan ha de poder asegurar que el receptor del mensaje lo reciba y lo entienda correctamente. Esta necesidad obliga a que el plan contemple un sistema de retroalimentación que informe al emisor de la correcta recepción del mensaje emitido. La comunicación eficiente tiene la capacidad de unificar todas las actividades que se realizan en el seno de la organización y favorece la identificación de los trabajadores con sus funciones; en consecuencia, el desarrollo de los puestos de trabajo, la satisfacción y la motivación se verán favorecidos.

Con la intención de facilitar la consecución de los objetivos del plan de comunicación, se proponen a continuación, en la figura 3.11, una serie de posibles canales que pueden ayudar a agilizarlo.

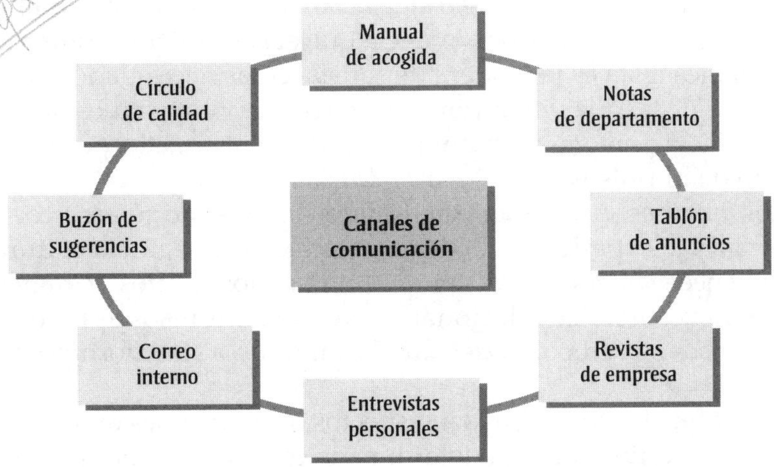

Figura 3.11. Posibles canales de comunicación de un plan.

La base de todos ellos es la comunicación formal de la empresa, pero no obstante, y como ya se mencionaba, vale la pena posibilitarlos para que sean utilizados con objetivo de fomentar y dar a conocer las acciones dirigidas a la incentivación de la comunicación informal, ya que representa un puntal importantísimo e inexcusable para el fomento de una buena vida social en la empresa.

El buen ambiente social es una preocupación en todo tipo de empresas, y lo ha de ser por muchas otras razones más de las que se han visto aquí, pero si la se dedica al ocio y a los servicios, la preocupación ha de ser mayor, puesto que ya hemos analizado cómo el ambiente que se respira en ella acaba siendo percibido por los consumidores del producto, afectando directamente a sus criterios de valoración de la calidad de servicios a la que se referían la teorías de Zeithaml, Parasuraman y Berry.

3.4.4. La motivación como objetivo primordial en los recursos humanos

Motivar es crear el resorte que impulse a las personas a mostrar una conducta determinada. Estos resortes que impelen a las personas a hacer algo son los motivos. Así pues, un motivo es cualquier impulso que incita a adoptar una conducta concreta. Además, hay que tener presente que esta conducta puede responder a razones conscientes, pero también a otras inconscientes.

Los impulsos son a su vez excitaciones internas que mueven a la acción, y de ellos se pueden distinguir de dos tipos: los impulsos o necesidades, y los incentivos.

a) Los *impulsos primarios* o *no aprendidos*. Son instintivos y tienen origen en los recursos de supervivencia que el ser humano comparte con los animales. Ésta es la manera de satisfacer las necesidades del cuerpo, o fisiológicas, que velan por mantener con vida y en estado de buena salud a la persona. El hambre, la sed, el sueño, etc., pertenecen a este tipo de impulsos.

b) Los *impulsos secundarios* o *aprendidos*. Éstos se adquieren con el aprendizaje y la experiencia. Presentan variaciones según la cultura a la que pertenece la persona. La competitividad, los hábitos de higiene, la forma de vestirse, de relacionarse, etc., son impulsos aprendidos. Estos impulsos sirven para adecuar al individuo a su entorno social.

Mientras que los *incentivos* son aspectos o condiciones que se encuentran en el ambiente, estimulan una determinada conducta y, por tanto, son inductores de la acción. Existen también dos tipos de incentivos: los *facilitadores* y los *coercitivos*, que ayudan a la persona a satisfacer sus necesidades y a realizar su potencial, los primeros, y los segundos los que se intentan imponer conductas extrañas a sus necesidades y potenciales.

Los incentivos *facilitadores* también tienen un carácter de refuerzo cuando, en el proceso del aprendizaje social, se estimula positivamente (a través de recompensas) o negativamente (con castigos) al individuo según se desee implantar o desechar alguna conducta por medio de los impulsos.

Según McClelland, estos refuerzos se inician en la infancia en el seno familiar y escolar, y continúan a lo largo de toda la vida en función de las expectativas sociales que puedan generarse sobre el individuo. Las manifestaciones de reconocimiento, aprecio emocional y aceptación son los primeros incentivos que se buscan desde la infancia y, por tanto, condicionan los impulsos que aprendemos para realizar determinadas cosas en la medida en que se dependa de dichos incentivos.

Los impulsos y los incentivos pueden ser las dos caras de una misma moneda. Un niño puede correr delante de un perro con gran velocidad por puro placer lúdico (impulso primario), fintar para despistarlo (impulso secundario) y si sus padres o profesores aprecian esta cualidad pueden recompensarlo de diferentes maneras para que se entrene en la carrera deportiva para entrar en competición (incentivo).

Sobre la motivación existen varias teorías entre la que cabe destacar las cuatro más aceptadas: la clásica, la de la jerarquía de necesidades, la de las expectativas y la de las necesidades aprendidas.

- *Teoría clásica:* es lo que tradicionalmente se conoce como el palo y la zanahoria, el premio y el castigo, el temor y el incentivo, pero aunque pueden influir en la motivación, no constituyen el fondo o la esencia de la motivación.

Entre las técnicas clásicas de motivación está el sueldo. Ya desde la década de los años cincuenta, Elton Mayo proponía que no era lo único ni lo más importante, que existen otros aspectos laborales que pueden motivar tanto o más que el dinero que se perciba por una actividad realizada en la empresa. Así, Mayo destacaba estos puntos a tener en cuenta en la motivación de los trabajadores, y que con el paso de los años se han ido confirmado como perfectamente válidos en nuestros tiempos:

1. El trato recibido por parte de la empresa.
2. La posibilidad de mejora.
3. La estabilidad del trabajo.
4. El reconocimiento de las capacidades.
5. El reconocimiento del esfuerzo realizado.
6. El sentimiento de pertenencia al grupo.

- *Teoría de las necesidades jerarquizadas:* basada en A. Maslow, y que resulta ya insuficiente para explicar la motivación, sí es cierto que resulta efectiva para entender la necesidad de tener identificado un objetivo o un reto para mantener en activo los impulsos generadores de conductas motivadas.
- *Teoría de las expectativas* de Vroom y Yetton. Para ambos la motivación se basa en conseguir unos resultados que a la persona le parezcan interesantes; por tanto, las expectativas tienen mucho que decir, de hecho entienden que la motivación es el resultado de la suma del valor más las expectativas. Mientras que el valor mide la atracción que la persona siente por el resultado, las expectativas serán el índice de probabilidades que se concede a alcanzar un resultado satisfactorio.
- *Teoría de las necesidades aprendidas* de McClellan. Las necesidades humanas se aprenden en la infancia a partir de diferentes estímulos y experiencias. Su intensidad es subjetiva, depende de cada persona en particular y de sus circunstancias. El resultado será que todos tenemos tres necesidades básicas: la de pertenencia, la de poder y la de logro, aunque las proporciones serán diferentes en cada persona.

1. *Afiliación*. Tendencia a agradar, a buscar la aceptación de los demás. Dará como resultado situaciones cooperativas.
2. *Poder*. Tendencia a influir y a controlar. Da como resultado situaciones competitivas.

3. *Logro.* Tendencia a conseguir objetivos cada vez más satisfactorios. Conduce a situaciones en las que se asume un alto grado de responsabilidad personal, de correr riesgos controlados.

A) La desmotivación

Se puede definir como un estado carencial que presenta el trabajador en la empresa, y que se caracteriza por tres factores principales: el tedio o aburrimiento, la fatiga y resistencia al cambio y el absentismo y la apatía.

- El *tedio* se entiende como el estado que hace que un trabajador se aburra en su trabajo y la consecuencia es el no rendir correctamente.
- La *fatiga* en el trabajo es un concepto que siempre es subjetivo, que depende de la persona. No es el equivalente al cansancio, ya que no es físico, sino que se entiende como algo psicológico. Una consecuencia de ello es la inhibición de la capacidad para enfrentarse a cambios, la resistencia a los cambios que conlleva a la pérdida de competitividad y, por tanto, a la disminución y descenso de los resultados y la eficacia.
- El *absentismo,* que cabe distinguir entre dos posibilidades, ya que existe el absentismo físico y el absentismo virtual:

  • Absentismo físico: es cuando se falta físicamente al trabajo.
  • Absentismo virtual: que es cuando se acude al trabajo, aunque se está ausente mentalmente. Este hecho influye negativamente en la calidad del trabajo y en la productividad.

B) Principios de la motivación

Dentro del seno de las empresas se distinguen factores que pueden determinarse como motivantes, pero también existen los desmotivantes, aunque no se puede confundir la motivación con la incentivación, que si bien es cierto que están estrechamente relacionadas en el ámbito laboral, son hechos diferentes; así, mientras que la motivación se asienta en la creencia en uno mismo que el individuo posee, la incentivación significan las ayudas y las primas que la empresa ofrece a sus empleados para conseguir unos objetivos específicos.

En cuanto a la motivación laboral, se detectan unos fundamentos en los que se basan sus principios:

- Se produce en el trabajo.
- Son el resultado de la cultura empresarial y liderazgo.

- Tienen que ver con los logros.
- El reconocimiento los determina.

Como consecuencia del análisis de las principales teorías de la motivación, se puede destacar que si se hubiera de definir el auténtico factor que tiene la mayor capacidad de motivar en una empresa, éste sería sin duda la satisfacción por el trabajo. Ahora bien, el acercamiento a la satisfacción total pasa por tener en cuenta a los cinco factores que lo configuran:

1. *Pertenencia,* o el sentirse parte integrante del grupo.
2. La *coincidencia de los objetivos* personales y profesionales con los objetivos de la empresa.
3. El tener la *certeza* de saber cómo y cuánto el trabajo propio contribuye al trabajo y al resultado del equipo.
4. El *reconocimiento* por el trabajo hecho y por el esfuerzo realizado.
5. Tener una idea clara de la *carrera profesional.*

Es imprescindible saber si un trabajador está realmente motivado en la empresa o no. Para detectar si el trabajador está motivado se distinguen cinco características que pueden dar una idea de hasta qué punto lo está. Son síntomas que se pueden detectar con relativa facilidad, aunque presentan una carga de subjetividad importante, puesto que los cinco factores anteriores significan lo mismo no para todo el mundo, ni tampoco sus intensidades. Resulta una vía importante para conseguir detectar en qué punto de motivación se encuentra un trabajador y qué es lo que se puede mejorar, según los aspectos más negativos del resultado (figura 3.12).

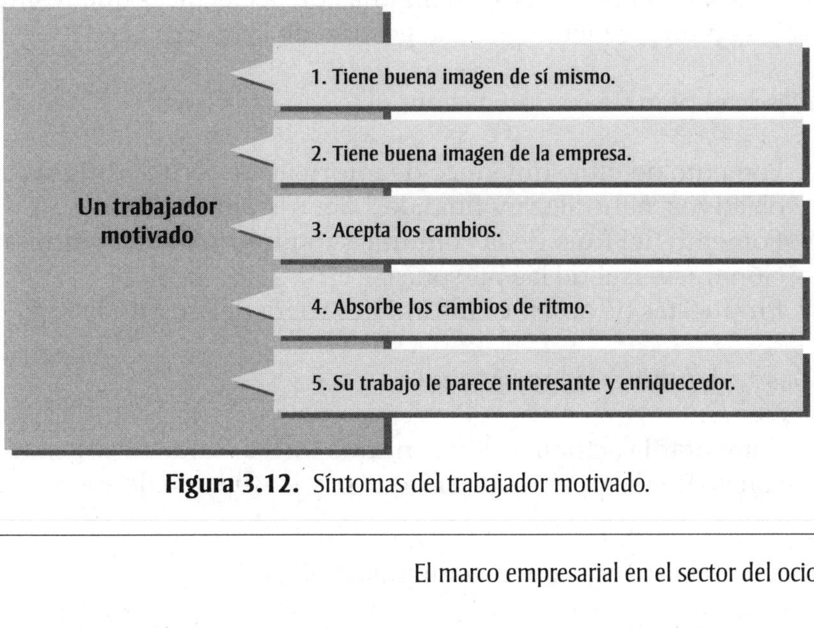

Figura 3.12. Síntomas del trabajador motivado.

La primera característica sintomática es *la imagen*. Una persona motivada tiene una buena imagen de sí mismo, tanto a nivel personal como a nivel profesional, y esto da paso a la seguridad del trabajador.

La segunda se refiere también a la imagen, pero en este caso es la imagen que el trabajador tiene *de la empresa*. Ésta también es positiva, evidentemente; es el seno donde se despliega todo su potencial, donde se siente seguro y se le reconoce.

El próximo síntoma, el tercero, es que un trabajador motivado *acepta los cambios*, porque entiende que van a contribuir a la mejora general. Teniendo en cuenta los dos síntomas anteriores, es fácil comprender cómo los vive: seguro que como una oportunidad de progresar.

Los *aumentos de ritmos* en la intensidad serán absorbidos sin grandes dificultades ni problemas, ya que su predisposición es bastante alta. Es el cuarto síntoma.

Finalmente, un trabajador motivado tiene una *buena imagen de su trabajo*, ya que le parece interesante y enriquecedor.

Como último punto a tener en cuenta en la motivación, se propone una revisión de sus técnicas. Éstas recogen el resumen de los puntos de vista propuestos anteriormente, y, por tanto, es una deducción lógica de los diferentes aspectos que se han planteado en ellas y que habrían de configurar la política de la gestión de recursos humanos en la empresa.

Se añade un listado de orientaciones efectivas y susceptibles a ampliarse desde los demás aspectos de la filosofía de la empresa, ya que tienen la capacidad de generar flujos de motivación permanente en las personas que configuran la empresa. Con más razón aún, una vez más, si se trata de una empresa dirigida hacia los productos de ocio. Este listado se ofrece agrupado en tres ámbitos, y en ellos se recogen algunas de las técnicas que resultan más aconsejables para ser incluidas en la gestión de las personas:

– Desde el plan de comunicación.

  • Fomento del flujo dinámico de información formal dirigida a definir objetivos, naturaleza y finalidad del trabajo.
  • Fomento del flujo de la comunicación informal que permita la relación trasversal de las personas.
  • Propuestas de acciones informales fuera del ámbito laboral.

– Desde la política de formación.

  • Fomentar la actualización continua de los conocimientos de las personas de cualquier nivel jerárquico, y en función de sus necesidades.

- Posibilitar una carrera profesional en el seno de la empresa.
- Potenciar la formación en la empresa con objetivos de promoción interna y ascensos.
- Reconocer los esfuerzos y los intereses de las personas involucradas en la formación.

– Desde el estilo de dirección.

- Fomento del trabajo en equipo e identificarlo con la empresa.
- Aplicación del *management* por objetivos (MBO).
- Fomentar las actitudes de colaboración.
- Potenciar cambios con objetivos de mejora.

3.5. Estrategias de las relaciones entre empresa, producto y cliente

El estado general de las empresas actualmente las obliga a estar muy al día en cuanto a nuevas formas de entender y acercarse al consumidor para poder adaptar el producto con la máxima eficacia. Esto determina una evolución casi inevitable hacia una forma de relación que la dirija hasta la idea de calidad, o más allá, al nivel de excelencia, donde las preferencias y las expectativas son claves para establecer dicha relación. Por otra parte, también se ha visto que, por varios factores, los consumidores han ido cambiando sus hábitos y modificando sus conductas frente a las diferentes ofertas de productos. Ante este panorama las empresas no tienen más remedio que adaptarse a los cambios vertiginosos del mercado revisando sus políticas y su gestión, y adoptando finalmente estrategias que les ayuden a ser efectivas frente a esta modificación continua en la que estamos inmersos.

3.5.1. La necesidad de revisar el producto y la relación con el consumidor

El análisis continuo del mercado, su evolución, las nuevas tendencias y las posibles variaciones del producto, con el objetivo de adecuarlo a las modas y necesidades del momento, hacen que la empresa tenga una nueva obligación que hasta hace poco tiempo prácticamente no tenía.

Una empresa se dedicaba a suministrar al mercado un producto determinado, sin una necesidad de saber qué incidencia podría tener en el consumidor, pero, como Alonso, Barcos y Martín dicen, a medida que avanza el siglo XX, y sobre todo su segunda mitad, la gestión de la calidad y las técnicas de marketing se hacen cada vez más imprescindibles, trastocando la relación existente hasta el momento entre el centro de producción, el producto y los consumidores.

Los estudios de mercado constantes, los Dafos y la creación de estrategias que acerquen los tres elementos son constantes vitales en todas las empresas y se reafirman como aspectos inherentes ya en cualquier empresa que tenga un mínimo interés por permanecer en el mercado en una posición de cierta competitividad.

Un análisis genérico bastante interesante sobre las estrategias más corrientes en las industrias de ocio es el que realiza Fransesc Valls en su *Gestión de empresas de turismo y ocio*, donde destaca las tres más corrientes, además de apuntar la necesidad de un cambio cultural en el seno de la empresa que se comentaba más arriba.

3.5.2. *Las tres estrategias más usuales según Valls*

Comienza su teoría haciendo una división tipológica de empresas en función de la naturaleza de su producto, y si éste está relacionado directamente con el ocio, o en si existe alguna posibilidad de poderlo hacer a través de la adaptación. Son cinco tipos de empresas, de las cuales el primer grupo corresponde al que Valls denomina empresas de la *zona de la cotidianeidad* y lo constituyen todas aquellas empresas que no se dedican frontalmente a producir bienes y servicios relacionados con el ocio.

Los otros cuatro grupos son empresas que, de una manera u otra, se relacionan directa o indirectamente con el ocio y sus necesidades.

A partir de esta tipología el autor precisa que para la adaptación eficaz de sus bienes y productos, las empresas recurren estas estrategias, en función de sus objetivos y de la tipología en la que se enmarquen. Se trata de tres plantas, por una similitud metafórica, que representan el desarrollo de cada una de las aplicaciones en el mercado. Son el Girasol, la Beaucarnea y la Hiedra.

La *estrategia del Girasol*. Es bastante corriente en las empresas del primer tipo, es decir, de las que se dedican a producir en la zona de la cotidianeidad. Son, por tanto, productos básicos para la existencia y que nada tienen que ver con el ocio, en principio, pero que con el objetivo de adaptarlos, se le añaden unos componentes que son típicamente definitorios de los productos de ocio.

El tronco permanece firme, es el producto base, pero a éste se le añaden, por ejemplo, elementos inéditos, como los que denoten felicidad, confort, alegría, modernidad, diseño, etc., con el objetivo de orientar el producto hacia las nuevas tendencias, metafóricamente como hace la planta que gira para seguir al sol y aprovechar así al máximo sus beneficios. El producto original permanece sin variaciones significativas, pero ahora remite a todos esos elementos nuevos. Se trata de mantener su mercado, que ya está consolidado, pero ahora se decanta hacia nuevos consumidores, así que ese producto ha de satisfacer a los clientes anteriores y también a los nuevos, los que se incorporen a partir de la adaptación a las nuevas formas de consumir.

Esta estrategia representa un esfuerzo para la empresa, ya que ha de realizar unos estudios de mercado lo suficientemente profundos y eficaces como para poder reorientar el producto pero dejándolo intacto. Representa un reposicionamiento importante que se ha de llevar a cabo con grandes campañas de marketing.

Seguramente un ejemplo bastante significativo sea la campaña de Avecrem "¿Cueces o enriqueces?", donde todos los detalles de la cuña publicitaria están cuidados al máximo para dar la imagen de que quien enriquece es una persona moderna, que está al día, feliz, que se rodea de un diseño muy actualizado en un lugar idílico que se acerca más a un sueño que a la realidad. Esta idea satisface a los consumidores tradicionales y también a los nuevos.

La *estrategia de la Beaucarnea*. Aplicable al resto de las empresas, las que su producción ya está relacionada con el ocio. Su nombre, dice Valls, proviene de una planta tropical que posee un potente tronco del cual salen unas hojas largas y robustas como cintas que acabarán siendo tan importantes como el mismo tronco (figura 3.13).

Figura 3.13. Planta tropical denominada beaucarnea.

Para Valls, su objetivo se centra *en procurar que el consumidor disfrute al máximo de la experiencia satisfactoria que representa el acto del consumo* de un producto de ocio, y debido a que éste es vivido como una experiencia creativa y de autorrealización, estos conceptos se habrán de tener muy en cuenta porque, en definitiva, son los que se tratará de fomentar.

Para conseguir estos objetivos el autor propone acciones que doten a los productos de nuevos atributos, como, por ejemplo, reforzar la sociabilidad en el acto de consumo, gestionando colas, reforzando el aspecto lúdico de un producto, aumentando el trato personalizado, reforzando la confianza respecto a las características del producto, los valores de su diseño, de su imagen, pero también otros aspectos como la información, la señalización, el respeto al medio ambiente, la limpieza, etc., todos ellos acabarán siendo percibidos como atributos de la imagen del producto, que es lo mismo que decir que acabarán siendo el producto mismo.

Con la intención de prolongar el servicio, también propone el refuerzo de valores añadidos, como la atención al cliente o la recogida de sugerencias y de quejas, que lo que van a procurar es transmitir la sensación de que el servicio se prolonga más allá del acto mismo de consumo del producto.

Así pues, como ejemplos de una aplicación de la estrategia de la Beaucarnea, se podrían citar los departamentos de atención al cliente, los puntos de información, los mapas y planos de un centro comercial, por ejemplo, en donde figuren todos los servicios que se ofrecen, o las hojas de control de limpieza, que se exponen en los servicios de muchos de sus lavabos.

Otra aplicación de este tipo de estrategia es la gestión de las colas, por ejemplo, en un gran parque temático como Port Aventura en Salou, Tarragona. No exento de polémicas, el *ticket exprés* ofrece un paso sin colas a cualquier atracción del parque, a cambio de pagar un precio más elevado en la entrada. También sería un ejemplo la manera de acceder a una atracción concertando previamente la hora en la que se puede acceder sin necesidad de estar una hora esperando.

Para fomentar el aspecto lúdico del producto, otra beaucarnea sería las pequeñas actuaciones de magos, payasos, actores, etc., mientras se guarda cola para acceder a una atracción, a un espectáculo o a una zona determinada.

La *estrategia de la Hiedra.* La preocupación central de esta estrategia es la penetración de un producto de nueva gama. El consumidor no está familiarizado aún a ellos, por lo que se presentan serias dificultades para que le llegue la información adecuada y efectiva para que genere en él el inicio de una experiencia de uso.

Siendo de nueva planta, un producto se enfrenta, en primer lugar, a la promoción y a los canales que debe utilizar para llega a su target, teniendo en cuenta que se encontrará con esa falta de experiencia de uso. Esta problemática se acentuará si no hay en el mercado un producto similar al que se quiere lanzar con objetivo de compararlo.

La última dificultad va a ser el precio, que en un primer momento tenderá a ser más caro, por lo menos hasta que se pueda estandarizar. Frente a esta evidencia el autor propone que una vía de penetración puede ser precisamente el convertirlo en un símbolo elitista que fomente el sentimiento de pertinencia, de fidelización a una determinada marca o clase, que se vea como un símbolo de distinción, aunque esto sea sólo una posibilidad de lanzamiento.

Como tácticas que configuren esta estrategia, se puede citar, en primer lugar, un *mix* de comercialización y comunicación que fomente la utilización de instrumentos calientes o de calentar los fríos. También se propone incentivar el fomento del uso de los nuevos productos, preferentemente en un punto de consumo.

Para conseguir su meta esta estrategia fomenta la aparición de toda una serie de nuevas profesiones que tendrán como objetivo el desarrollo de las pretensiones de las hiedras. Entre ellos los asesores, los promotores, los animadores o los guías, cuya función va a ser propiciar *el descubrir, el conducir, el asesorar, el incitar, el animar a las personas durante el tiempo dedicado a consumir el producto y el servicio*, dice Valls.

Como aplicaciones prácticas de hiedras se pueden citar los tan frecuentes dos por uno de tantos productos, y las no menos frecuentes promociones que se hacen en las grandes superficies donde se ofrece al visitante una cata de un vino, de un queso o de cualquier otro producto. También los envases pequeños de una gama nueva de una marca conocida, que a veces se encuentran adosados a productos ya consolidados: al pack de yogures se le añade una muestra del nuevo yogur que se bebe y tiene sabor a fresa.

También sería una hiedra esos espot publicitarios en los que se comparan dos productos, por una parte uno que ya está consolidado, con otro que pretende entrar y que presenta a su producto competencia para compararlo mostrando los aspectos en que el nuevo supera al ya posicionado, como la campaña de Don Simón en la que se comparaba a Sunny Delite.

En una empresa, la fijación de su estrategia pasa por la definición de su misión y su visión, que en definitiva serán las que finalmente determinarán su razón de ser, sus políticas y su estilo de dirección, revisando sus posiciones en cada uno de los puntos analizados en este tema.

II

El ocio en el ámbito turístico

Introducción al estado de la cuestión de las empresas y su gestión

4

El estado de la cuestión en las empresas es el objetivo de esta segunda parte del presente manual. En este cuarto capítulo se dedica a sentar las bases de cómo se estructura el contenido y el desarrollo de cada uno de los temas que se despliegan a continuación.

Es un tema introductorio sobre cómo se pretende analizar cada una de las actividades de ocio desde sus inicios hasta el estado actual. Supone, por tanto, un análisis y una descripción de cómo se han gestionado las diferentes formas de ocio durante su evolución, además del cómo se están gestionando en la actualidad.

Con el objetivo de facilitar esta inmersión se hace necesario retomar algún aspecto comentado anteriormente, o revisarlo ahora por primera vez. De entre ellos, uno se hace imprescindible para entender la evolución del consumo de ocio en nuestra sociedad: es el concepto de democratización del ocio y sus consecuencias, al cual se le dedica una buena parte del capítulo.

4.1. Estructura de descripción de las diferentes formas de ocio

Hasta ahora, los temas abordados en los tres capítulos anteriores han sido, respectivamente, el concepto de ocio y su relación con el tiempo libre y con el turismo, el tiempo libre y los establecimientos turísticos, haciendo hincapié en los mediadores del ocio: guías, animadores y ADL, mientras que el tercero se dedicaba a la figura del consumidor y su relación con el producto y con la empresa que le proporciona el producto de ocio. Ahora se inicia una segunda parte en la que su objetivo es el de analizar el producto de ocio en sí mismo.

El análisis pretende recoger la trayectoria de cada una de las diferentes formas de ocio que se relacionan con el turismo, situarlas en el tiempo y entrever su proyección de futuro, y mantener siempre la óptica de su relación con las actividades turísticas.

Para poder entender con claridad estas formas es importante el análisis del cómo, del cuándo y del porqué se dan, y situar su importancia en la actualidad.

Llegados a este punto se hace imprescindible aclarar que algunos de los ocios que se describen tienen una relación absolutamente directa con el turismo, ya que son capaces de crear flujos propios a determinados destinos, pudiendo justificar de sobras el viaje. Otras formas de ocio sólo tienen capacidad para crearlo parcialmente, por lo que han de ser consideradas como complementos a una oferta mucho más amplia y consistente, pero que sin embargo, la importancia del complemento que representan va en aumento, así que se puede prever un cambio a medio o a largo plazo en la incidencia que causan respecto al destino. Un elemento importante y a tener en cuenta son las modas, que pueden hacer que a veces esa incidencia crezca o desaparezca sin previo aviso.

Un tercer bloque de estas formas de ocio correspondería a aquellas que generalizadamente ni siquiera tienen la capacidad de crear ese flujo, pero que de forma puntual, en un tiempo y en una geografía determinada, sí lo hacen, y ésta es la razón por la que se ha decidido incluirlas en este manual.

En cualquier caso, en la introducción de cada una de las formas que entren en análisis se propone una reflexión de su potencial, sea la creación de un flujo directo y constante, un complemento que puntualmente puede crearlo o si es solamente un complemento al destino.

Para acabar, y como breve recordatorio, valga apuntar la idea que ya se comentó en su momento, que para que el hecho del ocio pueda llegar a entenderse hoy día (y a comercializarse, que es el tema que nos preocupa), han tenido que coincidir una serie de factores sin los cuales hubiera resultado totalmente imposible su implantación: el tiempo disponible y el poder adquisitivo. Este hecho solamente acabará de conseguirse de forma generalizada en la segunda mitad del siglo XX. Su consecuencia es lo que se conoce como democratización del ocio. Para analizar este fenómeno, se toman las bases y las aportaciones de Ana Goytia y Manuel Cuenca.

4.2. La democratización del ocio

En primer lugar, hay que tener en cuenta que cuando se habla de la democratización del ocio se tendrá que entender que este hecho implica la existencia previa de dos niveles de ocio o de prácticas de ocio. Uno es el que practica el pueblo, y está en la base de la esfera social, el que no necesita casi de unos requisitos específicos previos, y en muchos casos, ni de una estructura ni de una economía, es el que correspondería al tipo de ocio cotidiano que es realizado precisamente por esas capas más básicas de la sociedad; es, por tanto, el ocio popular (figura 4.1). Mientras que el otro nivel es el que se tiende a imitar, el que casi siempre marca la pauta a seguir y representa el modelo a reproducir, es el que sí necesita de más requisitos y de más recursos previos, el que tiene una mayor dependencia de una inversión económica. A partir de aquí se puede hablar de las teorías de Ana Goytia y su aportación desde el Instituto de Estudios del Ocio de Deusto.

Goytia introducirá tres conceptos importantes que, aunque ya se hayan utilizado, es ahora cuando se definen y analizan en profundidad. Estos tres son: el concepto de democratización del ocio, el de audiencias tradicionales y el de nuevas audiencias del ocio.

Las *audiencias tradicionales*, considera Goytia, han ido siempre ligadas a las clases aristocráticas; es el ocio aristocrático, como ella lo llama. A través de la historia han sido las clases más pudientes las que han tenido un acceso más libre y fácil al ocio, matizando, como se ha visto ya, que dependiendo de la época, su implicación ha sido de mayor o menor intensidad, pero que siempre, incluso en la actualidad, han supuesto el *laboratorio* donde se han ensayado los nuevos productos de ocio. Por tanto, las audiencias tradicionales han sido, y continúan siendo, quien en definitiva promueve y aprueba las nuevas ofertas, las innovaciones.

A partir de la Segunda Guerra Mundial, especialmente a partir de la década de los cincuenta, el disfrutar de los ámbitos del ocio se abre al público en general gracias a una mayor disponibilidad de tiempo libre, que junto al, también mayor, poder adquisitivo de la población en general, hacen posible que así sea. Esto coincide en casi toda Europa con el final de la Segunda Guerra Mundial en 1945, que con un tiempo necesario de reacción de los diferentes países para ponerse al día y recuperar la estabilidad política y económica, dará a los habitantes las posibilidades de disponer de un mayor poder adquisitivo y de contar con una cantidad de tiempo liberado del trabajo cada vez más grande. Al fenómeno se entiende como la facilitación del acceso generalizado a la oferta de ocio existente y se le denomina *democratización del ocio* (figura 4.1). Ha de permitir que pueda ser una vivencia que se materialice en un bien de consumo para segmentos de la población mucho más amplios que a los que llegaba con anterioridad.

De esta manera, la oferta tradicional sufrirá una transformación cuantitativa, pero también cualitativa, abriendo así posibilidades a una nueva demanda emergente, por tanto, mucho más amplia que la existente hasta el momento.

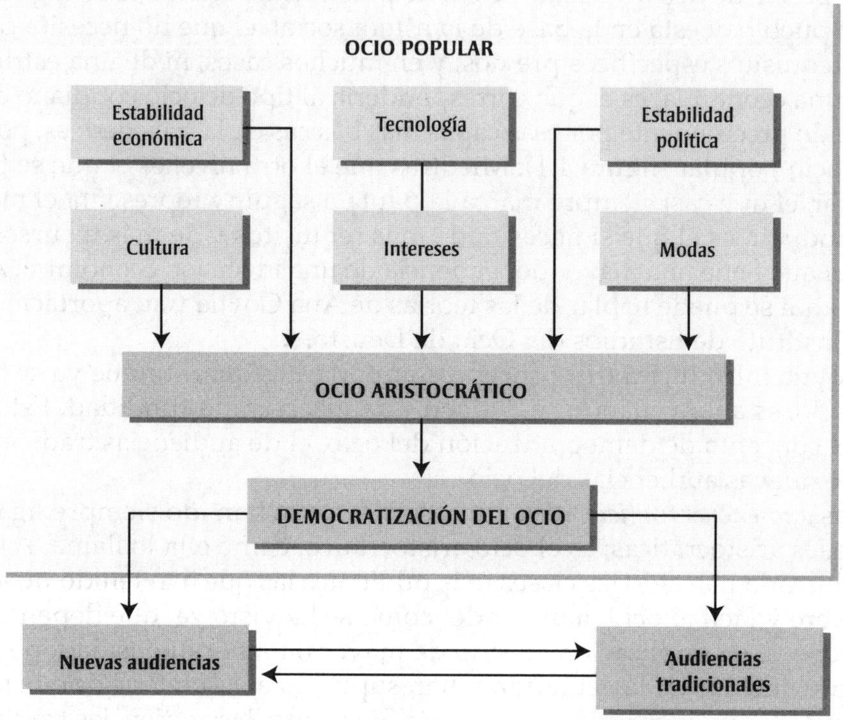

Figura 4.1. La democratización del ocio: elementos y consecuencias.

Sobre las *nuevas audiencias* (figura 4.1), éstas son los nuevos públicos del ocio, los que se definen para satisfacer el disfrute de ese ocio de la nueva oferta, y que ha sido facilitada por una segmentación previa de la demanda. Por tanto, estamos delante de una transformación de esa oferta, que a causa de su democratización, ha pasado de ser una oferta homogeneizada a una tipología mucho más amplia, dando paso así a una auténtica y diversificada fragmentación. Esta fragmentación se ha llevado a cabo como consecuencia de diferentes tipos de intereses, de necesidades y de motivaciones de los actores que se ven implicados en el proceso, entendiendo los actores como las audiencias, los mediadores de servicio y los productores del servicio.

La fragmentación de las diferentes actividades se llevará a cabo de la mano de las audiencias tradicionales, que serán las encargadas de "experimentar" la nueva variación de la oferta. Si la experiencia es satisfactoria para esta audiencia, entonces se podrá democratizar, pero en caso de que no lo sea, la posible variación de la actividad se abandonará y se descartará con toda seguridad, ya que no ha llegado a satisfacer las expectativas iniciales; de ahí que se considere que las audiencias tradicionales son el *laboratorio* previo a la democratización. De esta manera una parte importante de los públicos tradicionales se han convertido a su vez en nuevas audiencias, ya que persiguen nuevas ofertas que les permitan satisfacer no sólo la dimensión lúdica del ocio, sino también otras que respondan a inquietudes personales mucho más definidas (Goytia, 1998).

Los elementos más significativos que hacen posible la transformación del ocio aristocrático al ocio democrático se han comentado ya, pero siguiendo la figura 4.1, destacan la estabilidad económica y política, los desarrollos tecnológicos, los intereses (necesidades y motivaciones), la cultura y el conocimiento, en el más amplio concepto de la palabra, y, finalmente, las modas.

Sobre las modas, añadir la visión de John Tribe sobre el consumo de los productos de ocio, que dice se ve influenciado por las modas, y es tan sensible que los efectos de determinados hechos deportivos, por ejemplo (después de un campeonato retransmitido por televisión en el que un compatriota se sitúe en la posición de campeón, como podría ser el caso de la fórmula uno en nuestro país), hace que la demanda sobre productos relacionados con ese deporte en concreto crezca de manera espectacular.

De la misma manera las noticias, la publicidad, una serie de televisión o una película puede cambiar las modas y alterar los conocimientos que afecten a un artículo determinado o a un destino turístico. Los casos de películas que han puesto de moda destinos turísticos, son infinitos, pero también se dan casos contrarios, que el consumo de un producto de ocio decaiga por una "mala prensa" que aporte alguno de estos canales de comunicación. Esto se puede relacionar con los estilos de vida y con la cultura popular, ya que influye igualmente en la manera de entender el estado del bienestar por una gran parte de la sociedad.

4.2.1. Las audiencias tradicionales y las nuevas audiencias

En la figura 4.1 se explica gráficamente el contexto en el que aparecen estos dos conceptos. Así una de las consecuencias más importantes de la democratización del ocio es el cambio en sus audiencias o públicos que configuran la demanda: de una élite exclusivista se pasa a una posibilidad de consumo mucho más amplia.

El planteamiento de Goytia lleva a pensar en un primer momento que la democratización del ocio es la consecuencia de la voluntad de emular, por parte de esferas medias o bajas de la sociedad, las actividades que tradicionalmente han sido realizadas por capas más altas. Continuando la especulación, se podría llegar a la conclusión de que lo que persiguen las nuevas audiencias podría ser la ostentación, que hasta entonces estaba sólo al alcance de algunos. En este punto se le podría añadir la acepción subrayada por John Tribe cuando refiriéndose a la demanda de productos de ocio afirma que en el momento en que un precio crece, la demanda de ese producto baja. Este hecho, dice Tribe, puede acentuar la distinción y las distancias de determinados productos, retroalimentando el exclusivismo y la ostentación de unas audiencias y otras, confirmando, pues, la relación del consumo algunos productos de ocio con la exhibición social; aunque, según Cuenca, también se podría relacionar con un indicador del estatus de vida.

Otra de las consecuencias es la diversificación que ha sufrido la oferta. Mientras que, por una parte, se mantienen las ofertas tradicionales, se detecta una tendencia a abrir nuevos horizontes que satisfaga a esa contingente demanda que se abre. Es decir, que, por una parte, se mantienen las ofertas tradicionales, que satisfacen a sus propias audiencias, pero paralelamente aparecen nuevas ofertas dirigidas no sólo a las nuevas audiencias, sino también a las tradicionales. Como se decía, la elaboración y el lanzamiento de nuevos productos se experimentan en las tradicionales, ahora bien, estas tradicionales, en el momento que consumen un producto de nueva gama, o simplemente experimentan con él, se convierten a su vez en nueva audiencia, ya que el producto que se experimenta es nuevo.

Este hecho hace que las audiencias tradicionales puedan llegar a convertirse o a comportarse como auténticas nuevas audiencias, y la evolución de la diversificación será tanto cualitativa como cuantitativa.

5 Gestión del ocio turístico

Este capítulo se dedica al ocio turístico, tal y como su título indica, pero hay que aclarar que las formas que a priori puedan parecer más significativas para desplegar aquí, como serían los hoteles, restaurantes, agencias de viajes o de transportes, no se proponen. La razón es que justamente por ser las más importantes, se estudian y analizan en obras más específicas y con bastante más profundidad. El presente manual, tal como se expuso al principio, es la revisión de otras formas de ocio relacionadas directamente con el turismo, pero que son, por así decirlo, minoritarias, sobre todo si se comparan con esas grandes que no se van a revisar aquí, aunque es lógico pensar que el ocio turístico empieza por las diferentes formas de alojamiento, o por las de restauración, pero se insiste que no son el objetivo de esta obra.

Este capítulo se despliega en tres ámbitos que repasan formas y actividades que han estado algo menos estudiados hasta el momento, pero que presentan un gran atractivo: son las estaciones de esquí, los cruceros y el turismo de ámbito rural.

5.1. Introducción a las actividades de ocio turístico

La OMT afirmaba que a partir del siglo XX las ideas de traslado, de viaje o de pernoctación son inherentes al concepto de turismo. Ya ha quedado claro que este panorama, el del turismo, es algo vivo, vertiginosamente vivo y cambiante, y lo es hasta el punto de que turismo y ocio se intercambian formas y elementos hasta mezclarse infinitamente, procurando cambios en la concepción de uno y otro concepto interrelacionándolos de tal manera que consigue acercarlos incluso hasta un ámbito que se podría tomar en muchos casos como puramente cotidiano.

Prueba de ello son, sin ir más lejos, los cines o los museos, que llevan hasta el espectador la posibilidad de "visitar" lugares recónditos, exóticos y lejanos, o entrar en contacto con culturas de otras geografías y otros tiempos. Pero también las instalaciones de las granjas-escuela, los parques temáticos o los de atracciones ponen al alcance de muchos la posibilidad de hacerse una idea de infinidad de cosas que necesitarían del viaje para poderse entender y disfrutar.

Estas circunstancias, lejos de restar interés a toda esa serie de cosas que nos son acercadas a nuestro ámbito más cotidiano, lo que procurarán, en la mayor parte de los casos, es fomentar el interés por ellas, haciendo que las actividades de ocio turístico sufran una transformación constante hacia los horizontes más abiertos e insospechados. Esta ampliación de horizontes se entiende que se abre a tres macroámbitos o espacios: el natural, el rural y el urbano.

Es a partir de estos tres macroámbitos desde donde se propone la revisión de los ejemplos que configuran el ocio turístico. El primero de ellos, el natural, es en el que se practica el esquí; el análisis se centrará en las estaciones. A medio camino entre el natural y el urbano se sitúa el ocio turístico referente a los cruceros. El tercer marco es en el medio rural, donde se propone el turismo rural.

Sobre el ámbito urbano, y debido a la amplitud de posibilidades que ofrece, algunas de sus formas más usuales se desplegarán en otros capítulos, tal y como se planteaba al final del capítulo segundo. Entre ellas, propuestas de ocio como los museos, los zoológicos, los teatros o las discotecas, entre otros, se verán más adelante.

5.2. Las estaciones de esquí

De acuerdo con la normativa vigente, una estación de esquí se entiende como un centro turístico que básicamente se dedica a la práctica del esquí, pero que incluye otros deportes de nieve y montaña, formando un conjunto de medios de remonte mecánicos, pistas e instalaciones complementarias. Entre estas instalaciones complementarias se encontrarían los establecimientos turísticos de alojamiento y restauración, juntamente a otros servicios, como, por ejemplo, el alquiler de esquís, botas y del resto del equipo necesario. Asimismo una estación ha de contar también con la maquinaria adecuada para el acondicionamiento y el mantenimiento en perfecto estado de las pistas.

Se puede asegurar que hoy día es posible encontrar una estación de esquí en cualquier montaña que garantice una temporada mínima de nieve. Si esta premisa es ya un hecho, resulta indudable que el proceso evolutivo para llegar hasta aquí ha pasado por una serie de etapas que han dado como resultado los diferentes tipos de propuestas y de estaciones y, por supuesto, de las diferentes modalidades en la práctica de este deporte.

Es un deporte que, de la forma en la que lo conocemos, es bastante reciente, concretamente hay que remontarse solamente hasta finales del siglo XIX para asistir a su implantación como tal, aunque sus antecedentes haya que situarlos en experiencias anteriores.

Pero antes de entrar en su historia y también antes de abordar su proceso de implantación, habría que hacer un pequeño inciso para definirlo.

Etimológicamente, y según Pilar Marcos, proviene del vocablo noruego *skidh*, que quiere decir leño o tronco cortado, y que a través de la interpretación que el idioma francés hace de él, nos llega el ski.

Aunque para su definición, nada más rápido que echar mano de una enciclopedia, en este caso la virtual de Encarta, que lo describe como "un deporte y una técnica que consistente en resbalar sobre superficies cubiertas de nieve con los pies acoplados a unas maderas largas y estrechas, denominadas esquís, que distribuyen el peso del esquiador sobre un área mayor con el objetivo de evitar que se hunda en la nieve".

Para su práctica, por tanto, se necesita un equipo básico que está compuesto por tres elementos: los esquíes, las botas y los bastones.

Los *esquíes* son unas franjas de madera, de metal u otros materiales que van fijados a unas botas especialmente diseñadas. La superficie de la suela del esquí es de un material muy resistente y resbaladizo que permite aumentar la velocidad del desplazamiento sobre la nieve. Su longitud varía según la estatura del esquiador, al igual que su anchura, que resulta algo más estrecha en el centro y más amplia en los dos extremos, el anterior y el posterior. Los esquíes de la modalidad alpina son más cortos y poco más anchos que los que se utilizan en la modalidad de esquí de fondo.

Las *botas* son de suela plana. Para el esquí alpino se utilizan botas de cuero rígido o plásticos especiales, mientras que para el esquí nórdico se utilizan materiales más ligeros y flexibles con la parte superior de cuero o de nailon.

Los *bastones,* que suelen tener una longitud de entre 120 y 150 centímetros, se utilizan para mantener el equilibrio y facilitar los movimientos. Están hechos de tubo ligero, metal o fibra y disponen de puños y correas para facilitar su agarre. En el otro extremo del bastón, en la punta, se sitúa un pequeño disco para poder apoyarse en la nieve y evitar que el bastón se introduzca en la nieve.

5.2.1. *La historia del esquí*

A) Los inicios

El uso de algún tipo de material para trasladarse sobre la nieve es muy antiguo. Algunos historiadores griegos mencionan pieles, patines o zapatos especiales utilizados para esta actividad. Referencias similares se encuentran también en la mitología nórdica, pero la primera referencia histórica de la cual se dispone, se remonta al año 2500 a. C., es un grabado en piedra de feldespato que fue descubierta en la isla de Rodódy, Noruega, en la cual aparece la figura de un cazador calzando esquíes.

Para una fuente escrita se tendrá que esperar tres milenios para encontrarla. El historiador bizantino Procopius fue quien hacia el año 500 de nuestra era relata una carrera sobre la nieve entre habitantes de un pueblo del lejano Norte. Otros documentos escritos, sobre la historia de China, mencionan algunos pueblos, también del Norte, en donde se relatan las costumbres de cazar en la nieve llevando en los pies "caballos de madera".

La utilización de diversos materiales para desplazarse, cazar o luchar en zonas nevadas es una constante en la historia de la humanidad. De este material, variado en formas y medidas, se conservan restos arqueológicos que pueden ser contemplados en diferentes colecciones de varios museos, como, por ejemplo, en el Holmenkollen Ski Museum o en el Nozawa Ski Museum.

Dentro de la gran variedad de utensilios conservados se puede apreciar que los esquís expuestos en los museos presentan dimensiones muy diferentes, van desde 80 hasta 350 centímetros, mientras que los materiales de los que están hechos son prácticamente los mismos que se han mencionado. Solamente es a partir de hace unos 50 años cuando se empieza a experimentar con otros tipos de materiales y a producirse transformaciones realmente notables.

B) El esquí contemporáneo: 1850-1924

Se puede decir que el esquí contemporáneo nace en 1850 cuando el noruego Sondre Northein, nacido el 10 de junio de 1825 en el Valle de Morgedal, comienza a resbalar y saltar por las laderas de su entorno. Una de sus proezas es un salto de unos 30 metros que consiguió realizar en 1840, en Telemark, creando así la técnica de un viraje que tomará el nombre de la provincia noruega en donde lograra la hazaña. A partir de ese momento el esquí deja de ser solamente un medio de subsistencia y de adaptación a las condiciones naturales de ciertas regiones para pasar a constituir una actividad propiamente deportiva, y éste será realmente el nacimiento de la práctica del deporte de invierno.

Las relaciones comerciales entre países, el contacto entre viajeros o los fenómenos de emigración, entre otros, harán que muy pronto el esquí se extienda primero por Centroeuropa para pasar más tarde a Canadá, los Estados Unidos y Japón especialmente.

El primer club de esquí se creó en Alemania en 1890, mientras que el primer suizo data de 1893. Tres años más tarde empezaron las primeras competiciones, y con el fin de siglo es cuando comenzó en los Alpes el período dorado del esquí de montaña.

El austríaco Mathias Zadarsky fue el pionero de la técnica del esquí alpino a finales del siglo XIX, pero fueron los aficionados británicos los auténticos encargados de popularizar el esquí y desarrollar otros varios deportes de invierno. Arnold Lunn organizará el primer campeonato de esquí de descenso en 1921, y luego le seguían los campeonatos organizados por austriacos en 1929 y en 1930 el organizado por los suizos.

Será en este período cuando mayor expansión tendrá, no sólo ya el esquí, sino que se inicia toda una gama de actividades relacionadas con su entorno; se prepara la auténtica democratización, y es ahora cuando los Alpes empiezan a ser explorados por parte de públicos procedentes de toda Europa.

En Saint Moritz, Suiza, y después en Chamonix, Francia, se detecta un inicio lento de la práctica del esquí, ganando más adelante una gran popularidad en toda Europa central y en Rusia, donde existen terrenos apropiados y la nieve es de calidad. En seguida fue ganando muchos adeptos.

En España el primer club de esquí se creó muy pronto en Barcelona, en 1890, concretamente en el Centro Excursionista de Catalunya (CEC).

La Primera Guerra Mundial, en 1914, sirvió de trampolín para el desarrollo de sus técnicas; los entrenamientos y el uso por parte de las tropas especiales de esquiadores extendieron tanto la práctica como su conocimiento. En 1924 se creó la Federación Internacional de Esquí, con sede en la ciudad sueca de Estocolmo, y el esquí nórdico pasó a formar parte de los Juegos Olímpicos de Invierno desde aquel mismo año. Más tarde, en 1936, el esquí alpino entró a ser también incluido en la lista de competiciones oficiales, y en 1967 se creó la Copa del Mundo.

En las décadas de 1970 y 1980 se desarrollaron circuitos de estilo libre, esquí de fondo, salto de trampolín y nórdico combinado.

En la actualidad el deporte blanco cuenta con infinidad de seguidores. Muchos de ellos son practicantes de alguna de sus modalidades, pero otros son meros espectadores, aficionados que, de momento, se conforman con una actitud pasiva, pero que en potencia son susceptibles de convertirse, si se dieran las circunstancias, en practicantes activos.

5.2.2. *El inicio del atractivo de la alta montaña*

A partir del siglo XVIII se inicia en toda Europa una discusión entre las ideas clásicas y las "modernas" que acabaría denominándose, muy a pesar de muchos de aquellos "modernos", Romanticismo, como asegura William Vaughan. Los sentimientos y la experimentación de sensaciones internas en la persona empiezan a tener un peso específico muy importante, se pasa de una base racional que tiene la capacidad de dar una explicación científica a todo lo que rodea al hombre, a una mucho más visceral en la que predominan los sentimientos, pero ahora con una intensidad nueva y renovada, que además se alía con elementos, como, por ejemplo, la subjetividad, la imaginación, o la introspección. El resultado es que se creará un escenario de carácter marcadamente visionario y onírico en el que el ser humano pueda expresar su parte más interna y sus estados de ánimo.

Este viaje introspectivo que realiza el hombre se plasmará con una actitud y un carácter que pasará a ser denominado *romántico*, en donde la añoranza y la melancolía toman un protagonismo especial, tanto que pasa a ser un aspecto básico que a partir de ahora se va a tener muy cuenta. Es la *bilis negra* de Aristóteles, la *melan kole*, del griego antiguo, que dará paso a todo un abanico bien amplio de sentimientos y sensaciones.

Desde esta nueva ideología, la Naturaleza es el escenario perfecto donde situar muchos de los sentimientos que empiezan a descubrirse, razón por la cual tomará una gran importancia, ya que representará la excusa ideal para plasmar el viaje introspectivo que esta nueva corriente propone. De hecho, el concepto *romanticismo* va a ir ya ligado a la naturaleza y a sus aspectos más salvajes y misteriosos.

Muy importante también va a ser la recuperación de otro de los grandes conceptos de la Antigüedad; es el *sublime* de Longino. Los estudios de este autor clásico del siglo I (atribución no exenta de una problemática discutible, según José García López) que al revisarlo causará tal impacto que será tenido como auténtica joya crítica de la Antigüedad, tan digna que se considera que ha de estar al lado de autores como Horacio o Dionisio de Halicarnaso, y será calificada como la antítesis de la *Poética* de Aristóteles; en ese sentido el tratado de Longino se considerará único y muy influyente en esta corriente.

En el tratado *Sobre lo sublime*, que se trata en realidad de una crítica literaria, Longino otorga una importancia especial a las emociones, a la imaginación y a la belleza de las palabras como principal calidad del pensamiento del artista, conceptos que hasta su redescubrimiento, no se habían tenido en cuenta. El impacto que causa su traducción en 1674, por el francés N. Boileau-Despréaux, llega a una admiración máxima a finales del XVIII, cuando frases como "Así el silencio de Ayante en la Nekya es grandioso y más sublime que cualquier palabra", del capítulo IX de la obra, impresionaron de tal modo que la búsqueda del sublime se aplicará no únicamente a la literatura, sino a todos los ámbitos del pensamiento y el arte, en los cuales la naturaleza, insistimos, representaba el marco ideal para expresarlos. Y lo más importante desde nuestro análisis es que se cree que para expresarlos, lo mejor es experimentarlos.

Así es como en ese momento la naturaleza pasa a ser uno de los temas predilectos, y será a través de ella en donde se buscará la tan añorada experimentación de las sensaciones, para vincularla con esa nueva intensidad emocional que la va a hacer mucho más exótica, más misteriosa, más inmensa, más terrible y melancólica, y más melodramática. Será la excusa, el pretexto y el escenario perfecto para mostrar y experimentar toda esta gama de nuevos sentimientos que se "ponen de moda".

Consolidado ya, el siglo XIX representa un momento en la historia en que el hombre mira hacia su interior, es un período de gran introspección que contrasta con las filosofías y con los movimientos anteriores, bastante más dados a analizar el entorno desde otras perspectivas, donde la relación del hombre con la Naturaleza estaba generalmente basada en una necesidad de estudio, de clasificación y de raciocinio.

Esta nueva visión de la Naturaleza aportada al movimiento romántico produce un cambio en la sociedad en general que proporcionará una revolución en las preferencias estéticas y en su relación con la naturaleza que se detectan ya a finales del siglo XVIII, que es precisamente cuando se dan los antecedentes de la relación del turismo y la montaña. Como consecuencia de esta filosofía, la relación de este binomio incipiente también se verá afectada.

Entre las primeras hazañas realizadas bajo los auspicios de la nueva ideología cabe destacar la de Horace Bénedict, que conseguirá en 1787 alcanzar la cima del Mont Blanc. Y aunque no es el primero en realizar tal proeza, sí es él quien divulga la idea del "dominio" de la Naturaleza, vista ésta como una fuerza incontenible e indomable. Es una aventura provocada por el deseo de experimentar el *sublime*, que de esta forma, y por primera vez, el hombre es capaz de conquistar y dominar la cima de la gran cumbre europea. El objetivo de tal iniciativa ya no es el análisis o el estudio, sino que responde a la necesidad de experimentar, de sentir, de contemplar, de ver a esa naturaleza de una manera auténticamente inédita hasta el momento; es la capacidad de emocionarse ante ella, es el *sublime*.

Entre las imágenes más expresivas que genera el movimiento romántico destacan las de un artista que tiene la voluntad, y la capacidad, de poder mostrar lo que la búsqueda del sublime significa. El pintor alemán Caspar David Friedrich (1774-1840), entre otros, dejó una serie bien amplia de obras que muestran a la perfección el espíritu de esta nueva relación del hombre con la naturaleza, donde los aspectos más viscerales de la contemplación lleva al espectador a experimentar por primera vez la emoción que puede causar en la persona la belleza de un paisaje (figura 5.1). Hoy día está tan asumida esa capacidad de emocionarse frente a un espectáculo natural, que representa uno de los catálogos más amplios de atractivos turísticos que cualquier zona pretenda explotar, y en muchísimas destinaciones significa su principal atractivo, porque ya entendemos la magnitud de la capacidad de atracción que puede ejercer un paisaje natural, sea del tipo que sea: montañas, desiertos, selvas, etc.

Figura 5.1. Friedrich. El caminante frente al mar de niebla.

Otra de las vertientes artísticas que contribuyen a difundir el sublime es, evidentemente, la literaria, y uno de los personajes más influyentes de la época fue John Ruskin, que también hizo su importante aportación a la propagación de esta nueva manera de relacionarse con la Naturaleza. Escritor y crítico de arte británico (fue un gran aficionado al arte, la literatura y a los viajes), influenció en el gusto de los círculos intelectuales victorianos con sus escritos, sobre todo con su obra autobiográfica *Praeterita*, donde, entre otros asuntos, relata los viajes de su infancia y las temporadas estivales que pasaban juntos en los Alpes suizos.

Alimentadas por este panorama y como consecuencia de la influencia de las nuevas ideas, los viajes hacia las montañas, en especial a los Alpes suizos, y el contacto con la naturaleza, empiezan a ponerse de moda entre las clases altas de toda Europa, que empiezan a pasar de los calurosos veranos de las grandes ciudades a las laderas más frescas de las alta montañas.

Entre estos destinos veraniegos destacan las estaciones balnearias de Saint Moritz, que se verán muy frecuentadas por esas clases sociales "modernas" que se desplazarán no sólo para pasar un verano fresco, sino que además empezarán ha hacerlo también por cuestiones de salud. Con todo, acabarán convirtiendo los Alpes en recurso y escenario de sus actividades de ocio en tiempo estival.

Los balnearios permanecían activos y abiertos al público durante los períodos de verano, pero durante el invierno se cerraban. Fue en Saint Moritz donde se inició un cambio en la tendencia y donde se propuso por primera vez mantener abierto durante una temporada de invierno.

Según P. Martos, es en 1866 cuando Johannes Bradutt propusiera a cuatro de sus habituales clientes ingleses pasar una temporada en su pequeño hotel, con la garantía de que si no podían salir cada mediodía en mangas de camisa fuera del hotel les devolvería el importe de su estancia. El tiempo seco y soleado de St. Moritz y las propuestas de entretenimiento que Bradutt preparó, garantizaban, de entrada, el éxito de la apuesta.

En un principio se creyó que no funcionaría, ya que la idea de estar rodeados de nieve hacía presagiar un invierno de frío y tormentas que poco tenía que ver con lo que era en realidad. Los resultados demostraron lo contrario, y una vez de vuelta a Inglaterra las cuatro familias fueron las que propagaron su experiencia haciendo que sus amigos y conocidos desearan vivir la misma experiencia en períodos venideros, incentivando el flujo de visitantes a la zona también en invierno.

Las actividades que se practicaban en el exterior evidentemente fueron diferentes a las que se solían practicar en verano debido a que el clima lo condicionaba todo en absoluto. Se empezó por dar paseos en raquetas y trineos para contemplar el espectáculo del paisaje nevado de la alta montaña, pero también se practicaron las carreras de tobogán o skeleton, los paseos con largos listones de madera llamados esquíes, que eran utilizados por los habitantes de los países nórdicos o el curling escocés.

El hotel Kulm, que así se llamaba el establecimiento, fue el promotor de muchos de los deportes de invierno que triunfarían a partir de ese momento, instaurando, de alguna manera, la invención del turismo de invierno.

El éxito fue tal que la experiencia sería copiada por varios establecimientos en toda la zona, ya no sólo la alta montaña suiza, sino también de los demás países que contaban con los elementos necesarios para lanzar una oferta similar e igualmente atractiva, como Austria o Francia.

5.2.3. *Las teorías de evolución de las estaciones de esquí*

Para Keller, esta zona se convierte en una especie de laboratorio alpino que pretende satisfacer las necesidades de un cliente que en aquellos momentos es de clase alta, según Martos. Así, productos y servicios se adaptan a las necesidades de la demanda, transformando poco a poco la infraestructura de la alta montaña hasta convertir el fenómeno del esquí alpino en un fenómeno de masas, afirma la autora. Para que esto se dé, han de coincidir dos factores clave: la promoción del turismo invernal apoyado por políticas que favorezcan los equipamientos de las estaciones, y el éxito de las competiciones de esquí alpino y sus consecuencias, que serán, además de la atracción por su práctica, la necesidad del desarrollo técnico, que acabará por facilitar su auténtica democratización traducida en la práctica del deporte por parte de muchos aficionados.

Sobre la evolución de las estaciones de esquí, hay una cierta unanimidad en cuanto a las teorías. No son pocos los autores que aceptan la de las cuatro generaciones. Así, en la obra de Barrado y Calabuig se remite a Lozato-Giotart, quien en 1990 y en su obra *Geografía turística* las define. También de las investigaciones de Pilar Martos se desprende que una serie de autores utilizan esta teoría para analizar los movimientos evolutivos y comparar las diferencias entre ellas.

A) Teoría de las cuatro generaciones

En principio, las cuatro generaciones son sucesivas y pueden considerarse evolutivas, ya que se tienen en cuenta las experiencias anteriores para crear la próxima. La evolución puede estar debida tanto a experiencias positivas, entonces representan los modelos para copiarlas y mejorarlas, como la segunda respecto a la primera, o también pueden estar basadas en una experiencia negativa, cuando se tenga en cuenta el modelo anterior para evitarlo, como es el caso de la cuarta respecto a la tercera.

a) Primera generación

Esta primera tipología corresponde a las estaciones históricamente más antiguas, las iniciales donde se asientan los precedentes del turismo de invierno.

En un primer momento el turismo termal es el más numeroso, ya que el de playa no existía; por tanto, los veranos se pasaban en las segundas residencias en poblaciones con tradición de balnearios, un ejemplo es el caso de St. Moritz. Eran, como se ha visto, clases altas, de un gran poder adquisitivo, que se concentraban en las villas termales, o bien en algunas segundas residencias o en hoteles le lujo, donde para el turismo de élite una de las grandes actividades se centraba en la visita al casino. Su objetivo era relacionarse a alto nivel, y la práctica del esquí no era la prioridad para la mayoría.

Por otra parte, y a medida que pasa el tiempo, las personas con un interés más centrado en el deporte irán aumentando, dando lugar a nuevas necesidades en cuanto a infraestructuras. En este caso, los albergues y los hoteles menos lujosos se encargarán de dar respuestas más adecuadas. Es la reacción más inteligente de la población autóctona, que verá cómo sus posibilidades de negocio aumentan en unos meses en los que antes los turistas, prácticamente, no existían: en invierno.

Los dos tipos de demandas y sus correspondientes ofertas será lo que Lozato-Giotart denominará la bipolaridad de una estación.

La evolución se hace lentamente, pasando de una economía eminentemente agropastoral y forestal a una turística, afirma Martos. En un primer momento se presentará como complementaria, pero que ha de acabar siendo la más importante, por lo menos para los montañeses. Debido a que su desarrollo es lento, esto permite que sea racional, por lo que su principal característica es la armonía, matizando su clientela, que tendrá un fuerte carácter contemplativo: las relaciones y las actividades de baja intensidad son las motivaciones que van a predominar en esta tipología de estación.

Su altitud es otra de las constantes, y se centra sobre los 1.000 metros, aunque se haya ido variando y modificando, se pueden citar ejemplos como Chamonix en Francia, Courmayeur en Italia o la ya mencionada St. Moritz en Suiza.

Martos recoge una serie de ventajas y de inconvenientes que presenta la primera generación:

- Ventajas

  1. La conservación del patrimonio económico, cultural y arquitectónico.
  2. La participación de la población local en el desarrollo de la zona.
  3. El beneficio directo de las actividades turísticas en la población.
  4. El aumento del interés por las relaciones derivadas de los contactos mutuos.
  5. La estructura urbanística relajada y tranquila típicamente rural.
  6. La infraestructura a una altura que permite su utilización todo el año.

• Inconvenientes

1. La poca calidad de la nieve por estar a baja altura.
2. La ausencia de coordinación en materia de urbanismo.
3. La arquitectura escasamente coordinada.

b) Segunda generación

Dos hechos, que a su vez son consecuencia uno del otro, van a crear nuevas necesidades en lo que ya se conocerá como campos de nieve o estaciones de esquí. Por una parte, la creciente demanda debida al aumento de la afición por los deportes de nieve, sobre todo después de la Segunda Guerra Mundial, y su consecuencia más inmediata, que será la preocupación por la calidad del domino esquiable, concepto que surge ahora, según Marcos.

A una altitud de 1.000 metros los desniveles del terreno y la escasa variación en las pendientes son pocas, y se necesita más altura para dar respuesta a lo que los esquiadores buscan. Según la misma autora, será el magnate de Fiat que a finales de la década de los cuarenta eligió el valle de Aosta en Italia para implantar una estación que marcaría las características generales de lo que sería la segunda generación.

Búsqueda del lugar ideal con desniveles variados, a una buena altura que garantice la calidad de la nieve y una extensión considerable que permita una buena explotación de la instalación. Como consecuencia de estas premisas nace el concepto de *dominio esquiable.*

El despliegue de la construcción de toda la infraestructura necesaria al borde mismo del domino esquiable, entre los 1.500 y 2.000 metros, separándose así el hábitat tradicional del turístico, dando lugar a otro concepto, ahora urbanístico, el *frente de nieve*, donde en el mismo espacio se sitúa el núcleo de alojamiento y los polos actividad.

Los agentes de promoción son varios, y pueden ser tanto públicos como privados, pero en cualquier caso reduciendo al máximo la participación de los autóctonos.

Se destaca la fuerte dependencia que presentan con el esquí, su acento es tal que prácticamente margina otras actividades, decantándose hacia un monocultivo económico, no exento de problemas de estacionalidad. Es el concepto de unipolaridad de Lozato-Giotart.

En cuanto a sus ventajas, Martos detecta menos que en la anterior, pero más contundentes. Y sobre las desventajas, ahora presenta una buena lista de ellas.

- Ventajas

    1. La calidad de todo el dominio esquiable.
    2. Los equipamientos son modernos, adecuados y también de gran calidad.
    3. La facilidad de adquirir suelo urbanizable a grandes alturas.

- Inconvenientes

    1. Un urbanismo caótico y construcciones de poca calidad.
    2. El fuerte impacto en el paisaje.
    3. Disociación de las comunidades locales y los turistas.
    4. Polución, sobre todo por la gran cantidad de automóviles.
    5. Los costes producidos por el mantenimiento de las carreteras de acceso.
    6. La difícil explotación de las instalaciones en época estival.
    7. El cuestionamiento de la rentabilidad.

Así, la segunda generación consume mucho más espacio de montaña que la anterior, además de que su clientela ahora se decanta hacia un público mucho más interesado en la práctica de los deportes de nieve, flujo que se verá incrementado por el fomento de nuevas técnicas y nuevos métodos de aprendizaje que permitirán la práctica del esquí en un tiempo menor, retroalimentando así sus necesidades de expansión.

Este tipo de estaciones se ve muy impulsado en Francia y lo es hasta tal punto que sitúa al país en ese momento como el principal espacio de esquí en el mundo, según Barrado y Vila.

c) Tercera generación

Para Martos el objetivo principal de las terceras generaciones no es ni la armonía ni la racionalidad, sino la rentabilidad. Con ellas se descubre la posibilidad de convertirlas en fuente de provecho rápido por parte de algunos financieros que ven unos muy buenos beneficios si se explotan correctamente.

La reducción de los gastos será una constante, y su consecuencia una propuesta fuertemente densificada donde los inmuebles sean colectivos, masificados y concentrados en espacios lo más reducidos posible.

Son conocidas también como *estaciones integradas* (Pearce), pero no por su integración al medio ambiente, ya que es justamente lo contrario, sino porque sus unidades de construcción integran viviendas, equipamientos colectivos, zonas comerciales y una oferta de ocio muy variada, dando la idea de un gran centro urbano, además de que para sus promotores significa la integración de construcción, comercialización y gestión de toda la estación.

Son estaciones a gran altura, más que las de segunda, situadas entre los 2.000 y 2.500 metros. Muchas de ellas se despliegan en núcleos satélites a una mayor altura que el original haciendo que las estaciones pasen a ser polinucleares (Barrado y Vila) y puedan remontarse hasta los 3.500 metros de altura, siendo su capacidad de carga altísima. Son las conocidas como *fábricas de esquí*, y que fueron acusadas de "desestructurar el medio natural con el único beneficio económico para sus especuladores", aseguran los dos autores.

Por otra parte, su objetivo tampoco está claro que sea el satisfacer la demanda, sino que hay autores que coinciden en afirmar que lo que pasa es que se crea una demanda, equipando la montaña en lugar de acondicionándola; no se crea una estación, sino un complejo inmobiliario, asegura Martos, y en estas estaciones *el deportista va a ser su mayor cliente, y encontrará un equipamiento amplio, denso y unas buenas pistas acondicionadas para la práctica de su deporte favorito*.

Sobre las ventajas Barrado y Vila destacan la concentración del núcleo, que ocupa menos espacio y que evita las edificaciones dispersas y desorganizadas, ya que existe la intención de controlar todo tipo de gestión por parte de los promotores.

Los inconvenientes se pueden intuir y van dirigidos hacia el desequilibrio medioambiental y social que ocasionan, y el monocultivo económico, ya que a estas alturas poco se puede proponer en una temporada estival.

Como ejemplos de esta tercera generación serían La Plagne, Les Arcs, Tignes, o Avoriaz, todas en Francia.

d) Cuarta generación

En una evolución lógica, y como en muchas otras ocasiones, gracias a la ley del péndulo y por saturación, la reacción es justamente la búsqueda del equilibrio con la tendencia anterior. Esto mismo es lo que ocurre con la cuarta generación, que mirando e inspirándose en las anteriores experiencias, las rectifica y las adapta a las nuevas tendencias.

En la cuarta generación se pueden identificar elementos propios de las otras tres, pero rectificando los excesos en cada caso y guardando los aspectos positivos. Por ejemplo, tomarán de la primera generación el carácter acogedor, que se aplicará a casi todos sus componentes (hoteles, apartamentos y demás instalaciones). Procurará fomentar este carácter manteniendo y potenciando el encanto de la zona de ubicación, respetando su carácter y sus rasgos más personales, que ayudarán a identificarla y también a diferenciarlas entre otras propuestas, aunque éstas sean también de una cuarta generación.

De la segunda y tercera tomará la base de la idea de estación integrada, pero el gestor será el mismo propietario del establecimiento, que podrá ofertar un paquete turístico en el que se incluya el forfait, aunque la diferencia estribará en que los beneficios que genere cada uno de los establecimientos irán a parar a los propietarios, permitiendo la reinversión en sus negocios, y, por tanto, incentivando la calidad dirigida claramente a la excelencia. Es en este sentido en el que se comporta como una estación integrada.

La implicación de la población autóctona, por tanto, es básica en esta tipología, que va a ver como su oferta se amplía en función de la variedad de sujetos y propuestas que se adhieren a esta tendencia, dando aún más sentido a la denominación de estación integrada, y que, además, puede acabar acogiendo a varios municipios, definiéndola también como polinuclear.

Un efecto que ocasiona esta tipología es que incentivan la evolución hacia este modelo a algunas de segunda y de tercera generación, que verán esta decantación como una oportunidad de adaptación a los nuevos tiempos y a las demandas de su producto que ya ven peligrar por el cambio en las tendencias de los atractivos que venían ejerciendo hasta el momento. Según Martos, éste es el caso de estaciones como Courchevel y Val d'Isere, en Francia.

Las cuartas generaciones presentan genéricamente un fuerte acento del turismo familiar y verde, por tanto, se puede concluir que se decantan por una preocupación de la sostenibilidad y el máximo equilibrio con el medioambiente, huyendo de las ideas de masificación y transgresiones de la capacidad de carga.

Se definen claramente como espacios turísticos bipolares, ya que, además de la oferta turística, ponen al alcance del visitante una diversidad muy amplia de la oferta, que se desvincula claramente del esquí dirigiéndose a otros aspectos, como los culturales, los gastronómicos, los arquitectónicos, etc., que han de permitir el deshacerse de un monocultivo económico para ampliar en todas direcciones la realización de actividades, que en muchos casos ni siquiera van a estar relacionadas con la práctica del deporte blanco.

B) Douglas Pearce

Otra de las teorías a destacar es la que proponen los autores Diego Barrado y Mireia Vila (en Barrado y Calabuig) sobre el autor Douglas Pearce. Según Barrado y Vila, esta teoría basa el modelo de desarrollo de las estaciones de esquí en criterios socioeconómicos, analizando las responsabilidades de todos los agentes encargados del proceso del desarrollo de la estación. Desde esta óptica, distinguen dos tipologías bien diferenciadas, por una parte, el modelo *Integrado*, y, por la otra, el *Catalítico*.

El *Integrado* queda definido como aquel que depende de un solo promotor para su desarrollo y que acaba controlando todos los aspectos de la gestión de la estación, dejando a los autóctonos, generalmente, fuera de su organización o ofreciéndoles participaciones a nivel operario asalariado, bloqueando así las posibilidades de desarrollo económico de la zona.

Suelen ser grandes empresas que no provienen de la zona y que a partir de una sola administración son capaces de controlar la planificación y el desarrollo de la estación. Corresponderían así a estaciones propias de las terceras generaciones, que acabarán siendo muy agresivas con el medio natural, y en las que el objetivo principal será el generar beneficios económicos para esas grandes empresas, que son capaces de construir auténticas moles a más de 2.000 metros de altitud. Son las conocidas como "fábricas de esquí", y cuyo ejemplo más significativo es La Plagne en los Alpes franceses, asegura Barrado.

En cuanto al modelo *Catalítico*, Pearce lo define como gestionado igualmente por un solo promotor, pero ahora, en este caso, su función dista bastante de semejarse al anterior modelo. El promotor se preocupa de motivar y estimular el desarrollo de instalaciones que ayuden al crecimiento de la estación. Implica a la población a hacer su aportación al proyecto de desarrollo de la estación, con la condición de adaptarse a los criterios y bases que se han acordado como líneas genéricas de actuación en el territorio. Estimula el nacimiento y crecimiento de empresas que se adhieran, de forma equilibrada y planificada, a esos centros turísticos. Como consecuencia, la oferta resultará mucho más variada y original, ya que la procedencia de las propuestas también lo es, además de generar que una parte importante de los beneficios económicos se queden en la zona, por lo que supondrán una mayor motivación, y con ella, una posibilidad más grande de reinvertir parte de ellos en mejoras de todas esas pequeñas y medianas empresas. La consecuencia será el acercarse a la idea de las cuartas generaciones, aunque sus primeras experiencias daten de finales de los años cincuenta. Según Barrado, el ejemplo de esta tipología es la estación de Vars.

5.2.4. Consecuencias y conclusiones

A partir de un estudio realizado por Ecosing en 1991 en la estación de Sierra Nevada se determinaron una serie de conclusiones que Martos recoge en su obra y que cree que aportan otra idea del proceso en cuanto a la evolución de las estaciones de esquí genéricamente.

En primer lugar, al inicio del proceso, se detecta que la zona es utilizada durante los fines de semana con bastante intensidad, pero que ésta decae durante la semana. Este hecho lleva a la necesidad de fomentar su uso durante la semana, así que se le empiezan a añadir toda una serie de infraestructura de alojamiento que fomente el crecimiento del flujo de visitantes durante la semana.

El siguiente paso del proceso consiste en proponer un objetivo de utilización no solamente durante un período de tiempo concreto al año, sino de alargar ese período a todo el año natural, intentando la desestacionalización de las instalaciones, ya que si no es así, no resultan rentables. Como consecuencia de este objetivo (atraer visitantes durante todo el año), la estación ha de diversificar su oferta abriéndola a horizontes mucho más amplios que la práctica del esquí, evolucionando, por tanto, hacia aspectos propios de una cuarta generación. El proceso completo consta de cuatro fases, tal y como se muestra en la figura 5.2.

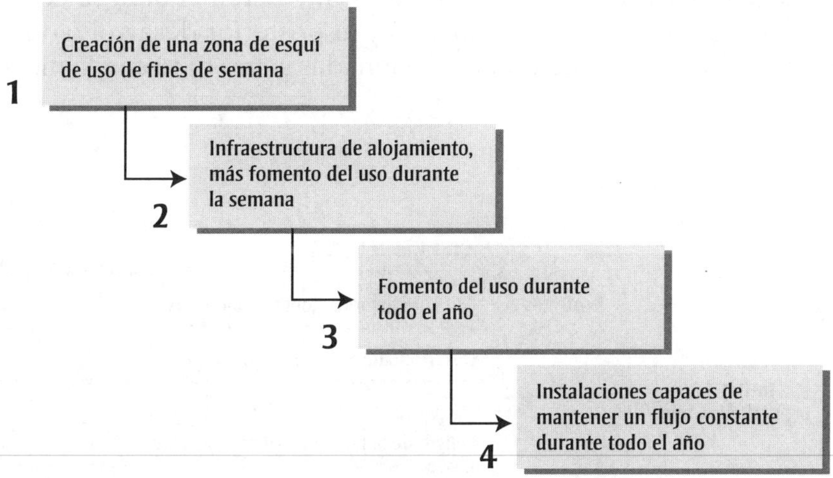

Figura 5.2. Proceso de evolución de las estaciones de esquí, basado en P. Martos.

En el mismo estudio se describe lo que la consultora canadiense determina como las *bases del éxito del diseño y funcionamiento de una estación*. Éstas son tres: el elemento físico (que incluye los elementos naturales, el terreno, el clima y los recursos recreativos, como los más destacados), las características del mercado (de las que, entre otras, se citan los accesos y la proximidad a los mercados, la dinámica demográfica de la zona, el tamaño de la estación...), y los factores económicos (como la duración de las temporadas, la disponibilidad de la infraestructura, los precios o los recursos humanos). Finaliza diciendo que aunque alguno de estos pilares acabe fallando, puede ser compensado por la fortaleza de los demás, aunque la dirección de la gestión se tenga que encaminar hacia un equilibrio de los tres.

El desarrollo de todo este catálogo de actividades alrededor de las instalaciones de alta montaña en general, y sobre todo las relacionadas con el esquí, han provocado múltiples cambios. Según Barrado, esta gran diversidad de impactos exige ser analizada desde los tres parámetros que más afectaciones han sufrido: Los impactos económicos, los impactos ecológicos y los sociales.

Sobre los impactos económicos el autor menciona la necesidad de distinguir entre dos tipos de estos impactos que son antagónicos entre sí. Por una parte, los impactos positivos, y, por la otra, los impactos negativos, entendiendo que tanto unos como otros han sido capaces de provocar esos múltiples cambios y desequilibrios.

Entre los positivos cabe destacar el alto nivel de ingresos que suponen para las zonas donde se realizan estas actividades. Regiones o incluso algunos países (como es el caso de Suiza) han visto incrementada su economía y sus beneficios gracias a la implantación y al posterior desarrollo de las actividades turísticas de alta montaña relacionadas sobre todo con la nieve (figura 5.3).

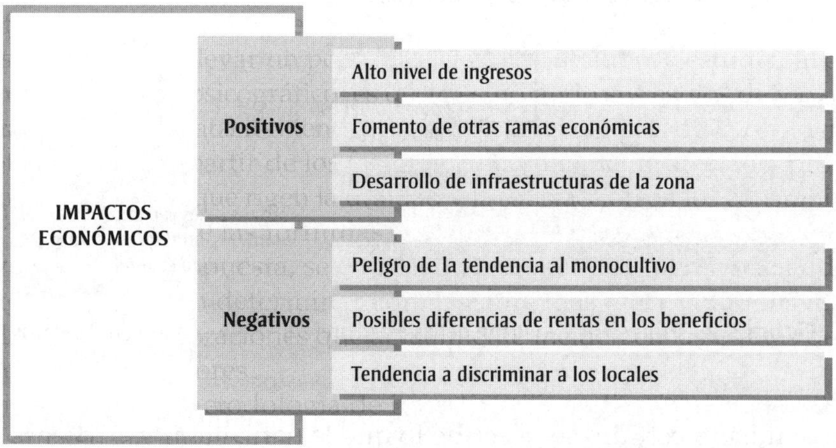

Figura 5.3. Esquema de los impactos económicos, según Barrado y Vila.

No es el único aspecto positivo de este tipo de impactos, sino que gracias a los flujos de visitas y turistas provocados por las grandes estaciones, éstas se han visto a su vez complementados con un buen contingente de empresas relacionadas directa o indirectamente con las actividades que la alta montaña ofrece. Detrás del desarrollo de una estación viene el lógico desarrollo de toda la zona, que se ve fomentado por otras ramas económicas que se alimentan de los mismos flujos que han creado las estaciones.

Si bien los grandes beneficios de algunas de estas estaciones, como ya se ha visto el caso de las terceras generaciones, se quedan para los gestores, también es cierto que parte de los beneficios indirectos provocados por el turismo de montaña se ven repartidos en las poblaciones locales a partir del uso por parte de los visitantes de esas pequeñas y medianas empresas que complementan a las grandes.

En cuanto a los aspectos negativos cabe destacar la peligrosa tendencia al monocultivo económico que representa una exagerada dependencia con el deporte blanco. Así, frente a una climatología adversa a las condiciones necesarias para su práctica, la repercusión económica puede ser realmente nefastas. No es éste, sin embargo, el único aspecto negativo que menciona el autor en su obra, junto a la peligrosidad del monocultivo se le añade también la posibilidad de generar diferencias de renta entre las personas implicadas. Dicho de otra manera, este otro aspecto representa la desigual repartición de los beneficios que generan las grandes estaciones, teniendo en cuenta que la mayor parte de estos beneficios, por lo menos los directos, van a acabar en las manos de las grandes empresas gestoras, sobre todo en el caso de las terceras generaciones, ya que son éstas las que discriminan de una forma más acentuada a las poblaciones locales, que son las que ocuparán los puestos más básicos en las jerarquías estructurales de sus empresas, relegándolos generalmente a puestos de mano de obra base.

El segundo grupo de impactos son los ecológicos. Aunque hoy en día la preocupación del respeto medioambiental es una constante en cualquier tipo de producto, no solamente en los de ocio, es un punto que las grandes estaciones no están gestionando a la profundidad que se podría y que debería hacerse, y así en las grandes estaciones la degradación del medio ambiente es tal que en muchas de ellas no permite su frecuenciación durante los períodos estivales, ya que se necesita dar un respiro a la naturaleza para que pueda regenerarse. Como consecuencia, y después de lo visto, desde la óptica medioambiental, sólo se contemplan aspectos negativos.

En muchas de ellas es frecuente la ruptura del equilibrio por la erosión del suelo, y la recuperación de este equilibrio se hace mucho más difícil a mayor altura, justamente donde se sitúan la mayor parte de las más grandes estaciones (figura 5.4).

La adecuación del suelo a las necesidades generadas por la implantación de las actividades de esquí en alta montaña ocasionan esta ruptura, además de la consecuente pérdida de buena parte de los recursos paisajísticos, que

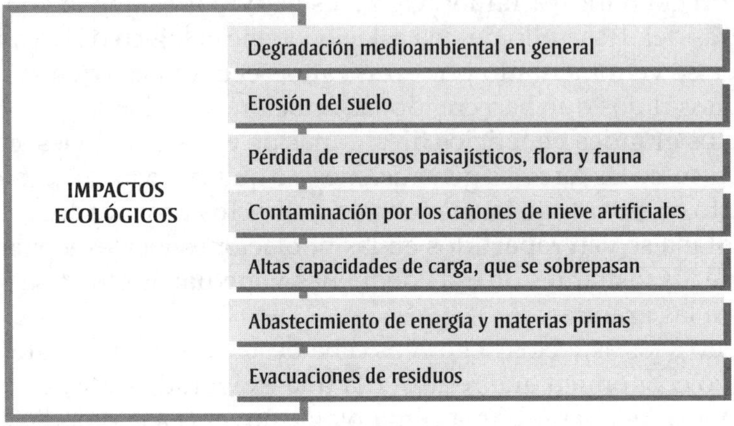

Figura 5.4. Esquema de los impactos ecológicos, según Barrado y Vila.

difícilmente se van a poder recuperar. Las cicatrices que dejan las grandes máquinas que han de remover tierras, talar árboles o instalar remontadores y telecabinas permanecen ocultas a los ojos de los esquiadores durante la corta temporada de nieve, pero salen a la vista durante el resto del año, cuando sus usuarios no las ven.

Con la pérdida de recursos paisajísticos se pierde a su vez la vegetación y la flora, y con ellas, lógicamente, la fauna, obligándola a desplazarse a otras zonas, o bien a adaptarse a estos nuevos cambios, o en última instancia, llegar incluso hasta desaparecer.

La problemática sobre los cañones de nieve artificial no se puede pasar por alto. Después de inversiones altísimas que requiere su implantación, no dan el resultado que se esperaba, pero lo que sí aportan son más elementos a añadir a la lista de aspectos negativos. Cuanta más escasez de nieve hay, más justificada parece estar su utilización, aunque el consumo de energía y de agua que necesitan es impresionante. El agua de la alta montaña se invierte en crear la nieve artificial, y suele ser justo en épocas en las que escasea, ya que si no hay precipitaciones los ríos se resienten.

Al consumo tan elevado de agua hay que añadirle la contaminación acústica y la exigencia de complicadas obras que requieren sus instalaciones.

Otro de los aspectos negativos son las altísimas capacidades de carga que sufren muchas de estas estaciones y que generan los desgastes más graves, que para acabar de acentuar la gravedad, en bastantes ocasiones se sobrepasan estas capacidades de carga, dando lugar a un tráfico de alta densidad a altitudes inéditas y provocando una contaminación atmosférica que va más allá de la emanación de gases, ya que no se puede obviar las altas contaminaciones acústicas y lumínicas que provoca.

Toda esta masificación crea también un problema añadido, que empieza por tener que afrontar el abastecimiento de mucha materia prima que solucione las respuestas a las necesidades de gas, calefacción y otras energías, pero que continúan con los no menos graves problemas de eliminación de residuos que habrá que evacuar provocando a su vez, y contribuyendo aún más, al tráfico de tan alta densidad que se comentaba más arriba.

El tercer bloque de *impactos son los sociales.* Barrado y Vila mencionan el conflicto creado entre la población local y los visitantes y los gestores de la infraestructura. La población local pasa a ser dependiente de esa infraestructura dando lugar a una pérdida de identidad cultural (figura 5.5).

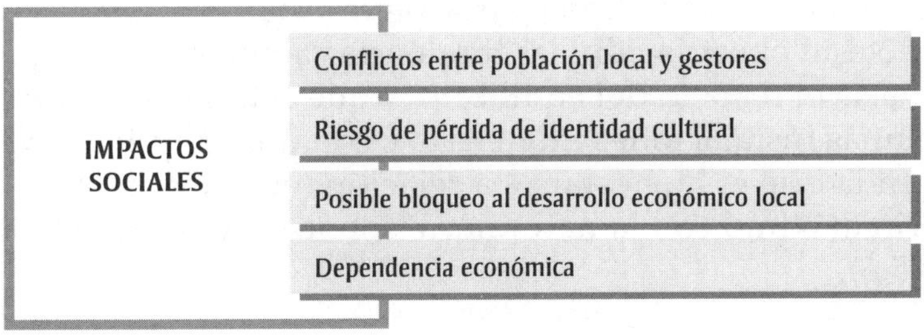

Figura 5.5. Esquema de los impactos sociales, según Barrado y Vila.

Para la instalación de la estación de esquí se han tenido que hacer inversiones y compras de tierras a la población local que van a acabar siendo desplazados y bloqueados en un posible desarrollo económico propio. Este bloqueo se acentúa aún más en las estaciones catalogadas dentro de la tipología de Douglas Pearce como las de modelo integrado, que son las que tienden a estrangular el desarrollo de la población autóctona.

El hecho de sentirse fuera de la organización es lo que generará ese sentimiento de desplazamiento entre la población local frente a los gestores de las estaciones. Consecuencia de lo cual aparece el rechazo entre los paisanos y las demás personas que frecuentan la estación, sean turistas o personal de las empresas, ya que para ellos van a representar la personalización de esos cambios y de ahí su dependencia económica a ellos. Aquella idea primera que les hizo creer que la instalación de una estación de esquí en las proximidades solamente le reportaría beneficios, es una premisa altamente cuestionada por muchos de ellos.

Sea como fuere, no sólo existen impactos sociales con acento negativo, sino que también cuando una zona se desarrolla difundiendo correctamente los beneficios (tanto económicos como ecológicos), los impactos sociales tienden a ser positivos, por lo que todos estos peligros pasan de representar una amenaza a ser una oportunidad común.

5.2.5. Proyección de futuro

Sobre su proyección de futuro cabe destacar un aspecto importante, y es que el deporte del esquí, en todas sus modalidades, es por definición (como ya se ha visto) una actividad agresiva con el medio ambiente, aunque también es cierto que la intensidad de esta agresividad se matice y venga determinada por el tipo de estación a la que se refiera. Aun así, las de cuarta generación, que decíamos que son las más respetuosas, no dejan de romper el equilibrio entre hombre y naturaleza y de ser agresivas.

Salvando esta observación, las tendencias actuales indican una dirección clara hacia el respeto del equilibrio, y que éste se pretende conseguir a partir de unas instalaciones modernas y con una amplia oferta complementaria, en la que el bienestar y la relación (entonces sí, frontalmente) de equilibrio máximo con la naturaleza, son las premisas más importantes (figura 5.6).

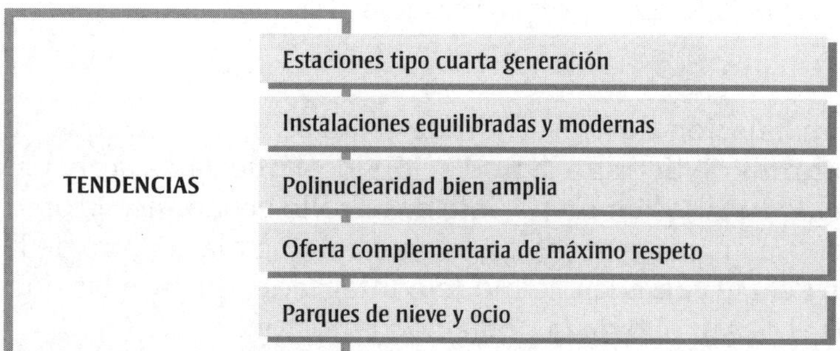

Figura 5.6. Esquema de tendencias en las estaciones de esquí.

Otro de los aspectos que se van teniendo en cuenta con mayor fuerza es la apuesta por la diversidad aportada por la idea de polinuclearidad, ya que de ella dependen en gran medida algunas de las nuevas apuestas, entre las que destacan la amplitud y variedad de las ofertas y su consiguiente máxima huida del monocultivo y de la dependencia única de la nieve.

Otra tendencia que se despunta son los parques de nieve y de ocio situados fuera del ámbito geográfico de las montañas y localizados cerca de grandes concentraciones humanas. Iniciados y experimentados en Japón, los parques de nieven tienden a ser una buena solución para muchos de los inconvenientes de las estaciones de esquí, con la ventaja de estar muy cerca del usuario.

En nuestro país un ejemplo que representa esta nueva tipología de producto es el parque lúdico Xanadú, en Madrid. En ella se combinan varias actividades de nieve junto con un amplio abanico de otras propuestas, entre las que destacan el shoping. El argumento para el visitante es más que atractivo: no sufrir las aglomeraciones, las caravanas, las colas y la temida vuelta a casa. Los parques de ocio acercan la práctica de los deportes de la nieve a públicos que no tengan la opción de un margen de tiempo necesario para los desplazamientos, ni el equipamiento requerido para su práctica, por ejemplo, y las ventajas son más que evidentes, aunque para algunas audiencias tradicionales, la propuesta resulta ser un tanto descafeinada.

5.3. Los cruceros

Desde las más remotas épocas que se adentran en los siglos de la historia del Mediterráneo aparecen relatos de travesías por el mar atendiendo a las necesidades de relaciones con otras comunidades, establecimiento de redes comerciales, guerras, etc. Muchas de estas hazañas están bien documentadas en varias fuentes históricas, remontándose incluso a períodos anteriores. Así las culturas mesopotámicas se desplazaban ya por las aguas del Tigris y el Éufrates con absoluta soltura e innovando técnicas, como la invención de la vela, que más tarde pasarían a los pueblos del Mediterráneo a través de los fenicios, quien tuvieron la capacidad de recoger esas técnicas y aplicarlas a sus necesidades de desplazarse por él. También está documentado el caso de la reina Hatsepsut (1511-1480 a. C.) en Egipto, que navegaba por las aguas del Nilo en su embarcación real a modo de "crucero" de placer para mitigar los calores del sofocante verano egipcio hace 3.500 años.

Fuentes posteriores, entre las que se puede citar a Herodoto, describen los desplazamientos por mar en las costas del Egeo. El desplazarse por mar es una constante en las civilizaciones del este del Mediterráneo. Los motivos son bien variados, desde los comerciales, los religiosos o los bélicos, en un primer momento, hasta los más genuinamente turísticos, desde el punto de vista actual del concepto, ya que las visitas a las pirámides de Egipto por parte de los griegos no eran viajes extremadamente raros o poco frecuentes. El más puro objetivo hedonista y el cultural ya estaban presentes.

Con la entrada de la Edad Media los viajes por mar sufren un declive en la parte de Europa que dejó paso al Imperio romano de Occidente. La inseguridad y declive económico darán como consecuencia un abandono de las técnicas, reduciéndolas mucho, comparadas con lo que fueron. No así el Imperio otomano o el dinámico ritmo del comercio de los países islámicos.

A medida que avanzan los tiempos se recuperan los viajes por mar y las necesidades del comercio se ven resueltas con la evolución paulatina de las flotas navales en todo el Mediterráneo y el Atlántico Norte.

En el siglo XVI los ricos comerciantes holandeses ya organizan auténticos viajes de placer por el mar del Norte, y los grandes señores de la península Itálica, como los Médicis en Florencia o los Dogi en Venecia celebran también sus cruceros por el Tirreno y por el Adriático.

A finales del siglo XVIII, el duque de Brigewater, concretamente en el año 1772 inició un servicio de transporte de mercaderías que unía los puertos de Londres con Manchester recogiendo igualmente a productos y a pasajeros. Unos años más tarde se empezó a comercializar pequeñas excursiones en barcos de vapor desde la ciudad de Londres y el éxito fue tal que en 1841 se publicaron por primera vez en una guía semanal de actividades.

Ya desde principios del siglo XIX las compañías navieras que hacían las rutas desde Europa hasta Norteamérica empezaron a llevar en sus bodegas no solamente la materia prima que el nuevo continente demandaba, sino que se plantearon seriamente el transportar personas hacia el nuevo continente. Los beneficios que aportaba esta nueva operación suponían más que un buen complemento, pero a medida que la economía y la industria se desarrollaban en Norteamérica las necesidades de transportar productos europeos empezaron a decaer. Por suerte aparecerá otro fenómeno que compense la nueva situación que empieza a ser una preocupación seria. Paralelamente, y atraídos también por este espectacular desarrollo, aunque también forzados por las condiciones míseras en muchas partes de Europa, muchas personas de todo el continente empiezan a pedir viajes hacia América, empezando a tomar consistencia el fenómeno de la inmigración en masa.

Las compañías de transporte de productos entre los continentes vieron cómo su mercado lentamente decaía, para salvar la situación pensaron que el transporte de pasajeros podría ser una posibilidad importante de remontar el negocio. En ese momento la distribución interior de las naves preveía solamente camarotes para la tripulación, por tanto, aparece directamente la necesidad de redistribuir el espacio y dar cabida a los pasajeros con destino a uno y otro lado del Atlántico Norte.

Uno de los pioneros de este desarrollo de la industria naviera fue Albert Ballin, director general de la compañía HAPAG (Hamburg-America Package Travel Corporation) que se dedicó a ofrecer barcos que no se utilizaban a las agencias con el objetivo de utilizarlos para el transporte de pasajeros, iniciativa que siguieron muchas otras compañías. Ballin sería también el responsable en 1910 de organizar la primera vuelta al mundo en crucero con el Cleveland, buque con capacidad para 650 personas.

Los materiales de construcción tuvieron que cambiar para poder adaptar las naves a los nuevos usos. El acero y los nuevos productos energéticos sustituyeron a las velas y al vapor, los barcos se hicieron más grandes y adoptaron nombres ostentosos con el objetivo de transmitir seguridad y confort a los pasajeros. Holland América y Cunard son dos grandes compañías que nacen en este momento.

A principios del siglo XX empiezan aparecer los primeros transatlánticos con aspecto realmente lujoso y absolutamente majestuoso. Sus interiores están decorados al estilo de los grandes hoteles, aunque sus interiores están divididos en diferentes zonas para distinguir a los pasajeros de diferentes clases, situando a los de la clase inferior en las partes más bajas de las naves y reservando las partes más elevadas y más amplias para las clases más elitistas. Aunque en estos momentos el volumen de beneficio que generaban estos medios de transporte era en gran parte procedente de lo que pagaban por su viaje las clases más bajas, puesto que eran muchísimo más numerosos los pasajeros con billetes para viajar en las zonas más económicas de las naves.

En el 1912, en la madrugada del día 15 de abril, se hundía el Titanic, a 150 km de las costas de Terranova. Las consecuencias del accidente fue la creación de una normativa internacional que obliga desde entonces a llevar lanchas y chalecos salvavidas para la totalidad del pasaje, además de tener operativa 24 horas al día una estación de radio con dos operadores, y la internacionalización del código de emergencia S.O.S. en Morse.

Durante la Primera Guerra Mundial prácticamente la totalidad de los barcos se adaptaron para transportar tropas. Esta necesidad generó buscar una vía para hacer que fueran mucho más rápidos y cómodos, y para cuando acabó este primer período bélico, todos estos adelantos tecnológicos se pusieron al servicio de la idea de recuperar un producto comercial que ya existía antes de la guerra, dando así un salto importantísimo en la calidad y en las prestaciones de las naves.

A estas alturas muchas naciones, definidas a sí mismas como modernas se vanagloriaban de su prosperidad a través de la ostentación que mostraban con sus grandes transatlánticos. Así, éstos representaban y eran símbolos de prosperidad, de buen gusto y de poder, aunque aún eran medios transportes y no pueden ser definidos todavía como cruceros.

Durante los períodos invernales muchos de estos grandes barcos quedaban inactivos, ya que había menos demanda debido al frío, las tormentas y sobre todo al peligro que suponían los icebergs, sobre todo después del trágico accidente del Titanic. Para evitar estas montañas de hielo muchas de las compañías llevaban sus barcos al sur de los Estados Unidos, hacia el Caribe, donde, con la intención de rentabilizarlos, se pensó en ofrecerlos como un producto de puro ocio. A partir de ahí, muchas personas empezaron a hacer sus reservas para realizar un viaje en el cual tendrían la ocasión de visitar muchos puertos exóticos de las islas que configuran los archipiélagos del Caribe, además de la opción a realizar muchas actividades a bordo de los grandes buques.

El volumen era todavía bastante reducido, pero con la entrada de las líneas aéreas, y la comercialización de los vuelos entre Europa y Norteamérica, provocarían un declive en la demanda del transporte por mar, obligando a las compañías navieras a reestructurar sus posiciones en el mercado, que optaron por decantarse hacia un nuevo uso de los barcos. Esta opción era ya para entonces una maniobra bastante prometedora, como se demostraría más adelante en la historia.

Los pequeños cruceros que se habían empezado a organizar en el Caribe pasan a ser el modelo a imitar; son el modelo a partir del que se construyen las grandes naves con las que se pretenderán atraer a muchos turistas. En ellas se atenuarán las diferencias de clases de los camarotes, elevando las comodidades y espacio de los compartimentos inferiores, con el objetivo de igualarlos a los superiores. Se dotará a todos por igual de muchas comodidades nuevas, como, por ejemplo, baños, duchas, aires acondicionados, mientras que en los espacios comunes se construyen discotecas, casinos, piscinas, restaurantes, bares, etcétera. La homogeneización es tal que se puede decir que quedan eliminadas las diferencias de clases, la única detectable entre los camarotes de primera o de lujo será la amplitud de los espacios, mientras que el servicio pasa a ser idéntico para todas.

Su evolución es espectacular, y a partir de la década de 1950 las compañías navieras que ofrecen el producto crucero, se decidan ya en exclusiva al crucerismo y no al transporte de viajeros.

En muy poco tiempo el abanico de posibilidades y la gama de este tipo de producto aumentan considerablemente, y hoy en día son millones de personas en todo el mundo las que se sienten tentadas por él.

5.3.1. De medio de transporte a producto de ocio

Uno de los trabajos de investigación más exhaustivos que se han realizado sobre el fenómeno de los cruceros en la actualidad, es el de Manuel Butler Halter, publicado por Turespaña en su colección de Estudios de Productos Turísticos.

Para él la esencia del desarrollo de los cruceros estuvo clara, y como tuvo la ocasión de comprobar, fue el resultado de convertir a un buque en un gran hotel flotante.

Para que este cambio se diera, hicieron falta unas condiciones previas que lo facilitaran. Entre ellas en primer lugar el autor cita la conjunción de las condiciones del mercado, esto quería decir la coincidencia de una serie de circunstancias que hasta ese momento no se habían dado, como, por ejemplo, un público objetivo que esté pidiendo ya un tipo de producto turístico alternativo a lo existente y con las características que los cruceros podrían ofrecer.

Otra de las condiciones fue que hubieran compañías navieras en las que, como se comentaba más arriba, durante una época del año la demanda de sus naves fuera muy baja, por lo que se vieran obligadas a buscar un medio de rentabilización alternativo. A ello se la añadió el aumento del poder adquisitivo, que permitiese a muchas personas acceder a este nuevo producto.

Era un momento en el que los avances en el desarrollo tecnológico permitían a esos grandes buques ser dotados de todas las comodidades y los lujos de un gran hotel. Pero esta nueva distribución de los espacios, con todas las comodidades con las que se construyeron los camarotes no era suficiente, por lo que se pensó en una oferta de posibilidades de realizar una serie bien extensa de actividades complementarias que contribuyesen a revalorizar la idea de uso del tiempo libre por parte de los futuros turistas. Las grandes galas que se enmarcaban en estas condiciones de comodidad y lujo, compaginadas con una oferta gastronómica al nivel de todas ellas prometían cumplir con las exigencias más altas del consumidor.

Más tarde se añadirían las aportaciones que la ingeniería permitía innovar: motores que conseguían una mayor velocidad, pero disminuyendo el ruido y las vibraciones, fueron elementos de máxima importancia para su evolución.

La última de las condiciones sería la que vendría definida por las reglamentaciones marítimas internacionales, y cuyos parámetros principales eran la eslora, el calado y la manga. Esta última estaría determinado a por las restricciones para atravesar el canal de Panamá, y estaría en los 32,25 metros, mientras que la eslora y el acabado son limitaciones impuestas internacionalmente por parte de las instalaciones portuarias.

Con objetivo de confirmar estas hipótesis de investigación, Manuel Butler entrevistó a Bob Dickinson, en ese momento director de Carnival Cruceros, y que le confirmará que, efectivamente, la clave del éxito de los cruceros hay que buscarla en dos puntos: por una parte, la idea de concebir el buque como un hotel de lujo flotante y no como un mero medio de transporte, y el segundo elemento el contar con una oferta complementaria cuya inspiración hay que buscarla en dos destinaciones turísticas más que consolidadas en el mercado norteamericano, que serán la ciudad de Las Vegas, por un lado, y Orlando, por el otro.

Las actividades que se ofrecen en uno y otro destino sirvieron de inspiración para dotar de esa oferta complementaria a los buques. Las Vegas aportará la idea de casinos, espectáculos, decoración y algunas actividades, mientras que Orlando contribuirá con el concepto de resorte turístico. Entre ambas se dotará a la nave de esa oferta imprescindible de distracción y entretenimiento, que se sostendrá bajo el cojín de una mayor amplitud de servicios que irán desde saunas, gimnasios, masajes, bibliotecas o cines, hasta bares, cines, piscinas o restaurantes.

5.3.2. Evolución de la demanda

En cuanto a la demanda, el estudio tenía muy en cuenta un análisis realizado por CLIA (Cruise Line International Association) en los Estados Unidos en el año 1994. De ese análisis cabe destacar una primera conclusión que hace referencia a la imposibilidad de determinar un perfil ni un público objetivo, ya que éste se había democratizado hasta tal punto que el producto invadía cualquier capa social, deshaciéndose cada vez con más fuerza de la vinculación que relacionaba el crucero con las clases sociales más altas o con unas edades determinadas.

Por otra parte, el mismo estudio destaca la existencia de una serie de características que se repetían con frecuencia en ese espectro tan amplio de consumidores. Entre ellas destaca, en primer lugar y con bastante contundencia, el elevado número de *primerizos,* que contrastaba con los segmentos más tradicionalmente asociados al producto crucero, que además eran estos últimos a los que menor crecimiento se detectaba (figura 5.7).

En cuanto a las características de los viajeros aparecía una clara tendencia a realizar *el viaje acompañado,* normalmente con el cónyuge, aunque las familias con hijos pequeños aún eran pocas. Igualmente se desprendía que *la edad media* del consumidor había bajado considerablemente, situándose en ese momento alrededor de los 45 años.

- Gran número de primerizos.
- Acompañados normalmente por su pareja.
- Media de edad en claro descenso.
- Descenso en la duración del trayecto.
- Un alto índice de repetición.

Figura 5.7. Tendencias detectadas en el consumidor por Butler, según CLIA.

Otra de las desmitificaciones del producto fue la siguiente tendencia: *la duración* del viaje, que se detectó una disminución en el número de días, que se situaba entre tres y cuatro.

Dos de las conclusiones más evidentes del análisis de los viajeros eran el alto índice de *repetición*, ya que se situaba, sobre todo en los primeros segmentos, por encima del 50%, mientras que la otra conclusión era la importancia que adquirían los primerizos, justamente por este alto índice de repetición.

Comparando los estudios realizados en Europa y comparándolos con los norteamericanos, Butler detecta que la evolución, a nivel general, es comparable la una a la otra, aunque en el Viejo Continente el producto haya aparecido como posterioridad, se siguen los pasos prácticamente idénticos que en Norteamérica, por tanto, se prevé un incremento y una evolución similar en cuanto a la demanda y a las nuevas tendencias.

En cuanto a la especialización y la tematización, éstas evolucionan igual, y no solamente a uno y otro lado del Atlántico, sino que es prácticamente idéntica a escala mundial. Como consecuencia de esta evolución, el autor afirmó ya que existe una tipología que engloba prácticamente todas esas nuevas propuestas, y que esta división cuenta básicamente con cinco tipos:

1. Los cruceros para familias.
2. Los de tercera edad.
3. Los de incentivos y congresos.
4. Los de aventura.
5. Los temáticos.

A) Cruceros para familias

El nicho de mercado para esta primera era tan claro (confirmado en las conclusiones de CLIA), que Disney, avanzándose a propuestas posteriores, introdujo en seguida los primeros cruceros dirigidos expresamente y frontalmente a familias. Para ello tuvo muy en cuenta que para ser efectiva la oferta habría de cumplir con una serie de requisitos que respondieran a las necesidades y a las posibilidades reales del segmento al que irían dirigidas. En la figura siguiente se esquematizan las ideas básicas elementales en las que se funda este producto.

- Oferta de precios moderados con actividades complementarias.
- Segmentación de las actividades complementarias para grupos de edades.

- Separación de partes del buque para actividades de niños y adultos.
- Actividades paralelas para todas las edades.
- Posibilidad de realización de actividades por separado o juntos.
- Adaptación de la gastronomía.

B) La tercera edad

Todo y que ya demostró con creces su capacidad de dinamización en Norteamérica, en Europa constituye también el segmento que ha experimentado uno de los más grandes crecimientos en los últimos años. La esencia de sus características es la siguiente:

- Amplia gama de actividades de entretenimiento a bordo.
- Confort de un gran hotel.
- Oferta cultural en las escalas y destinos.
- Paquete turístico tradicional (como el de Saga: Flight & ship).

C) Incentivos y congresos

Otra de las respuestas a las necesidades de buscar nuevos clientes y de perseguir lo innovador y lo nuevo en el ámbito turístico es esta tipología. Entre los ejemplos más destacados cabe citar el acuerdo al que llegan Celebrity Cruises y Sony para dota al "Century" de la más alta tecnología disponible en el momento.

- Ventaja de combinar salones y servicios.
- Los congresistas se encuentran todos en un espacio cerrado.
- Tecnología punta para el soporte de las conferencias (sistemas audiovisuales, traducción simultánea, presentaciones multimedia, conferencias vía satélite).
- Adaptación del contexto gastronómico.

D) Cruceros de aventura

Seguramente es la tipología que menos masificada se presente, pero es de las tendencias que aportan ofertas más diversificadas y originales. Se pueden subclasificar en tres grupos, como se refleja en el esquema siguiente:

1. De expedición-exploración. Llegan a zonas de difícil acceso, a las regiones polares como la Antártida. El volumen es aún modesto.
2. Buques de vela. Desde aquellos en los que el pasajero colabora directamente en sus labores hasta los de auténtico lujo.
3. Buques especiales. Se caracterizan por un fuerte elemento educativo mezclado con un cierto toque de aventura.

E) Cruceros temáticos

A medida que el mercado crece, aparecen nuevas propuestas, que tienden hacia la especialización y pueden ofrecer al mercado nuevos productos tematizados que se basen desde los potenciales culturales de la zona, o de su geografía, hasta aspectos aplicables a cualquier ámbito y contexto.

- Los buques Paradise, los primeros para no fumadores.
- HAL Carib, tematizados sobre películas de los años cuarenta, sobre catas de vinos, sobre catálogos gastronómicos...
- Disney y Warner, entran las dos de pleno en la categoría con sus cruceros familiares.
- Los vikingos y La Ruta del Ámbar, en el norte de Europa.
- Cruceros de luna de miel, para solteros, para estudiantes, etc.
- Fluviales, con el nombre del río o el de la cultura con que se relacionan sus orillas.

Debido a que las tipologías no son excluyentes las unas de las otras, hay ejemplos que pudieran catalogarse en uno o varios tipos, y estarían en función del punto de vista con el que se pretendan comercializar, por ejemplo.

5.3.3. Elaboración del producto

El producto de los cruceros realmente es el viaje en sí mismo, que juntamente al itinerario y al tema van a ser los aspectos esenciales para su comercialización y su puesta en el mercado.

Repasando la tipología anterior se ha visto que en muchas ocasiones el argumento de compra está basado justamente en el tema y en el itinerario, y que con mucha frecuencia ambos van estrechamente ligados. Ahora bien, para elaborar el producto crucero de forma sólida, hay que tener en cuenta dos conceptos de total importancia:

– *Primero:* la conversión del buque en un auténtico hotel de lujo flotantes.
– *Segundo:* la concepción del itinerario del trayecto.

Sobre el primero, ya se ha comentado más arriba, pero sobre el segundo hay que matizar algunos aspectos que para Manuel Butler adquieren una importancia relevante (figura 5.8):

– Por una parte, la existencia de un primer paso que significa la fase preliminar de la elección del destino, y en la cual se deben analizar las posibles áreas de operaciones combinadas.
– Por la otra, el desarrollo y la programación del itinerario propiamente dicho.

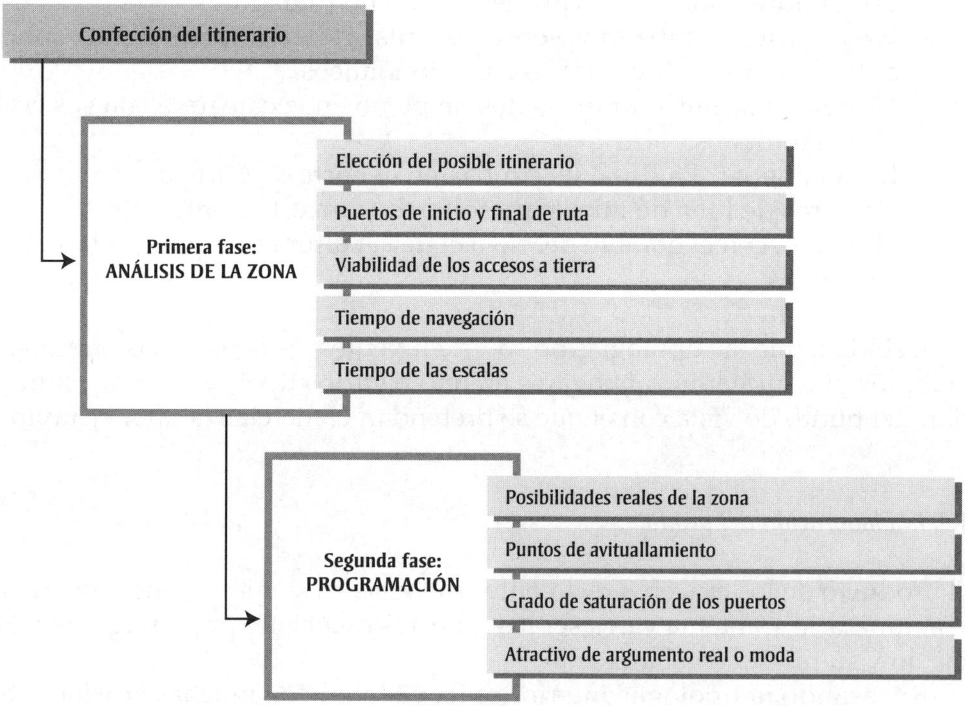

Figura 5.8. Esquema para la confección de un itinerario, basado en M. Butler.

Para la primera fase, la preliminar, incluye una serie de puntos a tener en cuenta:

1. El itinerario tiene que ser lo suficientemente adecuado como para resultar atractivo al segmento al que va dirigido el producto.
2. Los puntos de inicio y final del trayecto serán de máxima importancia, y que incluso pueden llegar a ser el mismo puerto.
3. Repartir los tiempos de navegación y de amarre, con el consiguiente acceso a tierra para los pasajeros.
4. El tiempo de navegación ha de ser suficiente como para permitir disfrutar de los servicios y las actividades que ofrece el buque, pero sin llegar a ser excesivo, ya que puede aburrir.
5. El tiempo de las escalas. Ha de permitir que los pasajeros puedan disfrutar de los atractivos que ofrece el puerto o la ciudad a la que se llegue.

En cuanto a la segunda fase, la de programación y desarrollo del itinerario contempla cuatro puntos más:

1. Análisis de las posibilidades que tiene el destino, es decir, la posibilidad de realizar itinerarios, excursiones, visitas y otros atractivos turísticos. Se hace referencia no sólo al puerto de inicio o de final de trayecto, sino que también se han de tener en cuenta las escalas que se van a realizar, para adecuar así el tiempo previsto en cada una de ellas.
2. El aprovisionamiento y el avituallamiento. Es evidente en los puertos de inicio y final de trayecto, pero se han de tener en cuenta también las posibilidades que ofrezcan las escalas en determinadas rutas o con ciertos tipos de embarcaciones con la que se pretenda realizar el trayecto.
3. El grado de saturación de los puertos es otro de los puntos a tener en cuenta, y ya que por mucho que un puerto esté de moda y se quiera incluir en el trayecto, esto está siempre sujeto a disponibilidad de las infraestructuras a la demanda que tenga el puerto.
4. Muy importante será el incluir en este nuevo itinerario un destino de moda, como lo es ahora el puerto de Barcelona en el Mediterráneo occidental. Pero seguro que el hecho de estar de moda puede repercutir en el punto anterior, es decir, en la saturación.

En definitiva, la propuesta se configurará a partir de un equilibrio entre las características de la nave y el itinerario. Este equilibrio compartido es la esencia de que un producto sea coherente y que, por tanto, ofrezca unas mínimas garantías de éxito y pueda ser preparado para su comercialización.

5.3.4. Las nuevas tendencias

Sobre las nuevas tendencias parece ser que de los autores consultados tanto Marc Manzini como Paniagua han tenido en cuenta el trabajo realizado por Manuel Butler y están de acuerdo con él a la hora de coincidir en que para hablar de estas nuevas tendencias hay que afrontar que son los beneficios que el producto proporciona lo que representa el auténtico motor de la industria de cruceros, razón por la que se vuelve a recurrir al mismo autor para analizar este posible futuro escenario.

En la conferencia que dio en la ciudad de México el pasado año 2003, Butler afirmaba que los beneficios que aporta el crucerismo hay que entenderlos más allá de los que proporciona exclusivamente a las compañías navieras, y que como cualquier otro tipo de actividad turística, también hay que tener en cuenta los beneficios que proporcionan en los destinos y en las escalas de los itinerarios, y que si éstos no se analizan, se corre el riesgo de no llegar a entender la magnitud de la influencia que suponen en las nuevas tendencias. En este sentido el autor propone hablar de tres tipos de beneficios:

1. El deseo que se detecta en los visitantes que llegan a un enclave o a una ciudad de volver a visitarlo utilizando otros medios de transporte que no sea el buque, con la finalidad de quedarse más tiempo en el lugar.
2. El gasto producido por estos turistas, tanto en los puertos de inicio, de finalización, o en todas y cada una de las paradas del itinerario, donde ese gasto se divulga a un porcentaje elevado de locales y comerciantes, que en escasas ocasiones tienen que ver con la compañía naviera con la que viajan.
3. El hecho de incluir un puerto en un itinerario determinado es argumento suficiente para incentivar las necesidades de desarrollo de la infraestructura de ese puerto en concreto.

Teniendo en cuenta estas premisas, las nuevas tendencias se podrían determinar en cuatro direcciones bien definidas: las flotas, la adaptación progresiva del *add-on*, la especialización de la oferta, el desarrollo de zonas alternativas a las ya consolidadas, y las concentraciones empresariales (figura 5.9).

Sobre la primera, pasaría por una modernización de las flotas, aportando buques de mayores dimensiones para satisfacer las demandas de productos genéricos, mientras que también aparecerían productos alternativos que dediquen su producción en una dirección diferente y que se desmarcaría de las grandes masificaciones. Por tanto, las tendencias en la flota se orientan a su vez en dos direcciones.

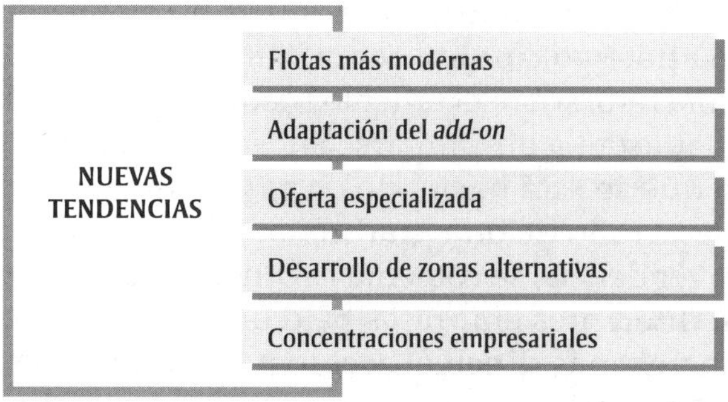

Figura 5.9. Nuevas tendencias más significativas en cruceros.

Siguiendo con la próxima tendencia, hay que mencionar que en muchos casos se está aplicando ya, y que se trata de la disminución progresiva del sistema de todo incluido *(all-inclusive)*, para aplicar el *add-on* (ir sumando), sistema que ofrece la posibilidad de que sea el mismo pasajero el que construía su cuenta de gastos.

La tercera tendencia se relaciona con una oferta mucho más especializada, en la cual se situarían los buques que se van adecuando a cada una de las nuevas modalidades y especializaciones. Incluiría igualmente una mayor amplitud de las zonas tradicionales de operaciones, y que daría como resultado un abanico de posibilidades mucho más variado que el actual. Como consecuencia de la ampliación de zonas, se incluye también aquí los productos confeccionados a partir de la base de rutas cortas, que lógicamente permitan la creación de itinerarios más cortos, y a precios más reducidos, imitando así la fórmula que tan buen resultados ha dado ya en los Estados Unidos.

En estas líneas de nuevas tendencias se detectan también el crecimiento constante de determinadas zonas, como, por ejemplo, la de México, que, según el autor, en el año 2003 era el primer destino mundial de cruceristas. La zona del Mediterráneo, que cuenta con un clima similar al del Caribe y que también se puede explotar prácticamente todo el año, sigue su imparable auge, consolidando su segundo puesto. Alaska es otra de las zonas en crecimiento en estos últimos años, combinando sus atractivos naturales y las actividades que en ella se realizan.

Se detecta igualmente un aumento en la demanda local en el Mediterráneo, debido al esfuerzo de promoción realizado por algunas navieras, y que se ha traducido en la voluntad de simultanear sus naves entre el Caribe y esta zona en las diferentes temporadas turísticas.

Asia y el Pacífico despuntan como zonas operantes en crecimiento, y de la misma manera que en el Mediterráneo, se detecta también un aumento en la demanda local, haciendo que la infraestructura evolucione a buen ritmo y que se ofrezca el atractivo cultural como la mayor apuesta de su oferta diferenciadora. En concreto, sobre el Oriente Medio y la India, Butler destaca que son zonas que empiezan a despuntarse ahora. Paralelamente despunta también el esfuerzo que se está haciendo en casi toda Sudamérica, dando, por tanto, inicio al desarrollo de otra gran zona.

Como última tendencia, se comenta la concentración empresarial, es decir, la asociación de diferentes empresas bajo una misma razón o grupo. En el mercado es cada vez más difícil el acceso para los independientes. Con tal concentración empresarial, las grandes asociaciones disfrutan de un mayor poder negociador sobre los destinos y los puertos de moda, haciendo mucho más viable las posibles inversiones, tanto en modernización de los buques y de los servicios como en la diversificación de especialidades.

5.4. El turismo rural

Según Carlos Fernández, el turismo rural es considerado una actividad que basa su desarrollo en el principio de la sostenibilidad, aunque éste no tiene por qué ser considerado a priori un elemento de su definición, a no ser que esta actividad sea implementada conforme a un conjunto de principios. Su esencia, por tanto, es considerar que se trata de un equilibrio entre lo rural y lo sostenible.

Por otra parte, Lucía Mediano y Azucena Vicente, a finales del 2002, lo encuadraban en el marco de los turismos alternativos y decían de él que *era una forma de turismo claramente influida por factores medioambientales*. Aseguran que se trata de un tipo de turismo minoritario, condición que ha de poder mantener, como única forma de preservar los recursos naturales en los que se asienta.

Las definiciones son bastantes, las autoras Mediano y Vicente comparan en su estudio varias de ellas (Bardón, Gilbert, Galiano, Valdés Peláez, Traverso, Blanco y Benayas, entre otros) para llegar a concluir que no hay una unanimidad que pueda ofrecer una idea generalizada del concepto. Las diferencias son a veces pequeños matices, pero son suficientes como para que no exista un consenso, que además, ni siquiera se alcanza desde la legislación, ya que sólo en nuestro país, cada Comunidad Autónoma lo entiende y lo legisla con algunas diferencias, según se desprende del trabajo de investigación realizado por M.ª José Peña y Pedro Jiménez.

Las ideas que más se repiten pueden dar lugar a entenderlo como todas aquellas actividades recreativas y turísticas que se desarrollan en un espacio rural y que se basan en la utilización de los recursos humanos, naturales y materiales endógenos.

Aunque también se habría de tener en cuenta igualmente una definición aceptada en el seno de la Unión Europea donde se definía el turismo rural como aquella actividad realizada en el espacio rural, estructurada por una oferta integrada de ocio, dirigida a una demanda motivada por el contacto con el entorno autóctono y que tenga una interrelación con la sociedad local, según afirma Ramon Serrat de Cett-Consultors.

Sobre esta misma idea se define Javier Calatrava, miembro del CIDA de Granada. Calatrava se muestra en la misma línea que Serrat, y vincula el turismo rural a dos conceptos definitorios básicos que define como esenciales, y evidentemente, dándose en el espacio rural:

- El turismo rural se sostiene sobre el planteamiento de la idea de que el turista participe en las costumbres, funciones y formas de vida de los habitantes del medio rural.
- Los beneficios procedentes de esta actividad han de ser percibidos por la comunidad rural que los acoge.

El espacio rural por su parte, se define como un espacio de escasa población, donde se realizan esa serie de actividades de raíz tradicional, o basadas en valores tradicionales. Es un espacio que también se caracteriza por unas menores rentas económicas, por la escasa aportación al PIB, y además ha presentado una fuerte tendencia a la despoblación.

Por otra parte, es un espacio que hoy día se relaciona directamente con una buena calidad ambiental, que dispone de un patrimonio artístico, cultural y natural considerable, por lo que aparece como el lugar ideal para la práctica de actividades al aire libre. El abanico de posibilidades es amplio y variado, pudiendo abarcar desde actividades deportivas, de aventura, culturales... En definitiva, es un espacio en el que el turismo se presenta como una nueva actividad.

Los rasgos que suelen diferenciarlo son bien claros: un trato muy personalizado, que facilite el mostrar un entorno físico y humano, además de permitir la participación a los turistas en actividades, tradiciones y estilos de vida propios del quehacer cotidiano de los receptores.

Las razones del interés en este tipo de turismo se han de buscar tanto en la oferta como en la demanda. En este sentido se muestra Jaime Izquierdo cuando afirma que el origen de la demanda proviene de las zonas urbanas y *la búsqueda de espacios de ocio relacionados con la sensación de tranquilidad.*

El éxodo provocado en las zonas rurales por el incremento en la productividad de los sectores terciario y secundario en las urbes, se acabará convirtiendo en un fuerte polo de presión para la gente joven, sobre todo, que no querrá ver su futuro reducido a realizar las duras tareas del campo, y llegarán a darse cuenta del potencial con el que cuentan, hasta hacer de él su gran incentivo.

Una parte importante de la demanda se basa en la realización de actividades que aporten nuevas experiencias, esto está claro, pero algunos buscarán que remitan a acciones realizadas en algún momento de su vida, porque aunque el medio de procedencia de muchas de estas personas son las grandes ciudades, bastantes de ellas tienen sus orígenes en el medio rural, y esa añoranza les puede condicionar hacia este tipo de demanda, conduciéndoles hacia la necesidad de volver a revivir escenas pasadas y poderlas compartir con sus allegados, amigos o familiares, opina Izquierdo.

Sobre estas premisas del mismo autor se resumen las que pueden ser consideradas como principales características de la demanda turística en este ámbito:

- Generalmente de origen urbano.
- Necesidad de un retorno temporal por vínculos familiares.
- Carácter familiar y espontáneo de las vacaciones.
- Acercamiento al medio natural y rural.
- Predomino de las vacaciones en pueblos.
- Cierta tendencia a la estacionalidad.
- Utilización mayoritaria de alojamientos privados.
- Predominio de turistas de clase media.
- Alto grado de fidelidad y satisfacción.

5.4.1. Las actividades en el espacio rural

Además de las actividades relacionadas con la agricultura y la ganadería, que se pueden considerar inherentes al turismo rural, existe otro grupo de actividades que se ofrecen en paralelo a éstas y que permiten diversificar y dar identidad propia a los establecimientos y zonas en la que se asientan. Este segundo bloque se puede dividir en dos grandes grupos: las actividades denominadas recreativo-deportivas y las actividades de fomento social y cultural.

En el *primer grupo* se distinguirían aquellas que se realizan en las áreas de baños, por tanto, las que se relacionan directamente con el agua, incluyendo cualquier tipo de actividad náutica con algún tipo de naves.

Se incluirían también los paseos a pie, el senderismo y la escalada. De la misma manera, los paseos a caballo, por tanto, el turismo ecuestre.

El cicloturismo y todas sus modalidades, como la BTT (bicicleta todo terreno).

Cerrando el grupo las actividades deportivas de base tradicional y los juegos tradicionales.

En el *segundo grupo* se incluirían las actividades con un más claro objetivo de animación sociocultural, o las que presentan una dimensión más pedagógica. Aquí se incluirían las actividades decantadas hacia un objetivo educativo, las folclóricas y las religiosas relacionadas con el folclore.

También las visitas a obradores de artesanos y los cursos o talleres de artesanía, aunque sus técnicas sean de base tradicional o más contemporánea.

Los cursos, talleres o promociones de elementos de la gastronomía rural también quedarían recogidos en este grupo.

Como consecuencia de la catalogación de las tipologías de actividades, se puede extraer que la idea de turismo rural es muy amplia, y que, sin duda, se está haciendo mención al agroturismo, al turismo verde, al gastronómico, al ecuestre, al náutico, al cinegético, al histórico cultural, al micológico, al enológico, etc., y eso es parte importante de la problemática de su definición actual.

5.4.2. Los objetivos

Sobre los objetivos del turismo rural sí que existe una mayor unanimidad, así Serrat coincide bastante con Izquierdo que los entendía en dos grupos divididos en objetivos estratégicos y objetivos específicos.

En cuanto a los *objetivos estratégicos*, del turismo rural pueden identificarse siete, entre los que destaca el hecho de construir una fuente alternativa de generación de riqueza en zonas que tradicionalmente se dedicaban a la agricultura. Contribución a la conservación del entorno y al desarrollo de los recursos turísticos, que haciendo frente a la oferta concentrada, se persigue la creación de una oferta no concentrada y de pequeña escala, pero coordinada a nivel local y comercial. La promoción del contacto con la naturaleza a través de actividades al aire libre y la protección del diálogo entre la población rural y la población urbana, es otro de los objetivos estratégicos. Mientras que los tres últimos serían la organización y gestión por parte de la población local, imprescindible para que se pueda constituir una alternativa laboral que propicie la creación de ocupación en el medio rural. Para acabar con la incorporación de la mujer al mundo laboral, integrándola en los proyectos.

Mientras que entre los *específicos* citaba la creación de establecimientos de pequeño tamaño que faciliten el contacto entre los visitantes y la población. Esto en muchos casos implica una rehabilitación de edificios. Si es así, que ese "rehabilitar edificaciones" sea de calidad, ya que será un primer paso para crear una imagen de productos de calidad, dotando de estos alojamientos rurales a municipios con vocación turística y que no han tenido oportunidad de ponerla en práctica. Se fomenta igualmente la recuperación de las tradiciones locales, como, por ejemplo, la artesanía, el folklore, etcétera, a la vez que se estimula la recuperación gastronómica tradicional, incrementando su consumo, además de un mayor y más profundo conocimiento de los productos locales.

5.4.3. El modelo de turismo sostenible, o los beneficios del turismo rural

A partir del resultado del análisis realizado, todas las teorías y los autores indican una dirección clara hacia el respeto medioambiental, hacia una sostenibilidad indiscutible y hacia unos beneficios que parece ser que sí van a repercutir positiva y directamente al entorno en el que se da. La OMT, en la cumbre de Johannesburgo en 2004, enfatiza este equilibrio, según Fernández, que ha de *lograr nivelar los aspectos ambientales, económicos y socioculturales del desarrollo turístico, a la vez que orienta sus objetivos a garantizar la sostenibilidad en una perspectiva de largo plazo.*

Se define también como un tipo de turismo diferenciado y complementario al de sol y playa, que desdiciéndose de flujos turísticos masificados, representa una reducción de la presión en las áreas turísticas más saturadas, y que además mejora de las rentas de las comarcas del interior, generalmente más desvinculadas de las masificaciones.

Contribuye a la conservación y gestión de los recursos patrimoniales o endógenos la incluir la participación de la población femenina como puntal importantísimo de sus estrategias, y situar a la población local como auténtica promotora de esta forma de turismo que valora los productos locales.

El territorio se plantea como protagonista de la oferta: patrimonio, cultura, naturaleza, productos autóctonos, etc., con una importante base de respecto de los valores ambientales, sociales y culturales del territorio, y aplican unas fórmulas de gestión que reducen los impactos, que no implican la transformación de la estructura social y económica tradicional, por tanto, respetuosa.

Sus actuaciones son integradas al entorno, y crean productos atractivos que satisfagan la demanda de los visitantes.

5.4.4. Las razones de su éxito

Para buscar las razones del éxito de este tipo de turismo, quizá lo más lógico sería remitirnos a algunos de los temas analizados hasta aquí, por ejemplo, las motivaciones, que son las que, en definitiva, le han conducido a que tenga esta forma y no otra.

Muchas de las teorías anteriormente descritas muestran que este tipo de turismo, o mejor, estas nuevas formas de turismo, sean consecuencia de una determinada evolución en los estilos de vida y en las necesidades de nuevas experiencias. Sobre todo los análisis de Fourastié, Valls o Cuenca confirman de antemano el éxito que este tipo de propuestas están teniendo, y que se prevea que su evolución continúe teniendo la capacidad de dar respuesta a las expectativas a las nuevas demandas (figura 5.10).

1. Los cambios sociales
2. Mayor disponibilidad del tiempo
3. Fraccionamiento de las vacaciones
4. Conciencia ambiental y ecológica
5. Reivindicación de los valores de la tradición
6. Impulso de las instituciones públicas

Figura 5.10. Las razones del éxito.

En esta línea, la adecuación paulatina de la oferta a la demanda, y a sus condicionantes, hace que la puesta en valor de los aspectos más preciados por sus consumidores sea de los aspectos más tenidos en cuenta por ambas partes, retroalimentándose la una a la otra y dando lugar a la aplicación de técnicas que garanticen la viabilidad de estrategias efectivas orientadas a la satisfacción, no sólo del consumidor, sino también del prestador.

Entre las razones más significativas de su éxito se encuentran, y como era de esperar, los cambios sociales y los modelos de vida urbana. Ambos acabarán por impulsar a realizar una serie de actividades que contrarresten fuertemente con la rutina que, propiciada por el trabajo, aporta la enajenación, la pérdida de identidad o el estrés en las ciudades, y con las escapadas al medio rural, el ciudadano pretende recuperar la sensación de desequilibrio.

5.4.5. Estado de la cuestión y su problemática

Se apuntaba más arriba que la base de su problemática es justamente la disparidad que existe sobre su definición, consecuencia de la cual se detecta una borrosidad para determinar sus límites y sus implicaciones.

A esta borrosidad de la definición, se le ha de añadir la vinculación que muchas de las teorías hacen del concepto *turismo rural* con otros tipos y formas de turismo, como, por ejemplo, el agroturismo, el ecoturismo, el turismo de naturaleza, y unos puntos suspensivos más largos.

Seguramente una de las formas más simples de plantear una buena base al estado de la cuestión, es la que proponen Barrado y Calabuig (¡y aclarar que no por simple es menos interesante!), cuando afirman que una fórmula más que efectiva para determinar el ámbito en el que se coloca una actividad turística u otra, dentro de este catálogo de denominaciones, es la actitud con la que el turista se relaciona con el medio. Desde esta perspectiva definen tres grandes tipologías o grupos que Barrado denomina: turismo *en* la naturaleza, turismo *de* naturaleza y ecoturismo. Colocándolos como tres círculos concéntricos donde en el centro sitúa al *ecoturismo*, en el segundo al turismo *de* naturaleza y deja el más amplio para el turismo *en* la naturaleza. Este último, el mayor que contiene a los demás, es también el menos respetuoso y el más masificado, para acabar con el ecoturismo, que significará justo lo opuesto, el más respetuoso, basado más en la contemplación y la investigación que en otros aspectos.

Aunque de vuelta a la problemática frontal del turismo rural, Iglesias cree que algunos de estos aspectos discordantes representan importantes bloqueos a un desarrollo mucho más efectivo de todas estas formas de turismo. Los bloqueos empiezan ya desde la marginalidad histórica en la que tradicionalmente se han tenido las comunidades rurales, y llegan hasta las carencias en la infraestructura que arrastran aún muchas zonas de la geografía. Por si fuera poco, se le añade la problemática de que la utilización de sus propios espacios dependen, en muchas ocasiones, de intereses externos al mismo contexto rural, y en ámbitos donde el origen real de esos intereses se sitúa en unas necesidades que son más de tipo urbanas e industriales que propiamente rurales.

Eso por no citar la falta de autoestima y de valoración propia que se detecta aún en muchas de las personas de las zonas rurales, y que hace que no sean lo suficientemente conscientes de sus recursos propios, añadiendo más limitaciones y carencias a la ya escasa franja educativa y formativa que respecto al servicio se posee en las culturas locales.

También es cierto que en medio de este problemático panorama, hay aspectos que adquieren un cariz más positivo, entre los que el autor destaca:

- Que generalmente no se improvisa, y se requiere de la intervención de los poderes políticos e institucionales para crear y tutelar modelos y estrategias de aplicación conjunta.
- Que ofrece posibilidades de diversificación de la propuesta lúdica de las actividades, que han de estar en consonancia con el medio rural y natural.

- Que se huye del monocultivo, ofreciendo la posibilidad de comercializar otros productos rurales a partir del turismo.
- Que los beneficios se reparten a la población haciendo que se revitalice la economía local, y procurando que ésta esté basada en una utilización de elementos de gestión ecológica.
- Que se incrementa la valoración de los recursos culturales, naturales y patrimoniales, favoreciendo así al territorio, ya que revaloriza la cultura rural.

Otro aspecto de su estado actual es la tendencia que presenta hacia una consolidación efectiva, y que, según Serrat, se traduce en una serie de aspectos que marcan no sólo su evolución, sino también su posicionamiento y su aceptación. Entre ellos destaca los que siguen a continuación:

1. Propiciado por la mejora de la calidad servicios, de la formación y de la información, que lentamente se está imponiendo en todas sus variedades.
2. Como consecuencia del punto anterior, se está mejorando la comercialización y los planes de marketing, que resultan cada vez más efectivos.
3. La Administración muestra también un interés por involucrase en proyectos marco más amplios contemplando el seno del desarrollo de planes estratégicos, de la infraestructura y de los equipamientos.
4. Por su parte, los empresarios presentan un interés por el aumento continuo de la ampliación de la oferta de actividades complementarias, aplicando una importante capacidad de innovación con el objetivo de adaptarse a las demandas del mercado, y que además está en total consonancia con el medio natural y rural en el que se ofertan.
5. Predilección por una mínima dependencia del monocultivo económico, entendiendo que éste tiende hacia la estacionalidad, por lo que está abriendo su oferta a nuevas propuestas, como se mencionaba en el punto anterior.
6. Intento de reducción al máximo de la estacionalidad, debido a que con ocupaciones de noventa días al año la reinversión es escasamente viable.
7. Tendencia hacia una buena relación calidad precio, siendo muy conscientes del producto que se comercializa y de sus posibilidades.

Gestión del ocio cultural

6

Hablar de cultura es como a abrir un gran abanico de posibilidades infinitas, así que sujetos a esta misma premisa, afrontar el tema del ocio cultural va a estar condicionado por esta amplitud de formas.

A pesar de ello, este tema se va a limitar a tres de los grandes bloques de actividades culturales. Son los que se han tomado como los más significativos por sus posibilidades de ser relacionados con el turismo, y ésta es la razón por la que se ha decidido afrontar el tema limitándolo a estas formas genéricas que suponen los museos, los parques zoológicos y las artes escénicas, incluyendo el cine.

6.1. Introducción a las actividades de ocio cultural

Se comentaba que en el momento actual realizar una lista de actividades de ocio cultural resultaría interminable, y que ésta sería más amplia aún si se trasladara al ámbito turístico. Los tres grandes bloques elegidos lo han sido por cuestiones meramente de relación con el turismo, también se ha comentado. Algunas de estas relaciones se afrontan desde la óptica de la capacidad que pueden llegar a tener (o que se perciba la posibilidad), de crear un flujo turístico propio, vinculado directa o indirectamente con la forma, tal y como se verá en alguno de los casos que se analizan.

Otra de las razones es que muchas de estas actividades, que no llegan a tener esa capacidad ni el potencial creador de un flujo propio, sí que resultan un buen complemento al producto turístico de un destino. Es evidente que la visita a un parque zoológico o la asistencia a un espectáculo escénico, sea éste de danza, de ópera o una simple representación teatral no son, a priori, motivos suficientes como para arrastrar masas de turistas con una constancia en el tiempo, pero sí que es cierto que de manera puntual, y en puntos determinados de la geografía mundial, llegan en algún momento a crear ese flujo propio. Éste sería el caso de la ciudad de Londres y sus espectáculos teatrales sobre todo, y de forma especial, los musicales.

También se dan casos de exposiciones puntuales, aniversarios, centenarios, conmemoraciones de algún hecho concreto o de algún artista determinado, que son excusa puntual de un flujo turístico hacia un destino geográfico determinado o una visita a un museo, o cualquier otro edificio.

Se han excluido actividades culturales más eventuales y efímeras, incluso algunas menos clasificables, entendiendo que en la mayoría de los casos podrían formar parte de alguno de estos tres grupos que se desarrollan a continuación.

De estas tres formas, los museos y los zoológicos guardan una estrecha relación entre sí, ya que su desarrollo y su implantación son muy similares, y las dos se gestan bajo una base común que es el coleccionismo.

Así, su evolución histórica presenta un paralelismo muy marcado y éste se acentúa, aún más, a partir de siglo XVIII, cuando se estructuran de una forma más o menos oficial. Ambas se consolidan en el XIX y pasan a quedar totalmente regularizadas en el siglo XX. Será en este siglo cuando los objetivos de una y de la otra forma se definirán prácticamente como idénticos.

6.2. Los museos

Etimológicamente el concepto museo proviene de *casa de las musas*. Como antecedente se apunta la experiencia de Ptolomeo Filadelfo en el siglo III a. C., en la ciudad de Alejandría (Alonso Férnandez). Bajo el nombre de *Mouseion* se intentaba designar un conjunto de edificios consagrados a las musas, y que contenía una biblioteca, un anfiteatro, varias salas de trabajo y de estudio, un observatorio, un jardín botánico y una colección de animales. Vendría a identificar el lugar donde se custodiaron, realizaron y almacenaron objetos y animales a los que se les concedía una funcionalidad que en algunos casos se tenía como poco clara, pero que se relacionaba con las musas y con la creatividad. Muchas de las piezas y animales procedían de saqueos, expoliaciones o botines de guerra. El *Mouseion*, o la casa de las musas, es donde se deposita el producto de las inspiraciones de éstas, es decir, lo que sería de alguna manera el equivalente a lo que hoy día consideramos "objetos de arte".

Se considera que los primeros precedentes históricos se sitúan en la región de Mesopotamia. Existen fuentes que sitúan una primera exposición de objetos saqueados de Babilonia en el 1176 a. C., en la ciudad de Inxuxinak. Más adelante el mismo Nabucodonosor tendrá en su palacio una sala donde se muestren piezas de guerra destinadas a ser "contempladas por todos los pueblos" y que recibió el nombre de *Bît Tabrât Nixim* o Gabinete de maravillas de la Humanidad (Alonso Fernández)

El nombre de museo, propiamente dicho, será adoptado en el siglo XV por Lorenzo de Médicis en Florencia para indicar el local que contenía las colecciones de códices y objetos suntuosos que cuidaba y custodiaba el escultor Donatello.

Cabe mencionar como acción precursora de lo que actualmente definimos como museo, la "exposición" que organizó el emperador romano Marco Agripa, y al cual se puede considerar como el personaje histórico que fraguará el concepto de museo público o exposición pública. Será cuando en el siglo I d. C. abra al público el Panteón de Roma para mostrar a sus ciudadanos las piezas requisadas y expoliadas en sus conquistas en el norte de Europa. Históricamente se instaurará así no sólo el concepto de museo, sino también el de patrimonio cultural público.

Aunque se tendrá que esperar hasta mediados del siglo XVIII para ver las primeras aperturas de los actuales museos, existen también precedentes en momentos de la historia anteriores a esta fecha. Dos siglos antes se tiene constancia que el hecho de mostrar objetos realmente empezará a ser una gran preocupación en el seno de los humanistas italianos.

Según Joan Santacana, el papa León X, a principios del siglo XVI, era partidario de que el conocimiento a partir del estudio de las bellas artes y de las humanidades era una manera de acercarse a la fe y a Dios. Éste será el inicio de una de las líneas de pensamiento que permitirán y darán lugar al nacimiento de los museos en fechas posteriores. Queda constancia de esta preocupación, incipiente en el seno de determinadas esferas sociales y culturales del momento, y en esta zona italiana, en hechos como es el caso de Scipione Borghese, cuando decidió abrir al público su famosa Villa en Roma. En la entrada colocó una inscripción en la que se podía leer la única condición para acceder al interior: "Basta con que seas hombre libre". En los jardines de la Villa se mostraban desde plantas y animales exóticos hasta una buena colección de esculturas y estatuas de su propiedad.

6.2.1. Definición de museo

A partir de un análisis del fenómeno a través de la historia, resulta evidente que su definición va ligada a la función que se le otorga en cada período, y que esta función ha variado según el momento histórico, pero hoy día, y basándonos en lo que han dicho la UNESCO y el ICOM (International Council of Museums), que el museo se puede entender como "una institución permanente, sin finalidad lucrativa, al servicio de la sociedad y del público, que recoge los testimonios materiales del hombre y de aquello que lo envuelve, los adquiere, los conserva, los comunica y, sobre todo, los expone con una finalidad de estudio, de educación y de deleite".

Se desprende de esta definición que son instituciones que representan elementos esenciales para interpretar la historia y los hechos del pasado, por tanto, el museo es un medio didáctico de comunicación sobre nuestro pasado.

El ICOM representa el organismo internacional que regula unos principios que pretenden ser universales. Será a partir de esos principios que los gobiernos de los diferentes países puedan legislar sobre el tema y acabar matizando algunos de los puntos que dé el organismo internacional. De la misma manera, éste recogerá las propuestas más innovadoras para procurar incidir en las legislaciones de los países suscritos, consiguiendo de esta forma una evolución rápida y positiva de muchas de las experiencias que fructifican positivamente en cualquier parte del globo.

Éste es el caso de las IV Jornadas del ICOM en 1930 (Santacana). En ellas se acuerda, mirando hacia la experiencia que desde principio de siglo se lleva a cabo en los Estado Unidos, que "los museos poseían una función específica relacionada con la educación y difusión cultural y contarían con un espacio determinado dentro de la organización". Esto acabaría repercutiendo en la relación existente hasta el momento entre el público, lo expuesto y las personas que gestionan la institución.

Recogiendo las recomendaciones del ICOM el Estado Español legislará en 1985 una serie de obligaciones que cambiarán la esencia de la gestión de los museos en nuestro territorio, al transformar en muchos casos la fisonomía de algunos de ellos. Según la "Ley de Patrimonio Histórico Español" de 1985, puede establecerse que el patrimonio artístico y cultural ha de cumplir una finalidad cuádruple:

- Ha de servir para el estudio y disfrute de las obres de arte para todo el pueblo.
- Tiene la obligación de preservar el legado cultural e histórico.
- Ser estímulo creativo para próximas generaciones.
- Constituir el marco adecuado en el que se asienten los rasgos y características de identidad propios del hombre.

6.2.2. *El coleccionismo y su relación con los museos*

El fenómeno del coleccionismo se ha ido dando a lo largo de todos los períodos de la historia del hombre, que ha ido guardando algunos objetos por diferentes motivos. Si en un principio se guardaban por cuestiones de utilidad, más adelante fueron añadiéndosele otras que respondían a criterios estéticos o incluso ostentatorios.

Según Aurora León, existe una relación entre el coleccionismo y la clase dominante, y según Fernández Arenas, hablar de la historia del museo es hablar de la historia del coleccionismo, ya que no existiría el primero sin el segundo.

Dividido en períodos, Arenas hace un repaso sintético de la importancia que ha supuesto el coleccionismo para la instauración, a partir del siglo XVIII, de los museos.

En la Prehistoria los objetos no se coleccionaban, sino que se guardaban porque eran elementos que tenían una utilidad concreta, una función clara. Muchos de los que nos han llegado son objetos de uso cotidiano, como cerámicas, armas o amuletos, por ejemplo. En cualquiera de los casos su función es clara.

También existen de esta época algunos objetos a los que hoy denominamos tesoros, pero entonces seguro que su función es la de marcar un estatus en la sociedad donde se encuentran, un elemento ostentatorio cuya función era dejar claro quién era la persona que lo poseía o que lo exhibía. Incluso podía tener una función ritual o de protección. Es el caso de la Venus de Willemforf.

El próximo período, según Fernández Arenas, es el correspondiente a las culturas teocráticas donde los objetos son propiedad de reyes, sacerdotes y mandatarios, y aquello útil y rico es exponente del culto civil y religioso. Aunque a nivel más general, muchos de los objetos que se acumulan en este período, y que marcarán los próximos, se debe sobre todo a la preocupación por la vida del más allá; no hay más que revisar la cultura egipcia para darse cuenta de lo que esto significa: *enormes depósitos de objetos preciosos, que son auténticos museos funerarios* (Alonso). Es un período en que se empiezan a valorar aspectos como la técnica, la dificultad o las formas.

Durante el período helenístico todos estos aspectos, estos valores añadidos se reafirman y aparece además la admiración por obras y pueblos de culturas pasadas, que ahora serán dignas de copiar y de imitar. Se impone el gusto por lo artificial y empiezan a tener importancia aspectos como la técnica, el material o el autor de las obras.

Los romanos acentúan estos nuevos gustos confirmando más aún estos valores, aumentando el sentido del coleccionismo y de la admiración por los objetos procedentes sobre todo de las expoliaciones llevadas a cabo durantes las conquistas; es en este período cuando aparecen las primeras formas de museos, como el de Alejandría o la exposición del Panteón.

Con el Edicto de Milán, en el año 313, el emperador Constantino el Grande implantaría el cristianismo como única religión oficial en el Imperio. A partir de este hecho, los objetos antiguos empezarían a ser tomados, paulatinamente, como cosas que no tienen una utilidad, por lo que se queman o se entierran, pero no se guardan. La razón se debe a que lo antiguo, lo de épocas pasadas remite y se relaciona con el paganismo, y, por tanto, adquiere la propiedad de vincularse con el pecado. Los objetos que se guardan tienen una utilidad definida y concreta. Muchos de ellos, muy preciados, se utilizan para la liturgia, se custodian en las sacristías y se admiran por su función y por su riqueza. Son los tesoros eclesiásticos que durante esta época van a tener un auge importantísimo: cruces, copones, relicarios, misales, etc.

Adentrados en el período empezarán a tener importancia, para la nobleza y los poderes políticos, algunos de estos objetos asignándoles una función de marcar estatus social, y acabarán siendo artículos ideales para la exhibición y la ostentación, por lo que acompañarán y soportarán el fenómeno del ocio caballeresco.

Otros muchos objetos mantendrán un carácter didáctico. Este carácter será utilizado para culturizar y adoctrinar al pueblo, ya que a medida que avance el tiempo el analfabetismo irá creciendo entre todas las clases sociales, hasta llegar al punto en el que la cultura y el conocimiento quedarán prácticamente en manos de la Iglesia y del clero. En ese momento la función pedagógica de las imágenes se hará imprescindible para todos, aunque las razones serán bien diferentes para unos y otros.

Las ciudades empiezan a cobrar vida lentamente. El comercio se revitaliza, y con él emergerá una nueva clase social que querrá equipararse a las ya existentes, y se revitalizar la demanda de objetos que tengan la capacidad de equipararles a las tradicionales: el clero y la nobleza.

Al desvincularse del control directo de la Iglesia, además del desgaste que supone el paso del tiempo, el gusto empieza a hacerse más mundano, o incluso profano, dando lugar a una necesidad de rodearse de objetos que aporten algún tipo de confort. Los objetos de ornamentación empiezan a tener demanda, y se inicia así también el gusto por el lujo que ha de marcar la diferencia entre las clases altas y las demás. Es el momento en el que se producen objetos cotidianos cuya función es meramente estética.

Uno de los ejemplos que mejor ilustra estos ideales es la corte del duque de Berry, de la cual ya se comentó el nivel de ociosidad en la que se dio, y que ahora sirve igualmente para representar esta sociedad en la que el lujo y el gusto por la ostentación son sus elementos más significativos.

Es una época en la que el coleccionismo acabará siendo asumido por todas las clases sociales y todas las personas que puedan permitírselo: burgueses, cortesanos y religiosos, aunque el lenguaje artístico de este tipo de miniaturas responderá a un gusto eminentemente burgués representado por el naturalismo, que ha de acabar invadiendo otras formas artísticas.

Para Fernández Arenas, el próximo período corresponde al Humanismo, y representa una renovación del concepto antiguo del coleccionismo: reunir objetos de la Antigüedad es símbolo de poder, cultura y riqueza. Dios deja de ser la explicación a todo y el hombre utiliza la razón para buscar nuevas explicaciones a los hechos. La lógica se impone, y grandes artistas del momento (de la talla de Miguel Ángel o Leonardo) afirman pintar con el cerebro, en lugar de con las manos.

Durante este período las principales demandas, en un primer momento, son burguesas para donarlas a las iglesias, pero con el paso del tiempo, y gracias a la consolidación social de la burguesía, éstas pasarán a ser para uso privado. Copias de clásicos, retratos de algún miembro notable de la familia, muebles y enseres que ayudaron a llenar habitaciones enteras con las colecciones de objetos de arte de lo más diverso. Es el momento de las grandes colecciones privadas, y muchas de ellas, en un futuro cercano, acabarán por constituir la esencia de los grandes museos.

De todo este movimiento frenético que la moda del momento impulsaba, quedaron excluidas las capas sociales más incultas, que no acertaban a entender el sentido de esta tendencia, ya que se basaba en la cultura y el conocimiento no sólo de los autores del momento, sino también de la historia de las culturas pasadas. Esta parte de la sociedad era, evidentemente, la más numerosa, así que el coleccionismo se limitó a las clases más elitistas que acabarían por controlar en exclusiva la producción artística y los artistas del momento, lo que da lugar a fenómenos como el mecenazgo o la tratadística del arte, que, a su vez, retroalimentaría el afán y la moda coleccionista.

Con el siglo XVII el coleccionismo aumenta gracias a las monarquías absolutistas, que monopolizan el mercado artístico, y que la razón de adquirir obras de arte ya no es solamente el prestigio social, sino que ahora se hace por gusto personal y delectación, como afirma León.

Por otra parte, las Iglesias, tanto la católica como la protestante, harán un uso o tendrán una relación con la producción artística que influirá de manera diferente en las colecciones de unos países u otros, en función de si se practica una u otra opción religiosa. Mientras que en los países católicos el centralismo de las altas esferas (encabezadas por el Papa) dictaminan la moral y la espiritualidad del arte y del mercado que genera, en el protestantismo quien dirige los parámetros de la producción es la burguesía acomodada, que dictaminará los temas en función de la esfera en la que se muevan. Las entidades oficiales, como instituciones, hospitales, gremios, etc., empezarán a interesarse por las colecciones y las obras que ayuden a adquirir un cierto prestigio y reconocimiento social.

Los absolutismos centroeuropeos, encabezados por Francia, que utilizará el arte y las colecciones como expresión de la monarquía, acabarán asumiendo un tipo de coleccionismo selecto y de calidad, que se verá reforzado por la aparición de las academias y de los salones.

Atendiendo a Aurora León, en las colecciones del *Setecientos* se distinguen dos tipos de coleccionistas, unos a los que denomina *curiosos*, y otros los *filósofos*. A los primeros los relaciona con un afán esnobista que sigue los dictados de la moda del momento que determina lo que es de "buen gusto" y lo que no, imponiendo *un gusto estandarizado, pero con clase*, afirma León. Sus rarezas y sus caprichos llevarán al Rococó y todas sus extravagancias y escándalos llenos de contradicciones.

Por la otra parte, los *filósofos* los define como eruditos, que disfrutan de los mismos privilegios sociales pero que están convencidos de que lo que realmente está de moda es la ciencia, la cultura, el conocimiento o el enciclopedismo, determinando al coleccionismo desde una óptica científica, metódica y especializada. Entre ellos se encuentran los grandes teóricos.

Tanto en una corriente como en la otra, el siglo XVIII va a dar grandes coleccionistas y grandes colecciones, entre las que cabe destacar las de Horacio Walpole y la de Joseph Smith, en Inglaterra, la del cardenal Corsini en Italia, la de Crozat en Francia o la del rey Federico II de Prusia.

Será a principios de la segunda mitad de este siglo cuando empiecen a abrirse los primeros museos en Europa, que se generalizarán en el siglo XIX, y que también se abrirán en América.

Algunos de los aspectos que no se pueden pasar por alto en el fenómeno del coleccionismo son los valores añadidos que éste ha impuesto a la producción artística a lo largo del tiempo, y que Aurora León cree que es donde realmente radica el origen del museo. Entre ellos cabe destacar los que denomina *valores ficticios del arte*, que serían, por ejemplo, el autor, la fama (tanto del autor como de la obra), la antigüedad del objeto, la originalidad, su procedencia y el carácter "*único*" de la obra. Todos estos aspectos repercutirán en su valoración, y, por supuesto, en la estimación de su precio.

6.2.3. Primeros museos en Europa

La primera idea es que el museo nace con el objetivo prioritario de conservar y preservar los objetos procedentes, generalmente, de colecciones privadas. De esta manera, se establece una relación directa entre el coleccionismo y los museos, tal como se apuntaba más arriba.

Se han mencionado unas primeras "experiencias" previas, en su forma y en el tiempo, a lo que hoy se entiende como museo. Aparte de ellas, habrá que esperar hasta el siglo XVIII para ver abiertos los primeros. No se tratará de las colecciones privadas a las que tenían acceso sólo unos cuantos, caso en el que generalmente eran personas que tenían algún tipo de relación, de amistad o parentesco, con los propietarios, ni de las visitas puntuales una vez al año, como era el caso del Museo del Vaticano, al que se podía acceder únicamente el Viernes Santo.

Como museo, el primero que abrió sus puertas fue el British Museum de Londres, en el año 1753, que es cuando la colección real pasa oficialmente a formar parte del Patrimonio Nacional. A éste le seguiría la Galería de Kassel, que Guillermo IV abriría en el año 1760, mientras que el Louvre de París lo hizo en el año 1798, gracias a que tres años antes se nacionalizasen los bienes de la corona. La secuencia de aperturas se extendería a lo largo de todo el siglo XIX, siguiendo el resto de los más importantes, y ya no sólo de Europa, como el National Gallery de Londres, el Ermitage de San Petersburgo, los Uffizi de Florencia o el Prado de Madrid (entre varios más), sino que también en los Estados Unidos abrirá el Metropolitan de Nueva York (1870), como se comentaba, hace su aparición ya con intenciones claramente pedagógicas y absolutamente activo, tanto fue así que marcaría el modelo a seguir a partir de él.

A todas estas circunstancias históricas, Fernández Arenas cree que se les tendría que añadir otra serie de ellas que ayudarían a entender cómo se canaliza y se gesta el inicio de la era de los museos (figura 6.1). Son explicaciones sociales y científicas que se adhieren a las condiciones anteriores y que al interrelacionarse forzarían la aparición y el interés por los museos y por las colecciones de arte.

- La *socialización de los bienes reales*, constituyendo el patrimonio nacional, sobre todo a partir de 1789. Hecho que aportará una gran cantidad de material museable a la gran mayoría de países europeos, y con ellos a sus ciudades más importantes, en las que el museo será un elemento de distinción y de "modernidad".
- La *venta de las propiedades religiosas* por diferentes legislaciones en toda Europa, y que en España se conoció como la Desamortización de Mendizábal, de 1835, que supuso la expropiación de mucho patrimonio que, al estar en manos de la Iglesia, habría de pasar a ser distribuido al pueblo, no exento de una fuerte polémica.
- Los *estudios y descubrimientos arqueológicos*, entre los que cabe destacar los realizados por el alemán Joachim Winckelmann, que a mediados del siglo XVIII dio a conocer su *Historia del arte en la Antigüedad* (1764) y la descripción de los descubrimientos de las ciudades de Pompeya

y Herculano, que habían sido destruidas por la erupción repentina y violenta del Vesubio en agosto del año 79 d. C.

- El *interés por los nacionalismos,* fruto de una intensa reflexión sobre la historia y su estudio que provocó una necesidad de conocimiento de los objetos de arte y de toda expresión artística en general, donde el movimiento romántico tuvo mucho que ver, sobre todo con su añoranza del pasado, en especial el medieval, que es cuando consideraron que se forjan las esencias de cada uno de los diferentes países y culturas en Europa.
- Como consecuencia del interés por los nacionalismos, las noticias de nuevas culturas que venían de las colonias de ultramar y que hablaban de pueblos diferentes, con costumbre y aspectos diferentes que incitaron a un *estudio antropológico* profundo, en todos sus ámbitos, con el afán de compararlas y ver las diferencias entre ellas.
- Finalmente, Charles Darwin y su teoría del evolucionismo de las especies (1859), que influirá y fomentará aún más la necesidad de catalogación, y ordenación de géneros y técnicas de las artes, sumándose a la divulgación mucho más popular de los escritos y teorías de estudiosos de la talla de Winckelmann, Lessing o Stuart.

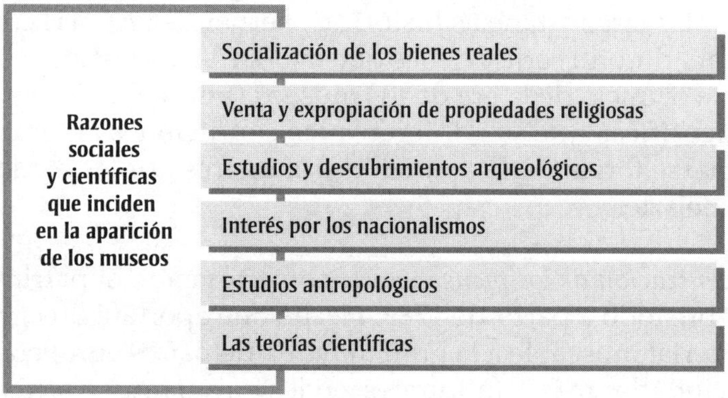

Figura 6.1. Circunstancias sociales y científicas, según F. Arenas.

- *La museología*

La Exposición Universal en el Hyde Park de Londres del año 1851 es, según Joan Santacana, un punto de inflexión en la ciencia de la museología. Entendiendo esta ciencia como el *arte de colocar el arte dentro del museo* (F. Arenas), la exposición de Londres significará un paso decisivo para entender la gestión del espacio y de las obras que se custodian en los museos.

En primer lugar, es un edificio que sorprendió por la rapidez con la que se construyó y por su bajo precio. Realizada con elementos de cristal y hierro desmontable, Joseph Paxton creó un magnífico espacio amplio y diáfano, que daba la sensación de no tener límites. Medía unos 500 metros y estaba realizado a modo de un enorme invernadero. Era el Cristal Palace, y causó tal admiración que su influencia trastocó la idea de espacio de exposición y de museo, dejándose sentir en muchos de los edificios de exposición que después se construyeron en Europa.

Los elementos expuestos eran máquinas en movimiento que tuvieron la capacidad de impactar al público que visitó la exposición. *Su discurso expositivo se basaba en una combinación del presente con el pasado, dejando entrever una proyección hacia el futuro*, describe Santacana. El objetivo era impresionar al visitante, cosa que se consiguió, tanto desde el punto de vista del edificio como del material expuesto, al dar una espectacular sensación de unidad inédita hasta el momento, y no solamente a los empresarios, sino a todos los públicos que visitaron el pabellón.

Parte del éxito sin precedentes se debía también a una guía que se daba al visitante y que le ayudaba a ver y a comprender lo expuesto, y ofrecer una trama narrativa que permitía la perfecta comprensión de lo expuesto, al sentar así las bases de lo que serían conceptos que han llegado vigentes hasta nuestros días, por una parte, pero también apuntaba la forma y el modelo a seguir del que seis años más tarde abriría sus puertas en la misma ciudad: el Museo de las Ciencias de Londres.

Otro de los conceptos importantes a tener en cuenta, y que también aportan las Exposiciones Universales, es el aspecto lúdico en las exposiciones. Este concepto es el que se buscó en Chicago en el 1893 para atraer al público de forma masiva en su tiempo de ocio hacia la Exposición Internacional.

6.2.4. Legislación y consecuencias: estado actual

A) Legislación

Como consecuencia de todo el proceso histórico y de la incidencia de los acuerdos, regularizaciones y legislaciones que han ido apareciendo desde el mismo siglo XVIII, se pueden distinguir tres períodos en la evolución del museo. Para Arenas están muy claros, y cree que su estado actual es, sin duda, resultado de la evolución de los gustos, de las modas y de las regularizaciones. Los elementos con los que se juega son el objeto de arte y el sujeto (la persona que visita el museo), que en función de los diferentes períodos se le ha concedido una importancia u otra.

- El *primer período* es el correspondiente a la época en la que lo que se pretende es mostrar la colección. Estas exhibiciones se organizan primeramente en las residencias de los mismos propietarios de las obras. La intención es mostrar lo que se posee; por tanto, detrás hay una intención con un cierto acento ostentatorio y exhibicionista; los objetos se amontonan y se intenta que queden todos a la vista, sin otro criterio.

  Una vez que se empieza a plantear la apertura de los primeros museos aparecerá una nueva necesidad: el edificio. Se considerará un edificio singular, además de inédito hasta el momento. Con anterioridad no se había construido nada semejante, pero ahora se tiene que crear un edificio con la función específica de custodiar y exhibir todos esos objetos que se han ido guardando y coleccionando a lo largo de la historia. A partir de este momento se crea un modelo nuevo, un prototipo que se repetirá y se imitará, evolucionando a medida que los países, y sus ciudades más destacadas, sientan la necesidad de estar al día y ser "modernas".

  Su función primordial, se decía más arriba, era la de mostrar el material que se custodiaba, y lo importante es justamente que se vea, que esté a la vista. La consecuencia de esta voluntad será que las paredes se llenen hasta el techo de una cantidad ingente de objetos, procurando que todos estén al alcance del visitante.

  Será a partir de las investigaciones que se llevarán a cabo, de las tendencias marcadas por una sociedad en un momento de profundo cambio, lo que llevará a reestructurar y organizar los contenidos de los museos. Para Arenas el cambio hacia el segundo período se empieza a gestar con la aparición de la revista *Museion* en el 1927 y con las consecuencias de las VI Jornadas del ICOM.
- El *segundo período* se inicia a partir de 1948, cuando la revista cambia de nombre por el de *Museum*, y pasa a ser la cara del ICOM. A partir de este momento se aceptará que la función, tanto del arte como la del museo, se planteará en base a que ha se tener una finalidad educativa y pedagógica, dando lugar a la consolidación de la ciencia de la museología.

  Como consecuencia de este hecho, el sujeto adquiere otra consideración. A esto se sumarán los estudios que se van realizando y las experiencias en las técnicas de exposición y de explicación de las obras y el contexto, en definitiva, del discurso expositivo. La obra es importante, pero el visitante ha de entender claramente qué se pretende con su exposición, así que ha de ser asumible e inteligible, que no dé lugar a dudas, y que no cree ningún margen de error, así que, la prioridad deja de ser el objeto que, sin abandonar su importancia, a partir de ahora deja espacio para que el sujeto se le iguale. Es un período de equilibrio entre los dos elementos: sujeto y objeto.

- El *tercer período* estará relacionado con la aparición de la idea de museo integral en el que tienen cabida cualquier tipo de manifestación artística. Se integran otras artes como la música, la danza, el cine, el vídeo, el teatro, etc., que hasta ahora han permanecido al margen de los museos.

Esta reinterpretación de lo que hasta ese momento significa el museo se da en la década de los setenta, y algunos de sus principales ejemplos son la Fundación Miró de Barcelona, que abre sus puertas en el año 1975 o el George Pompidou, de París, en 1977. Relacionados con estos centros se crean los CEAM o Centros de Estudio de Arte Moderno, que pretenden ser muchos más dinámicos, sobre todo con el sujeto, que lo elevarán por encima del objeto.

Este hecho significará un cambio radical del protagonismo de dos de sus principales elementos: la obra y el visitante. Si en un principio el objeto es la prioridad, en esta tercera fase es el sujeto lo importante, dejando de enfatizar únicamente al objeto, ya que si no es correctamente percibido, su exhibición deja de tener sentido.

Figura 6.2. Altes Museum (fotografía de Josep Ballart Hernández).

B) *Consecuencias*

A raíz de la evolución de las normativas y frente a estas tendencias, las consecuencias van a ser unos cambios importantes en las funciones que, según Santacana, sentarán las bases para los fundamentos de la didáctica del museo.

Serán los museos americanos los que muestren ya desde un inicio un interés y un objetivo específico dirigidos hacia la función que se les otorga a los museos de ser didácticos y educativos. El germen de esta función se detecta ya en las Exposiciones Internacionales de finales del siglo XIX y que luego serían asumidas por los museos. Éstos, al seguir esos principios experimentados en las Exposiciones, desarrollarán unos programas específicos que pretendan dar respuesta a esa función didáctica y educativa que se elaborarán en coordinación con las escuelas públicas en un primer momento.

Más adelante será el ICOM, en las IV Jornadas, el que acordará que los museos asuman enteramente la responsabilidad de ser didácticos y educativos, y para ello contarían con un nuevo departamento dentro de la misma estructura del museo que sería el responsable de dirigir todas estas acciones, y ya no solamente para sus visitantes más jóvenes, sino también al denominado "gran público".

Estas acciones incluirán desde visitas guiadas comentadas hasta la creación de talleres prácticos y técnicos, entre otras de tipo más lúdico y recreativo. Esto llevará consigo la creación o habilitación de espacios específicos donde realizar toda esta nueva gama de actividades, aunque Santacana se decanta por reivindicar que la misma exposición y su diseño han de ser el espacio preferible para llevarlas a cabo.

A partir de estas premisas propuestas por el ICOM, y legisladas más tarde en muchos países, este autor propone una serie de principios didácticos basados en tres grandes bloques: los referidos al público visitante, los que se refieren a la exposición y los que contempla los temas sobre el personal del museo (figura 6.3). Son un total de veinte los principios que propone.

El *primer grupo* contempla los principios que afectan al público, consta de cinco:

1. Dirigirse al público con mensajes diferenciados. Argumenta que no todas las personas que van a visitar una exposición tienen los mismos esquemas intelectuales o las mismas capacidades para comprender el mensaje; por tanto, propone una adaptación del mensaje en función del tipo de personas que la han de frecuentar, es decir, buscar la fórmula que lo haga lo más comprensible posible para atender esa diversidad.

Figura 6.3. Fundamentos de la didáctica del museo, según Joan Santacana.

2. El público debería poder comprobar que ha aprendido cosas. Aquí aboga por algún tipo de sistema que conciencie al visitante de que, una vez acabada la visita, realmente ha aprendido algo.
3. Dirigirse de forma diferente a cada sedimentación de los visitantes. En este punto propone que hay diferentes niveles de conocimiento previo, desde el más básico hasta el más erudito o científico. Una solución podría estar en ofrecer la posibilidad de ampliar de algún modo la información básica que se ofrece en un primer momento a nivel genérico.
4. A nadie le interesa resolver problemas que jamás se planteó. Aquí propone que hay que hacer atención al peligro implícito, y de planteamiento, de algunas preguntas o enigmas relacionados con los objetos; si no son del interés del público, puede incluso llegar a aburrir y hacer que no se preste atención a los objetos o a que pasen desapercibidos.
5. La visita siempre habría de tener cierta opcionalidad. Se comenta y aconseja aquí la posibilidad de que el circuito de la visita sea abierto y que el visitante pueda optar a llevar un ritmo determinado, o a salir en un momento dado. Comenta que los circuitos abiertos son preferibles ya que dan mucha más sensación de libertad, aunque lleven implícito un recorrido determinado.

El *segundo grupo* de principios didácticos es el que se refiriere a la exposición en sí misma. Los nueve principios que propone parecen ser tan lógicos como los del primer grupo:

1. La exposición debe utilizar recursos variados, la repetición cansa. Aconseja la variedad de recursos para mantener la atención del visitante y poder incluso llegar a sorprenderlo.
2. Partir siempre de lo conocido para ir hacia lo desconocido. Debido a la diversidad no hay que presuponer nada antes de iniciar el discurso expositivo y museístico.
3. La musealización debe atender a los conceptos y a los procedimientos. La presentación de los objetos debe hacer referencia tanto a los conceptos que explica su contexto como a las técnicas o procedimientos de su producción (tanto el cómo se hace, como el cómo lo sabemos).
4. El discurso museográfico debe incluir una introducción y una conclusión. Siguiendo esta fórmula el camino resultará más asequible para el visitante.
5. Los objetos deben siempre acompañarse de un cierto contexto. Es la mejor manera para que puedan ser comprendidos en su totalidad por el visitante.
6. Los mensajes escritos deben ser cortos. Los mensajes y textos que acompañan a los objetos deben ser siempre cortos y concretos, y dice que tendrían que ser como titulares periodísticos.
7. Los mensajes deben ser priorizados, no todo tiene la misma importancia. En estos mensajes se debe organizar jerárquicamente la información, ya que no todo tiene la misma importancia.
8. Un único espacio no deberá contener muchos mensajes. No se puede abusar de un exceso de mensajes. Es aconsejable un mensaje más extenso que sea válido para un mismo ámbito, pudiéndose colocar pequeñas informaciones en cada una de las diferentes obras.
9. La arquitectura y el diseño deben estar al servicio de las ideas y la comprensión del discurso No hay que concebirlos para hacerles sombra. No puede entrar en contradicción del discurso ni tampoco puede significar un foco de distorsión frente a la exposición.

El *tercer grupo* es el que hace referencia al personal del centro. Básicamente se centra en la figura del educador o intermediario entre las obras y los visitantes. En este caso son 6 los puntos que se desarrollan:

1. Los educadores deben mostrar entusiasmo en lo que explican. Es de máxima importancia que las personas que transmiten una información

estén convencidas de la singularidad tanto de su mensaje como del objeto del que se habla.
2. Al visitante hay que hacerle sentir cómodo. Aquí hace referencia a la cortesía con que se han de tratar los visitantes, empezando por desearles la bienvenida hasta despedirlos correctamente.
3. Los educadores han de conocer muy bien aquello que han de explicar. No bastará con aprenderse unas frases estereotipadas sobre los objetos a presentar, hay que ir más allá y conocer muy bien el material expuesto.
4. Es importante conocer todas las novedades que afectan a la investigación referente. *No se trata de ir repitiendo el mensaje*, dice Santacana, hay que estar al día y conocer todas las novedades que se refieran a los objetos para así ir incorporando toda la información más reciente.
5. Los educadores deberían poder entregar siempre algún elemento escrito con un resumen de lo comentado. Este documento en forma de resumen es aconsejable entregarlo al final de la visita, ya que así se garantiza que el visitante se lleve la impresión de que ha aprovechado su tiempo.
6. La visita al museo debe concebirse como un pequeño espacio de diálogo, no de discurso. Es importante que el educador entienda que es mucho más efectivo un diálogo, ya que elude la distracción y fomenta la comunicación fluida, por lo que es más aconsejable que un discurso unidireccional.

Pero en su obra Santacana no se limita a estos tres ámbitos, sino que amplía aún más las posibilidades de oferta didáctica. Esta ampliación contempla aspectos muy variados, entre los que destacan los talleres interactivos de todo tipo, donde los educadores pueden disponer de elementos manipulables por los visitantes (sobre todo los más jóvenes), como, por ejemplo, las pinturas, las cerámicas o los disfraces.

Propone también actividades bastante más lúdicas y recreativas pero siempre con un trasfondo didáctico importantísimo. De entre todas sus propuestas sobresale el *centro de visitantes*, que lo califica como un auténtico paradigma de la acción didáctica, y del cual considera que puede llegar a contener una serie muy amplia de servicios bastante interesantes algunos de ellos, como, por ejemplo, mostradores de información, áreas de tiendas, zona de proyecciones y audiciones, centro de documentación, bar, restaurante, gabinete de atención al público con necesidades especiales, etc.

A la necesidad de dinamización se le añaden las influencias que aportan las experiencias positivas llevadas a cabo en las Ferias Internacionales, las normativas internacionales y legislaciones, que obligan a asumir funciones más amplias; así, los museos han de buscar nuevas fórmulas que les permitan ser mucho más activos también económicamente. Algunos museos privados introducen el concepto de exposición temporal, recurriendo normalmente a piezas poco conocidas de su propio fondo. Ese mismo fondo que se había visto crecer y engordar paulatinamente como consecuencia de la depuración de las paredes de las salas abiertas al público. Estas exposiciones se acompañan con grandes campañas de marketing y publicidad que tendrán la capacidad de motivar y atraer de nuevo al visitante, dándole una excusa para repetir su vista con más asiduidad.

Figura 6.4. Portada de un cuaderno didáctico de un museo. Museu de la Ciència i de la Tècnica de Catalunya-Museu Colònia Vidal.

A estas actividades, que también tienen por objetivo divulgar la cultura y ser acciones totalmente didácticas, se les adjunta toda una serie de productos de *merchandising* que se pueden adquirir en las tiendas que se empezarán a abrirse en los museos: catálogos, pósters, reproducciones de obras, camisetas, y un sinfín de artículos de recuerdo y de regalo que ayudarán a que la gestión económica del museo sea también más dinámica. Además, todos estos artículos funcionarán como elementos publicitarios extras cuando sean *exhibidos* en los lugares de procedencia de los visitantes.

El museo es hoy un componente de ocio imprescindible, tanto en nuestra vida cotidiana como en los desplazamientos y viajes.

Sobre la experiencia que es capaz de proporcionar, Aurora León llega a definirla como "transfiguración de algunos visitantes" y hasta como de enajenación. "La metamorfosis que opera en la persona es tal que puede remitir a una evasión sin límites"; además comenta que la sensación que puede llegar a producir el situarse frente a una pieza famosa o mítica no tiene parangón; la experiencia dice que "se acerca a la catarsis".

Si bien es cierto que cuanto más información previa y más conocimientos se tengan sobre lo que se contempla, mucho mayor será la intensidad de la experiencia, también es cierto que no siempre se establece a rajatabla esa regla de tres entre la obra y el espectador, ya también se puede disfrutar perfectamente de un buen "espectáculo" sin necedad de tener demasiado conocimiento sobre lo que se está viendo: el disfrute y los juicios críticos, sobre todo lo referentes al ocio, son totalmente subjetivos, dependen de la persona, y donde uno disfruta, otro puede no hacerlo, afirmaba Manuel Cuenca.

C) Los museos y el turismo actual

Con esa capacidad de generar experiencias de ocio, hoy día ya nadie duda de que el museo se haya convertido en un atractivo turístico importantísimo y de primer orden. De hecho, se oyen incluso voces que van más allá y afirman que es una tipología de turismo actual, que una visita a un museo permite a las personas reforzar su propia identidad individual, plantearse qué somos y cómo somos vistos por los demás. Pero lo que es evidente es que el patrimonio cultural en general, y los museos en particular, son hoy un producto más de la oferta turística, capaz de generar unos resultados importantísimos y muy dignos de ser tenidos en cuenta.

La penetración dentro de la industria turística es un hecho tan consolidado que permite afirmar que algunos museos están ya tan tenidos en cuenta, que además de ser un enorme complemento a la oferta genérica del lugar, algunos de ellos:

1. Han sido capaces de crear un flujo de turismo propio.
2. Potencian y dinamizan partes deprimidas de cascos urbanos.
3. Fomentan el flujo de visitas cortas a lugares poco conocidos de ciertas geografías.

En el primer caso, tenemos el ejemplo del Museo Guggenheim de Bilbao. Seguro que a nadie le pasa por alto el fenómeno ocurrido en la ciudad de Bilbao y lo que para ellas ha supuesto el Guggenheim. Ha sido capaz de crear un flujo de turismo propio hacia la ciudad, y hoy se pueda asegurar que hay un antes y un después desde que el Museo abriera sus puertas. No hay duda de que existe un antes y un después de la apertura del museo, aunque tampoco se pueda afirmar que sea un caso muy corriente, porque no lo es. No existen muchas experiencias como ésta, pero sí parece estar claro que hace un par de décadas posiblemente no se habría obtenido el mismo resultado, es gracias a coyunturas tales como las modas, las necesidades de un tipo de ocio muy concreto, y el nivel de vida que han dado como resultado este fenómeno turístico-cultural, digno de revisar con más profundidad.

Para *el segundo caso* existe un abanico de posibilidades bastante más amplio que en el caso anterior. Valga el ejemplo en la ciudad de Barcelona con uno de los museos más visitados actualmente. Es el Museo Picasso, en la calle Montcada, en pleno barrio de la Ribera. Antes de su apertura el barrio no pasaba de ser una parte más o menos olvidada de la ciudad; sin embargo, ahora es de las más transitadas. Por ella circulan todo tipo de personas, que no son solamente turistas. Gracias al museo la zona lentamente se ha revalorizado bastante, y hoy su oferta disponible es de las más amplias, selectas y variadas de la Ciudad Condal. Fue una manera acertada de devolver la dignidad a una calle que hace algunos siglos fue de las más exquisitas de Barcelona; sólo es necesario pasear por ella para darse cuenta del valor histórico y arquitectónico de la cantidad de palacetes que la configuran, y de los que el Museo ocupa unos cuantos.

Para *el tercer caso* se puede citar como ejemplo el Museo Dalí de Figueres, en Girona. La ciudad en sí no tiene un atractivo turístico que sostenga ni justifique los desplazamientos de grupos de turistas desde Barcelona, desde la costa Dorada o desde la Costa Brava (la más cercana al Museo). Sin embargo, el contingente de personas que hacen y demandan este desplazamiento es considerable. Con toda seguridad, si no existiera el Museo-teatro de Salvador Dalí, este contundente flujo turístico tampoco existiría.

6.3. Los parques zoológicos

No es muy habitual que un parque zoológico sea motivo de visita de una ciudad concreta; sin embargo, sí que puede llegar a representar un complemento importante de un destino turístico. Sin ir más lejos, y hasta hace poco tiempo, el ejemplo muy próximo de lo que significa este complemento está en la misma ciudad de Barcelona.

El reclamo más conocido de su parque era el gorila albino Copito de Nieve, que durante muchos años fue motivo de visita de infinidad de turistas que se acercaron a la Ciudad Condal, o que estaban pasando sus vacaciones en algún punto de la costa catalana. En su excursión a la capital, la visita al zoológico era entonces un elemento importante, llegando a ser, en algunos casos, el motivo principal del viaje que generalmente duraba un día entero.

Es desde esta óptica que se ha de entender la importancia y la incidencia que los zoológicos pueden llegar a tener en los destinos turísticos.

Además de estas tipologías de parques, cuando se afronta la cuestión de la custodia de animales, es posible que se eche de menos una que no aparece, se trata de las reservas de animales. Atendiéndose a la catalogación que Ángel Díaz hace sobre los parques en general, se definiría como un tipo de parque, que aunque también se base en los animales, no se puede incluir en la categoría de zoológico por no cumplir las características legales que los definen. Es por esa razón por la que son denominados *reservas de animales*. En ellas los animales viven en libertad dentro de un terreno delimitado que busca evitar fugas y otros males, y aunque no son zoológicos, sí que pueden, evidentemente, generar visitas cortas de turistas El elemento en el que basan su oferta es la vivencia de una experiencia única que es el contemplar muy de cerca y en estado "salvaje" fieras y animales de otros continentes.

Ejemplos de este tipo de producto de ocio hay bastantes, entre ellos destacan el Aqualeón, conocido antes como Rioleón Safari en Albinyana, Tarragona, o el Loro Parque, el gran "must" de Canarias, en Tenerife. Los contenidos de uno y otro son bien distintos, pero los dos se enmarcan en esta tipología de parque que sí son capaces de mantener un flujo de visitas durante una buena parte del año.

6.3.1. Definición de parque zoológico

Un parque zoológico se puede entender como un recinto espacioso y cerrado con varios vivarios o espacios donde se exponen y mantienen a la vista del público diferentes especies de animales, especialmente foráneas, exóticas, poco corrientes, feroces, etc. Ahora bien, esta simple definición se ha de concebir desde una perspectiva más actual y muy cercana a nuestros días.

Se introducían en el punto anterior las muchas similitudes que guarda con el proceso de evolución de los museos, y, como se verá, la evolución de los zoológicos también presenta una fuerte relación con el coleccionismo, evidentemente en este caso, de animales, y aunque no se dispone de tantas fuentes, ni tan fidedignas como el caso anterior, sí que sigue una evolución casi idéntica, tal como se anunciaba más arriba.

6.3.2. *El coleccionismo de animales a través de la historia*

El gusto por coleccionar y mantener animales en cautiverio ha sido una afición que a través de la historia se convirtió en una tradición que se ha mantenido vigente hasta la actualidad. Durante la Antigüedad las colecciones de animales exóticos construían un símbolo de refinamiento y de poder que se asociaba a las clases dominantes, como emperadores, reyes, nobles y dirigentes de cualquiera de los poderes establecidos; era, por tanto, otro elemento de exhibición y ostentación social.

Reyes, príncipes, emperadores y gobernantes de diversas culturas y países no pudieron escapar al misterio y al encanto de la visión y del comportamiento de extrañas, singulares y hermosas criaturas del reino animal.

Según Eugenia Martínez Arizmendi, el primer parque de animales de la historia data de, aproximadamente, el año 2300 a. C. Un gobernante de la III dinastía de la ciudad de Sumeria sería el responsable. Seguidamente, y con el paso de los siglos, gobernantes asirios y faraones del imperio egipcio se intercambiarían con relativa frecuencia animales exóticos para sus respectivos zoológicos. Uno de estos grandes mandatarios sería el rey de Asur, Tiglth-Pileser I, de quien se sabe que buscaba animales de tierras cercanas y los daba como regalos o tributos.

Una de las primeras colecciones de animales de las que se tiene noticia se localizó en el antiguo Egipto hacia el año 1490 a. C., momento en el que se organizó una expedición hacia la costa sur del Imperio, hacia lo que sería la zona correspondiente a la actual Somalia. Al regreso de esta expedición se contaba con diferentes especies de aves, monos exóticos, panteras, jirafas, leopardos, entre otros, que fueron exhibidos en la capital, en el Jardín de la Aclimatación, que fue como se denominó el lugar donde se albergaron todos estos animales.

Otra de las colecciones de las que también se tiene constancia perteneció al emperador chino Wu, iniciador de la dinastía Zhou, hacia el año 1450 a. C. Esta colección incluía diferentes variedades de aves, tortugas y peces. La colección se encontraba en las cercanías de su palacio imperial, en un recinto al que se denominaba Parque de la Inteligencia, y que, según Martínez Arizmendi, perduró hasta bien entrado el siglo IV a. C.

Por otra parte, existen varias fuentes que testifican que en la Europa de la Edad Media también comenzaron a exhibirse pequeñas colecciones de animales en los castillos y palacios de reyes, nobles y en algunas residencias vinculadas a miembros del alto clero. Además se sabe de la costumbre de muchos monasterios de aceptar animales vivos como donativos y como dotes de novicios, llegando muchos de ellos a tener unas magníficas colecciones zoológicas, como es el caso espectacular del monasterio suizo de Saint Gall.

Esta atracción por los animales exóticos también se hace evidente en las pinturas y frescos de todo el período medieval, tanto en la Baja Edad Media como en la Alta Edad Media. Este hecho es bien evidente en muchas de las representaciones de extraños animales que aparecen en frescos y en no pocas miniaturas de la época. Pueden llegar a ser tan extraños para nuestros ojos que incluso llegan a presentar dificultades para identificarlos. Esto se entiende debido a que, en muchos casos, el artista intenta representar a un animal que conoce solamente a partir de las explicaciones que ha recibido de una tercera persona, y que con toda seguridad es la única información que tiene del animal que pretende representar. Con la dificultad de no haberlo visto nunca, el resultado puede ser esa especie de animal misterioso al que hoy en día nos cueste identificar.

Las colecciones de animales de esta época incluyen en su mayoría especies de orígenes lejanos, que serían los más preciados, y que muchas veces se obtenían a partir de un botín de guerra. Así, era muy frecuente que los caballeros que participaban en las cruzadas, por ejemplo, volvieran a casa con fieras vivas. Este hecho contribuiría a fomentar la creciente moda de obsequiar fieras y animales entre toda la nobleza europea, sobre todo a partir del siglo XV.

De esta manera los grandes monarcas europeos iban reuniendo importantes colecciones a las que entonces se las situaba en las denominadas *ménageries*. Estos espacios, generalmente jaulas no muy grandes, se localizaban en una parte de los grandes jardines de sus residencias, y serían el precedente a las jaulas de exhibición de los primeros parques zoológicos. Entre las *ménageries* más conocidas destaca en Viena la del Palacio Real de Schönbrunn. También fueron importantes la de la Torre de Londres, la de Postdam, la de Turín o la *ménagerie* de Versalles, que a raíz de la Revolución fue trasladada a París en el año 1794 al "Jardín de las Plantas", que es como se le conoció, por citar sólo unos ejemplos.

Estas instalaciones se relacionaron con todo lo que hacía referencia a la exhibición y cuidados de los animales exóticos, y que más tarde daría lugar a las exhibiciones itinerantes y a los circos, que pretenderían llevar a los animales exóticos al alcance de un número de población más extenso.

En nuestro país también se dieron estas modas, y los reyes de la corona de Cataluña y Aragón, por ejemplo, destacaron como unos grandes seguidores de ellas. Estas colecciones fueron interpretadas como un símbolo de poder, y se las reunía en las llamadas "Casas de Leones", mantenidas, por disposición real, por la población judía que estaba obligada a pagar un impuesto especial dirigido a satisfacer las necesidades económicas de este menester.

El resultado es que solamente se encontraban leones en ciudades con una importante judería, como, por ejemplo, en Valencia, en Zaragoza, en Calatayud y en Barcelona, ciudad, esta última, en la que se mantuvo esta tradición hasta principios del siglo XVIII. En el archivo de la ciudad consta que en el siglo XIV había una colección de animales exóticos custodiados en el jardín del llamado Palacio Menor o de la Reina, derribado en el XIX. En su archivo constan leopardos, ciervos, avestruces, leones y hasta un rinoceronte, que eran atendidos con toda clase de miramientos.

6.3.3. Primeros zoológicos en Europa

El inicio de los zoológicos se sitúa a finales del siglo XVIII, y es algo posterior al de los museos. Aunque la primacía no está exenta de polémica, se la disputan la *ménagerie* del palacio vienés de Schönbrunn y el traslado de la colección de animales desde el palacio de Versalles hasta la capital francesa, en 1794, abierta al público bajo el nombre de "El Jardín de las Plantas" en París.

De hecho, el Jardín de las Plantas era ni más ni menos que eso, un jardín botánico que se abrió al público poco después de la Revolución. El barón Cuvier, conocido naturista en el nuevo panorama social francés, fue el encargado de reorganizar el Jardín para introducir la colección de animales procedente de Versalles

Pero la mayoría de los grandes parques zoológicos europeos y americanos nacieron en el siglo XIX, coincidiendo con los avances de la zoología que propiciaron las grandes expediciones científicas, especialmente la de Darwin y la de Wallace, que provocaron un gran debate mundial sobre el origen y la evolución de las especies que, además del gran interés científico que tuvieron, contribuyó a la divulgación de la zoología y de las especies naturales, que hasta entonces eran campos minoritarios.

Al margen de estas primeras experiencias, basadas meramente en la exhibición, se considera que el primer zoológico moderno data del 1828 (Martínez Letamendi), cuando la sociedad zoológica de Londres fundó el zoo de Regents Park. Sus objetivos no eran solamente la exhibición de las diferentes especies, sino que tenía un propósito pedagógico que preveía un estudio científico y de investigación sobre el conocimiento y el comportamiento de los distintos animales y esto le diferenciaba de sus antecesores y le situaba en un ámbito muy diferente de los de Schönbrunn o París.

Unos años más tarde, en 1841, se abrió el Zoologisches Garten de Berlín. Su apertura fue posible gracias a la aportación que hiciera de su colección privada el emperador prusiano Frederich Wilhem IV. Durante bastante tiempo se ha considerado que el de Berlín es uno de los mejores del mundo.

La mayor parte de los parques que se abrirán serán de titularidad privada y se tendrá que abonar una entrada para acceder al recinto. Otra de las constantes será el estilo arquitectónico de las construcciones, que con un cierto paralelismo con los museos, será una parte del atractivo del recinto, y también quedarán influenciados por las innovaciones que se lleven a cabo en las Exposiciones Internacionales.

Un giro importante en la gestión del espacio y de las condiciones de los animales será el aportado por Karl Hegenbeck en Hamburgo. En el año 1907 propuso exhibir a los animales en un recinto que reprodujera lo más fielmente posible el hábitat natural del animal. Los resultados fueron tan espectaculares que sentó una línea de dignificación que acabaría en los postulados de lo que más tarde se recogería en la Directiva de Zoológicos de la Unión Europea.

- *El caso del zoológico de Barcelona*

El proyecto de un zoológico en la ciudad de Barcelona se gestó a principios de la última década del siglo XIX. Abrió sus puertas al público el 24 de septiembre de 1892, el día de Ntra. Sra. de las Mercedes, patrona de la ciudad. Como casi todos los zoos europeos, nace después de una época de grandes debates sobre la evolución de las especies y del origen del hombre, que propician toda una serie de investigaciones y divulgaciones sobre la zoología y las ciencias naturales en general.

Los animales provenían de la colección privada de Lluís Martí i Codolar, prohombre de la ciudad, poseedor de una gran fortuna, y que tenía en su finca del barrio actual de Horta una impresionante colección de animales, y los ofreció al entonces alcalde de la ciudad, Manuel Porcar, que aprobó la adquisición y la instalación en el recinto actual.

Es una época en que los medios de comunicación son escasos y bien diferentes a los actuales, por lo que sirvió para acercar los animales más exóticos al público, y una de las diferencias entre el parque barcelonés y los demás fue el acceso gratuito al recinto.

El espacio donde se ubicó era una donación del Ayuntamiento y el parque dependía de una comisión que se le llamó de Bibliotecas, Museos y Exposiciones Artísticas, aunque que en 1893 se creó la Junta Técnica de Museos de Ciencias Naturales y Jardines Zoológicos y Botánicos. Con esta Junta se aseguraban la participación de la Universidad y de la Real Academia de las Ciencias y las Artes, entre otras instituciones ciudadanas, garantizándose las posibilidades de investigación y divulgación de los resultados de los estudios.

El recinto era una parte del que se utilizó para ubicar la Primera Exposición Universal de la ciudad en el año 1888, y que así contribuyó a la ampliación de la dotación de servicios que toda urbe moderna debía tener en ese momento.

La persona que asumió la dirección del parque fue el veterinario Francesc Darder Llimona, experto taxidermista que regentaba un establecimiento de venta de productos de ciencia naturales en la ciudad de Barcelona. Iniciativa suya fue la creación del laboratorio ictiogénico en el parque, debido a su preocupación por la repoblación de los ríos.

Los objetivos del zoológico fueron ya desde un primer momento la investigación y su posterior divulgación, como lo demuestran los informes y catálogos que se dieron a conocer y en los que postulaban unos objetivos bastante avanzados para la época:

1. Popularizar el conocimiento de las formas orgánicas y minerales que existes en los diferentes países del globo.
2. Poner de manifiesto las múltiples aplicaciones económicas que el hombre puede hacer de los seres vivos.
3. Hacer conocer la flora, la fauna y la gea de la región catalana-balear.

La administración del parque se llevaba a cabo a partir de la venta de productos que generaba el mismo parque y que iban desde los huevos de las diferentes aves hasta el estiércol o la venta de excedentes. Con el paso del tiempo se acentuó la incapacidad para mantener un digna gestión del parque y en el año 1927 se tuvo que cerrar para rehacer el estado de empobrecimiento al que se había llegado. Cuando se volvió a abrir ya contaba con las taquillas y el precio de entrada de fijó en 25 céntimos.

6.3.4. Legislación y consecuencias: estado actual

A) Legislación

A nivel nacional la normativa aplicable es escasa, genérica y un tanto anticuada. Existe el Decreto 1119/1975, de 24 de abril, que regula, entre otras cuestiones, *sobre autorización y registros de núcleos zoológicos*. El objetivo de este Decreto se centra en cuestiones de *bienestar de los animales* o sobre *condiciones de tenencia de los mismos*. El Decreto se publica con el objetivo de cuidar el mantenimiento y defensa sanitaria de la cabaña ganadera y establece medidas de garantías zoosanitarias para evitar los riesgos de introducir en España enfermedades infectocontagiosas y exóticas susceptibles de ser transmitidas a nuestras especies animales.

En la Ley de Epizootias se hace referencia a las inspecciones veterinarias de los centros, aunque deja los expedientes de autorización de núcleos zoológicos al Ministerio de Agricultura a través de la Dirección General de Producción Agraria, pero son las Delegaciones Provinciales del Ministerio las que previamente tendrán que emitir un dictamen preceptivo favorable a través de la comisión provincial de servicios técnicos.

A partir de la entrada en vigor de la Ley, el 29 de mayo de 1975, se concedió un plazo de seis meses para obtener la autorización zoosanitaria y la obtención del correspondiente registro.

El Decreto fue desarrollado por una Orden de 28 de julio de 1980 del Ministerio de Agricultura sobre autorizaciones y registros de núcleos zoológicos.

A nivel de la Unión Europea, la norma máxima es la *Directiva 1999/22/CE del Consejo, de 29 de marzo, relativa al mantenimiento de animales salvajes en parques zoológicos.*

La Directiva intenta que la aplicación de la legislación comunitaria actual y futura en materia de conservación de la fauna silvestre, así como la necesidad de garantizar que los parques zoológicos desempeñen debidamente su importante papel en la educación pública, la investigación científica y la conservación de las especies, haga necesario el establecimiento de una base común para la legislación de los Estados miembros relativa a la autorización o inspección de los parques zoológicos, el mantenimiento de los animales en los mismos, la formación del personal y la educación del público visitante.

Introduce el concepto de "biodiversidad", al considerar que la Unión Europea debe intervenir para que los parques zoológicos contribuyan a la conservación de la misma asumiendo la obligación de adoptar medidas en materia de conservación "ex situ".

El objetivo de la Directiva es proteger la fauna silvestre y conservar la biodiversidad mediante la adopción, por parte de los Estados miembros, de medidas relativas a la autorización e inspección de los parques zoológicos en la Unión Europea.

La Directiva establece una definición de parque zoológico y emplaza a los Estados miembros para garantizar que se cumplan las medidas de conservación previstas en el artículo 3:

- Participación en la investigación científica.
- Fomento de la educación y de la concienciación por el público en lo que respecta a la conservación de la biodiversidad.
- Alojamiento de los animales en condiciones que persigan la satisfacción de las necesidades biológicas o de conservación de cada especie,

y proporcionar a los animales los recintos adecuados a cada uno de ellos, con un programa avanzado de atención veterinaria preventiva, curativa y de nutrición.
- Prevenir posibles fugas de animales para evitar posibles amenazas ecológicas a las especies autóctonas.
- Mantenimiento de los registros actualizados de las colecciones del parque zoológico adaptados a las especies registradas.

El cumplimiento de estas condiciones deberá controlarse con inspecciones periódicas y los Estados miembros deberán adoptar medidas para asegurarse el cumplimiento, y podrán llegar a cerrar un parque, o una parte del mismo.

B) Consecuencias

En al actualidad todos los zoológicos de la Unión Europea deberían haberse ajustado antes del mes de abril de 2002 a la Directiva Comunitaria, pero la realidad es que muchos países aún no han trasladado el espíritu de la Directiva a las legislaciones correspondientes. En otros sí se ha hecho pero aún no es totalmente efectivo o se está en vías de aplicación. España se encuentra en este último punto, y según la asociación conservacionista Adena/WWF, la mayoría de los zoológicos españoles no cumplen con los requisitos de la Directiva. En cualquier caso, el acatar esta normativa obligará a los parques a reunir unas condiciones que han de modificar el concepto de parque vigente hasta el momento.

Frente a esta laxitud por parte de algunas instituciones, se alzan voces que exigen la existencia de unas pautas éticas que justifiquen la cautividad de animales en parques zoológicos, como, por ejemplo, el respeto a todos los tratados, normas y legislaciones supraeuropeas, comunitarias y nacionales de defensa de la vida salvaje, que no se drenen animales de la Naturaleza con destino a la cautividad, intercambiar animales nacidos en cautividad, o recurrir a circuitos legales para conseguir ejemplares.

Otra de las consecuencias es que ahora, a partir del estudio y del conocimiento real de las necesidades de cada animal, se creen instalaciones que respondan a esas necesidades de un espacio vital, y para ello es importante que el diseño y la construcción de las instalaciones estén en relación directa con la opinión de profesionales, veterinarios y biólogos, o incluso que éstos puedan dirigir parte de las obras, puesto que en sus manos se recrearán los recintos más adecuados para cada especie, intentando descartar las "instalaciones comodín" que sirven para todas las especies.

La última transformación es justamente la consecuencia de cumplir con las tres funciones fundamentales que contempla la Directiva y que debería atender cualquier zoológico: la educación, la investigación y la conservación.

- *Educación:* que se consigue con la creación de centros que desarrollen programas de educación involucrando a la sociedad civil en general, pero sobre todo a escolares, acercándose así a las exigencias que definen a cualquier museo moderno, el zoológico se ha de comportar de la misma forma. De hecho, esta necesidad está haciendo que se transforme la idea estática de zoológico tradicional, haciendo de la institución un ente bastante más activo y dinámico.

  El compromiso educativo se manifiesta también como un compromiso con la Naturaleza en general, procurando actividades divulgativas y científicas dirigidas a un público variado que va desde aficionados hasta biólogos, y cuyo objetivo último es promover una conciencia de respeto hacia el entorno en general.
- *Investigación:* en muchos zoos hay ya personal investigador, al menos veterinarios y biólogos, y en muchos casos están también en contacto con universidades, instituciones y organizaciones para la conservación de la naturaleza, que plantean temas de trabajo común partiendo de las necesidades de ambas partes y siempre en beneficio de los animales. Así pues, el papel de la investigación juega un rol importante en estos centros aportando el fruto de los estudios y del conocimiento de la fauna a partir de esas investigaciones.
- *Conservación:* con la idea de estudiar la preservación y conservación de las diferentes especies custodiadas en parques zoológicos y de dignificar las condiciones de animales y parques, se reunió la UNESCO en el año 1948, en Fontainebleau, Francia, para fundar la Unión Internacional para la Conservación de la Naturaleza (IUCN). Se preocupó por las especies amenazadas, en peligro de extinción, siendo las principales causas la destrucción de los hábitats, la cacería y el tráfico ilegal de animales.

  A partir de la reproducción de muchas de estas especies en peligro en los zoológicos se consiguió un cambio en la tendencia, además de una concienciación del problema por parte de público, instituciones y de los mismos parques.

Comparada con la evolución de los museos, la trayectoria de los zoológicos se puede identificar como radicalmente opuesta. En el caso del zoológico su evolución ha desplazado el centro de prioridad desde el visitante hasta el animal, que es el motivo de la visita (figura 6.5).

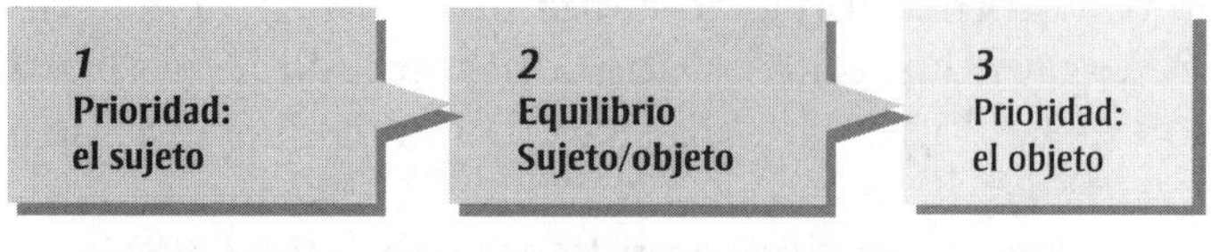

Figura 6.5. Evolución de las prioridades en los zoológicos.

En un *primer momento* la prioridad recaía sobre el sujeto. Esto quiere decir que, por encima de todo, lo imprescindible era que el visitante pudiera ver bien al animal en su jaula. Este hecho determina cómo han de ser las jaulas, así que la prioridad del visitante irá en detrimento de las condiciones en las que se encuentre el animal. Son jaulas de barrotes de dimensiones reducidas donde el animal no se adapta o si lo hace es con grandes dificultades, generalmente enfermando, pudiendo llegar hasta no superarlo y morir.

Pero si el modelo del zoológico más extendido era el de Regent Park, que es el que se adoptará en casi todos los nuevos parques, también hay que decir que es Londres donde se iniciará el discurso de la dignificación de las condiciones en las que se custodian los animales, y que llevará hasta las consecuencias de Hamburgo.

Hay un *segundo momento* en esta evolución (como en los museos), en el cual se establece un equilibrio entre las condiciones de los animales y la función de exhibición que se supone que ha de cumplir todo zoológico. Es decir, que el sujeto y el objeto (el animal en este caso), tienden a equilibrarse en importancia. Es en este momento cuando empiezan a cuestionarse otras funciones para los parques zoológicos. Igual que en el caso de los museos, la educación, los aspectos pedagógicos, la investigación y la conservación se entienden como necesarios. En este contexto se funda en el año 1948 la IUCN, que a partir de sus iniciativas y propuestas conseguirá que se legisle en favor de las condiciones dignas de los animales, que más adelante recogería la Directiva Comunitaria.

El tercer momento es el actual. Ahora, para los zoológicos, la prioridad está en el animal y sus condiciones de vida, igual que en el caso de los museos, pero con resultado opuesto, la Directiva obliga a los parques a reestructurar sus espacios atendiendo a las normas de respeto a la biodiversidad y al "ex situ". Esto hace que los espacios donde se sitúa a los animales reproduzcan lo más fielmente posible su hábitat natural con rocas, plantas y cavidades donde el animal puede refugiarse y descansar. Esto puede estar haciendo el animal cuando un visitante se acerca para verlo y, colocado delante de su espacio, no pueda verlo porque está en su nido o en su refugio. No habrá nada más que hacer que esperar o volver otro día; la prioridad ahora es el animal, mientras que el sujeto pasa a un segundo plano.

6.4. Las artes escénicas y los teatros

Igual que las formas anteriores, museos y zoológicos, las artes escénicas tampoco son el tipo de actividades de ocio que tienen capacidad de crear un flujo turístico propio. A pesar de todo hay que matizar que se pueden encontrar casos en los que una actividad cultural de este tipo cree su propio flujo, aunque éste sea de forma puntual. Son los casos de festivales, los de teatro, por ejemplo. Así, el de Mérida, o el de Almagro, ambos con características similares, entrarían perfectamente en esta tipología. Otro ejemplo sería el *Festival de Teatre de Carrer de Tàrrega*, en Lleida, que con otras características y otras connotaciones, entraría igualmente en el grupo. En todos los casos se detecta el potencial más que demostrado de generar un gran movimiento de turistas durante los días del festival o durante unos días específicos relacionados igualmente con ese período.

En los tres casos el hecho de que se den en ciudades pequeñas permite y facilita la realización de estudios de frecuentación de turistas y poder así averiguar la capacidad de atracción que tienen estos eventos. La cosa se complica si el festival se realiza en una ciudad que ya es por sí sola un polo de atracción turística, y, por tanto, esa actividad representa una más de las muchas que se ofertan. Éste es el caso del festival *Grec* de artes escénicas que se celebra en la ciudad de Barcelona, y en el cual resulta mucho más difícil, casi imposible, determinar el abasto de su influencia y el flujo turístico que puede generar durante las cinco semanas aproximadamente que dura cada verano. El hecho de que la ciudad sea por sí misma un foco turístico genera la dificultad de saber hasta qué punto esta propuesta suya de ocio cultural es causante de un hipotético movimiento turístico. Para muchos es seguramente más fácil pensar que su radio de atracción es de distancia corta y que acaba incidiendo mayoritariamente en personas de la misma ciudad o de sus proximidades.

Dentro de este mismo grupo de actividades culturales relacionadas con las artes escénicas se incluirían los conciertos de música clásica y las óperas, aunque con toda seguridad tendríamos unos resultados bastante menos significativos que las demás artes escénicas, turísticamente hablando, en cuanto a su probable relación con el mundo del turismo. Lo que sí se puede admitir es que, de momento, las puestas en escenas de musicales se añaden a la lista de los complementos culturales que configuran la totalidad de los atractivos turístico-culturales de un destino.

6.4.1. Primeras fuentes históricas

El teatro nace en el seno de una comunidad y relacionado con los ritos religiosos. Se detecta ya en las culturas más primitivas; los brujos y los chamanes representaban un personaje que desde una óptica actual se tomaría como una actuación dramática. El sentido actoral de la representación no se desvincula de los ritos religiosos hasta que en la comunidad no produzca una debilidad en el seno de la hegemonía ideológica en la que se generaron. Desde este punto de vista, para Vito Pandolfi esto es lo que ocurre en la antigua Grecia con Aristófanes y más tarde con Meandro.

Anteriores a lo que ocurrirá en la Hélade, se pueden distinguir una serie de precedentes que si bien no se les puede definir estrictamente como "teatrales", sí que representan el primer indicio de la voluntad de identificarse con una personalidad que no es la propia, por tanto, de representar a un personaje que es ajeno a la misma identidad, es la teatralidad de la que hablan Oliva y Torres y que definen como *serie de manipulaciones que se producen en un hecho concreto para poner en relación un espacio ficcional con otro real.*

Entre los documentos históricos más antiguos en los que se hace referencia explícita a esa teatralidad se encuentran algunos textos de las antiguas Asiria y Babilonia sobre la celebración del Akitu, que correspondía la celebración de la festividad del Año Nuevo. En ella se recitaba un poema épico de carácter mítico y cosmogónico sobre la Creación que podría datarse sobre el 3000 a. C. Por lo visto, estos ritos eran más que usuales en todo el territorio de Asia Menor.

Volviendo a las descripciones de Pandolfi, sin lugar a dudas es en la cultura egipcia donde se ofrece un extenso y variado repertorio de evidencias materiales de las primeras representaciones.

En la segunda década del siglo XX se encontró en la ciudad egipcia de Edfu una estela conmemorativa en honor al dios Horus en la que se relatan las vicisitudes de Ra, dios del Sol, de los esposos Isis y Osiris, hermanos entre ellos y de sus hijos Horus y Seth. Estos relatos se relacionan con mitos de carácter religioso que apuntan hacia representaciones que tenían lugar ya en el tercer y segundo milenio a. C.

En la cultura egipcia existen además muchos ejemplos de este tipo en los que se representa sobre todo a faraones y su círculo de relaciones; son todo escenas vinculadas a los ritos y a los mitos de su cultura.

El arte egipcio rebosa de alusiones a ritos mágicos y de iniciación que remiten a infinidad de representaciones que pueden ser tomadas como las iniciadoras de la teatralidad, es decir, de lo que más tarde será el teatro. Es, sin lugar a dudas, el paso del rito al mito, del que también habla Ricard Salvat.

Es de suponer que estos primeros ritos, y sus representaciones, tenían lugar en los lugares sagrados y de culto, y que sus destinatarios serían los mismos fieles y súbditos, por lo que resulta prematuro hablar de edificios específicos reservados exclusivamente a estas representaciones, así que habrá que esperar hasta la cultura griega para verlos aparecer. Y cuando se independizan del culto religioso, como decía Pandolfi.

6.4.2. *El teatro en la época clásica*

La cultura que impregna al hombre de la calle en la Grecia clásica es fundamentalmente oral. Los libros (rollos de papiro) tienen poca difusión, y los versos de Homero se aprenden desde la infancia y se cantan en los banquetes y en el ágora. La palabra al aire libre es el instrumento privilegiado. El teatro en el siglo V a. C. "es la más brillante expresión de la cultura colectiva", según Ruzé y Amouretti en su obra *El mundo griego antiguo.*

Las representaciones en Grecia correspondían a grandes eventos comparables a lo que hoy en día denominaríamos festivales, de los que ya se ha hablado. Se repetían anualmente atrayendo a gran número de espectadores. Eran consideradas como eventos de alto poder educativo, por lo que se aconsejaba la asistencia de los más jóvenes. Estas representaciones atraían a locales y forasteros que acudían a presenciar los espectáculos que se ofrecían. En todos se permitía la entrada a las mujeres, excepto en las comedias: debido a su contenido obsceno se consideraba que podía ofender. El acceso era gratuito, y solamente en tiempos más avanzados se llegó a cobrar una entrada, pero en cualquier caso, ésta resultaba mínima.

La distribución interior de los teatros estaba bien regulada, y los lugares más cercanos a la escena y al coro estaban reservados para las clases más pudientes, como sacerdotes, políticos, dignatarios, embajadores, etc., dejando el resto para el público en general, que entraba tumultuosamente en primer lugar para tomar asiento y ver entrar el desfile de personalidades hacia los primeros puestos.

Las representaciones se presentaban a modo de concurso, donde los espectadores decidían cuál gustaba más. Los espectáculos eran dirigidos generalmente por el mismo autor, que con frecuencia interpretaba el papel protagonista.

Pandolfi considera *La Orestíada,* de Esquilo, como la primera tragedia, datada en el año 458 a. C., aunque existen otras fuentes que aseguran que esta innovación ateniense data entre los años 536 y 533 a. C., en que Tespis ofreció una primera tragedia en ocasión de las Dionisas urbanas reorganizadas por Pisístrato (Ruzé y Amouretti). Otras tragedias importantes, y muy dignas de mencionar, son *Antígona,* de Sófocles, y *Las Bacantes* o *Medea,* de Eurípides.

Aristóteles en su obra *Poética* habla de la tragedia cien años después de la muerte de Esquilo. Para el filosofo es la imitación o mímesis de una acción que se ha de considerar única y entera (es la unidad de tiempo y acción), y de una cierta magnitud que inspira miedo o piedad en el espectador; es la catarsis. En ella el héroe trágico pasa del bien, o fortuna, al mal, pero no por vicio, sino por error, que le viene dado por el mismo destino.

Hablando sobre la catarsis la define como el sentimiento por el cual el espectador se identifica con lo que está pasando en la obra, con sus personajes, y que conseguirá al final que se experimente un sentimiento de renovación interior similar a la sensación que se intenta definir con expresiones como "he llorado a gusto viendo esta obra dramática", por ejemplo. Es la descarga de un sentimiento demasiado pesado.

Y si en la tragedia se imita a seres superiores al hombre habitual, los personajes de la comedia representan a seres por debajo de esa línea de "lo habitual". La fábula es el argumento donde se describe una acción que ha de contener tres puntos: planteamiento, nudo y desenlace.

El nacimiento de la comedia griega hay que buscarlo en varias manifestaciones celebrativas entre las que destacan las procesiones dionisíacas, las fálicas y la tradición, muy arraigada en Grecia, de espectáculos populares y ambulantes. Aunque, según Umberto Eco, esta serie de tradiciones habría que buscarlas en las *komai*; las aldeas de campesinos en la antigua Grecia, cuando al final de una comida o de una fiesta se representaban unas celebraciones burlescas en las que se ridiculizaban los defectos y los vicios de hombres comunes, de seres viles y ridículos, aunque no malos.

Pero la etimología del concepto de comedia deriva de "cántico del cosmos", fiesta nocturna de caballeros atenienses amantes de la bebida y de la danza, del amor y del vino, que en nombre de Dionisio llegaban a perder toda su dignidad por el espacio de unos días. A esta celebración del "cosmos ático" se le añadiría más adelante nuevas formas, como, por ejemplo, el mimo y los bufones dóricos que acabarían de completarlo.

En la primera época de la comedia se pueden hallar personajes deformados o de facciones apayasadas; es la sátira *ad personam* o personalizada de la que habla Pandolfi. Más adelante se dejará la personificación de los personajes, y evolucionará hacia una "representación cómica de la vida y las costumbres de los ciudadanos, casos ridículos y paradoxales, vicios o simplemente mediocridad humana, espejo y producto de condiciones históricas nuevas, de un público cada vez más vencido, desecho, aburguesado, que vive al día, en función de las ganancias y de los placeres a pequeñas dosis que él mismo se proporciona".

Entre sus representantes griegos cabe destacar a Epicarmo, por el impulso literario que dio al género, fijando las características de los personajes de las comedias que perduraron hasta la Commedia dell'Arte y Moliere, y a Aristófanes con su Lisístrata, del 400 a. C. Aproximadamente, que marca el modelo.

Como representantes del género en época romana se tendrían que citar a Meandro, que adaptó el género al gusto romano haciéndolo más plástico, visual y divertido. A Plauto, que significó el modelo para la comedia moderna y el vodevil, y por último a Terencio que le añadió un componente más intelectual que, por razones evidentes, no llegó al gran público, pero que satisfizo a los más cultos, haciendo a sus personajes mucho más ricos y complicados psicológicamente que los anteriores autores.

• *Espacio y edificios*

Debido a la importancia que tienen las representaciones y el teatro, tanto en la cultura griega como en la romana, se les concede por primera vez un espacio y un edificio propios.

En su obra *El mundo griego antiguo*, Ruzé y Amouretti describen las grandes celebraciones dionisíacas de la ciudad de Atenas en el siglo V a. C. En ella comentan las competiciones de ditirambos, dramas satíricos y tragedias que se desarrollaban al pie de la Acrópolis, junto a un santuario dedicado a Dionisio donde se excavaron las gradas del *Theâtron* en la colina, donde únicamente los asientos de honor eran de piedra. La *orchestra* era el área circular de tierra batida en la que se situaba el coro, la *skené*, una simple tienda en la que se cambiaban los actores, que se convirtió en una fachada que hizo las veces de decorado.

A partir del éxito de este primer espacio, se copió la forma y, aprovechando la orografía del terreno para situar al público, empezaron a levantarse los primeros teatros del Ática. En relativamente poco tiempo se llegaría al gran modelo que supuso el gran teatro de Epidauro, que marcó la esencia de la inspiración y de la distribución a los que se alzarían con posterioridad.

6.4.3. *Paréntesis en los primeros siglos de la era cristiana*

A partir de la oficialización del cristianismo en el Imperio, y después de resistir persecuciones y marginaciones sociales importantes, el monoteísmo abominará el teatro y cualquier tipo de espectáculo, ya que los relacionará con el paganismo y con las épocas anteriores nada fáciles. De ningún modo se aceptará la ideología que se propugna en las comedias griegas y latinas, consecuencia de lo cual el teatro y todas las artes escénicas caen en desuso y desaparecen.

La paz definitiva no acabará de llegar, dicen Oliva y Torres, y pronto se tendrá que hacer frente a las invasiones bárbaras, que también serán paganas. Este hecho que añade más leña al fuego y refuerza la vinculación de las artes escénicas con el paganismo y con el pecado. En la Edad Media todo tendrá un sentido trascendente y de signo teológico, empezando por la misma vida del hombre que se concibe como un lugar de destierro, un valle de lágrimas del que sólo la muerte podrá librar para llevar al hombre hasta el seno de Dios. La religión adquiere un sentido tan amplio que lo abarca todo, y los oficios religiosos son único vehículo que conecta con el Todopoderoso, todo lo demás es caduco y carece de importancia.

La misa, celebración litúrgica central en la religión cristiana, es en sí misma un "drama", una representación de la muerte y resurrección de Jesús, y donde el sacerdote es el actor principal, ya que representa a Cristo. Así, el mismo Boadella lo definía como el mayor espectáculo teatral de Occidente. Serán los clérigos los que, en su afán didáctico por explicar los misterios de la fe a los fieles, mayoritariamente incultos y analfabetos, crearán los primeros diálogos teatrales: los tropos. Con ellos comenzarán a escenificarse los episodios más relevantes de los Evangelios. Estas representaciones, que tenían lugar dentro de las iglesias, concretamente en el coro o parte central de la nave, se fueron haciendo más largas y espectaculares, dando lugar a un tipo de teatro religioso que fue el teatro medieval por excelencia.

El teatro, y las representaciones teatrales, se recuperan vinculados al culto religioso, de la misma manera que se originaron en las comunidades primitivas, como se ha visto. Así, el cristianismo que lo prohibió, con los siglos será también quien lo recuperó

En casi toda Europa en torno al año 1000 se representaba el Domingo de Resurrección un primer tropo que se dio a conocer como *Quem quaeritis?*, significaba el momento más importante de la esencia del cristianismo, por lo que la dramatización de la escena ayudaba a los fieles a comprender la magnitud de la escena.

La representación constaba de cuatro personajes, todos ellos clérigos, que encarnaban a las tres Marías: la Virgen María, María Magdalena y la tercera María, la hermana de Marta y Lázaro, el resucitado. La escena, comentan Grout y Palisca, representaba a las Marías que con frascos y perfumes en las manos se adelantaban hacia el altar, al cual previamente se le había despojado de utensilios y estaba cubierto con un sudario blanco: era el sepulcro. Cuando la comitiva de mujeres llegaba a él, y debían de hallar el cuerpo sin vida de Jesús, en lugar de encontrar el cadáver se les aparecía un ángel (el cuarto actor) que les preguntaba que a quién buscaba *(Quem quaeritis?)*. Se levantaba entonces el sudario para dejar ver que el sepulcro estaba vacío y que Jesús había resucitado. En ese momento empezaban a repicar las campanas y los fieles gritaban *alleluia, resurrexit* (¡Aleluya, ha resucitado!).

Poco a poco se fueron añadiendo elementos profanos y cómicos a este tipo de representaciones que, por razones de decoro, terminaron por abandonar las iglesias y comenzaron a realizarse en lugares públicos: en los pórticos y atrios de las iglesias, plazas, calles, y, más tarde, edificios, como los corrales.

En España se conservan muy pocos documentos escritos y menos obras teatrales de estos siglos. La muestra más antigua de teatro castellano es el Auto de los Reyes Magos de finales del siglo XII, escrito en romance y probablemente de origen franco. Pero puede decirse que hasta el siglo XV no empezó a cultivarse el género como tal, con Juan del Encina, Lucas Fernández y Jorge Manrique, exceptuando los juegos juglarescos populares.

6.4.4. El teatro en la época moderna

Esta época está caracterizada por la influencia de los textos de Aristóteles. Fue a partir de la primera impresión que Aldo Manuzio realizó en 1508 lo que impulsó a los humanistas, que buscaban un ideal clásico de medida en el teatro, a que añadieran los cánones aristotélicos a la tradición de que había ido evolucionado durante toda la Edad Media.

Se descubrieron Plauto y Terencio, que marcaron las comedias, y Séneca, que fue el inspirador de la tragedia moderna. En este contexto empiezan a aparecer autores en Italia que recuperarían la tradición aderezada por las experiencias de siglo. Entre ellos Ariosto y su *Calandria* (de 1513), Bernardo de Bibbiena, y, sobre todo, Maquiavelo, con su obra *La Mandrágora,* de 1518.

Si el teatro se recupera y se extiende por toda Europa, hay que volver a Italia para recoger un fenómeno que traerá consecuencias en el futuro, se trata de la *Commedia dell'Arte.*

Es un fenómeno de representación que se gesta en el seno de las tendencias más populares. Basado en el mimo y la improvisación, la literatura deja paso libre a la improvisación escénica de los actores, además cuenta con un regusto carnavalesco, ya que utiliza máscaras propias de las celebraciones de Carnaval.

Los personajes son siempre los mismos (Arlequín, Pantalón, Capitán, Colombina, Polichinela, etc.), lo que es diferente son las situaciones en las que se ven mezclados, y la forma en cómo resuelven la situación. La versión actual sería las series televisivas, donde los personajes son los de siempre, pero las situaciones en las que se involucran son diferentes.

A partir de estas bases, el teatro se va reafirmando y evolucionando para llegar hasta nuestros días en todas sus diferentes formas.

Mención aparte merecen otros hechos que también suceden en Italia, concretamente en Mantua, en febrero de 1607: en palacio del duque Vincenzo Gonzaga se estrena *La favola d'Orfeo* del joven Claudio Monteverdi.

Los antecedentes de *El Orfeo* se han de situar sobre el año 1580, cuando se reúne un grupo de humanistas liderados por el conde Giovanni Bardi. Son La

Camerata Florentina, que pretenden ahondar en la tradición clásica del teatro repasando a los grandes de la Antigüedad: Sófocles, Eurípides y Ovidio, entre otros. Llegan a la conclusión de que las obras clásicas, tanto la tragedia como la comedia, llevarían acompañamiento musical; los textos analizados y las representaciones artísticas así lo demostraban, según ellos. El resultado fue una nueva forma de interpretación de las obras clásicas, ya que creyeron que los textos irían acompañados de música, dando lugar así al nacimiento del melodrama, aunque la auténtica revolución no se dará hasta que Monteverdi, unos años más tarde, propusiera al duque su Orfeo, sentando las bases de lo que La Camerata pretendía definir como "la obra de arte total" que incluiría música, canto, teatro, interpretación, danza, vestuario, escenografía, pintura, maquillaje, efectos especiales, con sus innovaciones técnicas, etc. Nacía así la ópera.

- *Espacio y edificios*

En un primer momento, a partir del nacimiento de los tropos, las representaciones se hacen en el mismo seno de la iglesia, y en función del tipo de representación se dispondrán en una parte o en otra, pero a medida que el vocabulario se hace más amplio, y las escenas, más largas, se abandonará el edificio para saltar a las calles y plazas.

Las necesidades de las compañías, juntamente a las de los espectadores, irán incidiendo en las formas hasta conseguir llevar las representaciones a espacios cerrados que irán adquiriendo una distribución que determinan las necesidades conjuntas de unos y otros.

En esta época es cuando se gestan las formas que evolucionarán hasta las actuales. Aunque sus orígenes se dieran en el seno de la Iglesia, el teatro iría creciendo paulatinamente hacia una laicidad bastante más marcada, sin dejar de lado el tema religioso, evolucionando paralelas durante bastante tiempo.

Los primeros edificios de la época moderna datan de las propuestas que Alberti hiciera en el Vaticano para el papa Nicolás V, a mediados del siglo XV, aunque fue Palladio quien, siguiendo las teorías y descripciones de Vitrubio, y después de cinco años de trabajos, abriría en Vicenza en el año 1485 el Teatro Olímpico, que marcaría el inicio y el prototipo a seguir para esta nueva tipología de edificios, y que, en esencia, llegaría hasta nuestros días.

6.4.5. Estado actual del teatro

Para comprender el panorama actual hay que entender los cambios que se dan en el siglo XX. Ya desde finales del siglo XIX el teatro empieza a verse influenciado por otras artes, sobre todo de la pintura. Si bien es cierto que se inicia entonces la búsqueda de opciones para que las puestas en escena no estén únicamente basadas en el texto, es a partir de los años sesenta cuando realmente se produce la innovación.

La capitalidad creativa y artística que hasta ese momento estaba en Europa, pasa a los Estados Unidos, donde se darán los primeros pasos de este nuevo enfoque escénico. Como con las demás artes, este cambio no supone, ni mucho menos, el abandono de las maneras anteriores; el teatro de texto continúa vigente y muy vital, pero ahora existe una nueva vía, otra manera, inédita, de entenderlo y también de crearlo. Supone una opción que tendrá en cuenta la amplitud de posibilidades que se muestran en el campo de las demás artes, y que, como ya hizo la ópera en su momento, pretende compaginar muchas técnicas que hasta ahora le eran ajenas.

Propuestas como las de Antouin Artaud en sus obras *El teatro y su doble* o en *La puesta en escena y su metafísica*, donde propone nuevos caminos de expresión y de lenguaje teatral, en la década de los cincuenta propiciarán los nuevos caminos y las nuevas fórmulas de expresión.

Ante este panorama renovador, el "happening" hace su aparición de mano de las técnicas pictóricas norteamericanas, concretamente del *action painting*, de Jackson Pollock y de la revolución musical que supone John Cage, entre otros elementos. Aparecen el Living Theatre y más tarde el Open Theatre, que serán los responsables de recoger las nuevas teorías y ponerlas en práctica. Sus acciones teatrales pasarán a Europa rápidamente donde el festival de Nancy, en Francia, será el encargado de promoverlo por el resto de los países del continente.

Bien entrada la segunda mitad del XX aparecen en el territorio nacional español una serie de grupos y propuestas teatrales que sorprenderían al mundo entero por lo novedoso de sus propuestas: La Cuadra, Els Joglars, Els Comediants y La Fura dels Baus.

La Cuadra y su "Quejío", que sorprendió al público en Nancy en 1972 con una propuesta basada en la ancestralidad y en el teatro autóctono del sur de España: cantes flamencos, gritos desgarradores o impresionantes zapateados, y todo en un clima que representaba perfectamente el teatro de la crueldad.

Els Joglars, dirigido por Albert Boadella, cuyos montajes, siempre polémicos y provocadores, contaron desde un primer momento con el apoyo incondicional de público y crítica. Juegan con la ironía y el humor, descontextualizando sus personajes para llevarlos a espacios no habituales, y en marcos de una pura ficción.

Els Comediants, que reivindican un teatro bastante más festivo, de grandes máscaras, de gigantes y cabezudos, que entronca con el folclore y las fiestas de más raíz popular, y que prefiere de los espacios abiertos, en la más pura línea de La Commedia dell'Arte.

La Fura dels Baus, grupo que se autodefine como "organización delictiva dentro del panorama actual del arte", y en cuyos montajes se subvierten todos los supuestos de la representación teatral, empezando por el espacio del público, constantemente violentado por las acciones de la compañía.

En consonancia con las tendencias internacionales, estos grupos tienen una visión del teatro como la de un espectáculo total, no exclusivamente textual, y atendiendo a esta razón incluyen en sus montajes otras formas de expresión artística, más en consonancia con las tecnologías actuales, como, por ejemplo, la fotografía, el vídeo, la pintura, la arquitectura o incluso la ingeniería.

Con todas estas innovaciones el espacio escénico hoy se entiende de otra manera, y transgrede su misma idea de espacio escénico y de escenario, dando un salto enorme hasta poder combinar el espacio donde tradicionalmente se ha situado el espectador con el espacio donde ahora se escenifica la obra. Es una idea de transformación comparable a lo que pretendía la Camerata Florentina, todo y que tiene otro trasfondo y pretende otros objetivos.

La revolución que supuso la abolición de la cuarta pared en el siglo XX, llega al XXI con una idea renovada que va mucho más allá y ya no es necesario ni siquiera un espacio específico para una representación teatral, ahora casi cualquier lugar puede ser susceptible de ser utilizado con este objetivo: un solar, una plaza, un edifico, una pared... cualquier cosa puede transformarse en un *espacio escénico*.

Dentro de estas últimas tendencias se enmarcan las danzas verticales y los espectáculos aéreos, absoluta novedad en el terreno de las representaciones y de las propuestas de danza. En ellas se combinan los elementos más tradicionales de la expresión corporal con las nuevas tecnologías y la ingeniería. Una de las compañías que ha entendido perfectamente las posibilidades de esta mezcla son los Deambulants, compañía que empieza a destacar ya en el panorama internacional. Sus propuestas son *espectáculos aéreos*, tal como ellos mismos las denominan, y con ellas proponen una nueva forma de componer, de entender y de ver una oferta tradicionalmente teatral.

7 Gestión del ocio deportivo

El ocio deportivo representa para una comunidad humana como la actual, plural, compleja, que cambia constantemente, digitalizada, rendida cada vez más a las apariencias y en el seno de una cultura más que mosaica, una atracción de innegable resonancia social, que se mezcla igualmente con la idea del culto al cuerpo y a la salud.

El ocio y el deporte en la actualidad se disputan grandes franjas de posibilidades de utilización del tiempo libre, y representa la necesidad del hombre de encontrarse entre sí y con él mismo.

Igual que en otras formas de ocio, con la llegada del siglo XX el deportivo también se democratiza, cambiando de una forma espectacular sus públicos y sus audiencias.

Pero las actividades deportivas, evidentemente, no son un hecho del siglo XX, sino que las prácticas deportivas se han ido desarrollando desde el mismo momento que el hombre empezó a utilizar varios utensilios, como piedras, palos, arcos, flechas, lanzas, etc., para cazar o para procurarse la obtención de alimentos.

7.1. Introducción a las actividades de ocio deportivo

El hecho de que sean bastantes los autores que hayan analizado el tema del deporte y su vinculación con el turismo hace que este tema no pretenda ser una nueva propuesta, sino más bien un resumen de los aspectos más relevantes de algunas de las teorías más aceptadas.

En este caso las coincidencias son bastantes, y muchos los autores que aportan el fruto de sus investigaciones sin entrar prácticamente en grandes contradicciones, así muchos de ellos coinciden al definir la relación existente entre el deporte y el turismo. De alguno de estos autores ya se ha hablado en otros capítulos, como, por ejemplo, Pilar Martos, Manuel Cuenca, Ángel Zaragoza o incluso los franceses Fourastié y Dumazedier. De una manera u otras vuelven a salir a la luz en este tema, ya que la relación ocio-deporte va a ser el eje central.

Como afirman Ritchie y Adair, el concepto de deporte relacionado con el turismo han sufrido una evolución considerable en los últimos tiempos, y llegan a ser dos campos de investigación importantísimos para muchos autores. El crecimiento de la demanda ha sido espectacular, y la necesidad de experimentar nuevas sensaciones, a través del deporte durante el tiempo dedicado a las vacaciones, es una constante que va a más; así, la industria turística busca una opción que está resultando más que válida, pero a esta tendencia se suman igualmente los gobiernos, las instituciones y los intereses privados; el resultado es tan tentador que hoy día este binomio se ha convertido en auténtico campo de innovación e investigación.

Los ámbitos en los que se despliega la relación del deporte y el turismo van a dar como resultado una serie de actividades que van mucho más allá de la mera práctica de un deporte determinado, y va a llegar a ámbitos de mera contemplación, como ser espectador de un evento, o visitar las instalaciones y el estadio de un club deportivo concreto.

7.2. El deporte en la historia

Seguramente González Aja tenga bastante razón cuando afirma que *todos los ejercicios corporales fueron en un principio actos de culto*. Entre esa idea y la de que los primeros deportes se inician a partir de la necesidad del hombre de alimentarse y se ve obligado a crear estrategias que le permitan capturar animales que le proporcionen el sustento. Otra cosa será la introducción del concepto de ocio en el mundo del deporte, pero para eso algunos dicen que se tendrá que esperar hasta la época moderna, teoría que se enfrenta a la de Johan Huizinga, que considera que si reconocemos que el deporte es un juego, entonces éste está en la vida del hombre incluso desde antes de tener un aspecto humano, ya que el juego es el origen de muchos de los logros conseguidos por el ser humano, y el deporte constituye una de las más importantes creaciones de su impulso lúdico.

7.2.1. Las primeras civilizaciones

Entre los primeros vestigios de prácticas que se relacionen con el deporte, se tendrían que citar las que se detectan en las culturas mesopotámicas: asirios, persas, acadios, babilónicos, etc. Las muestras de las actividades que realizaban resultan fácilmente localizables entre los materiales arqueológicos que han llegado hasta nuestros días, entre los que se pueden citar las escenas de luchas o de cacerías, por citar un par de ejemplos, en las cuales el manejo de las cuádrigas, de los arcos y las flechas, se presentan como un requisito imprescindible.

Generalmente estas actividades las llevaban a cabo los altos dignatarios o los reyes. Eran actividades cargadas de un fuerte componente lúdico u ostentatorio, y estaban reservadas a las clases dominantes.

Otro de los aspectos a tener en cuenta en esta civilización es el hecho de su conocida belicidad. El carácter bélico de estos pueblos hace pensar en muchas actividades físicas y atléticas relacionadas con el desarrollo de técnicas militares con el objetivo de preparar a sus soldados para afrontar las batallas con éxito.

Muchas de estas técnicas aparecen también en la historia del antiguo Egipto, donde a partir de sus infinitas representaciones artísticas, quedan registradas una gran cantidad de escenas en las que se practican actividades relacionadas con los deportes. Éstas van desde frescos en los cuales aparecen luchadores en un variado repertorio de posiciones y de llaves que nos incitan a pensar en una cierta profesionalidad de este "deporte". Son muchas también las escenas en las cuales se ha representado a los faraones nadando en el Nilo, identificándose en algunos estilos de natación, como, por ejemplo, el crol.

En toda esta amplitud de representaciones artísticas también existe una gran variedad de escenas de caza en las que los personajes que aparecen pueden ser identificados como operarios o trabajadores realizando sus prácticas más habituales, pero también aparecen muchas escenas en las cuales el faraón es representado como *el gran cazador*, aunque en este caso el objetivo estaría más cerca de la ostentación y de la práctica lúdica de la actividad.

Igual que la civilización anterior, la egipcia practicaba las actividades bélicas, lógicamente. Este hecho también hace pensar, además de que hay muchas escenas y textos que así lo aseguran, que también practicaban la mejora de las técnicas de las artes bélicas. Así, la lucha, el uso de la lanza, del arco y las flechas y la doma y el dominio de los caballos son actividades que también se practicarían a un nivel mucho más generalizado.

Algo más tarde que estas dos grandes civilizaciones del mundo antiguo se sitúa el inicio de otras tantas civilizaciones más al oeste del Tigris y del Éufrates. Serán las culturas china y japonesa, que también harán sus aportaciones correspondientes.

De la antigua China existen bastantes documentos en los cuales se da cuenta de una multitud de juegos y actividades físicas que se practicaban en todos los niveles sociales. En función del nivel en el que se diera, la actividad tenía un objetivo u otro.

Entre los elementos más importantes cuentan el uso del caballo, que se utilizaba tanto para la guerra como para la caza. Su uso y sus técnicas alcanzan tal nivel que también será la base para la practicar de algunos deportes, como, por ejemplo, el polo, a quien se le atribuye su invención. Las técnicas eran tan avanzadas que incluían la utilización de estribos y cinchas, que más adelante pasaron a ser utilizadas también en el resto de Asia y en Europa.

Relacionados con las artes bélicas, en la antigua China, el arco y las flechas toman una importancia máxima, tanto era así que se practicaban dos modalidades: a lomos de un caballo y a pie. Sobre los pormenores de la técnica ecuestre existen algunas crónicas que las recogen perfectamente.

Otra de las modalidades deportivas que se practicaban mucho en esta cultura era la lucha. Existían festivales y competiciones en las que participaban las clases más populares, aunque atraían a todos por igual. Estas luchas estaban perfectamente reglamentadas, aunque las reglamentaciones podían varían de una provincia a otra. Con el tiempo algunas de estas técnicas de lucha se mezclaron con ejercicios de compostura espiritual, dando lugar a lo que serían las artes marciales.

También se practicaban deportes relacionados con la pelota. El *wah-chin*, deporte parecido al golf, se practicó durante muchos siglos, dando lugar a una reglamentación bastante extensa. Juntamente a él se practicaban otros con una cierta similitud al actual fútbol.

Sobre la cultura nipona habrá que decir que aunque sus aportaciones fueran bastante posteriores, también produjo una serie de contribuciones al mundo del deporte. El sumo y el judo son las más importantes, y ambas están relacionadas con rituales tradicionales del antiguo Japón.

7.2.2. Grecia y Roma

Ya a orillas del Mediterráneo, las culturas clásicas antiguas se pueden dividir en Grecia y Roma. Sobre la primera de ellas se puede subdividir a su vez en tres etapas: la denominada de culturas prehelénicas, a las que le seguirán la Grecia clásica y el período helenístico.

La primera de las culturas griegas correspondiente a la civilización minoica, localizada en la isla de Creta sobre el año 2000 a. C. Aunque no hay fuentes escritas datadas en la época, gracias a la muy extendida tradición oral hizo que más tarde se pudieran recoger en escritos épicos muchas de sus costumbres y actividades. De estos escritos se desprende que en esta cultura destacaba el boxeo, la danza, acrobacias taurinas y también se tienen noticias de que eran grandes corredores.

Sobre la siguiente civilización, la micénica, que se dio a partir del año 1650 a. C., aproximadamente, se sabe que eran grandes guerreros y también grandes cazadores. Prueba de ello será la literatura posterior, que igual que con los minoicos, se recogerá de la tradición oral a la escrita, como fue el caso de Homero. A esta literatura se le añaden los descubrimientos arqueológicos que confirman muchas de las actividades que se describen en ellos.

Así, cabe destacar que se realizaban las carreras de varios tipos, boxeo o levantamiento de pesos, entre otras. También se tiene constancia de que se celebraban competiciones de cuádrigas y concursos de lanzamiento de jabalina y de tiro con arco. Empiezan también a registrarse los primeros festivales atléticos, y que representaban celebraciones y ofrendas en funerales en honor de algún gran personaje, como así lo registraría Homero cuando describe el funeral que Aquiles organiza en honor de Patroclo.

La época de la Grecia clásica se caracteriza por las polis, o ciudades-estado de carácter independiente que se distribuían en toda la geografía de la actual Grecia. Estas polis tenían muchos aspectos en común entre ellas, como, por ejemplo, la lengua y el culto religioso a los mismos dioses: compartían también una tradición de poesía épica oral en la cual se describían los orígenes y hazañas de dioses y héroes comunes para todas ellas, haciendo que tuviese un nexo de unión muy importante.

De todas las polis, las más importantes eran Esparta y Atenas, que también estuvieron enfrentadas a lo largo de toda su historia. En Esparta predominaban los valores físicos y militares por encima de los culturales; así, los espartanos ya desde niños se dedicaban casi exclusivamente a la práctica de actividades de entrenamiento físico y militar. En este sentido hay autores que los tildan de vivir un tanto obsesionados al respecto, pero lo cierto es que los atletas espartanos sentaron el modelo a seguir para el resto de los atletas de toda la antigua Grecia.

Atenas es la ciudad opuesta a Esparta, aunque en ella los aspectos culturales y el desarrollo filosófico tienen un peso específico más acentuado que la cultura física, así que la hegemonía en el dominio de las competiciones deportivas estaba muy clara, y aunque también lo estuvo en sentido de enfrentamientos bélicos, lo cierto es que sea rivalidad entre ambas fue, a la larga, la causa de su mutua destrucción.

El último período correspondería al helenismo, con el claro dominio de la cultura macedonia, y con Alejandro Magno como máximo exponente. En esta época los valores religiosos y deportivos fueron dirigiéndose hacia aspectos mucho más profesionales; así, fue corriente que atletas de unas ciudades fueran demandados en otras para que las representara en los Juegos Olímpicos. Ésta es la época de máximo esplendor de los Juegos de la Antigüedad.

A) Los Juegos Olímpicos

Se tiene constancia de los primeros Juegos en el año 776 a. C., y que se celebraron ininterrumpidamente hasta que el emperador romano Teodosio los suspendió en el año 393 d. C. El carácter sagrado de las competiciones se conservó siempre; es por esta razón por la que siempre se les colocaban tantos altares como dioses tenía el panteón, que al pasar de la cultura griega a la romana se mantuvieron los dioses, aunque con otro nombre. A las competiciones sólo se podían presentar hombres y que fueran libres: la función de las mujeres se limitaba a ser espectadoras.

Los entrenamientos se realizaban en las ciudades de origen de cada uno de los atletas; el período de entrenamiento se calcula que duraba unos diez meses. A partir de ese momento los atletas se desplazaban a la ciudad de Elis, en la cual, durante un período de unos treinta días, un grupo de jueces supervisaba los entrenamientos para seleccionar a los atletas que habrían de participar definitivamente en las competiciones oficiales. Los seleccionados partían hacia la ciudad de Olimpia unos días antes del inicio de los festivales, que se celebraban durante cinco días, entre finales del mes de julio y principios de agosto.

Las pruebas se realizaban en tres grandes grupos: atletismo, pugilismo e hípica. El éxito lo obtenía solamente el primero, los demás se consideraban perdedores, y la victoria significaba una época de buena fortuna para la ciudad a la que representaba. La victoria significaba el reconocimiento de los dioses de que las ofrendas y los rituales realizados en la polis del vencedor habían estado bien hechos.

Los festivales deportivos en Grecia no se limitaban solamente a los Juegos Olímpicos, sino que existían más celebraciones, como, por ejemplo los Pitios, los Ístmicos o los Nemeos (véase figura 7.1). Todos ellos tenían un

Festivales deportivos en Grecia			
Juegos	**Ciudad**	**Dios**	**Periodicidad**
Olímpicos	Olimpia	Zeus	Cada 4 años
Pitios	Delfos	Apolo	Cada 4 años (alternados con los Olímpicos)
Ístmicos	Corinto	Poseidón	Cada 2 años (coincidiendo con los Olímpicos y los Pitios)
Nemeos	Nemea	Zeus	Cada 2 años (sin coincidir con ninguno de los otros)

Figura 7.1. Festivales deportivos en la antigua Grecia.

carácter sagrado y se realizaban en honor a un dios determinado. También se realizaban en ciudades diferentes, que eran siempre las mismas y su frecuencia podía ser anual, cada dos años o cada cuatro años, en función del festival, la ciudad y el dios al que estuvieran dirigidos.

La estructura en todos ellos era similar: el primer día se realizaban las ofrendas y las fiestas en honor al dios, los días intermedios se dedicaban a las pruebas y competiciones y el último día correspondía a la realización de rituales, ceremonias, profesiones y banquetes.

B) Las pruebas

Se dividían en tres grandes grupos, que decíamos que eran el atletismo, el pugilismo y la hípica.

En el atletismo (figura 7.2), las carreras solían ser lineales, y todas, excepto la de hoplitas, que era de campo a través, las demás se realizaban en el estadio. En la más larga, la *dolikhos*, eran frecuentes los empujones y las trampas.

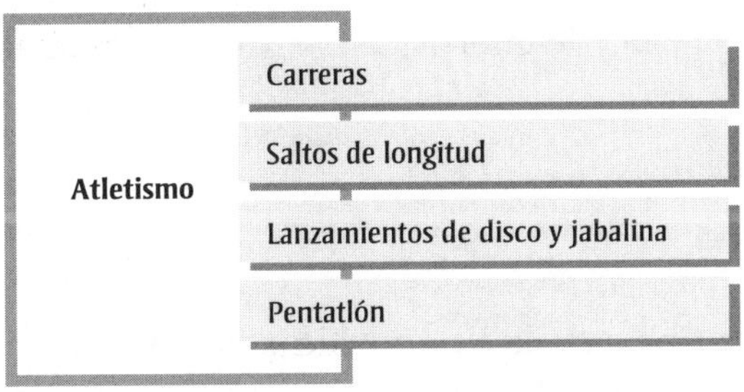

Figura 7.2. Pruebas atléticas.

Además de las diferentes modalidades de carreras, los saltos de longitud también estaban catalogados como prueba atlética, igual que los lanzamientos de disco y de jabalina.

El pentatlón incluía una carrera de velocidad, los saltos de longitud, los lanzamientos y la lucha. En muchas de las pruebas atléticas los participantes no llevaban ni zapatillas ni ningún tipo de ropa, se participaba desnudo y untado con aceites

En cuanto al pugilismo (figura 7.3), incluía tres tipos de pruebas, la lucha, en la que se comenzaba con un saludo inicial y ritual, y se acababa con el abandono de uno de los púgiles. Los combates podían durar horas enteras.

A nivel popular era un deporte que se practicaba con mucha frecuencia, y representaba un pasatiempo muy usual a todas las edades.

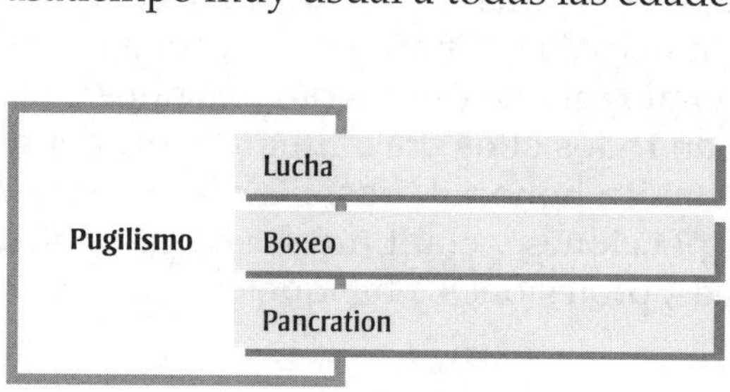

Figura 7.3. Pruebas del pugilismo y la lucha.

El boxeo, bastante similar al actual, aunque tampoco había asaltos ni descansos, se acababa cuando uno de los púgiles abandonaba por agotamiento, así que lo importante era no recibir demasiados golpes.

En cuanto al pancration, era como una especie de lucha libre en la que todos los golpes eran válidos excepto los que se dirigían a los ojos. No poseemos mucha información sobre sus reglas.

El tercer grupo de pruebas eran las de hípica, en las que se incluían las carreras de caballos y las de cuadrigas. Ambas se realizaban en el interior de un hipódromo.

7.2.3. La Edad Media

Durante todo el período de la Edad Media, se realizan actividades físicas y juegos a dos niveles bien diferenciados. Tanto Huizinga como Munné acentúan las prácticas lúdicas de las clases más altas; uno dice que la única actividad deportiva en este período es la guerra y que los torneos son una preparación para ella. El segundo autor afirma que estos duelos y torneos son meramente exhibicionistas y ostentatorios y los califica como ocio caballeresco, según comentábamos en el tema 1 de este manual.

Lo cierto es que las clases más latas practican unas actividades que se caracterizan por su alto contenido de ritualidad y por ser cosmopolitas, mientras que en las clase bajas sus actividades se caracterizan por estar mal reglamentadas, ya que frecuentemente el reglamento es local.

Entre las actividades del primer grupo se pueden destacar la caza, los torneos, los duelos y todas las técnicas que se requieren para llevarse a cabo.

Para el pueblo llano las actividades competitivas se limitaban al ámbito local, y no había ningún interés en medirse con otros contrincantes que no fueran locales o de la comarca. En los juegos multitudinarios, como la *soule*, eran practicados en las ferias y fiestas y se supone que servían para cohesionar a una comunidad. No solían participar personas de otras clases sociales, no había posibilidad de mezclas en los juegos. Algunas de sus características ya se han comentado, pero destacaban la simplicidad de los equipos, la espontaneidad y las reglamentaciones de tipo local.

7.2.4. La Edad Moderna

Con el Renacimiento y la filosofía humanista, que colocan al hombre como centro del universo, se recupera la admiración por los clásicos de Grecia y Roma, y juntamente al estudio de las culturas clásicas se recupera también el interés por la educación, que al tomarse como punto de partida el cómo se aplicaba en estas culturas clásicas, implica también recuperar la importancia de la educación y la cultura del cuerpo, que pasará a ser entendida como otro punto a perfeccionar juntamente con el intelecto y el espíritu.

Desde este punto de vista, la actividad física se valorará a partir de esta función que ahora se le otorga a su práctica, y aparecen así los primeros ideólogos de la educación física, que intentarán elevar el cuerpo a la misma categoría que el espíritu. Esta idea abarca muchos otros campos: en las artes plásticas, por ejemplo, se recupera el desnudo atlético entendido como máxima expresión estética.

Muchos pensadores y teóricos del momento vieron la capacidad que tiene el ejercicio físico para transmitir otros valores, como, por ejemplo, el pedagógico. Así, a partir de ahora va a empezar un proceso evolutivo en el cual el ejercicio físico va a pasar a formar parte del proceso educativo general de los jóvenes. En toda Europa se van a dar movimientos de reivindicación de las posibilidades pedagógicas que tiene la educación física y el juego, para acabar siendo incorporadas ambas en la formación de los estudiantes en muchas universidades europeas.

El movimiento de la Ilustración será el encargado de incorporar todas estas aplicaciones del ejercicio físico en los planes educativos oficiales. Las actividades que van a configurar estas propuestas tendrán su base tanto en los juegos medievales como en las prácticas recuperadas de los antiguos clásicos; así, la *soule* y el *calcio* se recuperarán de la época anterior, y además se le añadirán otras nuevas propuestas que hacen su aparición a partir de la evolución de actividades propiamente medievales, como es el caso de los juegos de raqueta y pelota, y, sobre todo, el tenis, que se puso muy de moda en toda Centroeuropa, donde los aristócratas solían practicarlo en sus residencias. El éxito del tenis fue tal que en París a finales del siglo XVI había más de 250 pistas en lugares cerrados de la ciudad, aunque más adelante se dejará de practicar. No fue así en Gran Bretaña, donde se convertiría en una práctica muy habitual que no decayó en absoluto; al contrario, las clases aristocráticas lo seguirían practicando en el césped de sus jardines privados.

Entre los siglos XVII y XVIII se popularizaron en toda Europa actividades deportivas bien diferentes, entre las que destacan el cricket inglés y el *kolf* holandés, que juntamente con la esgrima y las actividades relacionadas con la equitación y las carreras de caballos, atraían a todo tipo de público.

Hay teorías que colocan al *kolf* holandés como antecesor del golf actual. El deporte holandés se practicó de forma generalizada en las aguas heladas de los canales y lagos de todo el país, congregando a todo tipo de personas, de diferentes clases sociales y edades, a deslizarse con unos patines de madera sobre el hielo: era sin duda el antecesor del *hockey,* dicen algunos. En el *kolf* se trataba de introducir una pelota pequeña en un agujero hecho en el hielo, y la pelota se golpeaba con un bastón de madera. Ésta es la base en la cual algunos teóricos ven en esta práctica la esencia del golf actual, ya que se trata de golpear una pelota pequeña con un bastón, y cuyo objetivo es el de meterla en un agujero, auque no hecho en el hielo, sino en un gran campo de césped. Otro puntal para su argumento es el etimológico: de *kolf* a golf.

7.2.5. La época contemporánea

A partir de finales del siglo XVIII, y sobre todo en el siglo XIX, la gimnasia se ha convertido ya en una base importantísima de la educación física y de la educación general. Aparecen muchas teorías que, recogiendo las tendencias anteriores, justificaron esa incorporación de la educación física a los centros escolares.

También es el momento en el que aparecen las tendencias más importantes sobre la educación física y la gimnasia en Europa. Estas tres son:

- La escuela centro, en Alemania.
- La nórdica o sueca.
- La escuela sur o francesa.

De la escuela alemana cabe destacar a Guts Muths, que apostarían por los ejercicios físicos para el mejor desarrollo de los jóvenes en edad escolar, mientras que Franz Nachtegal será el responsable de la incorporación de estas técnicas a los centros escolares. Entre las aportaciones de esta escuela destaca el desarrollo del sentido del ritmo a través de mezclar música con movimientos corporales y la aportación también de la gimnasia rítmica femenina, que sentará las bases de la gimnasia moderna.

Sobre la escuela nórdica habría que destacar a Henrik Ling, considerado como el padre de la gimnasia sueca. En 1813 se fundó el Centro de Estudios de Educación Física, del cual él era director. Entre sus teorías destacaban la importancia que tenían los aspectos formativo, higiénico y sanitario en sus técnicas que habrían de repercutir positivamente en el organismo humano; tanto fue así que muchos médicos acabaron por recomendar su gimnasia a sus pacientes.

En la escuela francesa cabe destacar al español Francisco Amorós, que, nacido en Valencia, acabó nacionalizado francés debido a problemas que tuvo, después de la guerra de la Independencia con Francia, ya que fue acusado de afrancesado, por lo que se vio obligado a exiliarse a Francia. En 1818 fundaría en París el Gimnasio Normal, basado en técnicas cívico-militares, donde se utilizaron aparatos que él mismo habría diseñado. También sería el artífice en dividir la gimnasia en cuatro grupos: la civil e industrial, la militar, la médica y la escénica.

Una mención aparte merecen las aportaciones inglesas del momento al mundo del deporte actuales. Las circunstancias que envuelven la evolución de la sociedad británica en el siglo XVIII van a propiciar la aparición de una identidad propia y de unas condiciones socioeconómicas que la lanzarán a un proceso de modernización que la separarán bastante del resto de Europa. Entrados en el siguiente siglo, estas circunstancias influirán también en la distribución de los tiempos de trabajo y de no trabajo, que dan lugar a que en los tiempos libres muchas personas se den a la práctica de los juegos y deportes.

La afición a estas prácticas tuvo otras consecuencias en ellas mismas, ya que se necesitó de una estandarización y de una manera de planificación efectiva. Estas necesidades aportaron toda una serie de aspectos que modificaron la forma de practicarlas. Así, entre las principales aportaciones que se hicieron a los deportes en el momento, destaca la idea de un trabajo en equipo, del entrenamiento, del récord, de la jerarquización y, finalmente, la reglamentación estándar de muchos de ellos. También aspectos como la idea de club, de amateur o de apuestas reforzaron estas innovaciones. Todas ellas ayudarían a difundir y universalizar el deporte.

Además, fue en sus universidades, auténticos centros activos de la práctica generalizada de muchos deportes, donde se gestó con el origen de las primeras instituciones. El hecho de que se practicaran tantas actividades deportivas, debido a la gran cantidad de tiempo de ocio del que disponían los alumnos, y de la imposibilidad de abandonar las instalaciones de los colegios, se vieron canalizados a la práctica de muchos juegos tradicionales, que pasaron de ser meros pasatiempos a ser sometidos a unas reglas que unificaran de cada una de estas prácticas. Los reglamentos se recogieron por escrito con el objetivo de establecer unos estándares comunes en la mayoría de estos deportes. Es así cómo los juegos se convirtieron en elementos educativos.

Es en este momento que se innovan las porterías de fútbol, las vallas, los obstáculos y la utilización de cronómetros. Toda esta reglamentación y estándares pasaron desde el Reino Unido hasta los Estados Unidos, donde los deportes triunfaron de una manera espectacular, y desde donde se exportarían al resto del mundo.

De esta forma el deporte sirvió para canalizar el tiempo libre de los jóvenes, y los campos de juego pasaron a ser un medio educativo, que a principios del siglo XX ya era una realidad en prácticamente todos los países avanzados.

Será a principios del XIX cuando comenzarán a aparecer las primeras federaciones y a democratizarse muchas de estas prácticas. Siguiendo las tendencias en los países más avanzados, en España el origen privado de los gimnasios vendrá de la mano de militares y aristócratas. Por una parte, los militares, que después de haber visto experiencias en varios países europeos, intentarán aplicar esas tendencias en el nuestro, con más o menos fortuna.

En cuanto a los gimnasios privados, estarán basados en la práctica casi exclusiva de la esgrima y en las carreras de caballos, aunque serán centros de reuniones y tertulias con un marcado carácter social más que el gimnasios, tal y como los entenderíamos hoy día, que la actividad principal es el ejercicio físico.

El primer gimnasio abierto en nuestro país es Vignolles, de Madrid, que se abrió en el año 1851. Más adelante se abrieron también gimnasios en Barcelona, seguida de otras ciudades importantes.

En estos primeros momentos son las clases elitistas las que frecuentan estos locales, y, siguiendo unos cánones de moda europeos, fomentarán en Madrid las primeras pruebas deportivas, concretamente de ciclismo, en el Retiro. Paralelamente se organizan también en la ciudad de Barcelona, donde están arraigando con fuerza varias propuestas, y como ya vimos, es la sede de la primera asociación excursionista de nuestro país, y es que la práctica del deporte supone en estos momentos todo un signo de modernidad.

Entre los últimos años de la década de los noventa del siglo XIX empiezan a asentarse las primeras federaciones y sociedades deportivas por todo el país: en este momento el tenis, la natación, el atletismo, el automovilismo y, sobre todo, el fútbol aparecen con fuerza.

Aparecen las primeras competiciones de ámbito nacional: por ejemplo, en el año 1903 será la primera copa de España de fútbol. En la liga de fútbol participan los equipos que representan a las ciudades más importantes de todo el territorio nacional, causando una gran expectación. A esto se le han de añadir las nuevas tecnologías, como la radio, en un primer momento, y la televisión más adelante que facilitarían el seguimiento de las competiciones y fomentarían la democratización de todos estos deportes.

También contribuirán algunas gestas en el extranjero de equipos o deportistas españoles, que fomentarán que estos deportes empiecen a calar en la población.

Toda esta vitalidad deportiva que se está dando a un nivel mucho más genérico, se verá truncada con la Guerra Civil y las primeras décadas de la posguerra, teniendo que esperar prácticamente hasta los años sesenta para retomar este camino de democratización de muchos de estos deportes.

La victoria del equipo nacional de fútbol en la Eurocopa de 1964, y los éxitos del tenis español por parte de Manolo Santana, empezarán a fomentar de nuevo la práctica deportiva entre la población de esferas sociales ya no tan elitistas. Así es que el tenis, la natación, el baloncesto o el atletismo adquieren adeptos no solamente en la práctica, sino también desde un punto de vista más sedentario, como espectáculo, aunque ninguno de ellos desbancará ya al fútbol, que se ha convertido en el deporte rey en todos los sentidos.

Será solamente bien entrados los setenta cuando en nuestro país se pueda decir que hay una democratización efectiva del mundo de los deportes, en sus dos vertientes, es decir, tanto la práctica como el espectáculo.

7.3. Deporte y ocio en la actualidad

Después de que la práctica deportiva se haya instalado en todas las esferas sociales, gracias a la mayor disponibilidad de tiempo libre y al crecimiento de la riqueza en la población, la vinculación entre los dos conceptos del encabezado está más que asumida, y son cada vez menos personas las que no dedican una parte de su tiempo libre a practicar alguna actividad deportiva o gimnástica, a cualquier edad.

Si en un primer momento de esta tan espectacular democratización se basa en algunos deportes, la realidad es que hoy en día el abanico de ellos es tan amplio que da para que incluso existan canales de televisión que se dediquen exclusivamente a su difusión. Aunque tendríamos que aclarar que éste es sólo un aspecto de la relación entre el deporte y el tiempo de ocio, ya que las cadenas de televisión lo que fomentan sobre todo es que el deporte sea percibido como un espectáculo, y en muy pocos casos pretenda ser la excusa para una práctica, momento en el que seguramente las técnicas gimnásticas serían la única posibilidad viable.

7.3.1. Un fenómeno social de nuestro tiempo

Retomando otras teorías, Zaragoza, por ejemplo, propone una tipificación de los deportes en los que se contemplan hasta cuatro posibilidades: el deporte obligatorio, el competitivo, el lúdico y el recreativo, y auque hay autores más actuales que llegan a modificarla considerablemente, es evidente que hoy día representa un fenómeno social propio de nuestro tiempo. En una sociedad muy marcada por la apariencia estética y donde el acceso al ocio se considera ya como un derecho, la vinculación del tiempo libre con los deportes está tan asumida que traspasa los límites del primer mundo.

Es esta misma sociedad la que ha utilizado los medios de publicidad para promocionar una imagen prototípica que incide directamente con el estatus de la persona. Así, a través del deporte la imagen de moda se vincula con conceptos tales como la salud o el nivel social.

La actividad física se supone que aporta aspectos positivos a las personas que lo practican: por ejemplo, con el deporte se puede llegar a conseguir un bienestar físico, ya que gracias al ejercicio se mejora la forma física, y, por tanto, el sentimiento de estar más fuertes y tener mucha más seguridad para afrontar los quehaceres diarios propios del trabajo, de las relaciones sociales o de la familia, etc.

Además, esta actividad también procura en la persona un bienestar mental debido a que puede mejorar su autoestima, a partir de que ésta irá asumiendo retos deportivos progresivos. Hoy día es un hecho demostrado que la práctica del deporte ayuda a liberar endorfinas, las cuales reducen la ansiedad y las molestias físicas, procurando una sensación de euforia.

La práctica del deporte puede influenciar también en la disminución del riesgo de contraer algunas enfermedades, o en mejorar la calidad de vida de las personas que padecen ya alguna.

El bienestar social es otra de las aportaciones del deporte a la persona, ya que la práctica de deportes, que es una manifestación social, permite relacionarse con otras personas en un ambiente distendido que propicia la mejora de las relaciones, como decía Ángel Zaragoza.

No se puede dejar de lado quien aún lo asocia a algún tipo de ostentación social, sobre todo con las nuevas propuestas, como, por ejemplo, en la práctica del golf o algún otro deporte que requiera un gran desplazamiento o desembolso importante por el equipo necesario.

A partir de la Carta Europea del Deporte del año 1992, se le garantizan los derechos de todos los ciudadanos europeos al acceso a la práctica deportiva. Así que hoy día, el deporte se equipara de alguna manera a lo que decía Manuel Cuenca sobre el ocio, que ya representa un derecho para las personas en nuestra sociedad. Además la OMS aconseja practicar deporte para mantener un estado de bienestar físico, mental y social óptimo y en ausencia de enfermedades, por la que la Organización Mundial de la Salud, de alguna manera, también acaba relacionando el deporte con la higiene.

Otro de los aspectos que se le asocian es la posibilidad que ofrecen las nuevas tecnologías de que algunos deportes o actividades deportivas se puedan practicar en cualquier sitio, y no sólo en el lugar habitual. En este sentido las apuestas de los establecimientos turísticos de alojamiento también se han percatado de las posibilidades que pueden aportar unas buenas instalaciones deportivas adosadas, que permitan ofertar la posibilidad de practicar no sólo la natación, sino que el abanico sea más amplio y que abarque otras propuestas. Los ejemplos más comunes son el tenis, el paddle o el frontón, y eso por no mencionar las instalaciones de un pequeño gimnasio en la misma empresa de alojamiento.

7.3.2. El deporte en las ciudades

El vigor de la demanda de la práctica deportiva en el ámbito turístico seguro que hay que buscarla en el quehacer cotidiano y en la afición personal a algún tipo de deporte o actividad deportiva.

Si en un principio se vio que la atracción al deporte se daba en las capas más altas de la sociedad, a medida que ha pasado el tiempo, también se ha visto que ha habido una importantísima democratización en este ámbito. Las administraciones han hecho mucho, y continúan en ello, para que fuese posible. Seguro que a más de una persona le sonará la campaña de fomento de las prácticas deportivas que desde la administración central se hizo al inicio de la década de los setenta: el "contamos contigo" pretendía que los habitantes de este país practicáramos más deporte.

Junto a estas campañas se distinguieron algunas propuestas privadas que pretendían hacer del deporte el negocio que ya estaba en marcha en toda Europa. Los clubes deportivos y los gimnasios de titularidad privada empezaron a aparecer. Su producto era la práctica libre del deporte en casi todos los casos, pero sobre todo con un marcado acento lúdico de las actividades, desvinculándose así de la práctica deportiva con la finalidad de competir; la novedad era que a partir de ese momento aparecía el fomento frontal del aspecto más propiamente lúdico.

Otros argumentos, como comentábamos más arriba, eran los demás aspectos a los que favorece el ejercicio, y que más adelante los mismos gimnasios privados se encargarán de publicitar para llegar al *wellness.*

Entre los centros deportivos lúdicos que fueron apareciendo en las ciudades, se dio también un doble nivel en cuanto a su público objetivo. Los primeros, como era de esperar, se dirigieron a las esferas más elitistas, y una vez experimentado allí el nuevo producto de ocio, aparecieron otros centros cuya misión fue hacerlo llegar a un contingente mayor de población y abarcar capas sociales más amplias.

En el caso de Barcelona, esas dos propuestas iniciales correspondieron a dos clubes que continúan estando vigentes y marcando pautas, y cada uno de ellos en su dirección. Son el Club Arsenal y el DiR.

7.3.3. Los clubes deportivos. El caso de Barcelona

El que seguramente pueda ser el ejemplo más significativo de cómo se introduce la práctica del deporte en un núcleo de población, sea el caso del *club Deportivo Arsenal,* que en la ciudad de Barcelona será un importantísimo primer paso para la espectacular democratización que se llevará a cabo más adelante.

Al Arsenal se le debe conceder la importancia de saber introducir la práctica de un tipo de ocio (que hasta ese momento era propia de una minoría), al gran público, por tanto, el principio de la democratización.

El artífice será José Alberto Carcas Romero, de formación economista y que su dilatada trayectoria profesional en el mundo empresarial de los servicios deportivos en la ciudad, a estas alturas, estaba más que probada. Inició su singladura en el año 1973 con la inauguración del Club Cambridge, un centro deportivo masculino que destacó ya entonces por la calidad de sus instalaciones, su trato personalizado y su filosofía de introducción de una nueva manera de relacionarse con la práctica del deporte no competitivo, al seguir las tendencias de las ciudades más innovadoras en Europa y en América del Norte.

La situación en la ciudad del Club fue clave, en Sarriá, un barrio donde el poder adquisitivo garantizaba el éxito, ya que, como toda nueva propuesta de ocio, su experimentación y prueba se haría en una esfera social más bien elevada. Los precios eran altos, ya que se trató de un producto elitista, y el resultado fue espectacular, tanto que otras empresas pusieron en marcha productos similares, dirigidos a otra tipología, con otro poder adquisitivo y otros objetivos.

A raíz de ese éxito, en 1981 funda el primer Deportivo Arsenal, que permanece inalterable hasta la importante remodelación que sufrió en 1994, para alcanzar su configuración actual. Hay que destacar que este centro, situado en la calle Pomaret de Barcelona, ha sido merecedor de varios premios nacionales e internacionales, siendo considerado actualmente uno de los mejores clubes deportivos masculinos de España y Europa.

En 1987 inauguraría el Deportivo Arsenal de Vía Augusta, también masculino, pero que unos años más tarde, en 1994, el centro pasaría de ser masculino a ser femenino. En la actualidad, este centro está a punto de reabrir sus puertas después de haber sido reconstruido de nuevo, como ya es habitual en la empresa, con la finalidad de adaptar sus instalaciones a las tendencias más actuales del mercado.

En 2002 abre sus puertas Deportivo Femenino Arsenal, de la calle Amigó, club que se convierte rápidamente, igual que lo fuera en su momento el masculino, en la referencia en cuanto a centros deportivos femeninos.

Desde el inicio de su actividad empresarial, José Alberto Carcas no ha dejado de proyectar su concepto de club deportivo, a la vez que ha ido mejorándolo gracias a su preocupación por estar al día, y a la experiencia adquirida con el tiempo.

Los centros Arsenal se caracterizan por estar ubicados en edificaciones singulares diseñadas específicamente para el uso deportivo y ocupado en toda su superficie por el club. Esto permite la práctica deportiva entre amplios y luminosos espacios, y disponer de una gran variedad de actividades y servicios, dirigidos a proporcionar el grado máximo de comodidad y satisfacción en el uso y disfrute de las instalaciones. Su efectividad y propuestas continúan siendo modélicas en su campo, y los Arsenal siguen marcando tendencia que los demás centros deportivos van adaptando y asumiendo a medida que se consoliden de forma positiva en el mercado.

La empresa DiR fue fundada el año 1979 por el Sr. Ramón Canela, motivado por la falta de instalaciones en el barrio del Guinardó de Barcelona. Su máxima aportación es el haber conseguido democrarizar el producto y hacerlo llegar a un gran número de personas en la ciudad durante todos estos años, además de fomentar e incentivar a otras empresas que han seguido su ejemplo hasta hacer de Barcelona la ciudad con el número porcentual más elevado de abonados a equipamientos deportivos de Europa, y la tercera en el mundo, según Consumer.

El primer club se abrió en la calle Sant Antoni Maria Claret a 50 metros de la Avenida Maragall, ocupando un espacio de una antigua fábrica textil y recibió el nombre de MET para realizar actividades del deporte tradicional (natación, baloncesto, frontón, gimnasia, etc.). El segundo club se inauguró, también en una antigua fábrica de motos de la calle Castillejos de Barcelona y fue el primero que adoptó el nombre de DYR Castillejos, que significa Deporte y Recreación, posteriormente el nombre se ha catalanizado como DiR (Deporte i recreación), denominación que también fue adoptada por el club anterior, bajo el nombre comercial de DiR Maragall (figura 7.4).

En 1992 se adquiere el tercer club en la calle Gran de Gracia, que se denomina DiR Gracia. A partir de 1998, con una frecuencia anual se van inaugurando nuevos clubes hasta los 12 existentes en la ciudad de Barcelona y un decimotercero en Sant Cugat del Vallés.

DiR
vida en forma

Figura 7.4. Logotipo del club deportivo DiR.

Es importante indicar que, a mediados de los años ochenta, fruto de una serie de visitas por los países más avanzados en el campo del deporte y la actividad física, se dio un giro a las instalaciones y servicios ofrecidos, al introducir el concepto del *fitness* (acondicionamiento físico), adecuado a todas las edades, lo cual fue una novedad en Cataluña, hecho que posteriormente han ido siguiendo otros clubes y empresas de servicios deportivos. Actualmente, DiR tiene abonos con 82.000 clientes, dispone de 60.000 metros cuadrados de superficie en el total de sus centros, ocupa a 753 personas profesionales y tiene unos 2.000 accionistas, surgidos de entre sus propios clientes.

7.4. Deporte y turismo

En el primer capítulo llegamos a ver cómo Manuel Cuenca decía que hoy día el ocio en nuestra sociedad se ha convertido en un derecho. Con Ana Goytia vimos cómo el concepto y la práctica de las actividades de ocio se han ido democratizado, para ahora, en este capítulo, llegar a la conclusión de que el deporte es una las actividades de ocio más practicadas en nuestro tiempo.

En su momento también se vio cómo el turismo es actualmente una de las fuentes de beneficios más importantes, y una vía de dinamización económica rápida y accesible para muchos países en vías de desarrollo.

La unión de ambas prácticas, las deportivas y las turísticas, se está convirtiendo en un segmento de elevado perfil en la industria del turismo, pero también el turismo a su vez está influyendo en la participación y en las infraestructuras deportivas, dice Pilar Marcos. Así pues, el binomio deporte y turismo define un porcentaje muy elevado de todo el tiempo de ocio que continúa creciendo.

El practicar un deporte, o una actividad deportiva cualquiera, es una constante ya no solamente en los habitantes del primer mundo, sino que hoy en día, cualquier persona practica alguna en su tiempo libre. El modelo a seguir lo marcan los países del primer mundo, aunque en los demás países la práctica deportiva empieza a ser también una constante que, con toda seguridad, tiene su explicación en las necesidades de emulación y de mimetismo de unos a otros. En cualquier caso, presionados por el modelo y los medios de comunicación que divulgan las gestas y las grandes estrellas del firmamento deportivo, el número de personas que practican algún tipo de deporte no deja de crecer en todo el mundo.

Como consecuencia de esta evidencia, la actividad a la que ya estamos todos acostumbrados se traslada también al tiempo más paradigmático de ocio, es decir, al turismo. Aunque hay que reconocer la existencia de alguna tendencia turística que se separa de esta actividad y apunta hacia un estado del turista bastante más contemplativo, el *turismo del silencio* (decía Mireia Vila), caracterizado por la ausencia de ruidos y actividad. Es una alternativa a este panorama, aunque no se prevé, por lo menos de momento, que su evolución a medio plazo tenga como consecuencia grandes flujos de viajeros demandando este tipo de turismo.

Por otra parte, es bien cierto que la primera idea que se suele asociar al tiempo del turismo es el descanso, pero este tiempo es totalmente, y voluntariamente, limitado. Ésta podría ser una de las razones por las que el turismo de sol y playa, basado casi en exclusiva al descanso (primer "D" de Dumazedier), se le esté detectando una cierta decadencia desde hace ya unos años. Esto es debido a que, como comentábamos, estamos tan acostumbrados a la actividad física frenética, que después de unos días de descanso, se tiene ya la necesidad de retomar algún tipo de actividad. Metafóricamente es como una adicción a esa actividad a la que estamos acostumbrados, y que ahora nos domina y nos sobrepasa: si no se hace alguna actividad se corre el riesgo de tener la sensación de estar perdiendo el tiempo, y en nuestra sociedad tiempo es equivalente a dinero: mal asunto.

Decíamos que una de las consecuencias de esta adicción es que la actitud pasiva del turista está mal vista. De alguna manera se asocia a la "no productividad" y a la idea de que no se contribuye al enriquecimiento personal, y éstos son dos aspectos que, de alguna manera, la sociedad actual asocia a las clases más bajas en las que las inquietudes y la actividad no son las preocupaciones más importantes. En este sentido es una tendencia que se podría vincular con las teorías de Fouratié, cuando decía que la primera D de Dumazedier es propia de civilizaciones menos avanzadas.

Sea como fuere, es un hecho ampliamente aceptado que el turismo de sol y playa ya no satisface las necesidades de ostentación tal y como lo hizo en momentos pretéritos, aunque también hay que matizar que continúa habiendo una gran diferencia entre ir a pasar unas vacaciones a una playa popular de nuestra costa o reservar dos semanas en las Sheychelles, aunque también se trate de un turismo de sol y playa.

Por otra parte, Valls decía que el consumismo puramente compulsivo parece estar de capa caída en el ámbito turístico, y que la sostenibilidad y el equilibrio son dos de los conceptos que ahora se tienen más en cuenta, por tanto, concluiremos, que tienen la capacidad de matizar extremadamente la actividad turística, y que juntamente al aspecto comentado en el párrafo anterior, da como consecuencia lo que el mismo autor decía: el turismo necesita de nuevas experiencias para satisfacer las demandas actuales. Así pues, tenemos delante al turismo más enriquecedor, al más propiamente aventurero (en toda la amplitud de la palabra), aunque hablar de turismo de aventura implique matizar el concepto aventura (puesto que para que pueda ser comercializada, esta aventura tiene que ser absolutamente controlada, aunque, evidentemente, ha de dejar un margen para que el turista experimente la idea de aventuras total, como si fuera absolutamente incontrolada, si bien es sabido que nada más lejos de la realidad).

También coinciden algunos autores en afirmar que la coincidencia de los dos ámbitos, como aparece en la figura 7.5, el turístico y el deportivo, es lo que dará lugar justamente al turismo deportivo y al deporte turístico. Marcos lo define como "todas aquellas actividades deportivas susceptibles de comercialización turística". Mientras que un Juan Coreal definirá el concepto de turismo deportivo "como movimiento de personas que se desplazan fuera de su lugar de residencia, objetivo de llevar a cabo una determinada actividad deportiva", al cual se le pondrán más adelante algunos matices.

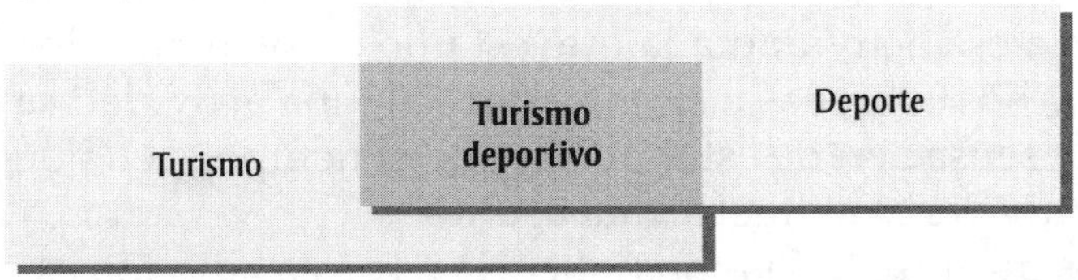

Figura 7.5. Coincidencia de los ámbitos turístico y deportivo.

Esta conjugación de los dos conceptos es lo que hoy día ha evolucionado hasta llegar a crear una catalogación turística concreta con la cual algunos municipios tradicionalmente turísticos han sido ya distinguidos declarándolos como Destinos de Turismo Deportivo, tipología entre los que ya están catalogadas localidades como La Seu d'Urgell, La Vall d'Aran o Lloret de Mar, por ejemplo, en la Costa Brava catalana.

7.4.1. Tipos de turismo deportivo

Sobre las posibilidades de la confección de una posible tipología de los diferentes tipos de turismo deportivo, hay algunos autores que se manifiestan de acuerdo en señalar que la actitud con la que el turista se sitúa frente al deporte (igual que hiciera Jaume Trilla con la teoría de Dumazedier, al considerar que ése era el elemento diferencial), es determinante para confeccionar una tipología del turismo deportivo.

En esta línea se sitúan desde Esteve y Mandly, en Pilar Marcos, hasta los norteamericanos Ritchie y Adair. Es precisamente gracias a sus aportaciones que llegamos a confeccionar la catalogación que se despliega en la figura 7.6, aunque para ella también se ha tenido en cuenta el diagrama de los tres círculos de De Knop.

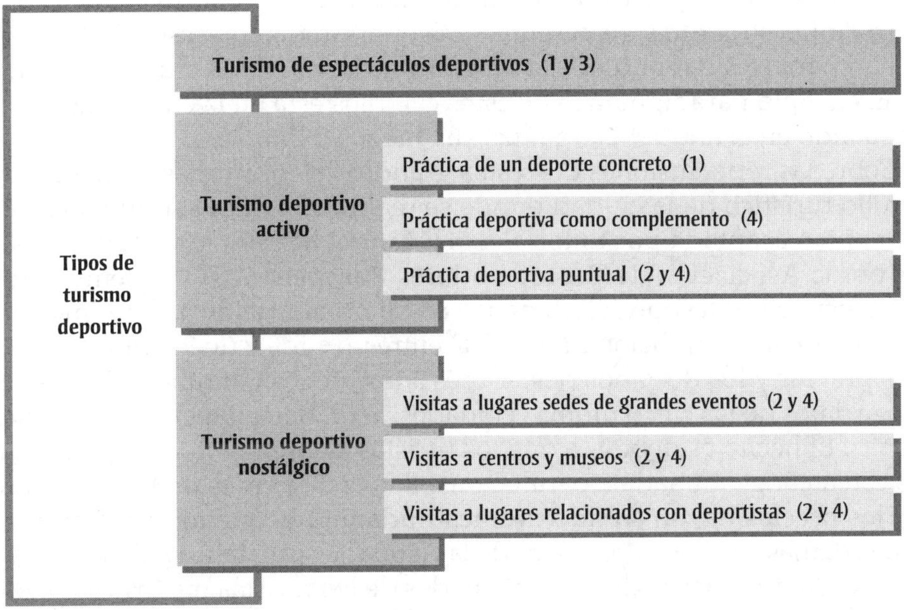

Figura 7.6. Tipologías de turismo deportivo.

En el *primer grupo tipológico*, se sitúa el turismo de espectáculos deportivos, definido como aquel tipo de turismo deportivo cuya actividad deportiva real la realizan un grupo reducido de profesionales de un deporte en concreto, y no los turistas. Con toda seguridad habrá otros profesionales entre el público, sin lugar a dudas, pero el gran contingente de público que se desplazará para asistir al evento, la gran mayoría, el porcentaje más elevado, será el de los aficionados al deporte y el de los admiradores de alguna de las estrellas deportivas que participen en el evento.

Este tipo es el generado por los grandes acontecimientos deportivos internacionales, de los cuales, con toda seguridad el más significativo es el de los Juegos Olímpicos. Este evento, que, como veíamos, se celebra cada cuatro años, tiene la capacidad de acaparar la atención de cientos de millones de espectadores en todo el mundo.

La ciudad en donde tenga lugar el evento ha de ser capaz de acoger también a todos los turistas que, procedentes de todo el mundo, se desplazarán para asistir a alguna de las competiciones. Esto implica que a la ciudad de acogida se la haya preparado en infraestructura y servicios como para hacer viables y posibles todos estos requerimientos, llegando en muchos casos a transformar completamente algunos de los lugares en donde se celebran. Las inversiones que se hacen, no sólo en las instalaciones deportivas, sino en todo tipo de infraestructuras, representan una oportunidad que esos destinos aprovechan para realizar auténticas transformaciones de las ciudades de acogida. El ejemplo paradigmático de estos cambios está en la ciudad de Barcelona, cuando en el año 1992 organizó sus Juegos Olímpicos.

Sobre las repercusiones que estas grandes celebraciones tienen en el desarrollo turístico de la ciudad donde se realizan, parece ser que no está tan clara ni tan aceptada por todos. Según Manuel Martín, los estudios realizados por la Asociación de Touroperadores Europeos (ETOA) demuestran la tendencia de un destino relacionado con su organización a experimentar un descenso de frecuenciación turística de entre un 1,5% y un 2% durante los dos años previos y los dos años posteriores a los Juegos Olímpicos. Este estudio recoge datos de las cinco últimas ciudades: Seúl, Barcelona, Atlanta, Sidney y Atenas. El hecho es debido a que los turistas sienten temor a que las ciudades estén congestionadas, paralizadas, llenas de gentes de todo el mundo, que los precios hayan subido desmesuradamente, que todo sea muy caro, y que además las preocupaciones de las ciudades puedan ser el que todo esté a punto, en detrimento de las necesidades de los turistas menos vinculados a hecho deportivo.

Tom Jenkins, director general de ETOA, reconoce en el artículo de Martín que si bien es verdad que los hoteles puedan *estar hasta la bandera*, no se consumen otros productos como las visitas a museos, las excursiones a atracciones u otros productos turísticos, perjudicando así a los turistas tradicionales.

Polémicas aparte, tenemos en nuestro país otro caso más reciente, es la ciudad de Valencia y su Copa América de Vela, que también ha transformado una parte importante de la ciudad bajo en fondo de las inversiones que se han hecho en ella para posibilitar el evento y dar una imagen de modernidad. El rendimiento económico es tal que justifica las inversiones multimillonarias, por lo que siempre representa una oportunidad única para la zona en donde tienen lugar estos eventos.

También entraría en esta tipología otro fenómeno turístico-deportivo que se está desarrollando con mucha fuerza en nuestro país. Son las competiciones de velocidad, que de forma inédita cada vez tiene más adeptos en nuestro país: los Grandes Premios de motociclismo en Jerez, o los de Fórmula 1 en el Circuit de Catalunya de Montmeló. El hecho de que tengamos pilotos campeones del mundo en todas estas modalidades, sin duda, está haciendo que la expectación crezca cada vez más, moviendo un flujo de turistas sin precedentes y absolutamente espectacular.

Como último gran ejemplo están las competiciones futbolísticas. Si bien es cierto que de los partidos de liga no se puede decir que generen un flujo similar a los ejemplos anteriores, sí que se puede afirmar que lo provocan en acontecimientos puntuales como una final de la Champions, por ejemplo. Aunque la competición futbolística que más expectación crea, y la que mueve más masas, es la celebración de la Copa del Mundo, entonces el fútbol sí que tiene la capacidad de crear un flujo enorme durante un mínimo de dos semanas, que puede compararse al que provocan los Juegos Olímpicos. Su gran diferencia está en que los partidos de fútbol de la Copa se celebran en diferentes ciudades de un mismo país y las Olimpiadas se concentran generalmente en una sola ciudad.

La *segunda tipología* es la que se refiere al turismo deportivo activo, es decir, aquella en la que el turista sí practica un deporte durante su tiempo de vacaciones. Tal como se muestra en la figura 7.7, se distinguen tres posibilidades:

a) Cuando la motivación es la práctica de un deporte en concreto.
b) Cuando la práctica de un deporte representa sólo un complemento.
c) Cuando se practica un deporte sin motivación previa.

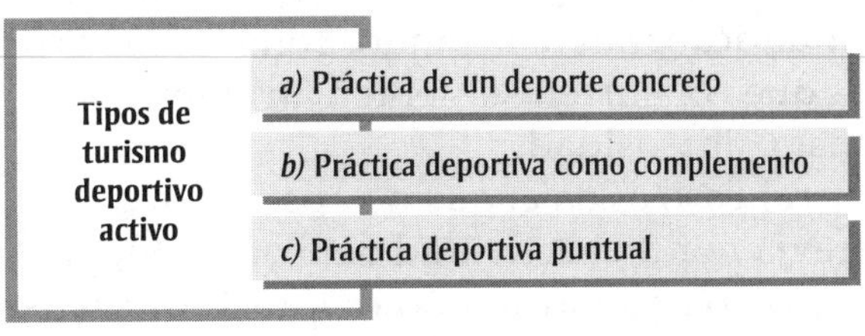

Figura 7.7. Tipología de turismo deportivo activo.

La base en la que se sustenta la catalogación es en los tres casos la actitud del turista frente a la práctica deportiva, decíamos más arriba. El grado de motivación, por tanto, va a ser el elemento que determine definitivamente de qué tipo de los tres se trata, por lo que se procede a analizarlos seguidamente:

- *Caso a).* La motivación principal es practicar un deporte. Todas las demás actividades se definen como necesarias o complementarias para esa gran motivación principal. Éste es el caso de los turistas que se desplazan a las estaciones de esquí a practicar el deporte blanco. Ésa es su gran motivación, y las demás son secundarias.

  Entrarían además en esta catalogación los deportistas profesionales que también se desplazan solamente para practicar un deporte en concreto, y donde las demás actividades también estarán supeditadas a la principal.

  Igualmente se situarían aquí las propuestas turísticas de agencias de viajes más especializadas cuyo producto esencial es la práctica de una actividad deportiva, como, por ejemplo, un *trekking* en el Himalaya o en el Kilimanjaro, o los recorridos por desiertos en 4 × 4, alojándose en *jaimas* y en *kasbash*.
- *Caso b).* La segunda posibilidad de esta tipología es la que corresponde a la práctica de un deporte como complemento. En este sentido, los resorts tipo Club Med son un ejemplo que la ilustran bien. La posibilidad de practicar algunos deportes que complementen el tiempo de vacaciones es su esencia, y su práctica no representa la motivación máxima. A veces no importa el deporte que se ofrezca, sino el abanico de ellos, de los cuales es posible que se acabe practicando alguno, aunque no es seguro.

  Se incluirían también otras posibilidades que podrían incluirse en el caso *a)*, como, por ejemplo, la hípica, el golf, la cinegética o la náutica. Cuando es una sola persona de un grupo la gran interesada y la que acabará practicándola como motivación central [he aquí el caso *a)*], mientras que el resto del grupo lo entiende como una actividad más de las muchas que acabarán realizando. Son los clubes deportivos, donde no todos los que concurren se sienten atraídos por la práctica deportiva con la misma intensidad.
- *Caso c).* El tercer caso es en el que no aparece ni una motivación, ni una atracción previa por una actividad deportiva. El turista puede tener en cuenta la opción o la oportunidad de practicar un deporte, pero igual no acaba practicando ninguno de ellos. Es el caso en el que un turista se dirige a un club deportivo, o a un gimnasio de la ciudad en la que está pasando unos días de vacaciones, para hacer algunos ejercicios de mancuernas, o el que entra a una piscina pública para tomar el sol y hacerse unos largos; es circunstancial, no estaba previsto hacerlo, pero finalmente acaba haciéndolo.

También aquel que estando en el destino de vacaciones pasa por delante de un lugar donde alquilan bicicletas y acaba alquilando una para dar una vuelta por la costa, por ejemplo.

Igualmente es el caso de una actividad deportiva que se realiza porque en la zona representa una tradición, una costumbre o una práctica habitual de la cual no se tenía constancia antes de iniciar el viaje. No hay motivación previa, se presenta la oportunidad y se hace, nada más.

La *tercera tipología* es la que denominaremos turismo deportivo *nostálgico*. El término *nostálgico* se utiliza con la idea de añoranza de hechos deportivos pasados que se llevaron a cabo en un lugar concreto. También puede estar relacionado con personajes deportivos del lugar, que normalmente estarán ausente durante la actividad, bien porque no estén físicamente allí o porque ya no existen. En esta categoría también se podría hacer una subcatalogación tripartita (figura 7.8):

a) Visitas a lugares donde se realizan, o se han realizado, eventos deportivos importantes.
b) Visitas a centros y museos deportivos.
c) Visitas a lugares relacionados no con un deporte, sino con un deportista.

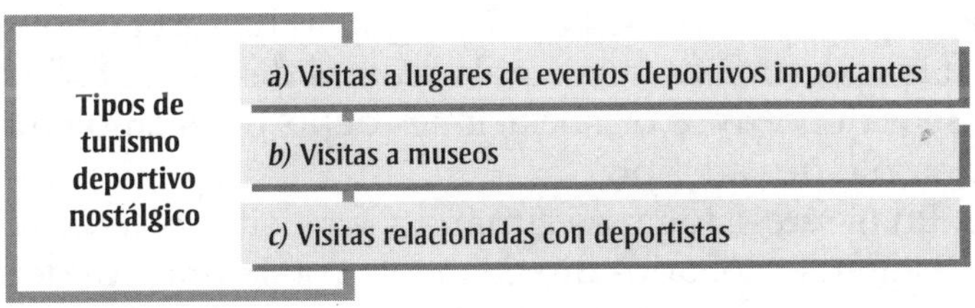

Figura 7.8. Tipología de turismo deportivo nostálgico.

Este tipo de turismo deportivo no se relaciona con la práctica de ninguna actividad deportiva, es mucho más sedentario, más contemplativo. Serían las consecuencias del impacto que ejerce la fama y la publicidad en los viajeros, que son capaces de desplazarse con el objetivo de visitar lugares míticos (o no tan míticos), que justifiquen un desplazamiento, creando un flujo o una visita puntual que solamente va a significar un complemento al destino turístico.

La nostalgia deportiva influye tanto en las demandas turísticas que hay quien las ha llegado a denominar como un nuevo tipo de peregrinaje moderno. Éste es el caso de dos de los autores de *Sport Tourism*, Sean Gammon y Daryl Adair (caps. 2 y 3, resp.).

- *Caso a).* Esta primera tipología *nostálgica* es la que se puede considerar como la forma más clara de esta nueva peregrinación secular. Se incluirían los viajes turísticos realizados hacia aquellos lugares o centros en donde han tenido lugar grandes eventos deportivos, como, por ejemplo, las visitas a los estadios donde se han celebrado algunos Juegos Olímpicos. También se incluirían los estadios que son sedes de grandes competiciones deportivas, como en el caso de los grandes clubes de fútbol sobre todo. Es así como podrían incluirse en este grupo las visitas a los grandes estadios de fútbol en nuestro país, el Nou Camp en Barcelona o el estadio Santiago Bernabéu en Madrid. Dos lugares míticos que representan una visita obligatoria para un gran número de turistas en ambas ciudades.

  Se contarían igualmente en este apartado aquellas visitas a los grandes circuitos donde también en algún momento se han celebrado competiciones de renombre y fama internacional, por ejemplo, el Gran Circuito de Jerez o el de Montmeló, en Barcelona.

  Son auténticas peregrinaciones, que aunque desprendidas totalmente de cualquier tipo de ideas religiosas, mantienen válidos los mismos elementos y los mismos efectos que las peregrinaciones religiosas más tradicionales.
- *Caso b).* En esta segunda tipología *nostálgica* se recogen todas aquellas visitas realizadas a lugares donde se expone elementos relacionados con los deportes, con sus hazañas, con su historia o con hechos referentes a los personajes más emblemáticos de esa historia. Las visitas a los museos deportivos o asociaciones deportivas emblemáticas son un claro ejemplo de este tipo.
- *Caso c).* En el tercer lugar se situarían las visitas ocasionadas a lugares que no están relacionados directamente con la práctica de algún deporte, pero sí con los deportistas de elite y sus aportaciones mediáticas. En este caso entrarían a formar parte de este grupo tipológico las tiendas, los restaurantes o incluso las residencias privadas de los deportistas famosos. Serían el equivalente a las visitas a las calles donde tienen sus mansiones los actores más famosos de Hollywood en Beverly Hills. Los ejemplos de los restaurantes de Doreste o las modas de David Beckham y toda su influencia mediática en los últimos años, son buenos casos a tener en cuenta.

Siguiendo a De Knop, en Martos, en su análisis sobre las posibles relaciones existentes entre los dos ámbitos, el turístico y el deportivo, tomamos como base su propuesta de un gráfico con tres círculos, interseccionados entre ellos, que representan el tiempo de *vacaciones*, el de *no vacaciones* y el de *par-*

ticipación deportiva activa o pasiva. La autora comenta los tres campos y la relación que representa la intersección de cada uno los tres, situando ejemplos de actividades cada uno de los casos.

Basado en esa gráfica de círculos, se propone la siguiente en la cual se han cambiado los tres ámbitos por otros tres que se podrían ayudar a entender mejor estas relaciones. Los ámbitos que se exponen corresponden al deportivo, al turístico y al cotidiano. Seguidamente se intentan explicar las posibles relaciones y qué actividades de las analizadas en la división tipológica anterior podrían situarse en cada uno de sus campos e intersecciones (figura 7.9).

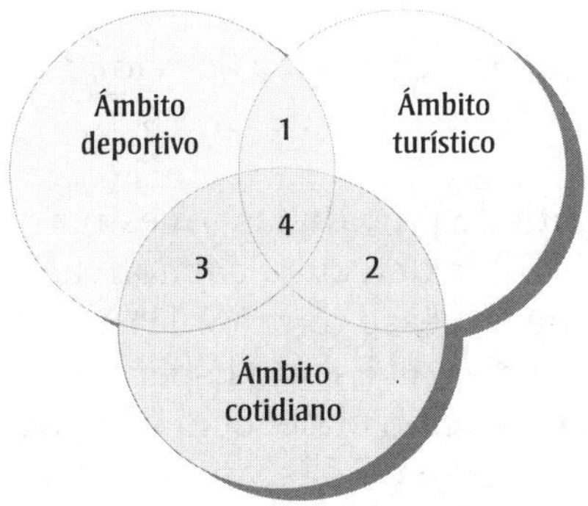

Figura 7.9. Relaciones entre los tres ámbitos.

En primer lugar, en el ámbito de los deportes se ha de entender como aquel en el que se recoge la práctica de todos los deportes y de actividades deportivas en todas sus modalidades, sean éstas obligatorias, profesionales o lúdicas. Por otra parte, la *intersección 1*, corresponde a las actividades deportivas denominadas más arriba como actividades de turismo deportivo activo de un deporte en concreto, donde la motivación es la práctica pura de ese deporte. También haría que añadir aquí las del turismo de espectáculos deportivos (véase también figura 7.6).

La *intersección 4* entraría también en la catalogación de turismo deportivo activo, pero sería aquel en el que su práctica responda solamente a un complemento de la actividad turística, por tanto, que no respondiera a una motivación principal, así que algunos tipos de actividades de turismo nostálgico se podría localizar igualmente en esta intersección.

Sobre la *intersección 3*, sería en donde se colocaran las actividades deportivas fuera del ámbito turístico y son las que se practican cotidianamente en horas de tiempo libre, como, por ejemplo, las actividades realizadas en los gimnasios o centros deportivos del tipo y las características de DiR o Arsenal, que se comentaban más arriba.

En el ámbito turístico se sitúan la totalidad de las actividades turísticas, deportivas y no deportivas. Su relación con el ámbito cotidiano da lugar la *intersección* 2, donde se localizan las actividades de base nostálgica y alguna de las activas puntuales, aunque la diferencia entre las intersecciones 4 y 2 se tendría que matizar en función de la actividad que se realice y en función de la actitud con la que se afronte.

7.5. Formas y actividades deportivas

Determinada la tipología de deportes y actividades deportivas en el ámbito turístico, pasaremos a revisar cuáles de ellas son las más frecuentemente realizadas.

Tomando como punto de partida las investigaciones y los datos aportados por Turespaña y el IET se detectan las motivaciones deportivas del flujo de turismo en nuestro país (véase figura 7.11). Según Frontur, de los casi 44 millones de turistas que recibió el Estado Español en el año 2005, el 80% declaraba que su principal motivación era el ocio y las vacaciones. En la figura 7.8 se desglosan en cuatro: el ocio de descanso basado en el campo y la playa, con un 62,9%, el ocio cultural con un 12,8%, el deportivo con un 1,4%, y finaliza con un grupo de varios en el que su incidencia se sitúa en el 2,9% (figura 7.10).

Analizando este segmento, se aprecia que de las tres tipologías dadas no siempre es posible calcular el índice de práctica final de los turistas, si bien es cierto que la de asistencia a espectáculos deportivos sí se puede calcular con cierta fiabilidad, las demás resultan más complejas, sobre todo las nostálgicas o las de actividad como complemento y las puntuales, ya que no representan una motivación previa ni principal.

También hay que matizar que los estudios se refieren al flujo internacional de turistas, y que a ésta habría que añadirle los porcentajes del dinámico turismo interno español.

Sea como fuere, los deportes más destacados en las estadísticas son seis: los deportes náuticos, el senderismo y el montañismo, el golf, los deportes de aventura, el esquí y otros deportes de nieve y la caza. Finalmente, se acompaña de un gran cajón de sastre donde se incluirían prácticas menos masificadas además de las emergentes, de las cuales sería aún más difícil calcular su incidencia en los flujos.

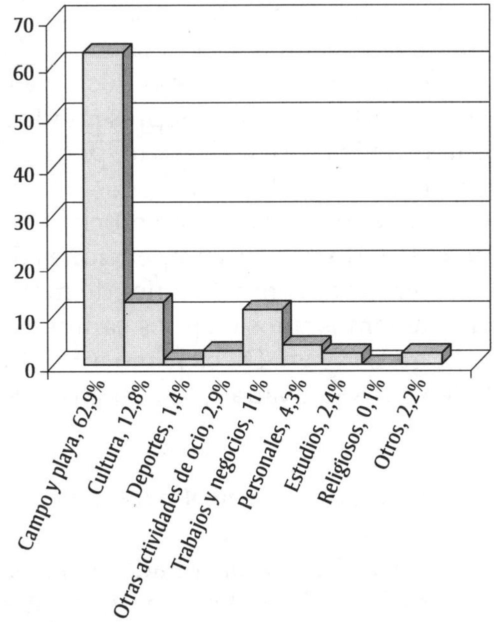

Figura 7.10. Clasificación de turistas según el motivo del viaje. *Fuente:* IET, 2005.

Por otra parte, hay que tener en cuenta que la práctica deportiva, y el interés que suscita, depende de una serie de factores que influyen en su demanda, cosa que ya veíamos en el capítulo tercero al analizar los productos de ocio y sus dependencias. Bien, pues para Martos existen una serie de factores que tienen la capacidad de incidir claramente en el crecimiento de la práctica deportiva, ya que condicionan las modas y los gustos por determinados deportes, y lo hacen tanto a nivel cotidiano como a nivel turístico. Basándose en investigaciones de Esteve Sacall, Martos cree que estos factores pueden ser reducidos a tres:

1. La facultad que puede tener un deporte en captar el interés de las audiencias masivas.
2. La facultad que puede tener un deporte de poder generar y promover desplazamientos en masa de un gran contingente de personas cautivadas por el interés hacia un deporte.
3. La facultad que puede tener un deporte en ser causa y fuente permanente de noticias.

A estos tres seguramente habría que añadirles un cuarto, que es la capacidad que pueden tener las primeras figuras mundiales en fomentar el interés por un deporte concreto, sobre todo en los países de origen de estos deportistas de élite. Es decir, que si en un país, por la circunstancia que sea, aparece una primera figura de orden mundial, es el inicio de una espiral en la que los ciudadanos se sentirán identificado y representados por ellos, haciendo crecer el interés por la práctica de ese deporte, pero, sobre todo, crecerá el interés por ese deporte como espectáculo.

Ejemplos de este fenómeno de masas hay muchos en nuestro país: el creciente interés en todo el Estado por las competiciones de Fórmula 1, gracias a Fernando Alonso. Las grandes competiciones de motos, entre ellas los GP, modalidades en la que tenemos unos cuantos campeones como Sete Gibernau, Dani Pedrosa o Jorge Lorenzo. De ciclismo a Koldo Fernández, de básquet a Pau Gasol, de tenis a Rafa Nadal y así un largo etcétera.

7.5.1. Los deportes más significativos en el ámbito turístico

A partir de la base de las estadísticas consultadas y de las fuentes analizadas, se desprende un listado de las actividades deportivas que parecen ser las más demandadas y que, sin lugar a dudas, son las que más destacan en el ámbito turístico de nuestro país. Extraídas de los datos de Frontur/Egatur, publicados en el 2005 (véase figura 7.11), se destacan como las más realizadas las siguientes:

A) Deportes náuticos

Definido como el turismo que tiene por finalidad navegar y practicar actividades náuticas en embarcaciones deportivas y recreativas, que pueden estar relacionadas con el motor, con el windsurf, el submarinismo, etc., y en donde se comparte la actividad náutica con disfrutar de la naturaleza y de la oferta turística.

En el Estado Español existe un acuerdo entre siete de las Comunidades Autónomas y Turespaña para otorgar la catalogación de estación náutica oficial en todo el territorio. Esta catalogación se concede una vez pasados una serie de controles de calidad y de infraestructuras, al igual que sobre las actividades que se realizan.

Cada una de estas estaciones náuticas representa una asociación de empresarios que tienen como objetivo común el de desarrollo de un destino turístico especializado en deportes y actividades náuticas. En la actualidad en nuestro país existen un total de 19 estaciones náuticas oficiales que están compuestas por más de 850 empresarios asociados en la Asociación Española de Estaciones Náuticas (AEEN). Las comunidades que la integran son las Islas

Visitas culturales	26.996	28.053
Diversión y discotecas	13.230	13.213
Actividades deportivas	9.862	8.902
• Deportes náuticos	4.862	3.916
• Senderismo, montañismo	2.151	1.191
• Golf	1.179	1.010
• Deportes de aventura	230	256
• Esquí-nieve	95	112
• Caza	57	36
• Otros deportes	1.288	2.381
Visitas a familiares	6.680	6.380
Asistencia a espectáculos culturales	4.706	5.150
Otras actividades culturales	3.364	4.291
Visitas a parques temáticos	3.040	3.463
Casinos, salas de juego	1.022	1.243
Asistencia espectáculos deportivos	1.198	1.151
Balnearios y talasoteparias	1.348	1.133

Fuente: IET. Frontur/Egatur, 2005.

Figura 7.11. Comparativa de las actividades realizadas en los años 2004 y 2005.

Baleares, Asturias, Galicia, Andalucía, Región de Murcia, la Comunidad Valenciana y Cataluña.

Entre el gran catálogo de actividades que en ellas se pueden realizar destacan las siguientes: pesca deportiva, submarino, esquí náutico, catamarán, moto náutica, vela, parasailing, snorkeling o kitesurfing, entre otras. Además, cualquier estación náutica puede estar también abierta a cualquier otro tipo de actividades no relacionadas directamente en con el mar.

B) Senderismo

Definida como una actividad excursionista que consiste en recorrer parajes de interés natural a pie por caminos y sendas. La práctica senderismo consiste en ir haciendo camino por medio de rutas que van desde el atravesar grandes montañas, bosques frondosos, llanuras, estepas o cualquier otro tipo de paisaje o accidente geográfico, hasta calles de grandes ciudades.

En la actualidad se cuenta que existen unos 30.000 kilómetros de camino señalados y homologados en nuestro país. Las tipologías de ruta son cuatro: las GR o Grandes Rutas, PR o pequeñas rutas, los SL o senderos locales, y los SU o senderos urbanos. La previsión para todas ellas es de seguir ampliándolas.

El desarrollo de similares rutas en toda Europa ha sido tan espectacular que se incluyen algunos realmente increíbles como la conocida como E4 que une Tarifa con Grecia, o la E3, que corresponde al Camino de Santiago, o la E7 que lleva desde el mar Negro hasta Lisboa, por citar solamente unos ejemplos.

En nuestro país la Federación Española de Montañismo (FEM), juntamente a los clubes de montaña y los montañeros, son los que se pueden considerar como responsables del desarrollo y la implantación aquí de esta actividad deportiva, iniciándose el despliegue de esa red de caminos hace aproximadamente unos 25 años.

C) Golf

En cuanto a la práctica del golf, en primer lugar, se ha de descartar la idea de que es una práctica minoritaria y de que el porcentaje de turistas que se desplazan para practicar el deporte es, como se desprende de los gráficos, bastante elevada.

Entre los datos facilitados por Turespaña destaca el de que más del 80% de los encuestados son miembros de un club de golf, y que cuando salen visitan por lo menos tres campos diferentes en el extranjero, y que en sus lugares de origen se detecta una media de ocho días al mes de práctica del deporte.

La democratización de este deporte puede considerarse como espectacular y se calcula que de los ochenta millones de jugadores actuales en todo el mundo, en unos diez años podrían llegar a ser unos 120. En Europa este tipo de turismo representa más de un 1,6 millones de viajes anuales, de los cuales el 60% son internacionales.

En nuestro país la distribución de los campos de golf es bastante desigual, y de las diecisiete Comunidades Autónomas con campos de golf, la disparidad es total, desde la de Andalucía, que estaría a la cabeza con 81 de estos campos, mientras que en último lugar se situaría La Rioja con sólo 2 de ellos.

Figura 7.12. Folleto promocional de turismo de golf en Jerez.

La temporada alta del turismo de golf en España abarca desde, aproximadamente, el mes de marzo hasta finales de octubre, por tanto, más amplia que el tradicional producto de "sol y playa". Mientras que el alojamiento se hace el 45% en hoteles, el 17% en apartamentos y el 12% en segundas residencias compradas en España.

De esta manera el turismo de golf se ha convertido en poco tiempo en un clásico dentro de los turismos específicos, entre los cuales España se posiciona como una de las designaciones punteras entre los demás países europeos.

D) Deportes de aventura

Sobre los deportes de aventura, destacar que no hay ninguna estadística sólida a nivel estatal, aunque sí se puede llegar a firmar que hoy día representan una de las alternativas más practicadas entre los deportes ya comentados.

Dentro de la gama de actividades que se realizan bajo esta tipología se pueden destacar las modalidades de ala delta, barranquismo, bicicletas de montaña (BTT), saltos en paracaídas, descensos de barrancos, 4 × 4, puenting, *bengi, hidrospeed* o *quads*, entre muchos más.

E) Esquí

Al turismo de nieve se le ha dedicado ya una buena parte en el capítulo 5, por tanto, sólo recordar que se podría definir como el tipo de turismo cuyo objetivo principal es la práctica de los deportes relacionados con la nieve, y que hemos visto también que, como casi todas las formas de turismo deportivo activo, estaba bastante relacionado con la naturaleza y el aprovechamiento que de ella se hace con finalidades turísticas.

En él queda muy claro lo que se dijo más arriba sobre la combinación y la aportación de los elementos turísticos y deportivos: es, en definitiva, lo que da lugar a esa amplitud de posibilidades de actividades, y entre las que destacan como más comunes y, relacionados con la nieve, que son, entre otras, el esquí alpino, el esquí de fondo o nórdico, el esquí artístico, el trineo, la moto de nieve, el snowboard, el freeride o el esquí de riesgo, como últimas tendencias.

Gestión del ocio corporal

8

Definido tradicionalmente como el ocio que se preocupa por la salud y por los efectos beneficiosos del agua y sus componentes. Otro de sus campos es la tonificación del físico, aunque sea éste un concepto bastante más moderno, que remite no sólo a la ausencia de salud, sino que es bastante más sutil, ya que se refiere a la sensación de bienestar que puede proporcionar a la persona que lo practica. Es el *wellness*.

Seguramente es debido a esta relación con la salud, en un primer momento, y con el aspecto físico más adelante, que su desarrollo ha tenido una espectacular evolución en los últimos dos siglos, sobre todo si se compara con otras formas de ocio más genérico, pero además es que se prevé un crecimiento mayor aún, y algunas de sus formas son consideradas como productos altamente democratizados, sobre todo los relacionados con el aspecto físico.

La forma más significativa de este tipo de ocio, por historia y por tradición, es el balneario. Aunque otras de sus formas no menos importantes, como, por ejemplo, los Spas y los centros de talasoterapia, sin entrar en las adaptaciones que se están llevando a cabo en los centros deportivos, donde hoy en día una parte imprescindible de sus instalaciones se asienta en la tonificación del cuerpo y en el aspecto físico, que generalmente están basados en la utilización de recursos relacionados con la salud y el culto al cuerpo, aderezados siempre con un componente lúdico importante.

8.1. Introducción a las actividades de ocio corporal

La historia del agua como bien terapéutico se puede encontrar ya en las antiguas tribus que habitaban las cuevas durante la prehistoria. Se cree que aún sin un conocimiento claro de sus beneficios, el hombre observaba que las fieras heridas o enfermas se acercaban a determinados manantiales de aguas calientes o con un olor extraño, se curaban o mejoraban notablemente tras baños o ingestiones. Seguramente sea una de las razones por las que el agua ha sido objeto de culto en muchas culturas, y es considerada como elemento purificador y símbolo de pureza en la mayoría de ellas; de hecho el bautismo no es ni más ni menos que una consecuencia de este ideal.

Como las demás formas y productos de ocio, el corporal se experimenta y arraiga ya en las esferas más elevadas de las sociedades antiguas y aunque sus inicios tengan que ver directamente con la curación, en seguida evolucionarán hacia actividades calificables como de entretenimiento y de ejercitación física basadas en aspectos lúdicos y de ocio.

Como ejemplo de esta combinación de factores se puede citar uno de los vestigios arqueológicos más espectaculares de la cuenca del Mediterráneo: Pamukkale, el *Castillo de Algodón* en Turquía, donde en la actualidad continúa siendo un destino de balneoterapia, que remonta sus raíces hasta el siglo III a. C., durante el Imperio romano.

En Pamukkale se encuentran los restos arqueológicos de la gran ciudad romana de Hierápolis, lo que demuestra que por lo menos unos tres siglos antes de nuestra era sus aguas termales eran ya motivo de viajes y de estancias prolongadas.

De esos primeros momentos de esplendor hasta hoy día, la adaptación a las necesidades de la sociedad de productos que respondan a las expectativas de los consumidores llevan a que la balneoterapia se acerque más y más al concepto de un ocio en el cual el culto al cuerpo, más que el cuidado de la salud, sea la base más efectiva de las nuevas propuestas.

Destaca en la actualidad una idea que abarca muchas de estas formas y productos de ocio y que se está haciendo un lugar importante, no sólo en el ámbito turístico, sino en el más puramente cotidiano. Es el *wellness*, que ya se presenta como un auténtico negocio que introduce rápidamente su filosofía y, como no, sus productos en muchas destinaciones turística consolidadas, ofreciendo un nuevo complemento relacionado directamente con la salud y el ya mencionado culto al cuerpo, que tan de moda está.

8.2. El concepto de *wellness*

El anglicismo *wellness* remite a un buen estado de salud, a una revisión actualizada del lema clásico *mens sana in corpore sano*. Se refiere, por tanto, a una salud física y mental. Sin embargo, admite matices en función de la sociedad y la cultura en la que se practica, habiendo diferencias entre lo que se entiende en varios países europeos, y en América del Norte, basándose todos en que previene y mitiga el estrés, la fatiga física, la tensión nerviosa, etc., y centra sus esfuerzo en la recarga de energía de las personas que lo practican.

Así pues, se ve como el heredero de toda una tradición nacida en torno al Mediterráneo, en el seno de las civilizaciones antiguas, y que pretendía desde su nacimiento un objetivo terapéutico relacionado con el agua y sus propiedades que transgredía la simple tonificación del cuerpo, y se acercaba bastante a un concepto relacionado con la salud mental y física, sobre todo aunque no exento de un importante componente social, aspecto este último que, con el transcurso de los años, se convertiría también en motor de una gran cantidad de actividades cuyo objetivo era claramente de fomento de las relaciones sociales a muchos niveles. Hoy en día se situaría muy cerca del concepto de la animación turística.

Por otra parte, la Organización Mundial de la Salud (OMS) se muestra en esta línea cuando determina qué entiende por salud y dice de ella que es "la ausencia de cualquier tipo de enfermedades, por tanto, un estado de bienestar corporal, mental y social".

Según la revista especializada *Hosteltour,* en mayo de 2006, España es el tercer país del mundo en destinos turísticos de salud, después de Alemania y Francia, primero y segundo respectivamente. Son varias las circunstancias que lo han hecho posible, entre ellas la tradición turística existente, el clima y los recursos naturales relacionados con el tema, a los que hay que añadir la buena comunicación con los diferentes países, sobre todo con los europeos.

Relacionado con el bienestar, en el turismo de salud pueden distinguirse dos grandes subtipos: el turismo de *wellness* y el turismo sanitario (figura 8.1). El primer tipo se enmarca dentro de las actividades de prevención y de preocupación por el aspecto físico, mientras que el segundo lo hace en función de las actividades puramente curativas.

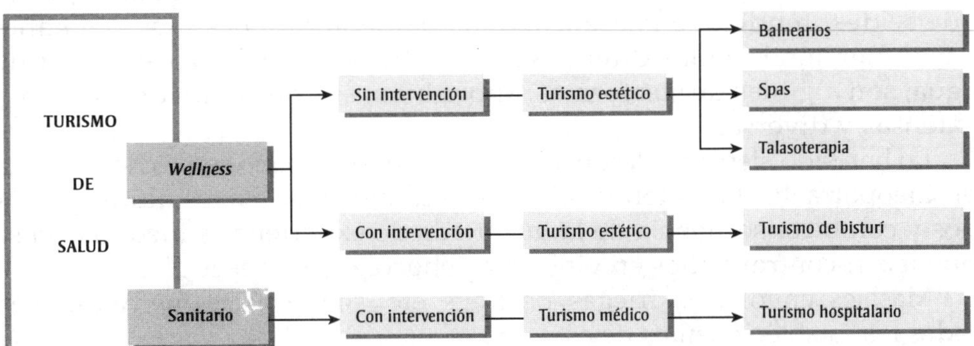

Figura 8.1. Esquema del turismo de Salud y Bienestar.

Frente a este esquema, y a partir de los dos grandes subgrupos, se pueden determinar tres tipologías de turismo: el *hospitalario*, que incluiría tanto a aquellas personas que estando enfermas se trasladan para ser visitadas por un especialista o que desean una opinión médica determinada, como aquellas que buscan ser intervenidas quirúrgicamente. Serían el *turismo médico*, en el primer caso, y el *turismo hospitalario* en el segundo. Es también lo que se conoce como turismo de curación, que practican aquellas personas que necesitan una intervención por cuestiones de superar una dolencia determinada.

Frente a esta tipología se sitúa el turismo de *wellness*, que englobaría las actividades más puramente preventivas o estéticas. En él se distinguen dos posibilidades: un *wellness* interno, que es el que mayor relación tendría con los aspectos preventivo-curativos, y el externo, donde la preocupación máxima del turista es el aspecto físico y el culto al cuerpo.

En el grupo del interno es donde se identifican las formas de raíz más tradicional, mientras que el externo engloba las más modernas, sean éstas con intervención o sin ella, siendo el *turismo estético* (que nos reconduciría a las formas tradicionales del balneario, talasos o incluso spas, en algunos casos), mientras que la segunda posibilidad se centraría en el *turismo de bisturí*, muy evolucionado en nuestro país.

Así decíamos que enmarcado en el *wellness* interno se sitúan las formas más tradicionalmente relacionadas con el inicio de esta forma de ocio turístico y con las épocas clásicas: los balnearios, los spas y los centros de talasoterapia, todas ellas formas que se despliegan a continuación.

8.3. Balnearios, *spas* y centros de talasoterapia

El prefijo *balneo* procede del latino *balneum*, que significa baño, por lo que se desprende que la esencia de la balneoterapia es, pues, el baño. Las inmersiones en los diferentes tipos de aguas, el barro, el vapor de agua, son algunas de sus formas; ahora bien, sus posibilidades son muy extensas y diversas.

Lo han sido siempre, desde los muy mitificados baños en leche de burra de Cleopatra, hasta las tendencias más actuales, que, en los últimos tiempos y como consecuencia de la búsqueda de experiencias inéditas, ya se pueden encontrar baños en vinos o en chocolate, por ejemplo.

Masajes, envolturas, friegas, peelings, etc., son técnicas que ya están en todos los establecimientos de este tipo.

8.3.1. *Diferencias*

Según la normativa vigente en nuestro país, para que un establecimiento pueda identificarse como alguna de estas tres formas, ha de cumplir con una serie de requisitos. Bien, de hecho esta reglamentación solamente influye al caso de los balnearios, las demás se las clasifica en función de los aspectos reglamentales que no cumplan.

- *Estación termal o balneario:* básicamente ha de cumplir tres requisitos:

  1. Instalación en las proximidades de un manantial con agua analizada por un laboratorio oficial que la declara minero-medicinal, por tanto, de utilidad pública, pudiéndose incluso comercializar.
  2. Cuenta además con servicio médico e instalaciones adecuadas para llevar a cabo prescripciones facultativas dictaminadas por el equipo médico. Esta asistencia sanitaria se enmarca en tratamientos basándose en las aguas minero-medicinales.
  3. Cuenta con espacios de alojamiento para las personas que han de seguir una terapia determinada, un régimen alimenticio específico, y realizar una serie de actividades físicas acordes con la prescripción médica.

Significa que además de la importancia del agua analizada oficialmente, tendrá un servicio médico facultativo que pueda prescribir y realizar un seguimiento de los *pacientes*. Un balneario ha de contar también con la posibilidad de alojar en sus instalaciones a los *pacientes* que requieran estar un tiempo siguiendo una terapia. Por tanto, tendrá habitaciones, y que su forma física acabará siendo bastante parecida a un hotel.

Además de las habitaciones contará con espacios concretos para seguir una alimentación específica; es el restaurante y la cocina, de la que generalmente también se le dotará.

Existen también las necesidades de ejercicios y actividades que practicarán los pacientes, pero que a la larga acabarán convirtiéndose en auténticas acciones sociales en las cuales participarán todas las personas alojadas en el establecimiento. Esto implicará la creación de salones en donde realizarlas, tanto las actividades físicas como las de recreación social, por lo que, en este sentido, nos acercamos de nuevo a la idea de un hotel.

- *Talasoterapia:* no hay una regulación oficial clara, como se verá más adelante, pero se distinguen por el agua que usa. En lugar de aguas de manantial declaradas de utilidad pública, los centros de talasoterapia utilizan agua de mar para sus terapias. La materia prima de la Talasoterapia, el agua que procede directamente del mar, cuenta con unas propiedades especiales entre las que se encuentran la salinidad, su movimiento y su densidad. La extracción del agua ha de hacerse a una cierta distancia de la costa y a una profundidad mínima para garantizar así la máxima pureza y la máxima eficacia en los tratamientos.

Estos centros combinan con el agua algas, barros marinos o sales, entre otros elementos, que pueden ser traídos de cualquier punto del Globo, y no es necesario que se instalen a orillas del mar para ser denominados con esta tipología.

Pueden tener los demás elementos y no presentar ninguna diferencia con un balneario, sólo el agua será diferente, y con ella, las terapias. Sí se pueden encontrar centros de talasoterapia en forma de grandes hoteles de lujo, como el Ra de Calafell, en Tarragona, o pequeños establecimientos con tan sólo unas cuantas instalaciones abiertas durante unas horas al día.

– *Spa (Salutem per Aquam):* son los centros de hidroterapias que utilizan agua corriente, o no analizada, para sus tratamientos.

  No existe una definición oficial ni una reglamentación, por lo que es la forma más abierta y más amplia, pudiendo contener elementos de las dos anteriores y adoptar estructuras que se parezcan a hoteles y a balnearios.

  Hay quien atribuye su nombre al municipio balneario del sur de Bélgica, en la zona de las Ardenas, y que también comercializa sus aguas con el nombre de Spa, de cierta fama en el mismo país o incluso en las zonas más próximas a su frontera en otros países, como Holanda y Alemania.

Ésta es la forma más extendida y la que aplican y adaptan muchos establecimientos de alojamiento turístico en su camino hacia la constante ampliación de servicios. La razón de ello es que, como decíamos, no requieren de un tipo de agua en especial, y sus terapias pueden llegar a ser muy amplias.

Es sin duda la que más ha evolucionado gracias a la búsqueda de nuevas fronteras y experimentos, que con bastante frecuencia están más cerca de lo insólito que de lo puramente terapéutico. Valls podría decir que responde así a las necesidades del nuevo consumidor en su búsqueda de nuevas experiencias y exclusividad.

8.3.2. Tradición de los centros termales

La relación y la dependencia que se establece entre el agua y el hombre aparece en suficientes fuentes que representan claras evidencias de que se tienen en cuenta desde el mismo inicio de las civilizaciones prehistóricas, donde al agua se le concede ya un sentido mágico, religioso y purificador, si bien es cierto que habrá que esperar hasta las grandes civilizaciones clásicas para encontrar el momento en que realmente ese vínculo con el agua, y su uso, con la idea de salud y culto al cuerpo que, de alguna forma, sea llevado hasta el ámbito del ocio (entendido éste desde una óptica actual).

A) Egipto

El baño era corriente incluso varias veces al día, por la mañana y antes y después de las comidas, incluso las clases dirigentes y los sacerdotes podían llegar a bañarse hasta cuatro veces al día, y aunque no conocían el jabón, utilizaban el natrón y la sosa. También estaban bastante preocupados por su aspecto físico y la relación de éste con la limpieza y la salud, por lo que los perfumes y cosméticos eran muy habituales, tanto entre hombres como entre mujeres, al igual que el maquillaje facial, donde los ojos cobraban una importancia relevante en uno y otro sexo. La depilación total era muy habitual en el pueblo egipcio, sobre todo entre las clases altas y los sacerdotes.

Se consideraba que el estado natural del ser humano era la salud, y las enfermedades representaban una anomalía, todo y que entre ellas se podían distinguir dos tipos bien diferentes: las debidas a traumatismos, quemaduras, fracturas, etc., y aquellas de cuyas causas no se sabían, o eran desconocidas e invisibles. La explicación de su aparición se le asocia a la mágica o a la metafísica, aunque casi siempre iban ligadas, y de hecho así se consideraban, a causas de alimentaciones deficientes o no adecuadas.

Según su cultura, el agua, sobre todo la del Nilo, era símbolo de bienestar y de salud. Una buena crecida del nivel del río implicaba la promesa de una cosecha excelente, y alimentación suficiente y variada, mientras que una temporada de inundaciones escasas significaba la certeza de hambrunas y epidemias generalizadas.

Consecuencia de su preocupación por la higiene y por la salud van a ser los centros termales que aparecerán, muchos de los cuales ya eran conocidos y explotados en todo su territorio con gran fortuna. Se conocen manantiales con aguas que brotan a más de 35 °C. Entre las principales zonas termales destacan las del Golfo de Suez, las de El Cairo o las del Oasis Bahariya, en el interior del país.

Una mención aparte merecen las aguas de dos manantiales que salen aún a mayor temperatura: Sudr y Hamman con 72 y 89 °C, respectivamente.

B) Grecia

En la cultura griega los baños se relacionaron con las divinidades femeninas y estaban marcados por el calendario litúrgico, por tanto, por la religión. Las ninfas habitaban y guardaban las grutas o manantiales, y se las vinculaba con los valores inculcados por su religión, además de conectar con la fertilidad. Una fuente de agua mineral era considerada una forma de terapia que procuraba la fertilidad y la salud de las personas que la tomaran o se bañaran en ellas. Esculapio se decantaba por los beneficios obtenidos a través de técnicas de inmersión o incubación, mientras que Asclepios se decantaba por terapias basadas en la ingestión y bebida de las aguas. En cualquier caso, son las bases para la aparición de las primeras instalaciones balnearias, y las enfermedades empiezan a ser vistas como una deshonra del cuerpo y un defecto del alma.

Durante todo el período, los baños con agua carbonatada destacan por encima de los demás tipos de aguas. Son las aguas de soda que se extraen del subsuelo y que acabarán por consumirse incluso en domicilios privados.

Una de estas primeras instalaciones balnearias es la del Santuario de Kos, conocida por la calidad de sus aguas y por las composiciones químicas de las mismas. En Esparta su *gimnasium* era frecuentado tanto por hombres como mujeres, que realizaban actividades ligadas a la forma física y en donde el baño se convirtió en un quehacer cotidiano, dando lugar a que fuentes, pilas y piscinas hicieran su aparición en palestras y gimnasios de toda la zona.

En el siglo IV a. C. Atenas se provee de fuentes monumentales en evocación a la relación del agua con las conductas religiosas, y en las casas empiezan a construirse tinas. Es entonces cuando se crean las primeras conducciones de agua corriente a través de conductos y que se evacuarán por medio de desagües.

Sus innovaciones marcarán los modelos posteriores y serán la base para algunas de las instalaciones más importantes de las salas de baños públicos, donde a finales del siglo aparecen ya los baños de vapor, algo realmente mal visto por muchos en la época, ya que creían que era digno de desprecio, eran los laconizantes.

En los baños públicos, además de la higiene, se procura la relajación y con el tiempo se convertirán en lugares de reunión y charla social. El desarrollo de estas instalaciones es tal que da lugar a la aparición de funciones nuevas y específicas que quedarán solucionadas por personajes que a partir de entonces se van hacer imprescindibles, como, por ejemplo, los maestros de baño o los mozos de baño, profesionales que ayudan y orientan a los visitantes en el uso de las instalaciones y servicios.

Los baños contemplan partes específicas y separadas para las mujeres, que no se mezclarán con los hombres, aunque las mujeres que acuden a estas instalaciones son de clase media y baja, ya que las clases altas y la burguesía se construyen sus baños bien preparados en sus dependencias privadas, que serán utilizadas por todos los miembros de la familia, y los baños antes de las cenas se imponen llegando a ser identificados como parte de la misma o como sinónimo de ella.

Los cosméticos más utilizados son los ungüentos y el jabón, que se fabrica con aceite y arena. El amplio catálogo que supo desplegar la cultura egipcia, con los griegos se reducirá a unos pocos productos, que también serán bastante menos sofisticados.

C) La cultura romana

El baño y la higiene del cuerpo se hace aún más cotidianos. Cara, brazos y piernas se asean diariamente, y el baño completo se ve como algo obligado una vez cada nueve días, como mínimo.

En Roma durante las celebraciones de la diosa Venus se suele purificar el cuerpo en las piscinas públicas, en los santuarios o en los baños. Más adelante, algunas zonas del Tíber, a las afueras de la ciudad, se adecuarán para permitir el baño al público en general.

En la mayoría de las casas había un baño privado donde se aseaba toda la familia, era el *balneum*, aunque se le conocía corrientemente como *lavatrinam*. En él podía situarse una bañera fija o bien un barreño que hiciera sus funciones. El agua que se utilizaba era agua corriente a temperatura ambiente, pero durante el invierno podía calentarse en la cocina, o incluso llegar a utilizar el agua caliente que también hacía el servicio de calefacción en algunas residencias privadas.

Con el tiempo los romanos acabarán denominando *balnea*, en singular, al baño de las casas y *balineae*, en plural, a los baños públicos.

Las termas públicas aseguraban que todo el pueblo, incluso los plebeyos más miserables, tuviera acceso a los baños gratuitamente unos días concretos al año, mientras que el resto de días se podía acceder a un precio muy asequible para todos. Según Cicerón, la primera preocupación de los romanos era proveerse de la vajilla necesaria para preparar y consumir los alimentos, y la segunda era tener los utensilios necesarios para el baño. En tercer lugar se situaba la adquisición de muebles de lujo y ornamentos.

Durante toda la civilización romana se detecta un crecimiento constante de los baños por motivos de salud, limpieza y por placer, llevando hasta el último extremo esta idea, y se tiene constancia de baños en vino blanco, en agua de rosas o en otros perfumes. La cosmética sufre un auge espectacular en el campo del perfumen, que se hace muy popular, volviendo a ser usado también por hombres.

Además de los baños públicos construidos para ser utilizados por todos los ciudadanos, existían también otros que pertenecían a capital privado y que se explotaban como alternativas a los públicos. Aunque algo más caros, funcionaban muy bien, ya que evitaban los barullos y los escándalos propios de las termas más populares.

Una tercera tipología sobresale de las dos anteriores, son las termas, construidas para el pueblo en un primer momento por ciudadanos ricos y poderosos, y más tarde por los emperadores. Serán las instalaciones más espectaculares y las que marcarán las tipologías posteriores.

Las partes más importantes de las termas eran cuatro: el *apodyterium*, el *frigidarium*, el *tepidarium* y el *caldarium*.

- El *apodyterium* era el equivalente a los vestuarios, donde se dejaban la ropas custodiadas por algún sirviente, a cambio de unas monedas.
- El *frigidarium* o celda fría, solía ser la última estancia por la que pasaban los que iban a tomar baños. En ella había diversas *baptisteria* o pilas redondas de grandes dimensiones.
- El *tepidarium*. Paso intermedio entre la siguiente parte y la anterior. La temperatura aquí era templada, y era donde se descansaba y se aprovechaba para comer o tomar algo.
- El *caldarium*. Un espacio a elevada temperatura con grandes bañeras y depósitos de agua caliente. Podía llegar a incluir grandes piscinas de agua caliente donde poder nadar, baños turcos con infinidad de asientos individuales en forma de trono para sentarse (las de Caracalla tenían 1.600). En las grandes termas había departamentos de gran lujo con aguas medicinales para determinadas enfermedades, o perfumadas con diversas esencias.

Adosadas a las salas de baños solía haber salas para la gimnasia o la palestra, en las que solían situarse las *tabernae* o lugar para la venta de bocadillos y bebidas, y junto a las que se podían encontrar piscinas de agua a temperatura ambiente para zambullirse una vez realizados los ejercicios gimnásticos o los juegos de pelota. En este espacio era donde también se administraban los masajes y se limpiaban los cuerpos con las *strigiles*, o hierros curvos, ideales para el *peeling*.

Esta evolución espectacular por la preocupación por el cuerpo y su aspecto, empieza a tomar otros rumbos a finales de la República, cuando se detecta una cierta repugnancia por presentarse desnudo ante otras personas, incluso del mismo sexo, algo inaudito hasta la fecha, sobre todo si se tiene en cuenta que durante siglos los baños y las termas fueron mixtos y que la promiscuidad era una actividad totalmente practicada por hombres y mujeres de todas las clases sociales.

Emperadores como Adriano o Alejandro Severo prohibirían los baños mixtos separando hombres de mujeres dando horarios distintos para el acceso y evitar así la coincidencia. Además Adriano redujo el horario de abertura y desde entonces, aparte de ancianos y niños, sólo los enfermos podrían entrar antes de las dos del mediodía, para cerrarlas al anochecer.

Con todo, las termas significaban el centro de reunión de la vida mundana, razón por la cual el precio de la entrada era muy bajo, para que pudiesen acceder todo tipo de personas. Los niños y las mujeres tenían el acceso libre, excepto aquellas que se dedicaban a prostituirse, ya que para ello tenían que satisfacer unas tasas que se abonaban al bañista que explotaba la instalación.

En general, la actividad era mucha y había bastantes ciudadanos que pasaban prácticamente el día entero disfrutando de las instalaciones. Hablaban, discutían, jugaban, descansaban, corrían, tomaban el sol o se abandonaban al placer y al deleite de la lectura de las obras de moda en la biblioteca. Incluso los filósofos acudían en busca de su audiencia y de sus admiradores.

A medida que se avanzaba en el tiempo, los cada vez más numerosos cristianos se sentían más lejos y se apartaban de toda esta actividad relacionada con el culto a la limpieza del cuerpo y la liviandad, ya que para ellos lo más importante era la limpieza y la pureza del alma.

También los judíos solían evitar los baños públicos, no por moralidad, sino por vergüenza de mostrar las señales de su circuncisión. En contraposición, otro grupo de ciudadanos que no solía frecuentar los baños eran aquellos que pretendían sentar plaza de filósofos y poetas, decantando su ostentación hacia la dejadez, la suciedad y el abandono de su persona para mostrar así que su preocupación única era el cultivo del alma y no del cuerpo. No se bañaban, dejaban crecer sus barbas y buscaban rincones escondidos para evitar los baños.

D) La Edad Media

Durante este período la actividad termal cae en un abandono profundo del que no se recuperará hasta prácticamente el siglo XVIII.

Ya desde la introducción del cristianismo, que fomenta la salud del alma en detrimento de la salud del cuerpo, se empieza a priorizar en esferas más amplias de la población una vida mucho más espiritual. A este hecho se le añade el de las invasiones bárbaras, que desmembrarán el Imperio romano, fomentando mucho más el carácter espiritual de la religión cristina, que pasará a ser el nexo de unión de muchos pueblos que se presentarán indefensos a esos contingentes belicosos que atemorizarán a toda Europa. La inseguridad, el temor y la nueva manera de ver la vida darán como resultado que el cuidado físico pase a un nivel de casi prohibición, y pasará a ser visto como un forma de hedonismo del que hay que liberarse.

La Iglesia desaprueba el uso del agua, tal y como lo entendían los romanos, y la consideran una expresión de decadencia moral, que ya se apuntaba al final del Imperio, y que remite al paganismo, y, por tanto, al pecado. De la misma manera se desprecia también la desnudez, que será condenada enérgicamente.

El proceso es largo y se dan situaciones paradójicas como que será justo en los monasterios cuando, paulatinamente, se acepten algunas medidas higiénicas y de curación, o de que en los manantiales que escapan del control de la Iglesia se den casos de baños mixtos que acabarán, en muchos casos, en verdaderos escándalos que darán pie a prohibiciones aún más estrictas y a la separación radical de ambos sexos.

En este panorama, a partir de principios de siglo VIII entran los árabes en la península Ibérica, y con la cultura islámica, la cultura del culto al agua.

Esto significa una resistencia frontal y enérgica a las tendencias marcadas por el cristianismo, y de nuevo la higiene y la salud son una preocupación de primerísimo orden. Es una época importante para el desarrollo de la medicina, que incita al cuidado y a la higiene del cuerpo. Se construyen baños públicos y se acondicionan algunas de las instalaciones abandonadas del tiempo de los romanos. Éste es el caso de Caratraca, en Málaga.

E) Siglos XV al XVII

El relevo en Europa de esta tendencia más higiénica lo tomarán los turcos, que en el siglo XV, una vez expulsados los árabes de la Península, provocarán la caída de Constantinopla, invadiendo un basto territorio que llegará hasta las mismas puertas de Viena hasta el siglo XVIII.

La práctica entusiasta del termalismo por los turcos favorecerá la recuperación de la importancia del agua, tanto en la vida social como en la religiosa, y esta influencia será básica para el gran desarrollo que experimentarán todos los países de la zona a partir de los siglos XVI y XVII, entre los que cabe destacar Austria, Hungría, Rumanía, Bulgaria, Eslovaquia o Grecia.

El ejemplo de Budapest es bien claro, ya que hoy día representa la ciudad europea más impregnada por las prácticas del termalismo. La dominación turca hizo que se recuperaran instalaciones romanas, que se construyeran gran parte de los más importantes centros termales actuales, siendo una de las ciudades con más actividad de afluencia cotidiana.

A excepción de estos dos focos la actividad termal y la higiene en Europa atraviesan en toda la Edad Media por una época de auténtico letargo, del que tímidamente se irá despertando con al avance que supuso el Humanismo y el creciente interés de la actividad científica a raíz de las repetidas epidemias y de la falta general de una higiene mínima, que dará lugar a cambios en las costumbres del uso público y privado del agua.

En este panorama, la Iglesia, que no ve bien el baño público, se contradice con sus intereses económicos que recauda a través de la explotación de sus aguas termales que empiezan ya a experimentar una demanda considerable al relacionárselas con la salud. El Renacimiento italiano hará que se disemine por toda Europa lo beneficiosas que pueden llegar a ser algunas aguas termales.

Eruditos de todo el continente empiezan sus periplos para visitar los diferentes países y lo hacen visitando sus ciudades termales. Entre ellos Michel de Montaigne, que describe uno de sus viajes que, iniciado en Spa, Bélgica, en 1580, finaliza en Bagni di Lucca un año más tarde. Estos centros serán tomados en seguida como lugares de cura asociados a paisajes espectaculares y a calidad de acogida.

En el siglo XVI empiezan a despuntarse algunos de los lugares europeos que hoy en día mantienen aún una oferta termal de primera línea. En Alemania destacan ya Baden-Baden, Schwalbach o Gastein. En Italia destacan Bagni di Lucca, Bagno Vignoni, Acqui o Fiuggi, de la que el mismo Miguel Ángel era buen conocedor.

Será precisamente en Italia donde reaparezca la propuesta de utilización de las instalaciones termales como complemento a un destino, y es asi, como se dio a conocer la isla de Ischia y sus fuentes termales, que, en la bahía de Nápoles, atrajo a muchos de los aristócratas que, al realizar su "Grand Tour", acudían a la zona para visitar las ruinas de Pompeya y Herculano, y proporcionar un punto de relax y de cuidados en los meses que duraba el viaje.

F) Siglo XVIII

Durante todo el siglo, y en el seno de las clases más afortunadas, se produce un resurgimiento de las prácticas termales en toda Europa. Es el *ir a tomar las aguas* lo que pasará a convertirse en la gran actividad del ocio más elitista. La demanda es tal que empiezan a evolucionar y desarrollarse las villas termales, sobre todo en Inglaterra. Así, Tunbridfe Wells, cerca de Londres, se convierte en un lugar muy frecuentado por la aristocracia que acude a él con el pretexto de la salud, pero con una clara intención de distracción.

El ejemplo más significativo de esta nueva revolución es el centro termal de Bath, donde los famosos arquitectos Woods, padre e hijo, diseñaron y construyeron un espectacular centro urbano.

Los avances e investigaciones médicas repercutieron cada vez más en la justificación de esta tendencia, como las teorías de los alemanes Overgün y Hoffman, que abogaba por los beneficios de la hidroterapia. Sigmund y Johann Hahn defenderán a finales del siglo XVIII que la hidroterapia no sólo es un buen método preventivo, sino que representa un tratamiento terapéutico de muchas enfermedades. El avance es tan significativo que sus teorías siguen aún vigentes hoy día. Con ellas se desterraron prácticamente técnicas como las sangrías, los purgantes o los enemas, que pasaron a ser sustituidas por otras que no dañaran a los enfermos, y dejar que la naturaleza, la quietud, la tolerancia y el agua curaran muchas de sus dolencias.

El termalismo empieza a asociarse a la calidad de vida, ya que se detecta la influencia que sus prácticas pueden tener sobre la salud. Esta idea será el germen de una de las motivaciones más importantes para viajar y trasladarse a puntos distantes de la geografía cotidiana, así que suponen también un empujón al fenómeno del turismo de masas que se habrá de dar en un futuro.

G) El siglo XIX

A partir del siglo XIX lo que es conocido en el momento como la *euforia termal británica* invade el resto de Europa. Sus propuestas arquitectónicas y urbanísticas darán como resultado una nueva manera de entender y de plantearse las instalaciones termales, que al recoger la monumentalidad de otros tiempos, ahora le van a añadir aspectos como la ampliación de las superficies y de la complejidad de estos establecimientos de baño haciendo de ellos lugares realmente espectaculares.

Estos factores contribuyeron a crear un nuevo modelo urbanístico en las estaciones termales que se irán edificando separadas de la población local, y que van a ser ideadas como grandes parques en los cuales se colocarán toda una serie de pabellones absolutamente elegantes que habrán de servir para satisfacer las necesidades que se están creando en esta época. Entre ellas destacan las diversiones y los pasatiempos enmarcados de relaciones sociales, y que se van a traducir en propuestas de instalaciones que permitan realizar paseos, o en salones de bailes y teatros, pero sobre todo han de dar lugar a la aparición de los casinos, cuya presencia en el establecimiento termal se justifica por la capacidad que tendrán de generar unos beneficios económicos que permitan sostener las demás instalaciones. Los casinos van a ser tenidos como la pieza maestra de la economía termal.

El siglo XIX representa una auténtica época de oro para las estaciones termales, que, como vimos en otros capítulos anteriores, incluirán también las actividades que se llevan a cabo en instalaciones de alta montaña.

Es una época en que el Reino Unido y Alemania se disputan el protagonismo, y si bien es cierto que los primeros pasos importantes serán los ingleses quienes los den, los alemanes acabarán dominando y marcando las tendencias del mercado como consecuencia de las condiciones y de las peculiares circunstancias del momento.

Una de estas causas que generarán el declive en la segunda mitad del siglo XIX del Reino Unido en cuestiones de estaciones termales será la prohibición de los juegos de azar en todo el país. Este hecho canalizará flujos de jugadores ingleses hacia las instalaciones centroeuropeas, sobre todo hacia las alemanas y las austríacas.

Paralelamente empiezan a darse innovaciones importantísimas en la evolución tecnológica, científica y médica, que resultarán imparables y que transformarán el panorama en muchos sentidos. Aparecerán nuevos tratamientos para numerosas enfermedades, bastantes de ellos desvinculados ya de la balneoterapia, por lo que las villas termales, que conservan sus médicos, van a pasar lentamente a ser un lugar de encuentro de todo tipo de personas, con una cierta capacidad económica, que van a ir buscando la diversificación de los placeres en detrimento de las curas médicas. Tendencia ésta que se irá acentuando a medida que pasa el siglo.

A estos hechos hay que añadirles también el estrangulamiento que produce la prohibición de los juegos de azar en Inglaterra, donde muchos de sus aficionados, que no querrán saltar el canal de la Mancha, van a decantarse progresivamente hacia las termas instaladas a orillas del mar y en las playas, ya que empiezan a promoverse los beneficios de las aguas marinas y de los baños de sol.

Mientras tanto los países del centro de Europa van a experimentar durante todo el siglo una evolución espectacular en sus instalaciones. Además de Inglaterra y Alemania, se añaden casi todos con más o menos fortuna: Bohemia, Francia, Suiza y Bélgica van a desarrollar centros termales que pasarán a la historia y que continúan abiertos y dinámicos hoy en día. También otros más al sur van a ir desarrollando de forma más discreta sus aportaciones, como Italia y sus fangos de Abano, mientras que a más larga distancia entrarían España, Grecia y Portugal, donde sus instalaciones se inspiran en los grandes ejemplos centroeuropeos.

H) El siglo XX

Ya desde finales de los ochenta del siglo anterior y durante todo el período de principios del siglo XX, hasta el inicio de la Primera Guerra Mundial en 1914, se considera que es un período de transición en el que las formas arquitectónicas empiezan a variar un poco. Las nuevas propuestas artísticas se solapan al tradicional eclecticismo propio del período anterior, y el *Art Nouveau* se presenta como un añadido que se opone a las formas estilísticas imperantes hasta el momento. Aunque sin desplazar las tendencias anteriores, sí que supone un buen complemento que hará que la visión estilística se abra y sea mucho más calidoscópica.

Con la efervescencia económica europea y la desintegración de las colonias de ultramar, aportarán a las villas termales un contingente importantísimo de nuevos visitantes, además de más recursos económicos que representarán unos buenos fondos de inversión en sus instalaciones. Es un público derrochador y con ganas de disfrutar que será capaz de dinamizar muy bien toda esta industria. A este dinamismo se vendrán a añadir los progresos técnicos llevados a cabo en los medios de transporte, donde el desarrollo del tren y del coche facilitará esta necesidad de movilidad.

A principios de siglo será Francia quien marque la pauta en las novedades cuando desde París se propongan estudios para convertir los grandes hoteles de las villas en lo que se denominarán los *Palaces*. La idea de palacio-balneario aglutina las instalaciones hoteleras, la estación termal, el casino y las actividades comerciales y lúdicas. La ciudad de Évian representa el prototipo de esta transformación, que llevará a cabo el arquitecto Albert Hébrad durante toda la primera década del siglo. Mientras que Vichy aportará en ese mismo momento un toque exótico con sus nuevas cúpulas inspiradas en el estilo bizantino.

Todo este período de esplendor y prosperidad (la llamada Belle Époque), finalizará con el inicio de la Primera Guerra Mundial, en 1914, cuando la mayor parte de los bienes serán requisados para satisfacer las necesidades demandadas por el ejército, y tan sólo dos países quedarán al margen de ella: España y Portugal, en donde se seguirán desarrollando las actividades termales con la misma vitalidad que antes del conflicto.

En Portugal, Vidago y Pedras Salgadas serán las novedades. Ambas construidas con un marcado acento de carácter *Art Nouveau.* Mientras que en España, Galicia y las termas de Mondariz experimentarán un gran salto al éxito. Por otra parte, Aragón y Catalunya, con sus numerosas construcciones modernistas, casi todas centradas en La Garriga, cerca de Barcelona, serán las zonas que más destacarán en el panorama nacional.

La *década de los años veinte* significa la inmediata posguerra, y con ella el resurgimiento de la actividad en los balnearios, que es debida a una necesidad imperiosa de olvidar el sufrimiento y las penurias de los años en el frente. Son los *Años Locos* en los que destacan el gusto por la diversión desenfrenada que pretenden retomar el tren de vida de la época de antes del conflicto bélico. En los primeros años será un fracaso importante, ya que el poder adquisitivo y las circunstancias no lo permitieran.

Esta primera fase de la década de los años veinte pasará pronto y la economía se recuperará paulatinamente para en seguida volver a florecer, y será cuando las estaciones balnearias marítimas tendrán mucho éxito, preocupándose en responder a las necesidades de una clientela más joven y rica, amantes del deporte y bastante menos preocupadas por los convencionalismos.

Otro hecho fue la Exposición Internacional de Artes Decorativas celebrada en París en 1925 (se tendría que haber realizado en 1915, pero que no se llevó a cabo por la Guerra), que aportó una nueva tendencia en cuanto a la estética. Es el Art Déco que caracteriza la arquitectura de los *años locos*, que se define por la simplicidad de los motivos decorativos y el rechazo a los estilos históricos.

En Italia la estación termal que recoge mejor esta nueva línea es la de Salsomaggiore, el Palazzo Berzieri, que representa uno de los ejemplos más espectaculares de la tendencia, y que fue concebido por el arquitecto Galileo Chini, que la acabaría en el año 1923.

Es una época que vuelve a ser favorable para los balnearios, y en Europa muchos de ellos aprovecharán para renovar y rehacer sus instalaciones.

Al final de la década, concretamente en 1929, se inicia una crisis que durará unos cuatro años aproximadamente. Durante este tiempo se detecta en general un frenazo a la demanda, mientras que en España se inicia la Guerra Civil, que ha de dejar al país al margen de toda evolución.

En el año 1932 se abre en Nueva York la Exposición Internacional de Arquitectura. Su repercusión es tal que significará un nuevo cambio en el estilo arquitectónico, dando lugar a lo conocido como Estilo Internacional, del que sus características más destacadas son la pureza de la línea y la no admisión de la ornamentación. También es conocida como Arquitectura Blanca (aunque en algunos países sea de un colorido múltiple), donde sus líneas aparecen muy simplificadas, y las ideas básicas son la luz, la blancura, la simplicidad y la pureza.

El público de los balnearios empieza a cambiar sensiblemente, dirigiéndose hacia una línea no mucho más cosmopolita de frecuenciación. En Francia los sindicatos consiguen el derecho de todo trabajador a las vacaciones generalizadas, y que además sean pagadas; este hecho, que va a repercutir directamente en el perfil del público de los balnearios, hace que se inicie una clara tendencia hacia la democratización.

Antes ya de la Segunda Guerra Mundial se detecta un cambio en los balnearios. En la época prebélica algunos de ellos pasan a ser utilizados como centros curativos, y en la bélica muchos se cerraron y los que quedaban pasarían a prestar servicios como hospitales.

Finalizado el conflicto, ya en los primeros años de la posguerra, y siguiendo las pautas de reconstrucción de toda Europa, se iban recuperando en primer lugar aquellos servicios que responderían a las carencias más graves de las necesidades de los ciudadanos y entre las que, evidentemente, no se encontraban los balnearios; por el contrario, pasaron ya todos a ser utilizados exclusivamente como estructuras médicas.

En cuanto a sus audiencias también hay grandes cambios. Una vez recuperada al estabilidad económica y política y gracias al derecho a las vacaciones pagadas que se inició en Francia, pero que acabará generalizándose en todos los países europeos, hará que los nuevos públicos sean bastante más modestos de lo que lo fueron en épocas anteriores, pero, por el contrario, serán más numerosos, y acudirán con más frecuencia a las villas balnearias marítimas que a las del interior. El balneario como centro de curas de terapias empieza a no ser visto como tal, sino que ahora lo que se impone es la idea de asociarlo con el ocio, dando lugar así a la aparición del binomio salud-placer, es decir, el veraneo o el turismo de sol y playa.

Algunos edificios notables adquieren el estatus de monumento histórico, recuperándose sus formas y sus usos anteriores. Otros se pierden y otros sufrirán intervenciones más o menos desafortunadas, pero el resultado es que en la década de los ochenta se detecta una importante recuperación del interés por el termalismo a nivel global. El respeto y el contacto con la naturaleza y con sus productos hacen que el interés siga en aumento con un interés que se renueva y crece constantemente en nuestra sociedad.

Los años noventa representan la recuperación total del termalismo y una expansión digna de ser tenida en cuenta. Prueba de ello son las numerosas propuestas surgidas. Entre ellas vale la pena destacar el establecimiento termal de Dax, Les Termes, obra del prestigioso arquitecto francés Jean Nouvel. También la propuesta de la pequeña localidad de Vals en los Grisones suizos, donde sus termas, realizadas por Meter Zumthor en 1996, son motivo de un auténtico peregrinaje, ofreciendo una modernidad inédita que parece derivar de formas arcaicas, que sin hacer concesiones a las facilidades de la moda es a la vez monumental e íntimo, expresado con una fuerte connotación espiritual que Zumthor ha sabido darle.

Es también a finales del siglo XX cuando se desarrollan otros tipos de formas termales, como son los Spas, que respondiendo a las demandas más puramente estéticas, de *wellness* y lúdicas, han sabido adaptarse a los tiempos y decantarse a los aspectos más lúdicos del termalismo, ejemplo del cual es Caldea, en Andorra.

8.3.3. Los balnearios en la actualidad

Según estudios realizados de la Asociación Catalana de Balnearios, además de las audiencias tradicionales, que se han ido manteniendo en las últimas décadas, se ha experimentado un alza espectacular en personas más jóvenes, y la media de edad ha descendido notablemente y se detecta un contingente importante de una franja de edad de entre 25 y 40 años.

Entre las terapias actuales, la estrella es las curas de estrés y su poder adquisitivo es aún medio-alto, por lo que se desprende que si bien se ha democratizado enormemente, es posible que en un futuro se puedan atraer hacia este producto bastantes más audiencias. Para ello se cuenta con el aumento del poder adquisitivo, en general, y sobre todo por la recuperación febril del culto al cuerpo.

Otro de los aspectos que pueden ser argumento para el fomento de este tipo de ocio es el aspecto medioambiental y su relación con el respeto al medioambiente, ya que es una forma de turismo muy respetuosa y que utiliza productos naturales para sus tratamientos.

Existen también otros aspectos que se basan más en líneas de actuación vinculadas con las políticas de desarrollo territorial, ya que los balnearios pueden contribuir a reequilibrar el territorio, puesto que no están situados en las grandes concentraciones humanas, sino que están generalmente localizados en pequeños núcleos alejados de las urbes. Aunque para su promoción se necesita una importante inversión económica y unos elevados costes de mantenimiento en casi todos los casos.

8.3.4. El boom de los spas

De las tres, es la forma de hidroterapia más extendida y más diversificada; el hecho de que no dependa ni esté sujeta a una normativa ha facilitado el que se puedan implantar sus técnicas en muchos otros productos turísticos y de ocio. Con ella llega la auténtica gran democratización, ya que llega a una amplitud enorme de personas.

Su oferta se basa en la utilización de equipamientos asociados al *wellness* y procuran una mejora de la imagen personal y el aspecto físico, que en definitiva es lo que se ha puesto de moda en los últimos tiempos. Así pues, el culto al cuerpo unido a un poder adquisitivo permite acceder a los centros de *spa* que ya aparecen en todas las ciudades, acercando su uso a los ciudadanos.

Otra de sus vías de desarrollo se detecta en las empresas turísticas de alojamiento, que muchas de ellas han adaptado una parte de sus instalaciones con el objetivo de dotarse con técnicas propias de los *spas*. Muchas son ya las que ofrecen saunas, duchas de presión o masajes, entre otras, sin contar las que han construido zonas bastante más amplias para ofrecer directamente terapias propias del *wellness* y que funcionan como auténticos balnearios, trayendo el agua incluso de lugares lejanos.

También las empresas dedicadas a las prácticas deportivas, en cualquiera de sus modalidades, han recurrido a proporcionar técnicas de *spas* a sus usuarios. Prácticamente no quedan gimnasios que no cuenten en sus instalaciones con alguna sauna y un jacuzzi.

Todos estos acercamientos al público lo que provocan es que su uso entre en una cotidianeidad y que en poco tiempo sea algo que se realiza de forma rutinaria. La consecuencia, en un gran número de población a corto y medio plazo, es que estas actividades se van a querer seguir practicando incluso cuando se esté de vacaciones, por lo que aparecen con fuerza en la demanda, y las empresas se verán obligadas a responder creando esas zonas donde instalarlas.

Ésta es una reacción calificable como cuantitativa, propia de las nuevas audiencias, mientras que las audiencias tradicionales, las que precisamente arrastran toda una gran tradición de uso, demandarán una evolución más diversificada y más elitista. Como respuesta a ellas seguramente las propuestas más sorprendentes habría que situarlas en este plano.

8.3.5. Centros de talasoterapia

Desde un primer momento y paralelamente a la evolución del uso de las aguas de manantiales y del nacimiento de las termas, se desarrolla también una vertiente basada en la utilización del agua de mar y sus derivados.

Entre las primeras fuentes históricas que hacen referencia al hecho, destaca la de Hipócrates, al que se le considera el primero en prescribir el uso del agua de mar, tanto externo como interno, hacia el año 350 a. C. El autor decía que *el mar cura las enfermedades del hombre*. Tal afirmación encuentra su máxima expresión en la talasoterapia, una disciplina que utiliza todos los beneficios del mar, que no sólo los del agua, tanto para curar las enfermedades, como para tratar problemas estéticos o simplemente para relajar el cuerpo y la mente.

Además de los textos, se tienen evidencias certeras de que tanto los griegos como los romanos utilizaron los baños de mar fríos y calientes para la cura de determinadas afecciones.

Su recuperación en época moderna viene de la mano de los ingleses Floyer y Russell, que en 1697 publican una tesis sobre el uso correcto de los baños de mar. Así es que se considera a Inglaterra como la pionera en la utilización de las técnicas de la talasoterapia. Fue en el mismo país donde se fundó el primer hospital marino en 1791, bajo el impulso del Dr. John Lathan. Iniciaron un camino que seguiría poco después otros países europeos, como Alemania, Francia e Italia.

Aunque la época de esplendor se dio en el siglo XX, donde confluyeron factores sociales y científicos que le dieron un impulso definitivo. El desarrollo científico, biológico, médico, geológico y químico y rigurosos estudios viabilizaron el dominio y la comprensión de las propiedades de la talasoterapia y su funcionamiento.

Sobre su regulación realmente no existe oficialidad de momento que marque unos parámetros aceptados, aunque fue en Francia, el 18 de junio de 1997, cuando la talasoterapia pasa a tener existencia más o menos oficiosa al surgir la Federación Internacional de Talasoterapia Mer et Santé, que promueve una certificación de calidad para este tipo de centros, que denominarán Qualicert. Validada por el Diario Oficial Francés en el mismo año, sirve de base y garantía para el curista, y es la certificación más aceptada a nivel internacional.

Creada en 1986 para defender y promover la talasoterapia ante la falta de una adecuada reglamentación oficial, la Federación Internacional de Thalassotherapie Mer et Santé es la entidad que representa ante los organismos oficiales el buen funcionamiento de los centros de talasoterapia que se adhieren voluntariamente a su carta de garantía de calidad.

La Federación Internacional de Thalassotherapie Mer et Santé tiene acreditados a tan sólo unos cuarenta establecimientos con su certificado de calidad.

Las premisas fundamentales para poder definir y certificar una institución como Centro de Talasoterapia por Qualicert, se pueden resumir en la siguiente forma:

- El Centro debe estar emplazado en un lugar de clima marino.
- Debe trabajarse con agua de mar viva.
- Ha de contar con un staff profesional con supervisión médica.
- Disponer de una infraestructura y equipamiento adecuados para aprovechar los beneficios del mar en la salud de las personas.

Cuando se dice "agua de mar viva" se refiere fundamentalmente al agua con sus dos componentes: el inorgánico y el orgánico; dentro de este último se encuentran las algas, el microplancton y los lodos marinos.

No hay que olvidar que la definición actual de Talasoterapia es el uso combinado con fines terapéuticos, preventivos o curativos de los beneficios del mar, clima, agua, algas, sales minerales, lodos y otras sustancias extraíbles. Las principales sales del mar son el sodio, potasio, calcio, magnesio, cloro, carbonatos, sulfatos y fosfatos.

Se trata de un sistema terapéutico natural que abarca tres ámbitos: el agua del mar (hidroterapia), el aire marino (aeroterapia) y la radiación solar (helioterapia).

En estas curas marinas el agua se aprovecha como fuente termal, se recoge a diferentes profundidades para asegurar su pureza, y se aplica a temperaturas que oscilan entre los 10 y los 40 °C, al depender del objetivo del tratamiento. En muchos casos se complementan con presión, burbujas o ultrasonidos.

En este sentido, es indispensable para el uso correcto del agua de mar cuidar celosamente de mecanismos que podrían alterar la parte viva de ésta. Durante los procedimientos de recolección, transporte y calentamiento, además de los productos que se usan para tratar las aguas en las piletas, se puede influir negativamente sobre esta fracción viviente. Todos esos factores contribuyen a que el agua constituya por sí misma un recurso estético además de terapéutico, enormemente aprovechable. Los beneficios que sobre la piel tiene la talasoterapia o, lo que es lo mismo, los baños de mar, se deben no sólo a la cantidad de cloruro sódico (sal); también intervienen el oxígeno, el nitrógeno, el gas carbónico, el yodo, el flúor, el cobre, el hierro, el cinc...

El efecto terapéutico del agua de mar se produce a través de diferentes vías:

- Por contacto directo con la piel.
- Por contacto directo con las mucosas.
- A través de la inhalación.
- Por la acción dinámica de las olas y las mareas.

Otro de los elementos que también se tienen en cuenta en estos establecimientos es el aire marino, que saturado de microgotas de agua de mar en suspensión, es rico en yodo, ozono e iones negativos, lo que le confiere propiedades antibióticas, calmantes del sistema nervioso y estimulantes sobre las defensas del organismo.

9 Gestión del ocio recreativo

De los productos de ocio recreativo que aquí se desarrollan, sí se puede afirmar que tienen una vinculación más directa con el turismo, es muchísimo más evidente, y también más clara, que otros tipos de ocio analizados. Cualquiera de las formas que se proponen a revisión en este punto son hoy día utilizadas como atractivos turísticos capaces de mover auténticas masas de turistas. Éste es el caso de los parques temáticos, que han pasado a ser destinos turísticos por sí mismos, y aunque no todos tienen esa capacidad de atracción, es indudable que algunos en Europa, y bastantes en Norteamérica, sí lo son.

9.1. Introducción a las actividades de ocio recreativo

Al estructurar este tema se vuelve a presentar la situación de decidir las formas de ocio que se han de abordar. Como fuere, se estima que las más adecuadas serán los parques temáticos y los eventos singulares, entendiendo estos últimos como los de raíz más tradicional en los que desplegar ferias y fiestas, por una parte, y sus grandes celebraciones, por la otra.

9.2. Los parques temáticos

Este apartado está dedicado al análisis de los parques temáticos, y en él se incluye una definición, una propuesta de catalogación, su historia y sus inicios, con los ejemplos más significativos, como es el caso Disney. Se trata, pues, de un estado de la cuestión cuyo marco empírico abarca los principales parques en Estados Unidos y en Europa.

Se adjunta también una previsión de futuro, revisando igualmente las tendencias que se despuntan en la actualidad y que se prevé que marquen el modelo a seguir a medio plazo.

Para su realización se ha contado con la participación de Cristina Álvarez Vidal y de Marta García Perales, que realizaron una parte importante de la investigación que aquí se adjunta, así que mucho de lo que se ofrece a continuación es fruto del esfuerzo y dedicación de ambas.

9.2.1. *Definición*

Lo que primero preocupa es la definición de parque temático, seguido de una concretización de sus orígenes y sus características principales, con un objetivo claro, y es el de poderlo diferenciar de otros espacios de ocio similares, como, por ejemplo, los parques de atracciones.

Como todo concepto, el de parque temático también resulta difícil de definir, aunque se han consultado varios autores, cada uno de ellos tiene en mente una idea de lo que es, y que se difiere poco de los otros. A este hecho hay que añadir lo que cada uno de nosotros podemos entender, para acabar de completar el panorama.

Una vez consultadas bibliografías de varios autores, entre los cuales destacan Anton Clavé, Emilio Tramullas, Ángel Díaz o Rob Davidson, se ha llegado a la conclusión de que la mejor de las definiciones es una mezcla de las aportadas por todos ellos, y así es como se llega a la conclusión que ésta podría ser la siguiente:

> Recinto delimitado, al cual se accede a partir del pago previo de una entrada, que cuenta con una oferta de ocio variada capaz de hacer vivir una experiencia diferente a la de la vida cuotidiana a través de instalaciones, espectáculos, atracciones, equipamientos y servicios, desarrollados alrededor de uno o varios temas que han de servir de hilo conductor de la visita.

Resulta esencial, por tanto, que el parque cuente con una estructura delimitada, física y simbólica relacionada con un tema. El ambiente que se cree debe ir acorde con una historia o argumento donde el cliente se sienta, durante su visita, progresivamente identificado en él. Por este motivo son importantes las características estéticas, físicas, paisajísticas y decorativas del entorno. Para tener una buena temática, según Chazaud, en Anton, el tema tiene que estar bien definido y debe ser lo más rico posible, que garantice la creación de una puesta en escena óptima, y que dinamice la visita reforzada con animaciones y entretenimientos para todo el público.

El tema ha de poder dar identidad y personalidad al parque, y con este objetivo se aconseja que aporte una imagen adecuada al lugar escogido para su implantación, y así diferenciarlo del resto de parques. Es la base de su identidad.

La distribución de los espacios, o el *layout*, es otra de las preocupaciones, y se incide en que se haga a partir de zonas diferentes en el mismo parque. Anton afirma en su obra que peden darse a partir de tres vías distintas y en diferentes momentos (figura 9.1).

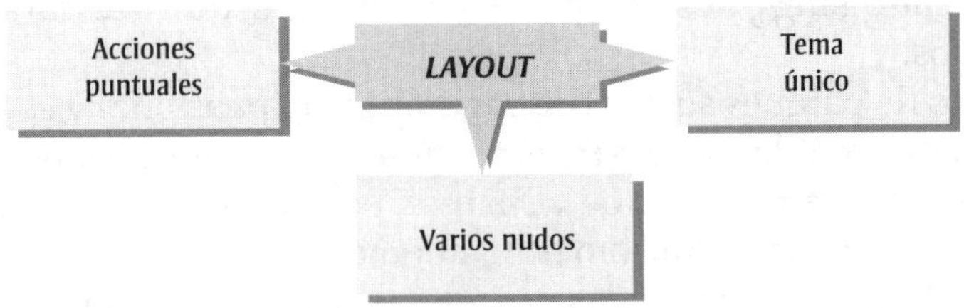

Figura 9.1. Distribución del espacio *o layout.*

Las tres posibilidades, tal como se refleja en el esquema, se pueden aplicar desde un inicio de la planificación del parque, las dos primeras, y una vez en funcionamiento, como es el caso de los temas puntuales del tercer grupo de posibilidades.

a) *A través de un único tema* que hace referencia a todos los aspectos del parque, un ejemplo de este caso es el Warner BROS, donde el tema único abarca todos los elementos que lo configuran.
b) Puede tener *diferentes áreas o nudos* en el recinto, conseguido mediante aspectos relacionados indirectamente con el tema principal, o a través de subtemas, como, por ejemplo, el Disneyland de Adventureland o las diferentes zonas de Port Aventura: el Mediterráneo, China, el Far West, etc.
c) *A través de temas puntuales.* Son los *ad hoc*, es decir, que son temas creados para un evento especial y puntual que ocupa un lugar y un período de tiempo determinado, como es el caso de Halloween en Port Aventura.

La consecuencia será que cada atracción podrá tener una ambientación diferente, pero siempre siguiendo el hilo de la temática general del parque para conseguir que el visitante entre en ese nuevo mundo creado, y así pueda vivir una experiencia diferente a la que le ofrece su quehacer cotidiano, tal y como Manuel Cuenca mencionaba en su definición de ocio.

Por otro lado, hay que tener en cuenta que la elección del tema para un parque es de gran importancia, ya que en función de su temática se incitará a la visita de más o menos personas.

En cuanto a las características descritas en la definición, queda claro que se considera un requisito indispensable el hecho de que el parque tenga un ticket de entrada unitario para todo el recinto, pudiendo éste incluir oferta de alojamiento o no. Otro aspecto que debe estar presente en un parque temático es la zona de restauración, dentro del bloque de los servicios, que también se ambientarán en función del contexto del tema escogido.

Entre los servicios y los equipamientos se situará otra área que se dedicará al merchandising y los recuerdos o souvenirs, que quedarán igualmente tematizados.

Estos tipos de parques suelen ocupar amplias expansiones y estar ubicados a las afueras de las grandes urbes. Tradicionalmente sus dimensiones son grandes, para acoger así un gran número de visitantes, por lo que es frecuente que cuenten con una gran zona de aparcamiento para automóviles. Por otro lado, la gran mayoría de ellos se han convertido ya en resorts, es decir, que entre sus instalaciones cuentan con una oferta hotelera, más o menos amplia, que complementa el resto de las instalaciones más lúdicas. Esto se debe a la evolución que han sufrido, expandiéndose y llegando a convertirse en auténticos parques de destino.

Los parques en general son entendidos como un espacio de diversión para disfrutar con toda la familia. Éste es el motivo por el que han contado desde siempre, y continúan contando, con una zona de atracciones dedicada a los más pequeños. Esta característica es muy importante también para los parques temáticos, y hoy día contar con una oferta de atracciones enfocadas a la demanda familiar es básica. Al mismo tiempo, debe ofrecer otras atracciones que satisfagan al resto de los visitantes, como, por ejemplo, espectáculos, animaciones y sistemas de movimiento que abarquen todo el recinto.

Ésta es la manera de conseguir ofrecer un entretenimiento y una animación ambiental en plena vía pública, que se plasmará en grupos de músicos, por ejemplo, o personajes y actores en acción encontrándose con los visitantes en cualquier punto del recorrido del recinto. Con este tipo de espectáculos y atracciones, que se planean paralelas a las otras que pueda ofrecer el parque, se tratará de dar una alternativa de diversión a los visitantes con el fin de conseguir que la duración de su estancia sea aproximadamente de cinco a siete horas.

Así, un parque temático es mucho más complejo que un parque de atracciones o que una feria, por ejemplo, y esto también implica una diferencia definitoria, aunque no se haya incluido al inicio de este punto.

Para Tramullas un parque de este tipo ha de ser ante todo el resultado de una propuesta conceptual muy sólida, perfectamente formulada y materializada de la forma más rigurosa posible. Pero es que además en nuestro país estos parques se han asociado casi siempre a proyectos empresariales mucho más sólidos y con importantes inversiones económicas, relacionados con el desarrollo inmobiliario, turístico y residencial de la zona en donde se han ido implantando, tal como afirma Díaz (Editur, 2002).

En la misma línea se define S. Anton, y con criterios muy similares, ambos acaban coincidiendo y mostrándose de acuerdo en ciertos aspectos a la hora de definir las características genéricas que definen un parque temático. Ambos opinan en que se han de considerar los siguientes aspectos como básicos:

- *Pago de un tique de entrada.* El recinto se encuentra limitado, por lo que el acceso al mismo se hace a través del pago de una cantidad determinada, que puede incluir unos servicios mínimos.
- Contener una zona interna de *oferta de restauración y de merchandising.* Tanto si es de grandes dimensiones como si se trata de una propuesta más reducida, el que cuente con un servicio de restauración será básico, de la misma manera que un punto de venta de productos relacionados directamente con el tema del parque.
- *Aparcamiento y alojamiento.* Si el primero es imprescindible, el segundo estará en función, y dependerá, de la magnitud del mismo y de sus características.
- *Capacidad de atracción* para toda la familia. Según la tradición de los primeros parques de atracciones, la evolución de los mismos, y hasta consolidarse en la nueva forma que supone el temático, la oferta de atracciones y atractivos ha de pasar por la satisfacción de todos los miembros de la familia, como esencia base del producto y del servicio.
- Ofrecer *atracciones, espectáculos y animaciones* para conseguir que una visita tenga una duración de entre 5 a 7 horas. Paralelamente a las fijas, y vinculadas con el movimiento y la itinerancia, estos aspectos implican una gestión viva de los espacios comunes disponibles para conseguir que la visita se convierta en una experiencia positiva a todos los niveles, o solamente en el del consumo directo de las instalaciones más tradicionales.
- Ofrecer *entretenimiento ambiental* en la calle. Relacionada con la anterior, y como consecuencia de ella, el ambiente que se cree ha de respirar esa atmósfera de acontecimiento lúdico y de entretenimiento en todo momento, que lo diferencie de un mero parque de atracciones u otros eventos que se puedan realizar en una calle de un municipio, por lo que esta oferta en el parque también ha de contemplar una tematización.

- Altos *niveles de inversión* por unidad de atracción o de capacidad de espectáculo. Implica una inversión que asegure la originalidad del diseño de cada una de las atracciones, contando que si bien algunas pueden tener una base más tradicional, otras, en las que basar una diferencia, tendrán que ser lo suficientemente exclusivas como para que doten al parque de una cierta personalidad. Esta idea se tendría que aplicar igualmente a los espectáculos que se ofrezcan, tanto en los interiores como en los exteriores.
- Altos *niveles en calidad* de producto, de servicio, de mantenimiento y de limpieza. Esta consigna indicaría la necesidad que tiene el parque de ofrecer un nivel de calidad que lo haga lo suficientemente competitivo en el mercado. Esta calidad no acaba con el producto y el servicio, sino que se ha de conseguir en aspectos mucho más amplios, que con frecuencia pueden dejarse un poco de lado, como sería la limpieza y el mantenimiento general (no sólo el de las atracciones mecánicas).
- *Gestión centralizada.* Se requiere un punto de vista global del parque en cuanto a la gestión, capaz de delegar, con una estructura comunicativa que garantice en cualquier momento un conocimiento real de la situación en la que se encuentra el parque y todos sus elementos, que sea capaz de generar un dinamismo gestional óptimo en la empresa.
- *Incorporación de tecnología* en los procesos de producción y en los de consumo. Se hace imprescindible que la tecnología llegue hasta los límites máximos de sus posibilidades. No sólo el que se dote a alguna de las atracciones de la última tecnología, sino que se aconseja que los procesos se vean reforzados y actualizados con los avances tecnológicos adecuados para conseguir alcanzar las recomendaciones de varios de los puntos anteriores.

La aplicación de estos aspectos dependerá solamente de la política, y sus estrategias, que la empresa decida aplicar en cada caso, por lo que representan meros consejos libres de poder ser aplicados o ignorados.

9.2.2. *Clasificación y tipologías*

En cuanto a tipologías, una de las divisiones más interesantes es la ofrecida por Emilio Tramullas (de Global Estudios y Gestión del Ocio, S. L.), en su ponencia del Simposio Internacional de Esade, en Barcelona en el año 1999. En ella el autor afirmaba que un parque temático puede ser clasificado básicamente a partir de dos criterios: el tema y la dimensión del parque (figura 9.2).

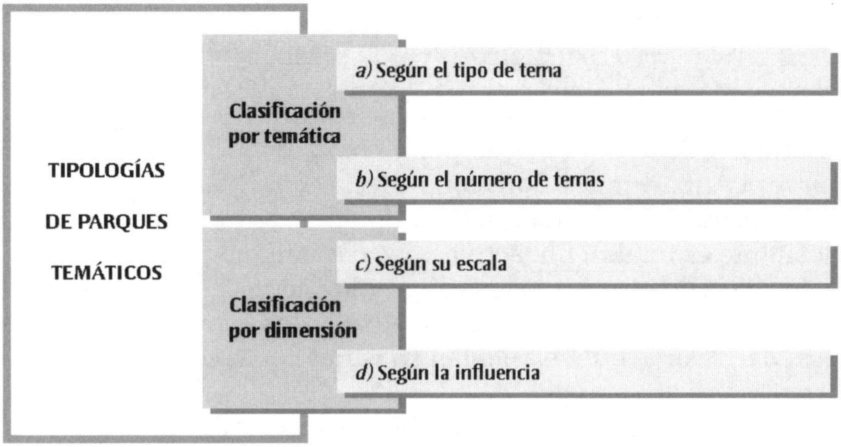

Figura 9.2. División tipológica de los parques temáticos.

Esta clasificación implica admitir directamente que existe un gran catálogo de parques que pueden ser considerados como temáticos, y que, como se verá, va más allá de sus dimensiones. Éste es un criterio que en muchos casos parece ser el único para definir si un parque es temático o no lo es, pero con esta clasificación se pretende abrir el campo de posibilidades y poder analizar otras propuestas de parques de ocio, desde una amplitud de posibilidades, que permite analizar desde otra óptica las varias propuestas que están mucho más al alcance del consumidor de lo que en principio se pueda intuir.

Añadir también que las formas no son excluyentes, es decir, un parque puede estar clasificado en más de un grupo, por ejemplo, Port Aventura de Salou puede ser un gran parque (c) regional (d) multitemático (b) de atracciones (a).

Analizando los cuatro grupos de posibilidades, el primer tipo, que se enmarca dentro de la calcificación según el tema [tipo *a)* véase figura 9.2], cabe destacar los siguientes tipos:

- Los *parques temáticos de atracciones*. Puede dar lugar a confusiones, este tipo de parques son los temáticos basados en atracciones mecánicas, y no se podrá confundir con los parques de atracciones del capítulo anterior, ya que ahora éstos son temáticos.
- Los *parques marinos*, mucho más desarrollado en América del Norte sobre todo, es donde se sitúan los más conocidos a nivel mundial. No exentos de polémica sobre el estado y el objetivo de tener en cautiverio a grandes mamíferos marinos; los SeaWorld de Orlando, de San Diego o de San Antonio destacan entre el resto de posibilidades.

- Los *acuarios*. Diferentes a los anteriores porque en éstos la actitud del visitante es más pasiva, y su esencia, básicamente, es la contemplación o la realización de actividades, si es que las hay, que estén más relacionadas a las funciones de difusión de cultura y sensibilidades, más propias a lo que se puede considerar como un zoológico. Como ejemplo sirve el Aquarium de Barcelona, en el centro Maremàgnum.
- Los *aquaparcs*. A diferencia de la tipología anterior, aquí la actitud del visitante es totalmente activa, y se basa en juegos y actividades relacionadas con el agua, las piscinas y los deportes acuáticos. En la geografía española hay muchos de ellos, y como buenos ejemplos están los Marineland, que se asientan en varias zonas costeras de toda la geografía.
- Los *safari parks*. Son reservas de animales que viven en una pseudo libertad, ya que se distribuyen por zonas delimitadas dentro de los límites del parque, y que, generalmente, la visita se suele hacer en vehículos, en función del tipo de animales que se custodie. Un ejemplo es el Loro Parque de Gran Canarias o el Aqualeón de Albinyana, en Tarragona; dos propuestas bien diferentes bajo una misma catalogación.
- Los *parques deportivos*. Algunos teóricos los entienden como aquellos en los que su oferta se basa en la práctica de algunos deportes, por lo que desde ese punto de vista, el parque Olímpico de la Seu d'Urgell, al norte de la provincia de Lleida, sería un claro ejemplo; sin embargo, hay quien los relaciona con los clubes deportivos y sus prácticas, y en ese caso las propuestas de algunos de los clubes de fútbol entrarían en ella.
- Los *culturales*. En esta tipología se enmarcarías aquellos cuya temática afronte la cultura y la expansión del conocimiento en general, así un ejemplo paradigmático sería la Ciudad de las Artes y de las Ciencias de Valencia, que englobaría los dos conceptos: las artes, con el museo Príncipe Felipe y las ciencias a través del Hemisferio, el Palacio de las Artes o los auditorios.
- Los *tecnológicos*. En la propuesta de Valencia los aspectos tecnológicos son muchos y variados, el paradigma de esta tipología seguro que se puede situar en otro parque y fuera de nuestras fronteras. Es el Futuroscop de Poitiers, en Francia, el que mejor representa este grupo.

Dentro de este primer bloque tipológico, la siguiente división es mucho más simple, ya que atiende al criterio del número de temas en el que se basa su propuesta, creando dos posibilidades:

- Los *monotemáticos*. El hecho de basarse en un solo tema hace que, en principio, las dimensiones del parque sean más reducidas, dice Tramullas. Es lo más lógico, y aquí los ejemplo son, por tanto, mucho menos conocidos, ya que, con toda seguridad, serán parques locales. Entre ellos el de las Minas de Sal de Cardona, o el de Catalunya en Miniatura, en Torrelles de Llobregat, a 15 km de la ciudad de Barcelona.

- Los *multitemáticos*. Con mucha más amplitud, serán los grandes parques, los que puedan afrontar un tema desde distintos ángulos y puntos de vista, que en definitiva acabarán convirtiéndose en temas secundarios que dependan de uno más genérico y principal. Los ejemplos serán, pues, los grandes: Port Aventura, Terra Mítica, etc.

Ya en el segundo grupo, se citan en primer lugar los del tipo *c)*, aquellos que se distinguirán por su dimensión, por su escala. Las posibilidades aquí son cuatro:

- *Megaparques*. Son aquellos que el cómputo anual de visitantes sobrepasa los 5 millones de personas. Entre ellos se puede citar el Disneyland París.
- *Grandes parques*. Son aquellos que sus visitantes anuales se enmarcan entre la franja de los dos millones y los cinco. Port Aventura estaría en esta categoría.
- *Medianos*. Estarían entre el millón y los dos millones de visitantes al año. Entre ellos el Warner Madrid, en San Martín de la Vega.
- *Menores o pequeños*. Cuentan con un máximo de un millón de visitas, sin llegar, puesto que supondría estar ya en la categoría superior. Como ejemplo el Parque de las Minas de Sal de Cardona, en la provincia de Barcelona.

Para finalizar el recorrido tipológico, quedan del segundo grupo los del tipo *d)*, o aquellos que se clasificarán según su radio de influencia, es decir, de la procedencia de sus visitantes, contemplando tres posibilidades más, y su cómputo se calcula a partir de la procedencia del mayor número de visitantes.

- *Locales*. El mayor número de personas que los visitan invierten menos de 30 minutos de desplazamiento para llegar hasta la entrada del parque. Suelen ser de dimensiones reducidas, aunque no tienen por qué. Para utilizar un ejemplo de los ya comentados, el de Catalunya en Miniatura puede servir.
- *Regionales*. De entre todos sus visitantes, el porcentaje más elevado necesita un mínimo de 3 a 4 horas para llegar, o el motivo de su desplazamiento no es estrictamente el hecho de visitar el parque. De momento, el ejemplo puede ser Port Aventura, o Terra Mítica, entre otros.

– *De destino*. Cuando el mayor porcentaje anual de visitantes corresponde a aquellas personas que el principal o único motivo de su viaje es la visita del parque, se considera un parque temático de destino, y como ejemplo en Europa está el Disneyland París.

Con este cuarto grupo se cierra la catalogación basada en Emilio Tramullas sobre las diferentes formas de parques temáticos.

9.2.3. *Origen de los parques temáticos*

El origen es otro de los aspectos importantes que se deben tener en cuenta. Según se desprende de la obra de Anton Clavé, los actuales parques temáticos son los herederos de dos tradiciones pasadas; la primera es la de los parques de atracciones, orientados, como ya se ha visto, al puro ocio y que, aunque no exentos de dificultades, todavía se pueden encontrar en algunas ciudades. La segunda tradición es la de las Exposiciones Universales, las nacionales o las conmemorativas, que también siguen aún vigentes y que son anunciadas aún en los medios de comunicación con grandes campañas de publicidad y marketing.

Serán hechos circunstanciales los que fuercen a estas dos fórmulas a unirse para dar respuesta a un contexto social y económico que se localiza, sobre todo, en Estados Unidos, pero que acabará afectando a Europa y el resto de países industrializados.

Después de la Segunda Guerra Mundial, el sistema económico revivió temporalmente los viejos parques de atracciones, que para finales de los años cincuenta volverán a decaer. Paralelamente, la televisión aparece como gran medio de entretenimiento, además los coches y la degradación de las ciudades, junto con un cambio de necesidades de ocio y cultura de las nuevas clases sociales surgidas del desarrollo económico y la universalización de la sociedad del consumo, crearán nuevas demandas a las que los antiguos parques de atracciones les era imposibles de satisfacer.

De esta forma los parques temáticos surgieron precisamente en una época en que la gran industria del entretenimiento comenzó a darse cuenta de que los parques de atracciones tradicionales cada vez atraían a menos gente. Por tanto, se necesitaba algo nuevo que renovara esta parte de la industria del ocio y respondiera a la demanda de un público que pedía una oferta claramente enfocada a toda la familia.

Las influencias de un nuevo fenómeno de entretenimiento familiar, representado por la televisión, como ya se ha mencionado, pero sobre todo el cine, serán los responsables del gran dinamismo de esta nueva demanda, y sobre el que la industria del ocio se basará para lanzar sus nuevas propuestas, y así, con el fin de buscar nuevos modelos para cubrir las necesidades marcadas por el público, es como en 1952 Walt Disney crea la compañía Walt Disney Incorporated, con el que desarrollará la idea de "parque familiar" y aportará nuevos aires a ese aspecto de la industria del ocio que tanto necesitaba una renovación.

A) El nacimiento de Disney

De esta forma nació Disneyland en California, el 17 de junio de 1955, introduciendo el nuevo concepto de parque temático. Dividido en áreas organizadas bajo una temática, que seguía la ambientación y la escenografía, que era diferente y adecuada a cada una de las épocas o mundos representados en las distintas áreas.

Según Harold Vogel, Disney se inspiró en los Jardines Tívoli de la ciudad de Copenhague en una visita que tuvo la ocasión de realizar con su familia y donde, por lo visto, le impresionó muchísimo el orden y la limpieza del parque danés. Eso le dio pie a crear la propuesta que más tarde presentaría a un grupo bastante reticente y escéptico de banqueros que finalmente acabaron por apoyar el proyecto.

Al principio la sociedad no confiaba mucho en este tipo de parque porque no ofrecía los juegos tradicionales de un parque de diversiones, pero visto el gran éxito que obtuvo comenzó una nueva etapa para los parques de diversiones y los nuevos parques temáticos, que ofrecían desde las montañas rusas a una amplia gama de juegos más modernos. Más tarde, en 1961, abrió Six Flags Over Texas, que repitió el éxito de Disneyland; su temática consistía en los personajes de dibujos animados de la empresa cinematográfica Warner Bross. A continuación, Universal Studios Hollywood en 1964 abrió también las puertas de sus estudios de cine a los visitantes, siguiendo las directrices de un parque temático dedicado al cine. La atracción principal de este parque eran los mismos escenarios de las películas, por supuesto, los actores famosos que filmaban en ese momento, además de los nuevos aparatos (más propios de los parques de atracciones tradicionales).

Con la misma fórmula que la Warner abrió también la Universal Studios de Florida. Se consolidaba así el camino a la industria del cine como una parte inédita de este aspecto nuevo en la industria del ocio.

Disneyland consiguió llegar al millón de visitantes porque supo conectar las necesidades de la nueva demanda, cuyos intereses y necesidades habían evolucionado. La principal idea consistía en crear mundos completos de fantasía, en los que cualquier visitante de cualquier edad pudiera satisfacer sus necesidades, dándole un toque cultural y adecuado a sus posibilidades. De esta forma, se conseguía que ese visitante se divirtiera, y al mismo tiempo aprendía, aplicando así la más pura esencia de la teoría de Jean Fourastié sobre la relación de la distracción y la formación.

Desde entonces y hasta la actualidad, se han inaugurado cientos de parques temáticos en todo el mundo, además de que antiguos parques de atracciones se han modernizado para continuar funcionando, aunque será en la década de los setenta cuando se localice la auténtica era de expansión de los parques temáticos en Estados Unidos, mientras que los ochenta lo fueron para el resto del mundo.

En los setenta se amplían las temáticas, como es el caso de Tennesee y su parque Opriland, abierto en 1972 con una base original sustentada en la música country. Más adelante aparecieron otros temas, como los inspirados en musicales y personajes televisivos. Así, de esta forma, se llegó a conseguir a principios de la década de los ochenta parques muy específicos para un público determinado y numeroso.

La evolución europea, en cambio, fue diferente a la americana. En Europa se realizó un gran esfuerzo para transformar los antiguos parques de atracciones en temáticos, haciendo que la frontera entre ambos tendiera a desaparecer, aunque los parques de atracciones estuvieran ubicados en las ciudades o cerca de ellas, no dependieran de una temática y contaran solamente con norias, montañas rusas y poca cosa más. Además de que mantuvieron las atracciones, crearon zonas para los espectáculos en directo y para ampliar la oferta en restauración, con el único fin de seguir el modelo y el estilo de parque temático más genuinamente americano, ya que eran los que mejor resultado estaban dando, pero en América, no en Europa, por lo que las consecuencias no fueron tan exitosas como se previó en su momento.

B) Estados Unidos

Tras la Segunda Guerra Mundial, entre los años cincuenta y los setenta, es cuando en América del Norte algunos de los parques de atracciones de finales del siglo XIX y principios del XX se renuevan para adaptarse a los nuevos hábitos de ocio de la sociedad americana, dando unos resultados bastante aceptables, como se apuntaba más arriba. Un ejemplo de este caso es el Hershey Park, en Pensilvania, abierto en 1907, y que continúa vigente actualmente. Está dividido en zonas temáticas con entidad propia cada una de ellas. Otro ejemplo es el antiguo parque de atracciones de playa de Santa Cruz Boardwalk, California, fundado también en 1907, y que además de contar con espacios temáticos, mantiene la famosa montaña rusa de madera que data de 1924, la cual ha sido catalogada como patrimonio histórico por el estado de California.

Gran parte de los principales parques americanos se desarrollaron entre 1955, con la implantación de Disneyland en Anaheim, California, y finales de los años setenta. Entre los ejemplos más significativos cabe destacar de nuevo el de Disney, implantado en Florida en el año 1971: el Magic Kingdom, que marcó un punto de inflexión en la historia de la industria de los parques temáticos americanos, ya que a partir de su inauguración. Durante toda la década de los ochenta, empieza en Florida el desarrollo de nuevos parques, convirtiéndose paulatinamente en un parque de destino capaz de atraer a turistas de todos los puntos de su extensa geografía. Florida dejará de ser un estado dominado por parques de carácter regional y urbano para pasar a tener su propio flujo consolidado de visitantes.

A partir de los años ochenta, y hasta la actualidad, las tendencias de localización de parques temáticos en los Estados Unidos son dos: California y Florida. De hecho, se observan tres ejes fundamentales de cambio (figura 9.3), tal y como recoge la obra de S. Anton:

- El *primero* es la consolidación de Florida y California como regiones de localización de los grandes parques de destino y de menores dimensiones.
- El *segundo*, la existencia de procesos de ajuste, respecto a las grandes aglomeraciones metropolitanas de la mitad norte de la costa.
- El *tercero*, los cambios coyunturales en el resto que se explican en función de dinámicas locales, además de los parámetros de localización de este tipo de instalaciones.

Figura 9.3. Ejes de incidencia en la evolución de los parques temáticos en Norteamérica, según S. Anton.

En contrapartida, la progresiva saturación del mercado ha provocado que Estados Unidos y Canadá estudien nuevas oportunidades de negocio, como, por ejemplo, diversificar los contenidos recreativos dentro de los parques al crear auténticos complejos lúdicos y turísticos siguiendo la más pura línea de Disney Village, y ampliando su oferta con marcas tipo Hard Rock Café, tendencias que ya se están teniendo en cuenta en otras partes del globo.

C) *Europa*

La evolución de los parques temáticos en Europa sigue una tradición propia que proviene de los antiguos "Pleasure Gardens" de los siglos XVIII y XIX y, en especial, del desarrollo en tales jardines. Así, los parques de atracciones europeos se transforman en temáticos manteniendo sus atracciones, ampliando sus áreas y añadiendo una temática como hilo conductor del parque.

Después de la Segunda Guerra Mundial, durante la década de los cincuenta y de los sesenta, es cuando aparece la primera generación de parques temáticos en Europa. Consistían en parques de atracciones y paisajísticos gestionados por empresas familiares que contaban con escasas atracciones y servicios. Un ejemplo de este tipo de parque es el De Efteling, en Holanda, abierto en 1951, o el Phantasialand, en Alemania, que empieza a funcionar en 1967.

A partir de los años setenta la expansión de los parques en el centro y el norte de Europa sigue avanzando, pero tratándose de dimensiones medias y donde la mayoría continúan siendo operados por familias. Como, por ejemplo, el alemán Heide Park, que abrió las puertas en 1978.

Por otro lado, hay que tener en cuenta el contexto económico y sus altibajos, entre los que cabe destacar la gran crisis de los setenta, que, una vez superada, la sociedad europea acabará teniendo una actitud diferente frente al ocio, una mayor disponibilidad tiempo libre y de renta, que ha de permitir que las familias destinen una parte cada vez más significativa a invertir en actividades de ocio. La coyuntura de estos tres elementos es la que posibilitará un nuevo nacimiento de los parques temáticos frenado con la crisis.

Paralelamente, y a partir de 1980, se da otro hecho importante que incidirá en la proliferación en Europa de este tipo de parques. En América queda saturado el desarrollo del mercado de los parques temáticos, ya que habían satisfecho todas las necesidades de entretenimiento de la generación del "baby boom" de la década de los setenta. Desde entonces, Estados Unidos y Canadá convierten en un negocio y crecen mediante la exportación e internacionalización de este tipo de producto por Europa occidental y Asia. Así, mediados de la década de los ochenta, otra vez la corporación Disney se extiende por todo el mundo en busca de nuevos mercados, iniciándose con el parque de Tokio en 1983, que fue el primero en Asia; mientras que el primero en Europa llegará en 1992 llamándose Disneyland París, después del tanteo sin éxito de Tarragona.

Paralelamente, la concentración de los parques de tamaño medio y pequeños se situaban en las zonas con más población del continente: Francia, Alemania, Gran Bretaña, los países del Benelux, los Nórdicos y Bálticos. Por un lado, los parques más antiguos de Europa se encontraban en el eje del Mar del Norte-Mar Báltico, en cambio los posteriores al de Disney se situaron en la conocida "banana europea" (por su distribución geográfica), que alcanzaba la región de Londres, Europa Occidental y parte del Mediterráneo.

Por este motivo, durante los ochenta gran parte del desarrollo de los parques se realiza alrededor del eje de la capital francesa, con la creación de Mirapolis, Zygofolis, Futuroscope, Parc Astérix y Big Bang Smurf, al puro estilo de Orlando.

Durante la segunda mitad de los ochenta empieza un período de expansión para el desarrollo de los parques temáticos en Europa, tanto por la creación de nuevos parques como por el aumento de las inversiones en los parques existentes, ampliándolos.

Con Disneyland París empieza la mejor etapa de desarrollo de los parques temáticos en Europa. Ahora las instalaciones son desarrolladas por empresas transnacionales como Disney, Universal o Warner (Six Flags), que implantan las formas de operación, los conceptos y los estándares de calidad nuevos procedentes de América. Muchos parques como Europa Park en Alemania o el italiano Gardaland, optan por ampliar su capacidad, sus atracciones y espectáculos, incrementando igualmente el área de restauración comercial, y buscando mercado en sus periferias de influencia para crear sus propios resorts.

La última fase, la actual, de la evolución de los parques temáticos europeos comienza a partir de 1995 con el desarrollo de nuevos proyectos en lugares sin tradición. Con esta etapa se puede afirmar que Europa se encuentra en un claro proceso de diversificación de la industria de entretenimiento que se manifiesta a través de las múltiples tendencias, y que contrasta con una mayor rigidez de las dinámicas y los sistemas de operación que ocurren en Estados Unidos.

D) España

El caso español sigue las mismas pautas que el europeo pero con unos años de retraso, si se compara con otros países. Básicamente en España no existían los parques temáticos hasta la década de los noventa con la llegada de Port Aventura. Solamente había parques de atracciones urbanos que se habían aprovechado de los emplazamientos de antiguas exposiciones universales o internacionales, como es el caso del desaparecido Parque de Atracciones de Montjuïc, en la ciudad de Barcelona, o los que se localizan en los antiguos grandes jardines reales (los "Pleasure Gardens" europeos de los siglos XVII y XIX); como es el caso del Parque de Atracciones de Madrid, situado en la Casa de Campo, que fuera en su momento el coto de caza de la monarquía española desde el siglo XVI hasta el 1931, cuando fue declarado público.

Por otro lado, como se explicó anteriormente, la gran ubicación de los parques temáticos y de atracciones de medianas dimensiones en Europa se concentraban en los países donde había más población, pero fue gracias a Disneyland París en 1992, que con su apertura impulsó y ayudó al desarrollo de los parques temáticos en España, iniciándose con Port Aventura en Vila-Seca y Salou (Tarragona) en 1995. De hecho fue el primer emplazamiento que Disney decidió para su propuesta europea, pero que al no llegar finalmente a un acuerdo que le satisficiera, decidió llevar su propuesta a la ubicación parisina en la que se encuentra actualmente, y fue Anheuser-Busch quien recogió la idea y la llevó a cabo unos años más tarde y con el nombre de Port Aventura.

La última década del siglo XX y la primera del siglo XXI representan la mejor fase de expansión de la industria del entretenimiento en España, al buscar el mismo éxito europeo, con el objetivo de conseguir implantar un modelo maduro y seguir las tendencias de Estados Unidos.

A raíz de la inauguración de Port Aventura, y en vista del éxito obtenido, en 1997 abre Isla Mágica, aprovechando parte de las instalaciones de la Expo 92 de Sevilla. Tres años más tarde en Benidorm se inaugura Terra Mítica y el más reciente de todos, abierto en 2002, es el Warner Bros Park, cerca de la capital española.

Existen estudios relacionados con el sector de los parques temáticos que confirman la tendencia que se está definiendo actualmente y que confirma un cambio en la zona de concentración de los parques temáticos en Europa; los próximos parques se ubicarán hacia países del sur de Europa, en la parte del Mediterráneo, por sus condiciones climáticas idóneas. España entre ellos, ya que cuenta con la posibilidad de que se conviertan en complementos a las destinaciones turísticas más tradicionales y consolidadas, además de que el potencial de visitantes susceptibles a ser atraídos por estos establecimientos tienen una rotación altísima en estas zonas turísticas, hecho que posibilitará que el flujo de visitas pueda ser alto y constante durante el tiempo que el destino turístico donde se encuentran permanezca operativo.

Siguiendo la tendencia de expansión de los parques temáticos europeos, también los españoles tienen el objetivo de seguir creciendo y ampliando su oferta hotelera y de restauración acorde con la temática del parque, ampliar el número de sus atracciones, y al mismo tiempo, ir añadiendo más oferta lúdica diversificada. El ejemplo está en el gran paradigma español que representa Port Aventura, que en el año 2002 amplió su recinto añadiéndole hoteles además del parque acuático Costa Caribe.

9.2.4. *Actualidad y tendencias genéricas*

Parece ser que las expectativas actuales destacan en la intención de invertir en parques tranquilos, educativos con entretenimiento, sobre todo urbanos, de dimensiones medias, cubiertos y vinculados conceptualmente a los museos. La oferta de parques pequeños y medios se ha multiplicado en Europa, especialmente en Francia y España. Un ejemplo es el parque Ravensburger Spieleland en Alemania orientado a niños de entre 2 y 12 años con un componente tecnológico elevado, formado por un espacio de juego interactivo con puzzles, películas y atracciones localizadas en un entorno paisajístico.

Otra de las tendencias de los próximos parques europeos se centra en la creación de espacios temáticos basados en el patrimonio, siguiendo la línea de ser educativo y al mismo tiempo entretenido. Este tipo de parque puede llegar a ser emblemático en términos simbólicos, de imagen y de consumo cultural en donde se ubiquen. El parque Vulcania, en Auvernia, Francia, utiliza un volcán como área temática, mientras que otro ejemplo es el primer gran parque temático de Grecia llamado Mitos, donde su tema es la propia mitología griega.

Además de los parques convencionales y temáticos en Europa, se están creando nuevos productos que cambian el paisaje de las ciudades. Éstos se componen de un centro de visitantes corporativo, dotado con los últimos avances tecnológicos y cuyo objetivo es el ofrecer sensaciones físicas, emocionales e intelectuales entre los visitantes. Un claro ejemplo es el Autostadt Park, en Wolfsburg, en el nordeste alemán, que abrió en 2000, ambientado como la ciudad del automóvil y en especial de la marca Wolkswagen. Siguiendo esta línea de parque hay proyectos que se están desarrollando en la actualidad basados en la vida y la salud. Asimismo, aparecen en los parques europeos la introducción de temas y formatos que tratan del paisaje y del medio ambiente. Algunos combinan la educación y el entretenimiento para la familia, como es el caso de Terra Botanica, el parque del vegetal de Anjou, en Francia.

La industria de parques temáticos en el continente europeo continúa creciendo y buscando nuevos mercados para instalarse, como en Europa central y oriental. Aunque las condiciones para ubicarse no sean las mejores, y a pesar de disponer de unos niveles de rentas no tan equiparables como los de América, se observan varias iniciativas desde finales de la década de los noventa. Los proyectos de parques temáticos se multiplican también en las repúblicas bálticas; entre ellos está el proyecto que data de 2001, y que trata de abrir el Dracula Park en la ciudad medieval de Sighisoara (Rumania) declarada patrimonio de la Humanidad. En este caso el tema del parque era representar el mito sobre la figura histórica de Vlad Tepes, el príncipe valaquio en el que se inspiró Bram Stoker para crear su famosa novela *Drácula*, aunque se ha sabido que por diferentes presiones, y no exento de una fuerte polémica, se ha desestimado y ha quedado en nada, aunque lo importante es que denota una voluntad de búsqueda de nuevos horizontes.

Por último, resaltar que se observa un cambio en la ubicación de la concentración de los parques para los próximos años en Europa, desplazando su centro de la gravedad de mercado hacia el sur del continente. La tendencia es que los nuevos parques, especialmente de dimensiones medias o pequeñas, se localicen en la línea del Mediterráneo, a pesar de no tener las condiciones óptimas, a priori, para su instalación. A diferencia de América, y rompiendo con su línea, este desplazamiento está convirtiendo a los parques temáticos, a los acuáticos, a los de atracciones y recreativos, no tanto en parques de destino, sino en elementos complementarios de los destinos turísticos europeos.

- *En España*

En cuanto a la tendencia genérica en España, se siguen los mismos modelos que en el resto de Europa pero con alguna modificación, es decir, se prevé más oferta tematizada. Más parques temáticos de dimensiones medianas o pequeñas (parques de bolsillo, según Tramullas), en detrimento de los grandes. Asimismo, se intuye que las atracciones que incluirán los parques temáticos serán más sofisticadas, con una alta tecnología, y también habrá un gran auge en la tecnología virtual que estará presente en la mayoría de las instalaciones.

Las expectativas de los parques temáticos españoles, así como los europeos, hoy día se centran en la creación de parques didácticos, relacionados con museos y basados en el patrimonio, aunque sin dejar de lado la vertiente educativa y divertida. Actualmente, un ejemplo de estos proyectos de parques son el Terra de la Música en Catalunya y el Micropolix en Madrid. Estas iniciativas de parques temáticos aparecieron a finales de la década de los noventa, fruto del gran éxito y de la propuesta de ocio iniciada por Port Aventura. Los grandes parques que vinieron a continuación no conseguían cumplir ni con sus objetivos, ni con sus previsiones sobre el número de visitantes, ni de rentabilidad; por estos motivos se plantea que la evolución pase por reducir las dimensiones de las próximas propuestas, y que éstas sean o bien medianas o pequeñas, para garantizar que la rentabilidad y las previsiones se cumplan.

De acuerdo con S. Anton, existe la posibilidad de crear parques temáticos tipo "nicho", es decir, de dimensiones pequeñas, ya que será más factible el orientarlas hacia un mercado que represente una minoría, y además podría contar con una oferta totalmente diferente y singular; se trataría de una propuesta de parque temático irrepetible e integrados en los valores del lugar donde esté ubicado.

Algunos ejemplos de éstos son, según el autor, los que exhiben animales en su entorno temático, como Loro Parque en Tenerife o Mundomar en Benidorm. También hay propuestas basadas en elementos relacionados con el patrimonio local, como el Dinópolis de Teruel, que combina un museo paleontológico con un viaje en el tiempo desde el origen del universo hasta la desaparición de los dinosaurios.

9.2.5. *Criterios de diseño y creación*

Según Tramullas, para el diseño de un parque hay que distinguir entre cinco puntos importantes e imprescindibles para crear una propuesta coherente y adaptada al lugar y al momento. Son criterios en los que se tendrá que profundizar para la consecución de una propuesta rigurosa, amplia y coherente, así que, basada en sus aportaciones, se recogen en la figura 9.4.

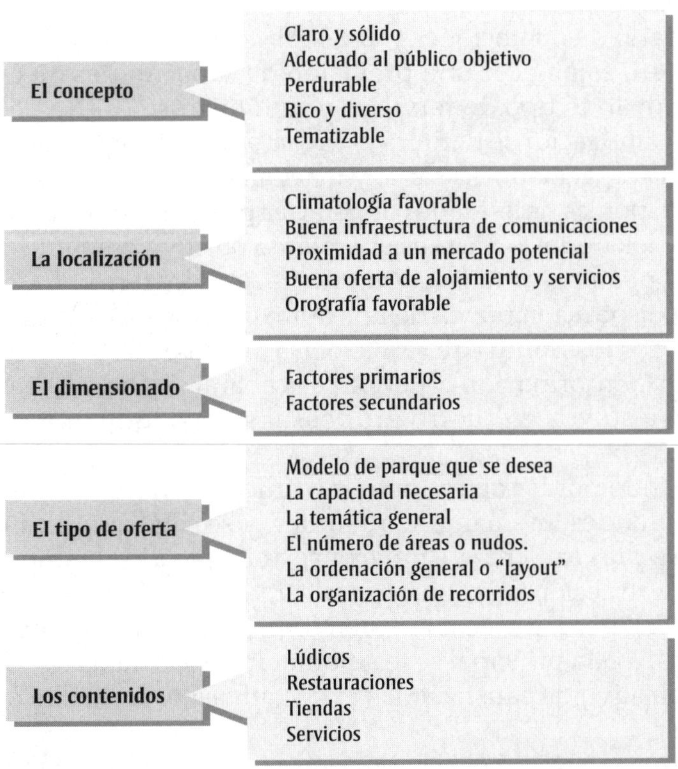

Figura 9.4. Factores importantes para la creación de un parque temático.

Hay que añadir además que la oferta y la capacidad de alojamiento de la zona, o del mismo parque, es igualmente una preocupación de primer orden. Que la oferta sea buena, tanto en los alojamientos como en los servicios que se presten, acabarán determinando el nivel de calidad no sólo de la zona, sino también del mismo parque, aunque sea por asociación.

Finalmente, en este punto se menciona la orografía favorable, que facilite la implantación del parque y sus necesidades.

El tercer factor que menciona Tramullas es el *dimensionado,* que lo divide en dos sub-factores: los primarios y los secundarios.

El primero de ellos, propone una inmersión en el estudio del mercado potencial, o lo que es lo mismo, un trabajo de campo que pretenda definir el tipo de público que podrá atraer el parque. A su vez, determinar la capacidad de gasto *per cápita* del mismo, y la penetración o la asistencia estimada de visitantes, que dirigirá así el proyecto a un estudio de viabilidad.

En cuanto a los secundarios, Tramullas empieza apuntando que se tendrá que estimar la duración de la visita, el tiempo de permanencia ideal de los visitantes en el parque. Seguidamente podrá pasarse a determinar la política de tarifas y precios.

El calendario de operaciones y la distribución de la demanda será el paso inmediato para establecer una previsión de capacidades de carga y de las necesidades de todo tipo de servicios y suministros.

En el próximo factor se definirá el *tipo de oferta,* al comenzar por el modelo de parque y la capacidad necesaria, y tener en cuenta que la capacidad queda definida tanto por las necesidades de carácter primario como las de secundario.

El tema y los nudos o áreas es el próximo objetivo para que una vez especificado, se pueda pasar al *layout* u ordenación del terreno, e incluir los recorridos y la disposición previa de una aproximación de cada una de las atracciones, de todos los puntos de servicio, las tiendas, etc.

Con toda la información anterior se acabaran fijando *los contenidos,* que se dividirán a su vez en cuatro grupos, al ser los lúdicos los primeros de ellos.

Comenzando por las atracciones mecánicas, se hace una diferencia entre las que son grandes, medianas e infantiles, y se sabe que, en función de los nudos que se prevean crear, será aconsejable que a cada uno de ellos se le dote con una atracción mecánica grande, que también podrá ser de recorrido (o *dark ride*), pero que acabará siendo la atracción más emblemática del área. Además, a esta principal se le adjuntarán varias medias y algunas infantiles con el objetivo de satisfacer las expectativas de un abanico bien amplio de visitantes.

El siguiente paso será el que implique especificar los elementos de restauración de todo tipo, al incluir además bares, quioscos de bebidas o incluso los puntos de *vending*, para distribuirlos adecuadamente en función de la idea general de las áreas o nudos.

Para finalizar el diseño se acabará por decidir las tiendas de souvenirs y merchandising y los diferentes servicios con que se ha de dotar al parque, y, de la misma forma que en el elemento anterior, comenzar a perfilar su distribución en todo el perímetro del parque.

Sobre la base de estos cinco factores se edifica el proyecto del parque incluyendo los agentes, que relaciona con cada una de las fases, y se definen los estudios previos necesarios, tales como el de viabilidad, el de mercado y el de localización, para finalizar con lo que podría ser un diagrama de Gantt en el que podría quedar reflejado desde el primer paso del movimiento de tierras hasta aspectos más concretos y finales, como la jardinería y el interiorismo de las instalaciones.

Con todo este repaso a las propuesta de Emilo Tramullas, se cierra el ciclo relacionando el proceso de creación e implantación de un parque temático con la parte de la definición en la que se aseguraba que un parque temático es ante todo "una propuesta conceptual muy sólida, claramente formula y rigurosamente materializada" (Tramullas, 1998).

9.3. Eventos singulares

Las propuestas de ocio de este apartado se relacionan con la tendencia en auge de relacionar la cultura de un lugar con el turismo, y que en muchos casos ha estado generada por la intención de dar a conocer una identidad local que hasta el momento ha permanecido ignorada.

De nuevo el dilema se orienta en situar este tipo de manifestaciones, o productos de ocio, en el apartado cultural. Es cierto que en casi todos los casos hay motivos para incluirlo, pero de nuevo se tiende a una simplificación que vincula las ferias y las fiestas con el aspecto más recreativo de estos eventos.

En esta ocasión, las fuentes principales para la elaboración del margen teórico en el que se mueve la definición del concepto son los análisis de investigaciones llevadas a cabo pos analistas especializados entre los que destacan Felip Soler, Jordi Pablo, Donald Getz, Harold Voge o Manuel Cuenca, además de contar con las aportaciones de Júnia Miret, que con su investigación *Un viatge cultural més enllà dels tòpics* ha contribuido a ampliar la óptica de los anteriores.

De entrada, la eclosión de este tipo de producto de ocio "¿podrá mantenerse al ritmo de crecimiento que ha experimentado hasta ahora?", se cuestiona Getz (en *Trends in outdoor recreation, leisure and tourism*, 175-185). Es muy posible que no lo pueda hacer, pero además es que la sobredimensión que se le está dando se empieza a perfilar como uno de los principales problemas que a corto plazo puede presentar, o por lo menos ésa es la tendencia al otro lado del Atlántico.

9.3.1. *Ferias y fiestas*

De todas las posibilidades existentes, parece que los formatos más reducidos en estas propuestas son ahora los más utilizados por gran parte de los promotores. Las raíces culturales, la identidad popular y las tradiciones son buenas bases para ofrecer una amplio abanico de opciones de todos los tipos, aun a riesgo de que bastantes de estas propuestas no tengan mucho sentido en la actualidad y lo que en realidad se pretenda sea promocionar un destino, que de otro modo pasaría totalmente desapercibido, asegura Gartner. Como ejemplo sólo hay que hacer un pequeño recorrido por la gran cantidad de propuestas de este estilo que en la actualidad se están promocionando, para darse cuenta de que muchas de ellas son supuestamente tradicionales.

Las ferias y las fiestas son esquemas que tratan de explicar y de recordar la repetición anual de los ciclos vitales de la naturaleza, y la conmemoración o la evocación referida a personajes, leyendas o mitos, generalmente de origen religioso. Son los dos elementos esenciales que han dado lugar a la construcción del calendario de las ferias y las fiestas tradicionales.

Por otra parte, la tradición privada y las fiestas públicas son los otros elementos básicos de contraste durante el decurso del año y de las variaciones que los caracterizan. La fiesta ayuda a liberarse colectivamente de las angustias individualizadas del tiempo de producción, como ya se ha visto en los primeros capítulos, pero con el ritmo de trabajo y las variaciones que ha sufrido la distribución y el valor del tiempo, podemos afirmar que esos valores prácticamente se han perdido, y hoy en la simbología de la fiesta tiene más peso específico el vivir la experiencia que procura su realización que esos valores ancestrales que la originaron. De ahí que la recuperación de muchas de las tradiciones sea una mera astucia de marketing para atraer visitantes a un destino concreto en unas fechas determinadas, y eso precisamente es lo que Gartner considera peligroso.

Esta idea de recuperación de eventos tradicionales puede entrar fácilmente en contradicción de la búsqueda de *lo auténtico*, como valor máximo de los flujos actuales de turismo. Es la intención de masificación la que puede resultar peligrosa, ya que desemboca en una inevitable transformación estética y artificiosa de las mismas tradiciones; por tanto, se habría de tener en cuenta el posible impacto negativo que esa recuperación artificial puede ocasionar para el municipio, en primer término, pero también para la zona y, cómo no, para las propuestas que realmente sean "auténticas".

Existe también otra razón para mantener esas tradiciones: "que no se pierdan", esta razón es, para muchos, puro romanticismo, ya que consideran que en demasiadas ocasiones comporta una posición estática, arqueológica y voluntarista que, en la mayoría de los casos, no hace sino retardar unos años la extinción de las costumbres. Ahora bien, el sentido positivo empieza cuando las tradiciones se mantienen de una forma espontánea, asumiendo nuevas funciones, como símbolo de identidad, o incluso como mecanismo de cohesión de la comunidad. Un caso aún más positivo se produce cuando la costumbre sobrevive y se desarrolla por ella misma, constituyendo una necesidad por encima de su motivo original o histórico.

La fiesta puede también tener un tono más reinvidicativo, y aquí es donde se encuentra la auténtica fiesta tradicional o popular.

Popular es un vocablo polisémico que generalmente hace referencia a un pueblo y al conjunto de individuos que generalmente comparten un territorio delimitado y que tienen conciencia y voluntad de una identidad colectiva.

Por tanto, cuando se habla de *fiesta popular*, ésta es entendida como la fiesta del pueblo y para el pueblo, así que se intenta enfatizar en el protagonismo de la gente, y se tiende a excluir de ella a las instituciones gubernamentales o religiosas, e incluso a la burguesía. Su sentido remite a todo aquello no oficial que es creado desde abajo, donde las identidades colectivas se dramatizan al permitir al individuo sentirse como parte de la colectividad, y así su historia personal puede articularse a la historia de la fiesta y del lugar, o lo que es lo mismo, a la memoria colectiva. El contexto festivo permite descubrir la imagen simbólica que las comunidades tienen de sí mismas.

El concepto *fiesta* se define etimológicamente como solemnidad con la que se conmemora un evento importante del pasado o subraya la trascendencia de una efeméride actual. A través de la fiesta un pueblo transmite sus raíces y orígenes así como da a conocer sus inquietudes y valores. De esta manera, desde los inicios de la humanidad, se han celebrado eventos festivos por todo el globo que, por su evolución diversa, dan sentido y estructura a los comportamientos sociales de las sociedades en las que se desarrollan. Por tanto, dice Miret, la fiesta es un elemento de cohesión, reconocimiento y de pertenencia a un grupo social que tiene su origen en el fuego del hogar.

Desde este punto de vista, la fiesta supone una gran importancia antropológica, ya que los fenómenos y los roles sociales en los que se desarrolla durante la celebración consiguen cambiar por unos días las estrictas imposiciones y obligaciones morales de la cotidianidad, para hacer posible que aparezca el ocio, el descanso, tan necesario para retomar la rutina una vez acabada la fiesta.

Muy de acuerdo con la *Associació per a la difusió de la cultura popular catalana*, Miret comentaba que si se quiere atraer progresivamente un turismo de más calidad y más fiel, el turista ha de poder identificar perfectamente el lugar donde ha pasado las vacaciones y lo ha de apreciar; por ello, nada mejor que hacer que conozcan el lugar que han escogido como su destino turístico a través de la fiesta, las tradiciones, las costumbres, la artesanía y la vida cotidiana, así que propone una fidelización a través de la cultura popular porque considera que su idiosincrasia, como un valor potencial de las atracciones turísticas, es su autenticidad, ese valor tan buscado por el viajero.

Por tanto, debido a las características propias de la fiesta, resulta obvio que haya pasado a formar parte del fenómeno del turismo, ya que el turismo busca sorprender al turista y es por esta razón que los eventos festivos (tradiciones, costumbre, espectáculos...) suponen un aspecto a tener muy en cuenta, aunque no son pocos los casos de "realidad ficticia" que se encuentran, asegura Júnia Miret.

Otro de los puntos de vista que destacan sobre el análisis de las fiestas es el de Manuel Cuenca (2000). Según él, la fiesta se fija en un tiempo, entre unas gentes y en un espacio, y representa una huida de la cotidianeidad que se manifiesta a partir de una serie de elementos (como la presencia del pueblo, de los adornos, del tiempo, etc.)y que son los que contribuyen a que esa realidad festiva se dé y se viva.

Para explicar estos elementos se basa en una división tripartita compuesta por los que él considera elementos esenciales, que son el tiempo, el espacio y las gentes. El segundo grupo, el de los elementos habituales, configurado por los orgiásticos, los lúdicos, los económicos, los estéticos, los rituales y los dramáticos, y un último grupo al que denomina de elementos complementarios, en el que sitúa los textos y la pirotécnica, tal y como se muestra en el esquema de la figura 9.5.

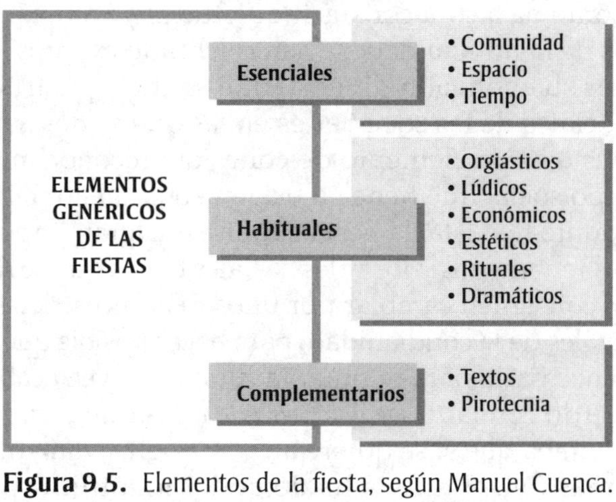

Figura 9.5. Elementos de la fiesta, según Manuel Cuenca.

Los *esenciales* se explican como los necesarios para que una fiesta se pueda dar y se entienden como imprescindibles el seno de un grupo de gente o un pueblo que es el grupo al que va destinada la fiesta. Mientras que el espacio, sea una plaza, una calle o un recinto determinado, significa el núcleo esencial de la fiesta, y que mayoritariamente sufre una transformación temporal de su forma y usos habituales.

Sobre el tiempo, decir que es el encargado de reforzar el carácter cíclico de la fiesta y durante la fiesta. En este sentido, el tiempo tiene su estructura social en el calendario, que es donde se señalan los períodos festivos, asegura Cuenca.

En cuanto a los *habituales* en primer lugar se incluyen los orgiásticos, que son los que hacen referencia a la relación que los banquetes, las comidas y los excesos en la bebida que suele ir asociado a las fiestas. Todos ellos se acaban complementando con las músicas, las danzas, e incluso hay quien también añade aspectos sexuales.

Sobre los elementos lúdicos que, como es evidente, son otro de los aspectos indisociables de las fiestas y celebraciones. Los juegos y las competiciones de cualquier tipo, las charlas abiertas entre las gentes o los coloquios, también se sitúan en el grupo.

El elemento económico, que hace referencia al gasto que se realiza durante la fiesta, que evidentemente no es el mismo que en situaciones cotidianas, ya que ahora su aumento es espectacular. El consumo durante la fiesta se dispara y los recursos económicos han de poder satisfacer las necesidades generadas por todos los otros elementos.

Los estéticos implican una decoración diferente y específica para cada celebración. Pero a nivel personal también implica un cambio, generalmente dependiendo de la celebración (Navidad, carnaval, etc.), determina un vestuario u otro, y entiende que la decoración ayuda e incide en la ambientación, pero que no es la fiesta en sí.

Los ritos y las ceremonias son los actos simbólicos que argumentan la esencia de la gran parte de las fiestas y celebraciones, y gracias a ellos se da sentido a unos símbolos para lograr su sacralización y la veneración.

El último de los elementos habituales son los aspectos dramáticos, que remiten directamente en las puestas en escena, los teatros, las pantomimas o incluso las procesiones y los desfiles.

El tercer grupo de los elementos genéricos corresponde al de los *complementarios*. Aquí se sitúan sólo dos: los textos y los pirotécnicos.

Sobre los textos se comenta que se refieren a aquellos que van desde los que son generados a partir de la organización del evento, sus fundamentos o las fuentes en las que se basa la tradición de la celebración, hasta los que se realizan para publicitar las actividades incluidas en el programa de fiestas.

Finalmente, con la pirotecnia se afronta el tema del fuego y los ruidos que acompañan a la fiesta. Prácticamente no existe una sola fiesta tradicional que no utilice elementos pirotécnicos en sus programaciones. Pero además del fuego purificador otro tipo de ruidos también son utilizados, como diferentes tipos de músicas, tambores, campanas y un largo etcétera, se suman a la pólvora para construir el espíritu y el ambiente de la celebración.

9.3.2. Las grandes celebraciones

Actualmente en Europa existen grandes celebraciones de un importante renombre internacional. Son eventos que se celebran anualmente y que tienen una repercusión turística muy grande, ya que el flujo de visitantes que acude, comparado con el que frecuenta el destino en otras fechas, es muy diferente.

Se han comentado ya grandes concentraciones relacionadas con las artes escénicas, igual que se ha hecho referencia a las exposiciones universales, pero en este apartado habría que tener en cuenta que ésas son sólo algunas de las grandes celebraciones, ya que se tendrían que incluir los festivales musicales, las competiciones deportivas y las celebraciones de raíz más tradicional y popular, que son las que más se están utilizando últimamente como propuestas más asequibles a cualquier destino turístico, sin necesidad de requerir los enormes esfuerzos de las primeras.

A) Festivales

Analizando el mercado de festivales en los Estados Unidos, Donald Getz se cuestiona si no hay demasiados eventos de este tipo en su país. El interrogante, como ya se apuntaba más arriba, es extrapolable a cualquier otra geografía y lo que Getz está apuntando es que hay una saturación, o más un inicio de saturación entre la infinidad de propuestas que continuamente se añaden a las ya existentes.

Esta multitud de temas, o excusa, para promocionar un lugar está dejando paso al peligro de una hipotética desvirtualización de algunas geografías que con el afán comercialista desarrollan propuestas que, en muchos casos, poco o nada tienen que ver con la zona en la que se ofrecen, si bien es cierto que alguna de ellas triunfa por su originalidad o gracias a la bien creada promoción que acaba atrayendo a muchos visitantes.

Por otro lado, está el aspecto de las incomodidades que para la población puede significar la organización del festival o evento. Con frecuencia la comunidad se resiente y se ve alejada respecto a la implicación. Es cuando no hay una vinculación directa con la organización que busca un beneficio económico propio, dejando al margen a la población. El hecho de no haberlos tenido en cuenta puede acarrear el riesgo de un fracaso importante, que al depender de las partes implicadas, muchas veces muere pasando totalmente desapercibido.

Tampoco hay que caer en la tentación de pensar que este aspecto es el único al que achacar los fracasos; así, Getz entiende que el análisis ha de basarse en cuatro puntos elementales: los factores simples, los factores dependientes de la demanda, la gestión del producto y los factores externos.

- Los *factores simples*. En este punto habrían de incluirse el análisis de aspectos simples, como la competencia directa entre los festivales, es decir, el número de ellos, las fechas, el tipo, la localización, y sobre todo el índice de penetración con el que cuentan las demás propuestas.

  Como resultado de este análisis se obtendrá el índice de competición del evento en la zona y si los posibles visitantes tienen un exceso de oferta de ocio para el presupuesto que pueden dedicarle.
- Los *factores dependientes de la demanda*. Son los aspectos más usuales del estudio de la demanda, entre los que se pueden citar el análisis del radio de influencia del festival y el índice de población susceptible de ser atraída por él; son los primeros puntos a tener en cuenta ahora.

  Los aspectos demográficos, como las edades o la cantidad de familias, por ejemplo, pueden ser determinantes para el éxito o el fracaso de la propuesta.

  El poder adquisitivo medio de los habitantes susceptibles a convertirse en consumidores del producto y sus preferencias en la ocupación del tiempo de ocio del que disponen.
- La *gestión del producto*. Implicaría desde una propuesta inadecuada, poco atractiva, hasta defectos de servicio, que resulte empobrecedor, por ejemplo.

  La ausencia de un plan estratégico que haga que el marketing aplicado sea inadecuado o poco efectivo.

  Otro punto negativo es la incompetencia de los gestores o incluso aspectos relacionados con la corrupción y el amiguismo en la distribución de responsabilidades y funciones.
- Los *factores externos*. Aquí es donde se situaría la desvinculación de la población con el festival, pero también se incluirían otros aspectos como los cambios en política y regulaciones que afecten negativamente al evento o a su organización.

  También aquí se tendrían presentes la ausencia o declive del soporte de los recursos humanos, económicos o de instalaciones.

Muchos de los festivales que ya no se organizan han tenido la explicación de su fracaso en alguno, o en varios, de estos aspectos, y dejan de ser rentables, al enfrentarse a normativas que no se habían previsto o al sobrepasar, tanto en el exceso como en el defecto, los recursos.

B) Competiciones deportivas

En el capítulo 7 se analizaba la repercusión de la suma de dos conceptos: la competición y la actividad deportiva. Desde sus inicios el resultado del binomio ha sido una atracción tan espectacular que ha llegado a ser utilizada hasta como herramienta religiosa, política y social ya en las culturas clásicas.

Actualmente muchos de estos aspectos continúan vigentes, pero además hay que añadirles otro, y es la capacidad de dinamización económica que, bien directa o indirectamente, poseen.

El nivel de organización es terriblemente amplio, posiblemente el más amplio de todas las propuestas de ocio actual, ya que va más allá de la simple contemplación de la competición, y su práctica se hace imprescindible para cualquier aficionado. Son aspectos que implican muchas empresas que sin estar relacionadas directamente con el espectáculo, se ven favorecidas por él, aunque éste se realice a miles de kilómetros.

Tiendas especializadas, clubes, asociaciones, gimnasios y una infinidad de instalaciones se ven dinamizadas indirectamente por las competiciones deportivas que actúan como auténticos promotores de actividades de ocio relacionadas con los deportes en los que se basan.

A esto, evidentemente, hay que añadir el dinamismo que producen las grandes competiciones a las que se hacía referencia en el capítulo 7.

C) Las Exposiciones Universales

En un primer momento se podría malinterpretar que las actuales Exposiciones Universales no tienen nada que ver con aquellas que se iniciaron en el siglo XIX y que luego originaron algunos de los productos de ocio, como los dos tipos de parques, pero la verdad es que sí lo son. Prácticamente no han dejado de realizarse, simplemente ahora no tienen tanta repercusión como hace algunas décadas, ya que los medios de promoción de los adelantos y sus aplicaciones ya no tienen los mismos canales. Ahora cualquier novedad no espera a ser presentada en público en una exposición: ahora se pone a la venta en seguida, y las novedades se centran más en variantes relacionadas con otros productos de ocio más cotidianos, o se experimentan aquellos que presentan dificultades comerciales debido a costes de producción, generalmente.

En estos casos las campañas de marketing son esenciales, de lo contrario estas exposiciones tienen el riesgo de pasar desapercibidas o de convertirse en complementos turísticos, pero no en motivaciones principales. Hoy día no son rentables como lo fueron y al depender del lugar en donde se organicen, su atracción puede tener un radio de atracción bastante corto.

9.3.3. *Las grandes fiestas turísticas europeas*

Existen en la actualidad una serie de celebraciones de fiestas en Europa que han obtenido un reconocimiento internacional y que son grandes atractivos que seducen cada año a miles de personas que acuden a ellas con el simple objetivo de vivir la autenticidad de una fiesta única llena de tradición, así que su motivación principal es la fiesta, y a partir de ella es posible que se desarrollen otros atractivos turísticos más tradicionales, como el entorno monumental o el paisajístico, pero sólo actúan como complementos, aunque su incidencia en el viajero no esté tan clara.

En esta línea se resume la esencia de alguna de las fiestas que, por razones diferentes, despuntan en las muchísimas que se realizan en toda Europa. Se ha procurado que tengan raíces y conceptos bien diferentes entre ellas para que puedan ser contrastadas e investigadas. Tres de ellas están absolutamente consolidadas, pero la cuarta empieza a despuntarse entre la juventud de toda Europa por su peculiaridad y su escenario: el *Koninginnedag*, en Ámsterdam

- Los carnavales de Venecia.
- *Koninginnedag*, el Día de la Reina en Ámsterdam.
- La *Oktoberfest* de Múnich.
- Los Sanfermines en Pamplona.

A) Los carnavales más elegantes y sofisticados: Venecia

Durante los días aproximadamente 28 de enero hasta el 9 de febrero, coincidiendo con el miércoles de ceniza, se celebran en Italia los carnavales de Venecia, considerados los más elegantes y sofisticados del mundo. Es una celebración conocida internacionalmente durante la cual se permite romper con todas las reglas de la sociedad durante las dos semanas que dura el carnaval, haciendo uso de elegantes máscaras y muy elaborados disfraces. Durante estos días la ciudad ofrece una gran variedad de procesiones, ceremonias tradicionales, musicales, así como también otras muchas actividades relativas al ocio y la diversión, donde el entretenimiento está servido en torno a los canales y palacios de la antigua ciudad. Por tanto, se puede admitir que el concepto más amplio de la palabra "fiesta" invade cada rincón de la ciudad.

El carnaval de Venecia, surgido durante el siglo XIV supone un evento de gran magnitud no sólo para los venecianos, sino también para los sociólogos y expertos del sector del turismo, ya que dicha celebración ha conseguido a lo largo de la historia conservar su carácter más festivo unido, sin embargo, al interés de promocionar y promover los valores artísticos de generaciones futuras. De la misma manera, se entremezclan los conceptos de ocio, por lo que se refiere al sinfín de actividades programadas durante el carnaval, y de cultura en cuanto al revivir de la época antigua en que Italia, y más concretamente Venecia, residía marcada por las restricciones y reglas de una sociedad que buscaba un sitio en el mapa de los imperios más poderosos.

B) Koninginnedag: el Día de la Reina en Ámsterdam

Cuando el color naranja lo invade todo es el Día de la Reina en Ámsterdam. El 30 de abril los holandeses viven año tras año la antigua tradición del Día de la Reina en un ambiente dominado por el color naranja propio de la Casa Real holandesa. Miles de personas salen a las calles para celebrar esta fiesta de carácter nacional que conmemora el aniversario de la Reina (figura 9.6).

Figura 9.6. Celebración del *Koninginnedag* en los canales de Ámsterdam.

De menor magnitud turística, esta celebración resulta de interés debido a su progresivo posicionamiento en el ámbito de fiestas y celebraciones que desencadenan, por sus características e idiosincrasia, el desplazamiento de personas con y en motivo de la fiesta.

El Día de la Reina tiene sus orígenes en la tradición de los holandeses a efectuar una ofrenda floral a la Reina por el día de su aniversario. De manera que la celebración del Día de la Reina permanecía antiguamente en función del aniversario de la misma.

El primer Día de la Reina se celebró 31 de agosto de 1890, aniversario de la reina Guillermina, fecha que fácilmente se convirtió en un día festivo escolar por coincidir en verano.

Posteriormente y coincidiendo con la coronación de la reina Juliana en 1980, la ofrenda floral fue trasladada al 30 de abril y desde entonces la fiesta fue adquiriendo un sentimiento nacional arraigado, por lo que el día de su aniversario fue declarado finalmente día festivo para Holanda, ya que así lo decretó la reina Beatriz, consolidando la festividad en la fecha del aniversario de su madre la reina Juliana y no el suyo propio.

Actualmente, la reina Beatriz, junto con la familia real, comparten la fiesta con los ciudadanos visitando algún pueblo o ciudad de Holanda. Esta aparición en público adquiere dos dimensiones, ya que simboliza la unidad de la familia real y la unidad del Estado holandés.

En la ciudad de Ámsterdam es donde la celebración adquiere mayor protagonismo y la fiesta empieza el 29 de abril por la noche con la llamada "Noche de la Reina". Los bares permanecen abiertos toda la noche sin faltar los múltiples conciertos que tienen lugar en diferentes partes de la ciudad. Las celebraciones el mismo 30 de abril pueden apreciarse concretamente en el centro de la ciudad, donde actúan gran variedad de grupos de música nacionales e internacionales.

C) La Oktoberfest *de Múnich*

La *Oktoberfest* de Múnich celebrada anualmente, es la fiesta de la cerveza a nivel internacional más importante que existe, durante la cual se conmemora el enlace real entre el príncipe Ludwig I y la princesa Therese de Sajona-Hildburghausen, que tuvo lugar el 12 de octubre de 1810 en la ciudad de Múnich. El origen de esta celebración popular reside, por tanto, en este momento de la historia caracterizado por el festejo popular de tan esperado acontecimiento. Con dicho motivo, los festejos fueron celebrados concretamente en los campos situados en esa época enfrente de las puertas de la ciudad donde se instalaron carpas en las que se consumían grandes cantidades de cerveza a modo de Biergarten. Estos campos fueron nombrados Therensienwiese (campos de Theresa) en honor de la princesa de la corona, por lo que actualmente es común entre los habitantes de Múnich referirse a la celebración abreviadamente como "Wies'n".

No obstante, en la actualidad el nombre que recibe y por la que se conoce esta celebración popular es *Oktoberfest*, que etimológicamente significa "fiesta de octubre", lo que no es de extrañar, puesto que en sus inicios la fiesta tenía cabida en el mes de octubre, y suponía el evento anual más destacado y emblemático.

Curiosamente, hay que recordar que la fiesta tiene lugar actualmente a mediados de septiembre, por lo que, como sucede frecuentemente con las fiestas, celebraciones y eventos populares y tradicionales, nos encontramos un cambio de fechas en la celebración que, en este caso concretamente, responde a cuestiones meteorológicas y climáticas más benignas y propicias al ocio de actividades programadas en el exterior de las carpas y los jardines.

Como hecho destacado a mencionar están las carreras de caballos o demostraciones agrícolas a modo de fomento de la economía bávara. Por tanto, no se califica la fiesta como producto de realidad ficticia ocasionada en motivo del turismo como desafortunadamente sucede en ciertos eventos, ya que en este caso concretamente se pretende conseguir un mayor goce del ocio en todas su amplitud. Es decir, con el tiempo y progresivamente las autoridades de Baviera y la ciudad de Múnich fueron adelantando el inicio de los festejos conmemorativos del enlace real debido a que con el tiempo se fueron incorporando más y nuevos elementos de ocio que contribuían a aumentar la diversión y popularidad de la ciudad de Múnich en el marco de Alemania. De este modo, es preciso destacar el año 1818 cuando se instalan las primeras atracciones en el recinto de la *Oktoberfest* uno de los elementos de ocio más característicos de la actualidad.

D) Los Sanfermines en Pamplona

Doscientas cuatro horas de fiesta. Pamplona o, en vasco, Iruña, es conocida por la celebración de los Sanfermines. Durante los días en que se celebra esta fiesta, del 6 al 14 de julio, la ciudad se transforma en una explosión de vida en la que el visitante y el pamplonés se confunden, vestidos de rojo y blanco, en medio de un espíritu festivo y tradicional que lo invade todo.

Bien cierto es que Sanfermines existen en otros pueblos de Navarra, pero, debido a sus actividades de ocio y eventos singulares propios, como el Chupinazo, los intensos y espectaculares encierros por las tortuosas calles de Pamplona y el famoso "Pobre de Mí" como clausura de la celebración, han contribuido a consolidar la fiesta de los Sanfermines como Fiesta de Interés Turístico Nacional e Internacional.

La gran afluencia de visitantes registrada en estas dos semanas en Pamplona se debe única y exclusivamente a la fiesta, convirtiéndose la misma en el motivo principal del viajero que acude a la ciudad. En contraste con otras épocas del año, el mes de julio supera todos los valores registrados en cuanto a ocupación hotelera debido a la celebración de la fiesta.

Según los historiadores, los Sanfermines surgen de la conjunción de tres fiestas: las de carácter religioso en honor de San Fermín, copatrón de Navarra y patrón de la diócesis pamplonesa (celebradas en la Antigüedad), las fiestas comerciales y taurinas organizadas a partir del siglo XIV. Pero de la celebración inicial en fecha 10 de octubre terminó por trasladarse al 7 de julio con la intención de tener mejores condiciones climáticas para los festejos en honor a San Fermín, tal y como se ha visto también en la fiesta de la cerveza de Múnich. Por lo que se admite que se procura vincular las celebraciones en meses calurosos a fin de conseguir mayor asistencia coincidiendo en época de vacaciones.

En pleno siglo XX los Sanfermines adquieren su máxima popularidad internacional de la mano del estadounidense Ernest Hemingway con la publicación de su novela *The sun also rises* en 1926, y se convirtió en el responsable de la popularización de la fiesta especialmente en Estados Unidos. Esta contribución del escritor en la novela traducida en España como *Fiesta* esboza los aspectos que más impactaron al autor durante su apasionada e intensa participación en los Sanfermines.

Las cuatros fiestas populares comentadas anteriormente permiten establecer como diferentes tipologías del ocio recreativo y bajo temáticas festivas diversas que resultan atractivas para el visitante siempre que reúnan la idiosincrasia y valores tradicionales que las hacen especiales y únicas. Lo que quedaría por determinar es hasta qué punto el visitante es capaz de valorar los aspectos más culturales de la celebración como elemento identificativo de un territorio concreto o de una ociedad, como resultado de su estancia. Consecuentemente, podría afirmarse que el tipo de turista que acude a estos eventos festivos canaliza sus intereses culturales por medio de los aspectos lúdicos que ofrece la fiesta.

De esta manera, y de acuerdo con el apartado de *Eventos Singulares* en el proyecto *Un viatge cultural més enllà dels tòpics* y después del análisis de estas y otras fiestas populares de interés, se considera posible contribuir al desarrollo y aprogreso del sector turístico fomentando la cultura a través de las fiestas populares mediante sus múltiples formas de ocio.

Gestión del ocio lúdico

10

Este capítulo se articula en dos apartados relacionados con los aspectos más puramente lúdicos del ocio en la sociedad actual. Por una parte, se despliegan aspectos relacionados con la música y los locales públicos donde ésta representa el eje vertebrador del producto, es decir, bares y discotecas, básicamente. La segunda parte, dedicada a Internet, se abre no sólo al ocio, sino también a lo que este sistema de comunicación representa en el ámbito del turismo.

10.1. Introducción a las actividades de ocio lúdico

En la actualidad existe un claro riesgo de pensar que tanto la diversión más puramente lúdica que representan las discotecas como los bares, no tienen una relación directa con la evolución de los destinos turísticos; sin embargo, esta percepción dista bastante de la realidad. Así, hoy día viajar para acudir a una sesión de discoteca en Ibiza, por ejemplo, ya es un producto que el mercado europeo ha puesto en circuladción desde hace unas temporadas.

Otra evidencia de este hecho son las muy frecuentes despedidas de solteros que en las grandes ciudades de nuestro país se llevan a cabo por parte de otros tantos touroperadores europesos, además, claro está, de las agencias que los organizan dirigidos al público nacional.

Para constatar la importancia que tiene este tipo de actividades en el turismo, se puede recuperar la figura 7.11 en la que, a partir de los datos publicados por el IET, se desglosan las actividades realizadas por los turistas en nuestro país los años 2004 y 2005. En ella destacan los más de 13 millones de personas que acudieron a lugares de diversión y a discotecas. Así, resulta más que evidente que este tipo de oferta tiene cada vez más peso específico en la evolución de un destino turístico, el cual además se ve incrementado por la facilidad y la accesibilidad de los medios tecnológicos y también de los económicos. Actualmente son los vuelos de bajo coste los que permiten acceder a cada vez más destinos turísticos sin tener que pasar por una agencia de viajes y a unos precios que son más que módicos en muchos casos.

Al casar las circunstancias del mercado con el consumidor tradicional de estos productos, se obtiene como resultado un gran contingente de personas jóvenes, y en muchos casos con pocos recursos económicos, que se ven posibilitados a acceder a este producto; su producto estrella: discotecas en destinos míticos y diversión al alcance de su mano

10.2. Música, bares musicales y discotecas

Históricamente los precedentes de los bares se pueden localizar en las *tabernae* romanas. Éstas se podían encontrar tanto en las inmediaciones de los foros, como adosadas a las salas de baños en las termas, pero también en los puntos de descanso y asistencia en las calzadas más importantes. La taberna servía también como punto y lugar de encuentro y discusiones por parte de la población. Eran, en definitiva, la evolución lógica de las experiencias y propuestas experimentadas en Grecia.

Como las demás formas de ocio, con la llegada de la hegemonía del cristianismo en el Imperio, las tabernae también fueron vistas como algo pernicioso y diabólico, ya que en ellas se cantaba y en algunos casos también se bailaba como formas de entretenimiento popular.

Bares y tabernas tienen su recuperación de las formas clásicas a partir de las revoluciones sociales e industriales del siglo XVIII, coincidiendo con el inico de los grandes viajes, preludio del turismo.

La fluctuación en las consideraciones de las tabernas se relaciona con la filosofía del momento y del país en el que se da; así no tiene la misma lectura en el centro y el sur de Europa que en los países más al norte, y sobre todo en el Reino Unido durante el puritanismo, que se vuelven a prohibir las canciones y los bailes de tabernas, aunque no por ello se eliminan, ya que de forma clandestrina se canta y se baila en ellas.

Por otra parte, la música, que en sus formas más populares, suele acompañar este tipo de establecimientos, evoluciona paralelamente afectada por las normas y las filosofías del momento y respondiendo a las necesidades estamentales y religiosas.

En este apartado se pretende analizar el proceso evolutivo, sobre todo musical, que lleva su evolución hasta las formas más actuales de su consumo. Esto implica llegar hasta la música registrada, su utilización en los establecimientos dirigidos a las masas y al aprovechamiento que la industria turística hace del hecho.

10.2.1. Inicio y trayectoria de la música

La música y la danza han estado siempre ligadas a los cultos y los ritos religiosos; en este sentido se puede afirmar que están con el hombre desde que éste tiene conciencia de que existe una vinculación directa que le relaciona con fuerzas o fenómenos a los que no puede dar explicación y recurre a crear las deidades que los puedan justificar.

Más allá de este sentido más elemental de la música, y según Ticià Riera, son los hititas los que nos han dejado el patrimonio musical más antiguo con flautas confeccionadas con tibias humanas o tambores hechos de pieles de animales. Egipcios, asirios, hebreos o frigios son otras tantas culturas que contribuyeron a que las grandes culturas clásicas posteriores sentaran las bases para diseminar por toda la cuenca mediterránea una unidad cultural que daría lugar a asumir la música como parte integrante de una identidad cultural y a unas formas determinadas.

Durante la Edad Media, es, seguramente, la actividad de ocio que menos sufre las consecuencias de una mentalidad muy restringida ante la idea del ocio. La música cumplirá una función litúrgica que será el loar a Dios. La música se pondrá al servicio de la Iglesia, y así será utilizada y aceptada. Se entonaban himnos en varias ceremonias religiosas, en las de más solemnidad, pero más adelante también se hizo en los cultos y oficios más comunes, igual que en bodas y funerales.

El margen es muy estricto y no se admiten licencias por parte de los dignatarios de altas esferas eclesiásticas, que incluso *se llegaron a prohibir los entretenimientos musicales de carácter profano, según recoge el Codex Calixtinus,* afirma Pedro Luís Huertas.

En este primner período destaca la figura del papa Gregorio I el Magnánimo (Roma, 540-604), quien se encargó de recopilar y reconstruir los cantos religiosos que forman su obra el *Antifonario de Roma*, y además creó escuelas para la enseñanza y la composición de melodías. Nacía oficialmente el *canto gregoriano*, que lleva este nombre en honor a este Papa, que fue el artífice de la dignificación funcional de la música en el primer período cristiano.

Los tropos y los misterios que se divulgan a partir de finales del siglo IX y en el X, dan un salto importante en la evolución musical de contexto religioso, que va a facilitar la aparición del movimiento trobadoresco en la Provenza francesa del siglo XI.

El trobador era poeta y músico a la vez, y era un personaje que vivía entre nobles, incluso, afirma Riera, algunos eran nobles ellos mismos, o incluso reyes, como el caso de Alfonso X el Sabio (1221-1284).

Este movimiento pronto abandonará los castillos y las residencias reales para ponerse en contacto con el pueblo, extendiéndose ya por la práctica totalidad del continente europeo. Paralelamente los juglares, que eran considerados como de un orden inferior, ayudaban a la divulgación de las obras de los trobadores cantando sus composiciones, danzando y recitándolas por todas las calles y plazas, y aunque las clases elevadas no los valoraran, el pueblo sí que disfrutaba con sus actuaciones.

La época del Renacimiento supone un gran cambio en muchos aspectos. El hecho de que el hombre sea el punto de mira de esta nueva filosofía, ayudará a que la música evolucione también hacia el mismo objetivo. Ahora empezará a trabajarse la voz en la música, como si de un instrumento más se tratase. Compositores como Palestrina o Claudio Monteverdi, del que ya se habló en el capítulo 6, emergen con fuerza empujando la música más seria para acercarla al gran público. Aparecen fomas musicales, como el madrigal, el romance, la chanson y la polifonía coral, que acabará teniendo a J. S. Bach como su exponente máximo.

Paralelamente se van creando instrumentos nuevos que ayudan a que la música instrumental también evolucione. El laúd, la guitarra, el clave o el órgano son algunos de los ejemplos más significativos.

A estas alturas la Iglesia ha dejado de ejercer la presión que ejercía siglos atrás. La relajación es progresiva y a medida que la música sale a la calle al encuentro con el pueblo, las estrictas y rígidas normas se van relajando, aunque en los rituales eclesiásticos la música y el canto se continúan utilizando. De nuevo la referencia en este sentido continúa siendo Bach, que compuso tanto musica profana como religiosa. Por tanto, con el Barroco se acaba equiparando la producción músical instrumental con la vocal.

El hecho dramático adquiere una importancia extrema en este momento, la música teatral es dramática en esencia, y si en este período no lo es del todo, esta idea será imprescindible en un futuro muy próximo.

En esta línea de evolución se sitúan las nuevas formas religiosas musicales, como los oratorios, las pasiones, las misas o las vísperas, mientras que más diversificadas, y separándose del hecho religioso, aparece la suite, el concierto, el *concerto grosso*, la sonata, la cantata y, por supuesto, las óperas: la bufa y la seria.

En los siglos XVIII y XIX impera el clasicismo, y aunque en algunos lugares se continuará componiendo en pleno estilo barroco, también es cierto que en otros habrá compositores que evolucinarán en un estilo intermedio y difícilmente clasificable, como en el caso de W. A. Mozart, que muchos historiadores consideran de él que abarca el clasicismo y el estilo Galante, transición entre uno y otro. Franz Joseph Haydn y Luigi Boccherini son otros dos grande ejemplos de compositores de esta época.

La herencia que los períodos anteriores legan al clasicismo la experiencia de las técnicas de la polifonía y la monodia, que han de ser importantísimas para entender la evolución musical del momento clásico. A esas técnicas muy experimentadas ya, los clasicistas consideran que les falta una melodía más metrificada que ayude a perfeccionar las formas musicales existentes. A pesar de todo, eliminarán algunas de ellas, como, por ejemplo, la suite y el *concerto grosso*, que caerán en el desuso; sin embargo, la sonata evolucionará espectacularmente hasta convertirse en *sonata clásica* con una métrica diferente a la anterior.

Las estructuras de la formas musicales, además de las ya comentadas sonatas, serán las serenatas, los temas con variaciones, el rondó, los scherzos o el minuet.

En cuanto al Romanticismo se ha decir que una de sus características es que es una música que resulta muy cercana al público debido a la gran sencillez melódica y a la temática, que suele estar inspirada en temas más populares.

Una de las consecuencias de la filosofía romántica, es que se empieza a tomar cuenta de la diferenciación entre los pueblos, que acabará dando lugar al nacimiento de los nacionalismos y a la música nacionalista. Destaca también el hecho de que el pensamiento domina sobre la forma, y el músico no se siente tan ligado a las estructuras de las formas musicales antiguas, por lo que ya aparece el primer amago de libertad. Por su parte, el intérprete también tendrá más margen gracias al *Rubato*, que prevé que el músico pueda alargar o acortar las notas de la partitura con el único fin de darle un acento mucho más personal a la lectura de la obra, cosa inaudita hasta la fecha.

Ahora ya se hace evidente el declive de la música de iglesia y de cámara para entrar también en una nueva idea de orquesta, en la que se coloca la figura del director delante del grupo de músicos. Es la organización propia de la orquesta moderna.

Con toda esta libertad la evolución de las formas es más amplia y se aparece la moda de hacer piezas cortas, algo impensable hasta el momento, aunque también se alargan sin más problemas. Otro aspecto toma una importancia nueva, es el virtuosismo, que será algo bastante frecuente en las composiciones, y aunque ya se había dado en alguún momento con anterioridad, nunca antes con tanto énfasis ni con tanta importancia como ahora.

Entre los ejemplos de compositores románticos, destaca Beethoven, Schubert, Schumann, Chopin, Liszt o Brahms.

Una mención aparte merece Richard Wagner, ya que supondrá una gran reforma en el panorama musical y sus aportaciones al mundo de la música significan un giro importante y una gran revolución. Significa una nueva concepción estética, orquestal, vocal, armónica y melódica.

Básicamente sus aportaciones serán el concepto del *leitmotiv* incorporado a la evolución musical, la melodía infinita, que en sus óperas implica la supresión de las secuencias de aria y recitativo para que la acción avance. El trato de las voces humanas, que con él se hace efectivo el hecho de que la voz sea tratada como un instrumento más, al confluir así a la idea de unidad musical a partir de la melodía infinita y del *leitmotiv*.

También ampliará la orquesta para conseguir esta unidad, y se llegan a introducir en ella algunos instrumentos nuevos, como, por ejemplo, la trompa wagneriana, se amplía el concepto de cromatismo musical que dominará a la perfección, se da paso a las primeras experiencias de desintegración tonal y se inicia la utilización de los atonales, que serán tan importantes en el siglo XX.

Con el Impresionismo no se pretenderá destacar el objeto, sino causar un impacto emocional en el preceptor de la obra, asegura Riera. De la misma manera que en la pintura la línea cae, en la música cae la melodía, que será fragmentada para que cause una atmósfera sonora más imprecisa. El sonido surge de acordes independientes de una tonalidad, y produce así el efecto de impresión.

El Impresionismo musical utiliza modos orientales y otras técnicas exóticas, sigue Riera, y su máximo exponente será Claude Debussy, que influirá en sus contemporáneos y también en la composición musical del siglo XX.

Los nacionalismos musicales y las individualidades serán dos constantes en la música "seria" del siglo XX, que se va ha ir haciendo más culta, más intelectual y, finalmente, más elitista. Pero paralela a esta línea de creación aparecen otras formas que van a cambiar el panorama musical y van a dar lugar a una espectacular democratización nunca antes vivida y que generará auténticos movimientos de masas, en todos los sentidos, no estrictamente referentes a un traslado físico. La primera de estas nuevas formas es el jazz.

Con este cambio se inicia una separación entre dos maneras de entender la música, la que hasta ahora ha sido la *protegida* del poder, y la que ha utilizado en función de sus intereses, hayan sido éstos religiosos, políticos o económicos. Esta separación implica asumir un giro en la producción más cercana al pueblo, y que sin duda va a estar influenciada por las tradiciones anteriores. Es el incipiente nacimiento de la música popular, la que en el siglo XX será denominada *Pop Music*.

A) El jazz de Nueva Orleans

Entre las músicas a las que más influirá Debussy y el Impresionismo será el jazz que, nacido a finales del siglo XIX en los Estados Unidos entre los esclavos africanos de Nueva Orleans, es el resultado de una serie de transformaciones de la música africana, sobre todo el ritmo, influenciadas por la música religiosa de los descendientes de los colonos europeos. Por tanto, los antecedentes del jazz hay que buscarlos en los repertorios de música religiosa coral, muy selecta, y los ritmos más característicos de la raza negra.

Pero hay que decir que la forma musical que acabará originando el jazz es el *blues*, que es la evolución de los cantos tradicionales que los esclavos llevaron de África hasta América, y que después de dos siglos de evolución se habían transformado en otra modalidad musical relacionada con la tristeza *(be blue)* y la añoranza.

A principios del siglo XX los cantos vocales jazzísticos empezaron a ser interpretados con instrumentos musicales, sobre todo de viento, como la trompeta, el clarinete o el trompo. La gran cantidad de grupos que surgieron en esos momentos, se juntaban a tocar en bares, consiguiendo congregar unas cantidades importantes de personas que acudían a oírles tocar. En poco tiempo a esos instrumentos se le fueron añadiendo otros nuevos, como la tuba, el bajo o el piano. La constante musical es un bajo sincopado, animado y cambiante, al cual se le solapan melodías blancas o de *blues*, que será lo más habitual, y la idea de improvisación también es otra de las constantes. En un principio no hay composiciones, el músico toca según su estado de ánimo, librándose a la improvisación *(jam)*.

La consecuencia de esta libertast será el ir descubriendo nuevas fronteras. Una de las primeras será el *swing*, pero le seguirán otros estilos como el *soul*, el *rock*, la *bossa-samba*, e incluso hay quien asegura que las músicas *New Age* tiene sus raíces en estas improvisaciones jazzísticas.

Si el jazz surge de la mezcla de las corales blancas y el espíritu del África negra, el *rock and roll* y el *rhytm and blues* aparecerá a partir del incorformismo de la juventud americana, que después de combatir en el frente codo con codo, de vuelta a casa se ven separados y haciendo vidas absolutamente antagónicas y sin posibilidades de acercamiento.

Los blancos se dieron a la música *country*, mientras que los negros se refugiaron en el *rhytm and blues*, mientras que en las emisoras de radio machacaban los temas románticos, dulces y pegajosos de Frank Sinatra y Perry Como. El acto de rebeldía era la escapada hacia estas otras propuestas que por ser más marginales respondían perfectamente a su estado de rebeldía.

En este caldo de cultivo aparece el *rock*, del que Elvis encarnó la vertiente más amable del rock blanco, que representado por Bill Haley, bastante más radical que Elvis, se nutría de las fuentes del *country* interpretado con ritmos rapidísimos. También en la línea blanca estaba el tejano Buddy Holly, que introdujo el concepto *tex-mex* (Texas-México) en la música con sus cadencias propiamente mexicanas.

Un punto intermedio significan las dos posturas creativas donde se situaron Gene Vincent *(Be-bo-a-lula)* y Everly Brother *(Bye bye love),* que relajaron y dulcificaron el terreno para hacer posible la aparición de los Beach Boys, que implicó abrir otro camino en el rock.

La parte del rock negro lo configuraban Fats Domino y Little Richard, que la dotaron de gritos propios de los cantos religiosos negros y que dieron como resultado unas interpretaciones auténticamente salvajes.

La música *surf,* el *soul,* el *rithm and blues* y finalmente la *música disco* acabaron de transformar las pautas de conducta frente al hecho musical, y ya no bastaba con escucharlos en las emisoras de radio, ahora empezaba a surgir otra necesidad en el público: escucharlo en casa en el momento que más apeteciera. La industria del vinilo empezaba a posicionarse con fuerza y los avances tecnológicos hacían viable la reproducción mecánica de la música.

B) Los clubes y el clubbing

Los modos de consumo de la música popular (*Pop Music*) más interesantes en este momento son, sin duda, la asistencia a clubes y a conciertos.

La asistencia a clubes para escuchar la música preferida en un ambiente cercano en el que sentirse a gusto no ha seguido siempre los mismos patrones.

En sus inicios la asistencia a clubes era una actividad para realizar aficiones compartidas, normalmente se abonaba una cuota de socio del club, no se tenía que pagar cada vez que se visitaba ese club, era algo más fiel, por así decirlo, una verdadera cultura de club. En estos locales sonaba música como *jazz* y *blues* sobre todo, pero no era el motivo principal por el cual el público asistía a estos clubes. Más adelante esta situación desembocó en utlizar esos clubes como lugares de aprendizaje para los músicos amateurs que estaban empezando. Era allí donde podían perfeccionar su técnica sin que ello fuese la causa principal del lleno del local. La mayoría de estos grupos tocaban en un cicuito cerrado de locales y la asistencia a clubes era un acto social más que de ocio en sí mismo, y en el mejor de los casos los clubes eran lugares donde el marginado podía sentirse como en casa, en donde se podía experimentar con nuevas identidades, nuevas formas de ser y de hacer música.

Fue a partir de 1960 cuando los clubes empezaron una actividad un tanto diferente. El plato fuerte fueron las actuaciones en directo, que no podían considerarse conciertos como se conocen ahora y eran mucho más reducidos, intimistas y experimentales.

Actuaciones de este tipo consiguieron dar a conocer a grupos antes desconocidos o incluso menospreciados como The Who en el *Marquee* de Londres en 1965. La programación de diferentes clubes popularizaron tendecias como el *punk* inglés en el *Club 100* y el *Roxy* de Londres. A finales de los setenta, grupos como los Ramones o los Talking Head's se hicieron famosos gracias al legendario club en el que empezaron a tocar; el *CBGB* de Nueva York a mediados y finales de los años setenta, incluso el conjunto de programaciones de diferentes clubes de una misma zona o región crearon escenas en el pasado, como el *Merseybeat*, asociado con bandas como los Beatles, Gerry and the Pacemakers y los Searchers a principios de los sesenta, o *Madchester*, surgido a finales de los años ochenta, principios de los noventa en la ciudad de Manchester, con bandas como los Happy Mondays y los Stone Roses como estandartes.

A día de hoy la importancia de los clubes para crear escenas y establecer tendencias y grupos vinculados a ellas se basa en aquellos dedicados a músicas más modernas y de baile, como la música *techno, house* o *trance*, son las discotecas, de las que hablaremos más adelante.

Para entender mejor la evolución de los clubes, se hace necesario hablar de la figura del dj (disc-jockey), que ha ido cambiando con el tiempo, pero siempre ha seguido fiel a algo: el dj siempre está ahí para el disfrute de su audiencia; él se entrega al público y el público se entrega a él.

C) Los conciertos de música popular (Pop Music)

Desvinculados de la rígida separación entre público y artistas propia de la música seria o "clásica", actualmente los conciertos significan un evento musical del que se sirven todos los estilos y géneros musicales. Para muchos un concierto se entiende como un ritual donde se reúne un grupo para celebrar que están juntos y unidos bajo aspectos comunes que son el estilo o los grupos que actúan.

La idea de un concierto de música popular o *Pop*, en contra de lo que puedan pensar algunos, no es algo tan simple como un conjunto de músicos interpretando su música en directo. Decíamos que representa una celebración en donde se dan cita varios elementos que son imposibles de alcanzar con la mera escucha del disco de estudio. Es una comunión entre el grupo o artista y el público asistente, el comportamiento del cual depende del tipo de música que se esté tocando, así los públicos de *hard-rock* y *heavy-metal* son mucho más expresivos que los de los demás estilos, por poner sólo un ejemplo.

Los conciertos de grupos más sinfónicos, parecidos a óperas, o incluso algunos musicales, son entendidos como una especie de declaración del poder de la clase dominante; así lo cree Small (1987, Performance as Ritual) en Herrero; en cambio, se detecta una idea de juventud implícita dentro de los conciertos de música popular, no sólo como grupo demográfico más asiduo a esta práctica, sino como la "idea" de juventud del conjunto.

Esos elementos extras que ofrecen los conciertos, como la celebración a la que hacía referencia anteriormente, son una especie de ritual casi obligado; la compra de las entradas, a veces teniendo que hacer colas interminables para conseguir una, escuchar de nuevo la discografía de la banda antes del evento, hablar con los amigos del acontecimiento y de su música, o incluso viajar para llegar al lugar de celebración del concierto, etc., todo ello forma parte de la vivencia del concierto.

Uno de los aspectos que más están influyendo, desde el punto de vista musical, en los viajes, son precisamente los conciertos multitudinarios. Los viajes turísticos por cuestiones musicales se consolidan entre la juventud que ven posible el desplazamiento hacia cualquier ciudad europea para asistir durante unos días a grandes conciertos organizados por las productoras de espectáculos y algunas entidades oficiales en algunos casos.

Festivales internacionales con grandes figuras del panorama mundial que son capaces de atraer turistas de cualquier punto son cada vez más frecuentes, y por el momento no se ve una saturación a la vista como en el caso de algunas propuestas más populares detectadas en los eventos relacionados con la ferias y fiestas.

Sin ir más lejos, y como ejemplo de este espectacular avance, el *Primavera Sound 07* de Barcelona ha pasado de 40.000 visitantes en 2006 a más de 60.000 mil en esta edición, de donde algo más de un 30% han comprado sus entradas en el extranjero, a través de Internet. De nuevo el binomio música-Internet que ejerce una fluidez inédita y que proporciona una agilidad de movimiento que se traduce en un aumento del interés por la práctica activa del turismo, en este caso, musical.

En el terreno de los conciertos sí que se puede asegurar que hay una postura muy abierta a la idea de desplazarse con el simple y único objetivo de asistir a un concierto multitudinario de alguna banda mítica o legendaria. Ahí quedan los ejemplos de grupos como los Rollig Stones, Bruce Springsteen o la última hazaña de The Police, que agotan entradas en cuestión de horas, y que por Internet ya se pueden encontrar sites que venden un "paquete turístico" en el que se incluye el vuelo, una noche de hotel y la entrada al concierto, motivo pricipal del desplazamiento.

Para estos grandes eventos musicales el target suelen ser personas que se sitúan alrededor de la treintena, mientras que los más jóvenes se ven más tentados por los grandes macroconciertos que duran más de un día, generalmente aquellos a los cuales se puede acudir con sus propias tiendas de campaña para acampar en los espacios que las organizaciones habilitan con esta función.

10.2.2. La reproducción mecánica del sonido

Con los descubrimientos tecnológicos en 1877 del *paleófono* de Charles Cros y el *fonógrafo* atribuido a Thomas Alba Edison, se inicia la historia de la reproducción de sonidos. Con ellos la industria de la tecnología de reproducción musical se hace efectiva y comienza su evolución de acercamiento a las masas, aunque este objetivo lo conseguirá el gramófono, que utilizará los discos planos para la reproducción de las grabaciones, y que llevó hasta la implantación del disco de vinilo en la indutria, que fue el causante de la gran democratización que sufrió el producto a partir de los primeros años de la década de los sesenta.

La evolución y la búsqueda de nuevas formas de reproducción dieron a principio de los ochenta con el disco compacto digital, el CD que desplazaría al vinilo relegándolo a un grupo muy reducido de audiófilos que o bien son profesionales o son auténticos incondicionales del sonido de más calidad que proporciona el vinilo, y actualmente la producción de vinilo es abolutamente limitada.

Desde 1983, año en que empezó la sustitución de los sistemas de reproducción, introduciendo la tecnología digital en detrimento de la analógica, la revolución ha sido imparable y se ha convertido en un fenómeno sociológico de inmensas proporciones, y hay quien afirma que si la música ha sido tradicionalmente una manifestación intrínseca del hombre, ahora representa un elemento indispensable en su vida cotidiana.

En las últimas tres décadas se ha experimentado una revolución digital en la que todos los sistemas de reproducción de imágenes y sonidos han evolucionado hacia una sofisticación cada vez más asequible y fácil. El MiniDic, el DVD, y los últimos Mp3 y Mp4, han llevado aún más allá la idea de reproducción digital de sonidos grabados con la compresión de archivos digitales, y a estos avances habrá que añadir la aparición de Internet que ha de vehicular estas nuevas tecnologías hacia un horizonte aún sin resolver y lleno de polémica.

La relación, pues, de Internet con la música resulta polémica, en este sentido, para muchos, ya que significa un acceso libre a la música grabada, saltándose casi siempre los derechos de autor de los temas musicales que se descargan, favoreciendo la piratería. Esto es, por lo menos, lo que aseguran las grandes productoras musicales que con la red quedan excluidas de los canales comerciales tradicionales, y, por consiguiente, apartadas de los grandes beneficios que hasta ahora suponía la industria de la reproducción musical, aunque esta recopilación y traspaso de información, no sólo musical, que no es tan afín a las corrientes principales, ha sido una característica perenne en la contracultura de la segunda mitad del siglo XX.

Durante los años setenta y ochenta las copias se hacían mediante cintas de audio. Algunos expertos en la materia aseguran que dentro de esta práctica hay un aspecto económico también, ya que la grabación doméstica de música es, en cierto modo, un estrategia empleada en condiciones recesivas. La cinta de casete demostró ser una forma práctica, flexible y barata de consumir y distribuir música. Esta afirmación es aplicable en mayor grado a toda la música pop relacionada con la corriente principal, estando todo el material susceptible de ser copiado, y traspasado a otros, controlado de manera indirecta para asegurar que aquello que se está distribuyendo de manera teóricamente ilícita, sea material de calidad suficiente como para asegurar unas ganancias posteriores, es decir, para hacer conocer un grupo, corriente musical, escena... todo vale para promocionar lo propio sin necesidad de un gasto excesivo de recursos económicos.

10.2.3. La música registrada como oferta complementaria en establecimientos actuales

En la actualidad la música grabada representa un elemento prácticamente imprescindible, no sólo en la vida cotidiana, sino también en todos los establecimientos de ocio.

Tradicionalmente los principales consumidores de música popular contemporánea (*música Pop*), sobre todo música rock y pop-rock, en especial en su corriente principal y comercial, han sido personas jóvenes de entre 15 y 25 años de edad. Aunque desde finales del siglo XX se debe tener en cuenta también a un público de mayor edad, además hay que tener en cuenta que al acercarse a una edad más adulta, este tipo de público aumenta el campo musical y cultural.

En esta línea se detectaba que entre los adolescentes, las chicas tendían a dejarse llevar más por estilos de pop más comerciales, como la música chicle o las boys bands, pero en la actualidad esas tendencias estan cayendo para unificar los gustos de los adolescentes que se interesan por estilos un poco más progresivos, aunque sin dejar de lado, en muchos casos, las corrientes principales, ya que la tónica general es de un seguimiento masivo de la música denominada comercial, que es aquella que está estrechamente ligada a patrones de consumo y planes de márketing antes que a la calidad musical en sí; sin embargo, ésa es la más masificada, y a ello contribuyen muchas programaciones televisivas de dudosa calidad musical.

A medida que los consumidores se hacen mayores, a menudo sus gustos musicales se abren más para explorar y conocer estilos y géneros no tan comerciales y que en un principio les eran desconocidos. Esta tendencia se hace más evidente en los estudiantes de enseñanza superior, lo que refleja una cultura musical mayor dentro de sus respectivos grupos afines (grupos sociales, grupos culturales…). Así mismo, es también relevante la diferencia de gustos musicales según la etnia o la clase social, quedando patente al descubrir una especial afinidad por parte de la población afroamericana, incluso estando completamente integrada dentro de la sociedad en la que se encuentran, de sonidos *rythm and blues, reggae, salsa* y *rap*, por citar sólo algunos ejemplos. Esto se debe a que estos géneros tienen la capacidad de transmitir ideologías y crear símbolos con los que los oyentes se pueden identificar.

Por norma general los gustos de las personas adultas se quedan en un nivel comercial o, en gran medida, la gente deja de tener progresivamente un interés tan directo por la música más popular, y esto se traduce en un descenso en la compra de álbumes, en la asistencia a conciertos o en las salidas a clubes y discotecas. Aunque, por otra parte, un cierto grupo de adultos, antes consumidor de música popular, sigue prefiriendo este estilo ampliando sus gustos hacia otros géneros, como el *easy listening*, el *jazz*, el *blues*, el *chill-out* o la *world music*.

"Los diferentes estudios sobre el consumo de música, y en especial de música popular, revelan un complejo grupo de influencias sobre la construcción del consumo individual de música popular en sus diferentes vertientes. Incluso los consumidores adolescentes más jóvenes, a los que a menudo se considera sólo como un target del mercado y fácilmente persuadibles por las fuerzas del mismo (las chicas en su primera etapa adolescente son un fácil ejemplo de este hecho), ven sus preferencias como el producto de un conjunto de sugestiones mucho más complejo, con una decisiva importancia de las opiniones de sus amigos", asegura Eloi Herrero en su trabajo de investigación sobre el mercado musical actual.

Los patrones de consumo para el público en general de la música *pop* son complejos e involucran muchos factores, como, por ejemplo, la compra de discos, el visionar vídeos, oír la radio, grabar cd's en casa y bajar música de Internet (que es el equivalente a lo que antes era la grabación casera de casetes), junto a los niveles secundarios de implicación como la lectura de prensa musical especializada, el baile, la asistencia a clubes (o *clubbing*) y los conciertos.

Todo ello sumamente importante a la hora de crear un vínculo con la música y todo lo que ella conlleva. Como resultado de estas circunstancias, la música ha pasado a ser parte integrante de la vida cotidiana, y si antes se cantaba o se tarareaban canciones durante la realización de las diferentes tareas, hoy se escucha música a través de los medios tecnológicos que lo posibilitan.

Ya no se canta, ahora se escucha, y este hecho transgrede al ámbito privado y se traslada al comunitario haciendo que la música sea una parte imprescindible de cualquier establecimiento que ofrezca un producto o un servicio de ocio, sea éste lúdico o no. Hoy en día no se cuestiona la existencia de un hilo musical en un restaurante, en un centro comercial o en un estadio deportivo mientras se espera que dé comienzo la competición.

La creación de un ambiente determinado, que matice y defina una oferta concreta, depende en muchos casos de plantearse la música, generalmente registrada, como parte integrante de la misma oferta del establecimiento, representando un complemento ineludible.

Esto se hace mucho más evidente en los bares musicales y pubs, en donde la esencia primera es justamente la música, que si bien es cierto que no estamos en el mismo nivel de evolución que los países de las islas Británicas, es cierto que el salir a comer fuera de casa ya es un hecho más que asumido en nuestros días, pero aún no se ha llegado al punto de plantearse hacerlo en un local donde restauración y música se den la mano de igual a igual. Aunque este tipo de tabernas y pubs estén en auge en estos momentos, responde tan sólo a la adecuación o al acercamiento de los resorts o las ciudades turísticas, a una demanda creada por sus flujos de turistas que empiezan a consolidarse. Necesidad que se ve argumentada y acrecentada por la cada vez mayor colonia de ciudadanos de otros países que residen ya en el nuestro.

Por otra parte, también existen en nuestro país las adaptaciones de ese tipo de establecimientos a nuestra idiosincrasia, pero, evidentemente, el resultado de esa adaptación es bien diferente al original. Así, no es lo mismo un pub español en cualquier ciudad del Estado, que un pub británico, en cualquiera de los países del archipiélago y que uno abierto con ese target en alguna de nuestras ciudades.

10.2.4. El fenómeno de las discotecas

Una de las aplicaciones que más ha revolucionado las actividades de ocio relacionadas con la musica fue la creación de las discotecas (evolución de los clubes de música), que utilizaban la música grabada como elemento básico de su oferta. Se podía reproducir en locales donde no sólo se acudía para hablar con los amigos o escuchar a un grupo en directo, sino que en los sesenta empezaron a aparecer las primera discotecas *a la francesa* en Nueva York. *Le Club* fue una de las primeras *bôites*. Eran lugares elegantes y decorados al gusto del momento, donde tomar una copa y bailar las canciones de moda de los grupos favoritos.

El éxito del producto fue tal que se abrieron *bôites* por todas partes, de manera que a finales de los sesenta todas las grandes ciudades tenían una serie de propuestas capaces de satisfacer no sólo al selecto grupo de personas que iniciaron el "experimento", sino que la democratización era un hecho consumido y que iría a más.

Muchas productoras musicales vieron en las discotecas la posibilidad de unos beneficios económicos enormes, y se lanzaron a crear grupos y música con el objetivo de llenar las pistas de baile de todo el planeta: nacía la música *Disco*.

A partir del año 1973 aparecen revistas especializadas que se hicieron eco del fenómeno musical, que, reforzado por varias emisoras de radio, ejercieron una presión mediática para que fans de este nuevo estilo compraran discos de tal manera que retroalimentara, con suficiente margen, la industria incipiente de la producción musical a gran escala.

En el año 1973 temas como *Love's Theme* de Barry White o *Rock You Baby* de George McRae confirman los esfuerzos realizados por productores e ingenieros de sonido: sus productos van viento en popa.

Si hasta ese momento son los Estados Unidos los que proporcionan prácticamente todo el material que se pone en circulación, en 1976 entra Gran Bretaña con una apuesta que será pionera: la introducción de sintetizadores aplicados a la música de baile. Era el *Love to Love You Baby*, que, interpretado magistralment por Donna Summer, lo habían producido Giorgio Morodes y Pete Bellote.

Al año siguiente, en 1977, se lanza la película *Fiebre del sábado noche*, de John Badham, que acabaría por consolidar el fenómeno *Disco*. Jonh Travolta se convierte en el prototipo de discotequero, modelo que muchos jóvenes de todo el mundo imitarán.

Pero si durante la década de los setenta en las discotecas sólo se "reproducía" la música grabada, es a partir de los ochenta cuando la figura del disc-jockey transgrede el espacio de la cabina.

Hasta ese momento su función es la seleccionar los temas y secuenciarlos, con más o menos técnica y fortuna, pero llega un momento en el que entra en la linea de producción, creando propuestas (a partir de músicas pregrabadas) a las que podrán impregnar de su estilo propio y de sus gustos, haciendo de ellos los auténticos protagonistas y almas de la *fiesta*.

El DJ es una parte muy importante de la actual escena de club, es el encargado de juzgar cómo está el ambiente en cada momento y dirigirlo hasta donde él quiera, destapándose como el principal líder de la noche, mezclando temas seguidos que el público escuchará y bailará (en la actual escena de clubbing, es la única razón por la que se visita un local u otro, independientemente del acto social que toda asistencia a un club con más personas conlleva). El público de cada uno de los clubes se junta en base a sus gustos compartidos por la música que ahí se escucha, su consumo del mismo tipo de medios de comunicación, y la preferencia por gente con gustos parecidos.

- *Turismo y discotecas*

Solamente en casos muy contados, como las de Ibiza, las discotecas son causa de flujos constantes de turismo (figura 10.1).

Figura 10.1. Éxtasis colectivo en una discoteca ibicenca.

De la misma manera que los establecimientos de ocio en la actualidad utilizan la música como base de su oferta complementaria, todos los destinos turísticos, no sólo los de sol y playa, utilizan y publicitan sus clubes y discotecas como un complemento de primer orden en su posicionamiento en el mercado.

Se comentaba más arriba que ya existen agencias que comercializan un destino a partir de este tipo de oferta, pero es que además se ha de tener en cuenta que gracias a la agilidad de Internet, el público susceptible a reaccionar frente a esta oferta, que, como se ha visto, es mayoritariamente joven, es precisamente el que más en contacto está con las nuevas tecnologías, Internet en este caso, y saben detectar los productos y organizarse por su cuenta una estancia en cualquier punto al que llegue un vuelo de bajo coste.

La conjunción de estas circunstancias es la que está haciendo posible que productos que hasta ahora han sido tradicionalmente complementos turísticos de un destino, empiecen ahora a ser vistos, entendidos y explotados como auténticos motores capaces de dinamizar y de impulsar con mucha fuerza un destino turístico y dirigido hacia un segmento que en otros momentos de la evolución turística se habían desestimado.

Tampoco se puede confundir con otro hecho que empieza a plantear problemas en los destinos turísticos con más tradición de diversión asociada a las discotecas. Es el denominado *turismo de borrachera*, que no se puede enmarcar dentro del ámbito del turismo de discotecas, ya que sus planteamientos y objetivos distan bastante los unos de los otros.

10.3. Internet

En esta segunda parte del tema se afronta el análisis de Internet, sus relaciones y sus interacciones que se establecen con el turismo y algunos otros productos de ocio.

Se plantea en tres partes, en donde la primera, representa un análisis de su creación con el objetivo de ver la incisión que supone su entrada en la vida cotidicana de las personas. La última parte plantea las repercusiones que éste tiene en el quehacer de nuestra sociedad y, concretamente, en el turismo.

10.3.1. La creación de la Red

Uno de los diversos significados que se le pueden dar a Internet es su traducción casi literal del inglés: "redes interconectadas". Su aparición se remonta a los experimentos de los años sesenta cuando, amenazados por una hipotética destrucción nuclear, Estados Unidos empieza a investigar acerca de un sistema de comunicación que evite una autoridad centralizada. Se creyó que con una red de comunicaciones descentralizada se podría evitar el colapso total en caso de ser el blanco de un ataque se evitarían situaciones difíciles y comprometidas. En ese sentido la red descentralizadora aportaba una alternativa a la destrucción total de la Red. Si los mensajes se enviaban en pequeñas porciones o paquetes, en los cuales se señalaba la dirección del destino, pero sin especificar la ruta de llegada, el sistema estaría protegido. La ruta utilizada no era lo importante, lo relamente imprescindible era que el mensaje llegara a su destino.

Con esa idea en el año 1968 el Laboratorio de Física de Gran Bretaña estableció un primer prototipo de una red. Al año siguiente el Pentágono decidió tirar adelante un proyecto propio que desarrollaría la Universidad de California, UCLA, financiada por la DARPA (Defense Advanced Research Projects Agency), que con fines defensivos planifica una red que facilite la comunicación entre computadores en caso de guerra nuclear.

En 1972 se realizaría la primera demostración pública de ARPAnet, que representaba los resultados de las investigaciones llevadas a cabo por la DAR-

PA. Una red de comunicaciones que funcionaba distribuida a través de la red telefónica conmutada.

Debido al éxito del trabajo el proyecto siguió adelante con el objetivo de interconectar redes de distintas clases, creándose nuevos protocolos para que las computadoras pudiesen comunicarse entre sí. Bajo esta óptica nació el concepto *INTERnet*.

Una de las dificultades que se tuvieron que superar fue la creación de un protocolo estándar para la conexión de las diferentes terminales, ya que, como eran de diferentes fabricantes, cada uno creaba la suya, haciendo que entre ellas fuesen incompatibles. Esta medida llegó en 1983 cuando ARPAnet adoptó el TCP/IP como su protocolo estándar, facilitando así la unificación. Este hecho supone la adopción de una lengua común que permite a todas las redes existentes interconectarse y hablar entre sí.

Todos los avances alcanzados a partir de ese momento fueron definiendo los parámetros que llevarían a un grupo de físicos del NSF, encabezados por Tim Bermers-Lee, a crear en Ginebra su propia red de alta velocidad, el código para enlazar información hipertextual sobre la red, el *http*, y poder establecer así la red mundial: la malla o tela de araña, conocida como el WWW (Word Wide Web), en 1990. De esta forma nació el HTML, que es el lenguaje con el que se crean las páginas *web*, y que además aporta los *links* o hiperenlaces de páginas.

Solamente unos años más tarde, antes del cambio de milenio, había ya conectados a la *web* más de 160 millones de usuarios en todo el mundo y más de 700 millones de páginas *web*, afirma Cuenca (2000).

10.3.2. La Revolución silenciosa de Manuel Cuenca

El concepto de *Revolución silenciosa* lo acuña Ronald Inglehart, según Manuel Cuenca (2000). Con esta idea se propone revisar el estado de la cuestión de nuestra cultura en la actualidad y una vez que han entrado en nuestro quehacer cotidiano toda una serie de adelantos tecnológicos que han cambiado radicalmente nuestra manera de relacionarnos entre nosotros y de distribuir nuestro tiempo de ocio.

Además de los factores que en su momento se analizaron con Francesc Valls y el retrato del nuevo consumidor, los medios, tanto audiovisuales como los de entretenimiento, han cambiado nuestros hábitos y modos de relación. No es sólo la televisón, que sin duda es el medio que más ha influido, sino también la telefonía móvil, Internet o las consolas. Nunca se tuvieron tantos medios de comunicación al alcance del ser humano, pero es ahora precisamente cuando lo hacemos de forma más silenciosa.

Delante de la televisón, durante una comida familiar, por ejemplo, se guarda silencio para escuchar qué es lo que pasa al otro lado de la pantalla. Sean frases en el noticiero, una entrevista, una película o un *reality show*. El objetivo es recibir la comunicación, pero para ello se ha de permanecer en silencio. No hay duda de que es comunicación, pero en silencio, de manera que nos hemos convertidos en receptores.

Pero si cambiando de rol en el esquema básico de la comunicación, podemos transformarnos en emisores. Así, no hay nada más fácil que Internet para enviar correos; sin embargo, también se hace en silencio, que aunque existen también las videoconferencias, todavía no tienen la aceptación de los simples mensajes sms que no necesitan *webcam*.

También ahora se puede estar conectado con muchas personas a la vez, y desde diferentes partes del mundo, pero se hace a través del teclado, por tanto, siempre en silencio. Es sin duda la era de la comunicación, nunca, decíamos, en la historia del hombre se ha tenido a disposición un dinamismo comunicativo como ahora, sin embargo, impera el silencio.

No es que no se comunique, ya vemos que es lo contrario, lo que sucede es que lo hacemos de otra manera, a través de otros canales que discriminan la comunicación oral, la más tradicional. De hecho, hay una parte del mensaje, la no verbal, que sin duda sí que se pierde al vehicular la comunicación mediante estos canales. Vemos cómo se pretenden paliar mediante algunos iconos estándares internacionales, que se añaden a los mensajes de texto para indicar si se está contento, enfadado, deprimido o si se busca una complicidad en lo que se transmite, ya que la parte del mensaje que aportaba el tono de la voz, con estos medios se ha perdido.

Siendo puristas podríamos afirmar que, según Albert Mehrabian, es a la comunicación no verbal a la que corresponde más de un 90% de lo que estamos transmitiendo cuando esa comunicación se hace frente a frente. Según este autor, sólo un 10% de lo que comunicamos corresponde intrínsecamente a las palabras, el resto es comunicación no verbal.

Para Cuenca, el inicio de esta *revolución* se sitúa en 1998, cuando en una gran mayoría de hogares españoles entra el fenómeno Internet, acabando de trastocar el concepto de comunicación más tradicional.

Otro de los aspectos a los que influye es al del juego, que, relacionado con el ocio, sigue presente, pero que a consecuencia de la irrupción de todas esta tecnologías, la actividad lúdica también experimenta un cambio espectacular. Se continúa jugando, pero ahora se hace de otra forma. Desde las videoconsolas hasta las conexiones a la red, pasando por las propuestas culturales presentadas desde una óptica lúdica, es lo que proponen muchas de las nuevas tecnologías. Es el ocio digital que "se presenta como el gran protagonista del espectáculo de la sociedad del siglo XXI", afirma el autor. Sin embargo, no son estos aspectos más puramente lúdicos los que tienen la capacidad de acercar Internet al ámbito turístico, sino que su relación es otra.

Es evidente que las conexiones inalámbricas a la red, las *wifi*, son cada vez más corrientes en los establecimientos turísticos, y en muchos casos ya imprescindibles, pero estos establecimientos no son los únicos que ofrecen ese servicio, ahora cada vez se habla de espacios y conexiones *wifi* prácticamente en todas partes, así que este hecho vez pierde cada más el significado de que sea entendido como una opción, y se está convirtiendo en una instalación con un pronunciado caracter de obligación que hace que ya no se puede elegir entre tenerla o no tenerla, simplemente se espera que esté, por tanto, tampoco es ésta la relación esencial con el turismo.

Más arriba se apuntaba la importancia del binomio Internet-múscia. Con el turismo este binomio pasar a ser la clave donde radica la auténtica relación entre los dos conceptos: una tecnología que permite ser consultada y contratada en cualquier momento de las 24 horas del día, de forma rápida, anónima y sin ningún compromiso, y en muchos casos bastante más barata, sirve de puente de conexión con el mundo de los viajes y el turismo: la relación está servida.

10.3.3. Internet y el ocio turístico

Además de los servicios que nos prentan a las personas en el ámbito particular, como información amplísima y de cualquier tipo, entretenimientos, vídeos, noticias inmediatas *on-line,* y un largo etcétera, la red ha servido para descentralizar tanto la información como el conocimiento, reducidos antes a enciclopedias y bibliotecas. Pero también ha prestado su servicio de acercamiento a los consumidores de un sinnúmero de produtos de todas las gamas, entre ellas los productos turísticos.

Con la llegada de Internet, las empresas turísticas, al igual que muchas otras, han visto las posibilidades que ésta ofrecía y se han ido añadiendo a la larga lista de otros ámbitos para posicionarse en el mercado.

En este sentido la reacción de las turísticas respecto a la oportunidades que Internet les brindaba, han sido básicamente dos:

1. Para aquellas que físicamente ya existían, se trata de una modernización y una readaptación de una producción a un nuevo panorama.
2. La creación de nuevas empresas, basadas en los cánones de acuerdo al nuevo panorama.

Estas innovaciones han sido posibles gracias a una serie de circunstancias concretas que han facilitado el éxito en muchas de ellas, entre las que cabe destacar, como más importantes, las siguientes:

- La reducción de costes.
- La gran velocidad en el intercambio de información.
- La implicación directa del cliente en las transacciones.
- La mayor flexibilidad en casi todos los aspectos.

Por otra parte, también se han de comentar algunas de las aportaciones que este sistema ha aportado a las empresas y que han supuesto igualmente la esencia de su éxito: Entre ellas sobresalen:

- La reducción de costes.
- La comercialización directa.
- El dinamismo de la publicidad.
- La penetración en el mercado.
- La mejora en la comunicación.
- La atención al cliente.
- El desarrollo de nuevos productos.
- El estudio de mercado.

Entre las empresas turísticas que más han tenido que adaptarse a este nuevo panorama han sido las agencias de viajes, que hasta hace poco cumplían una función de intermediación importantísisma, pero desde la aparición de Internet muchas de ellas han visto peligrar su continuidad y se han visto obligadas a tener que tomar decisiones drásticas frente al nuevo mercado.

Esta función de intermediación entre el cliente y los prestadores de servicios ha dado un giro importante, ya que ahora muchos turistas prefieren conectarse a la web para organizarse sus propios viajes con los menos intermediarios posibles y reducir así el coste al máximo. De hecho, según Javier Rodríguez Zapatero en su ponencia en las I Jornadas de Turismo e Innovación, en la Fundación Cinnta de Marbella, aseguraba que "los viajes son los productos más buscados y que más se compran en Internet" (figura 10.2).

Javier Rodríguez Zapatero, que es en la actualidad el presidente ejecutivo de Yahoo Ibérica, afirmaba en su ponencia en octubre de 2006 que el medio más utilizado por los españoles de entre 18 y 35 años para informarse sobre los viajes es en estos momentos precisamente Internet, que con un 60% de las consultas supera por mucho a cualquier otro medio. Por ejemplo, el que le sigue son las revistas, pero se quedan con un 21% de las consultas. El resto son casi insignificantes frente a estos dos medios, como se observa en la figura 10.3.

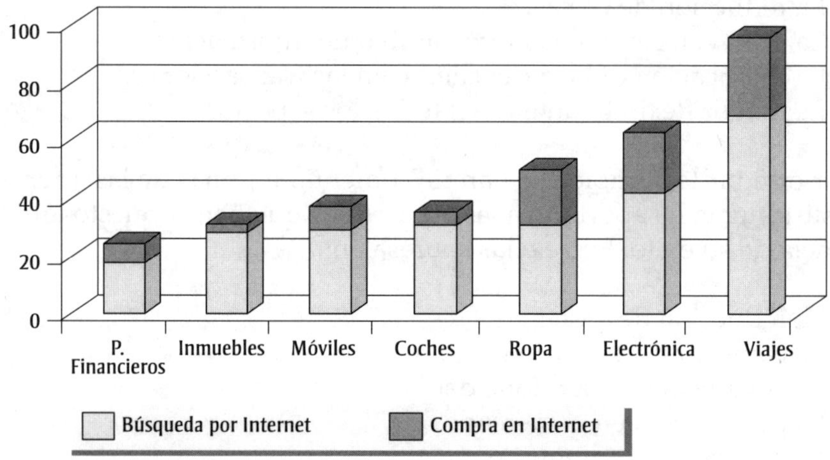

Fuente: J. R. Zapatero, 2006.

Figura 10.2. Búsqueda y compra de productos por Internet.

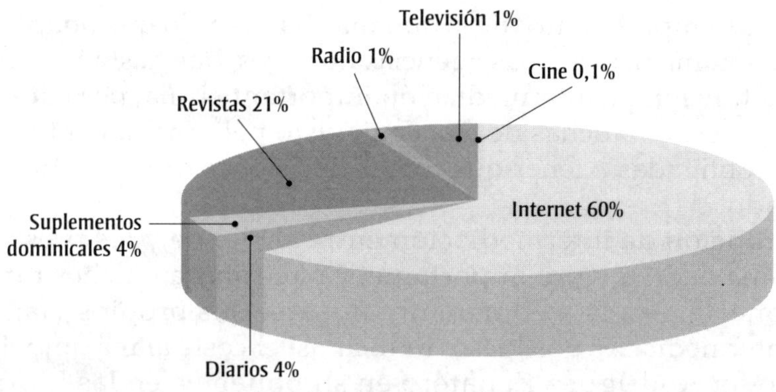

Fuente: J. R. Zapatero, 2006.

Figura 10.3. Medios utilizados para informarse sobre los viajes.

Otra de las interesantes aportaciones de Zapatero son los métodos de reserva. Compara las reservas de las vacaciones que a través de Internet se han hecho en el último año. En el estudio comparativo se presenta el porcentaje de reservas realizadas a través de tres medios:

1. Directamente en la agencia de viajes,
2. Por teléfono al establecimiento o a la agencia.
3. A través de webs.

Los resultados sobre el porcentaje de crecimiento de reservas hechas por la red llega hasta un 60%, mientras que ninguno de los otros dos sistemas llegan ni al 10%. En ambos casos (el 1.º y el 2.º) el método está decreciendo y pierden posiciones en el mercado; en cambio, Internet consolida su tendencia.

Ahora bien, hay que decir que si bien es cierto que está creciendo, los porcentajes reales de los otros dos sistemas son aún bastante altos, ya que se sitúan todos alrededor de un 30%, incluyendo también las reservas de las que no se tiene constancia de cómo se han llegado a realizar.

Es posible que este análisis destaque el crecimiento y el inicio de una tendencia, pero también podría significar que en nuestro país, por lo menos, la confianza en Internet no está aceptada por todos de la misma manera. Frente a la desconfianza que puede generar la web, seguramente por algunas de las experiencias negativas que de vez en cuando han ido saltando a la prensa, las agencias de viajes ponen una cara y un trato personal a un servicio en el cual se suelen hacer fuertes *inversiones* económicas para conseguir que en las vacaciones todo funcione como se espera, pero que si hay algún contratiempo, se pueda recurrir con toda cnfianza a una persona con nombre y apellidos que responda por ellos frente a las expectativas que el viaje no cumpla.

Seguro que la apuesta de las agencias en estos momentos está en el trato directo y personal, cosa que Internet no puede ofrecer (de momento), aunque para conseguirlo se tenga que pagar un precio más alto del que seguramente se podría haber encontrado en Internet.

De todas formas, las personas que más confiadas se muestran ante Internet no suelen ser las que más turismo hacen, como mínimo en nuestro país. Es cierto que la tendencia está cambiando, pero aún el crecimiento se va manteniendo y la lucha por la hegemonía ni es tan simple ni tan rápida. El elemento confianza juega en contra de la web, y mientras éste exista seguirá existiendo el freno para su despegue total.

Bibliografía

Alegre, J.; Cladera, M. y Juaneda, C. (2003): *Análisis cuantitativo de la actividad turística*. Pirámide. Madrid.

Alonso, M.; Barcos, L. y Martín (2006): *Gestión de la calidad de los procesos turísticos*. Síntesis, Madrid.

Alonso Fernández, L. (1993): *Museología. Introducción a la teoría y práctica del museo*. Ediciones Istmo. Madrid.

Álvarez Sousa, A. (1994): *El ocio turístico en las sociedades industriales avanzadas*. Bosch turismo. Barcelona.

Anton Clavé, S. (2005): *Parques temáticos, más allá del ocio*. Ariel. Barcelona.

Avila Bercial, R. (2002): *Turismo sostenible*. IEPALA. Madrid.

Avril, F. (1995): *L'enluminure à l'époque gothique. 1200-1420*. Editions Famot 1979. Bibliotheque de l'Image. París.

Azaola, J. R. (coord.)(1992): *Atlas culturales del Mundo. Grecia, cuna de Occidente*. Ediciones del Prado. Madrid.

Balaños, M.ª (1997): *Historia de los museos en España*. Tera, Gijón.

Barrado, D. y Calabuig, J. (2001): *Geografía Mundial del turismo*. Síntesis. Madrid.

Bianchi Bandinelli, R. (1981): *Del Helenismo a la Edad Media*. Akal, Madrid.

Butler Halter, M. (1999): *Cruceros*. Colección Estudios de Productos Turísticos, n.º 1. Turespaña. Madrid.

Cabo Nadal, M. (2004): *Asistencia y guía de grupos*. Thomson-Paraninfo ITES. Madrid.

Chacón, F. y Vecina, M. L. (2002): *Gestión del voluntariado*. Síntesis, Madrid.

Cuenca Cabeza, M. (1999): *Ocio y Formación. Hacia la equiparación de oportunidades mediante la Educación de Ocio*. Instituto de Estudios de Ocio. Universidad de Deusto. Bilbao.

— (2000): *Ocio humanista. Dimensiones y manifestaciones actuales del ocio*. Instituto de Estudios de Ocio. Universidad de Deusto. Bilbao.

Davidson, R. (2001): *Viajes y turismo en Europa*. Síntesis. Madrid.
Dumazedier, J. (1968): *Hacia una civilización de ocio*. Estela.
Dunning, E. (2003): *El fenómeno deportivo*. Sociológica deportiva.
Ecco, U. (2004): *Historia de la belleza*. Lumen. Barcelona.
ENCARTA (2003): *Enciclopedia virtual 2003*. Microsoft Corporation.
Fernández Arenas, J. (1996): *Introducción a la conservación del patrimonio y técnicas artísticas*. Ariel. Barcelona.
Fernández Fuster, L. (1991): *Historia general del turismo de masas*. Alianza Editorial. Madrid.
Fernández Uriel, P. y Vázquez Hoys, A. M. (1994): *Diccionario del Mundo Antiguo. Próximo Oriente, Egipto, Grecia y Roma*. Alianza Editorial. Madrid.
García Vega, J. L. (1975): *Ocio y turismo*. Colección Grandes Temas. Salvat. Barcelona.
Gartner, W. y Lime, D. (2000): *Trends in outdoor recreation, leisure and tourism*. CAB International. Nueva York.
Generalitat de Catalunya. Departament d'Industrai, Comerç i Turisme (1991): *Balnearis. Els recursos minerals de Catalunya*. Barcelona.
González Aja, T. (1992): *El deporte a través del arte occidental*. Tesis doctoral de la Universidad Complutense de Madrid.
Grout, D. J. y Palisca, C. V. (1995): *Historia de la música occidental*. Alianza Música. Madrid.
Gubern, R. (1995): *Historia del cine*. Lumen. Barcelona.
Gutiérrez Resa, A. (1997): *Acción social no guvernamenteral. Análisis y reflexiones sobre las relaciones voluntarias*. Tirant lo Blanch. Valencia.
Huizinga, J. (1987): *Homo Ludens*. Ediciones Alianza. Madrid 1987.
Izquierdo Vallina, J. (2005): *Manual para Agentes de Desarrollo Rural*. Ministerio de Agricultura, Pesca y Alimentación. Mundi-Prensa. Madrid.
Lafargue, P. (1973): *El derecho a la pereza*. Fundamentos. Madrid.
Leon, A. (1990): *El museo. Teoría, praxis y utopía*. Cuadernos Arte Cátedra. Quinta edición. Madrid.
Longino (1979): *Sobre lo sublime*. Introducción y traducción de José García López. Biblioteca Clásica Gredos. Editorial Gredos. Madrid.
Maier, C. (2004): *Bon dia, mandra*. Edicions 62. Barcelona.
Mancini, M. (2001): *Cruceros: guía sobre la industria de los cruceros*. Ed. Paraninfo Thomson Learning.
Martos Fernández, P. (2002): *El sistema turístico-deportivo de las estaciones de Econesquí y montaña españolas*. Universidad de Granada. Granada.
Mediano Serrano, L. y Vicente Molina, A. (2002): *Análisis del concepto de turismo rural e implicaciones de marketing*. Boletín ICE Económico. Madrid.
Montaner Montejano, J. (1996): *Estructura del mercado turístico*. Editorial Síntesis. Madrid.
Munné Matamala, F. (1988): *Psicología del tiempo libre. Un enfoque crítico*. Editorial Trillas. Barcelona.

OMT. VV AA (1998): *Introducción al turismo*. Publicado por la Organización Mundial del Turismo. 1.ª Edición, Madrid.
Oliva, C. y Torres Monreal, F. (1992): *Historia básica del arte escénico*. Cátedra. Madrid.
Orovitz, J. y Panak, M. (1999): *La satisfacción total del cliente*. McGraw-Hill. Madrid.
Pandolfi, V. (1989): *Història del teatre. Institut del Teatre*. Diputació de Barcelona.
Peña, M. J. y Jiménez, P. (2004): *Turismo rural. Manual del gestor de alojamientos rurales*. Almuzara. Córdoba.
Picazo, C. (1996): *Asistencia y guía a grupos turísticos*. Síntesis. Madrid.
Porter, M.; González, P. y Casanovas, A. (1994): *Las claves del cine y otros medios audiovisuales*. Planeta. Barcelona.
Puertas Montoro, X. (2004): *Animación en el ámbito turístico*. Síntesis. Madrid.
Racionero, L. (1993): *Del paro al ocio*. Anagrama. Barcelona.
— (2001): *La Mediterrània i les bàrbars del Nord*. Edicions 62. Barcelona.
Riera, J. (1985): *Historia, medicina y sociedad*. Pirámide, S. A. Madrid.
Riera Sala, T. (1994): *Evolució del l'art musical. Historia, estils i formes*. Edicions L'Aixernador. Argentona (Barcelona).
Ritchie, B. y Adair, D. (2004): *Sport tourism. Interrelationships, impacts and issues*. Col. Aspects of Tourism 14. Channel View Publications. Clevedon (Reino Unido).
Ruzé, F. y Amouretti, M.-C. (1992): *El mundo griego antiguo. De los palacios cretenses a la conquista romana*. Ediciones Akal. Madrid.
Salvat, R. (1988): *El Teatro, como texto, como espectáculo*. Col. Biblioteca de Divulgación Temática/17. Editorial Montesinos. Barcelona.
Santacana Mestre, J. y Serrat Antolí, N. (2005): *Museografía didáctica*. Ariel. Barcelona.
Schipperges, H. (1987): *El jardín de la salud*. Laia. Barcelona.
Tabazza, L. (1995): *El nuevo rol del voluntariado social*. Lumen. Madrid.
Tribe, J. (2000): *Economía del ocio y el turismo*. Síntesis. Madrid.
Trilla, J. (1998): *Animación sociocultural. Teorías, programas y ámbitos*. Ariel Educación. Barcelona.
Trilla, J. y Puig, J. M. (1985): *Pedagogia de l'oci*. CEAC S.A. Barcelona.
Valls, J. F. (1999): *La gestió d'empreses turístiques i lleure. L'art de provocar satisfacció*. Proa. Barcelona.
— (1996): *Las claves del mercado turístico. Cómo competir en el nuevo entorno*. Deusto turismo. Bilbao.
Vaughan, W. (1995): *Romanticismo y arte*. Ediciones Destino, colección El mundo del arte. Barcelona.
Velasco Sánchez, J. (2005): *Gestión de la calidad. Mejora continua y sistemas de gestión. Teoría y práctica*. Pirámide. Madrid.
Vogel, H. L. (2004): *La industria de la cultura y del ocio. Un análisis económico*. Fundación Autor. Madrid.
VV AA (1982): *Arte Medieval II*. Colección "Fuentes y documentos para la Historia del Arte", volumen III. Gustavo Gili, Barcelona.

— (2001): *Diccionari d'hoteleria i turisme*. Termcat. Centre de terminología. Edicions 62. Barcelona.
— (2001): *Ocio y Desarrollo. Potenciales del ocio para el desarrollo humano*. Instituto de Estudios de Ocio. Universidad de Deusto. Bilbao.
— (2001): *Primera trobada de municipis d'aigües minerals i termals d'Espanya*. Caldes de Montbui.
— (2004): *La actividad turística española en 2003. Publicación Anual de AECIT*. Castellón. Editorial Ramón Arces. Edición.
— *La Baja Edad Media. El florecimiento de la Europa Medival*. Labor S.A. Vitoria.
Wilson, J. A. (1992): *La cultura egipcia*. Breviarios. Fondo de cultura económica. Madrid.
Zaragoza, À. y Puig Barata, N. (2000): VV AA. *Oci, Esport i Societat*. PPU. Barcelona.
Zeithaml, V.; Parasuraman, A. y Berry, L. (1993): *Calidad total en la gestión de servicios*. Ed. Díaz de Santos. Madrid.

Artículos y ponencias

Butler Halter, M. (2003): "La actividad de los cruceros turísticos en el mundo". Ponencia en el Foro para la construcción de una política pública de cruceros. OMT, México.
Consumer, Eroski (2005): "Seguridad en los parques infantiles". Artículo de En Portada. Abril.
Díaz González, Á. (2002): "Espacios de ocio, la innovación permanente". Temas de portada. Artículo en EDITUR. Barcelona, marzo.
Duarte Castillo, J. L. (2004): "Calidad de servicio. Revisión de corrientes principales y propuestas para investigaciones futuras". Ld Associats S. A. México.
EDITUR (2005): "Turismo de salud 2005". Informe publicado por Editur, junio.
Expansión (2005): "El turismo de bisturí, un próspero negocio para mejorar la imagen". Publicado en ocubre.
Fernández Hernández, C. (2006): "Turismo rural y sostenibilidad: una propuesta de acción". Ponencia en el XII Congreso Nacional de Turismo Rural. Asestur-Concatur. Caldes de Malavella, Girona.
Goytia, A. (1998): "Nuevos públicos y nuevas audiencias del ocio". Ponencia en el VII Simposio Internacional de Turismo, ESADE, Barcelona.
HOSTELTOUR (2006): "Turismo de salud y belleza. La perfecta combinación de ocio y bienestar". Publicado en mayo.
Herrero Calvo, E. (2006): "Yesterday, un nuevo producto de ocio en Barcelona". Tesis de final de carrera depositada en EUHT CETT. Barcelona.
Huertas, P. L. (2003): "Música y danza en la escultura románica de Castilla y León". Ensayo en Goldberg Magazine on-line.
López, S. (2004): "La conducta de 'ir de compras' como otro tipo de ocio turístico". Tesis de final de carrera depositada en EUHT CETT. Barcelona.

Martín, M. (2006): "Los Juegos Olímpicos frenan el turismo" (Citado: 07-07-2007). Disponible en la página web <blocs.periodistadigital.com/latelarana.php/2006/07/07/los_juegos_olímpicos_frenan_el_turismo>

Martínez Letamendi, M.ª E. (2004): "Filosofía de los zoológicos. Capítulo 1". Artículo publicado por el Departamento Educativo del Zoológico de Guadalajara. México.

Martínez Santos, M. (2003): "Las Villas Termales, el efecto dinamizador del turismo termal". Ponencia en el I Seminario Nacional de Termalismo. Lima, Perú.

Mazanec, J. A. (1993): "Estils de vida europeus i turismo". Ponencia en el II Simposio Internacional de Turismo de ESADE. Barcelona.

Micó, M. (2000): "La evolución de los centros de entretenimiento familiar". Ponencia en el IX Simposio Internacional de Turismo de ESADE. Barcelona.

Miret, J. (2006): "Un viatge cultural més enllà dels tòpics". Tesis de final de carrera depositada en EUHT CETT. Barcelona.

Palomo Pérez, S. (2003): "Turismo justo: cambiar las reglas". Editur n.º 2278. Barcelona.

Paniagua, A. (2003): "La segmentación y la demanda de cruceros". Editur n.º 2246. Barcelona, marzo.

Ten, Antonio E.: "Los nuevos paraísos: historia y evolución de los parques temáticos". CSIC, Universidad de Valencia.

Tramullas, E. (1999): "Parques temáticos de bolsillo y especialización del territorio". Ponencia en el VIII Simposio Internacional de Turismo de ESADE. Barcelona.

Rodríguez Zapatero, J. (2006): "Web 2.0: la siguiente generación de Internet y la industria turística". Ponencia en las I Jornadas de Turismo e innovación. Fundación Cinnta. Marbella. Málaga, octubre.

El turismo. *Teoría y práctica*

Chris Cooper
John Fletcher
Alan Fyall
David Gilbert
Stephen Wanhill

En un contexto cambiante y turbulento como el que rodea al turismo, la presente obra ofrece los principios fundamentales y subyacentes con los que se puede abordar el estudio de este campo, proporcionando un marco exhaustivo que integra teoría y práctica de manera efectiva.

Con este fin, el libro se estructura en torno a cinco grandes áreas esenciales para la comprensión de este fenómeno: la demanda, el destino, el sector, el marketing y los avances del turismo. Por otra parte, se introducen herramientas útiles para el estudio de cada una de estas áreas en las aulas, que ofrecenal alumno en cada capítulo los objetivos de aprendizaje que en él se persiguen; preguntas de autoevaluación y de desarrollo; un gran estudio de caso, así como otros que ilustran la teoría expuesta; lecturas adicionales recomendadas para ampliar los conocimientos sobre el tema y finalmente un glosario de términos que guían al lector a través de la terminología especializada.

ISBN: 978-84-975651-0-3
Número de páginas: 942
Formato: 19,5 × 24 cm

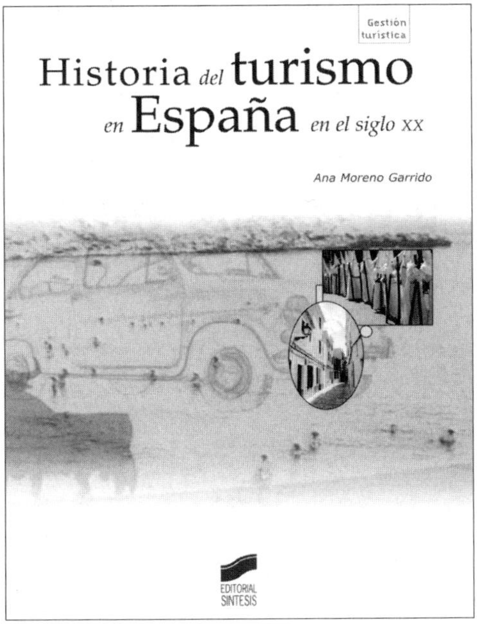

El Historia del turismo en España en el siglo XX

Ana Moreno Garrido

Este libro recorre la historia del turismo en España desde sus primeras manifestaciones a finales del siglo XIX (balnearismo, playas frías y excursionismo) hasta su actual realidad, un mundo en plena transformación tecnológica, inmerso en la dinámica producto/mercado y con un nuevo perfil de turistas.

Entre ambas etapas destacan la gran vitalidad de los años de entreguerras –con el nacimiento de la temporada de verano, los primeros viajes en automóvil o el disfrute generalizado de la naturaleza– y las insólitas experiencias turísticas durante la Guerra Civil. Sin embargo, la instrumentalización que del turismo hizo la dictadura franquista, el *boom* de los años del desarrollismo y los millones de turistas que llegaron (con sus divisas) al Mediterráneo siguen siendo lo único que erróneamente asociamos a un fenómeno cuyas manifestaciones han acompañado a España y a los españoles durante todo el siglo XX.

ISBN: 978-84-975650-9-7
Número de páginas: 368
Formato: 17 × 23 cm